JN409377

정용순의 기행수필

섬마을 설화

정용순의 기행수필
섬마을 설화

인쇄 2016년 1월 22일
발행 2016년 2월 1일

지은이 정용순
발행인 서정환
펴낸곳 수필과비평사
주소 서울시 종로구 삼일대로 32길 36(익선동 30-6 운현신화타워 빌딩) 305호
전화 (02) 3675-5633, (063) 275-4000 · 0484
팩스 (063) 274-3131
이메일 sina321@hanmail.net essay321@hanmail.net
출판등록 제300-2013-133호
인쇄 · 제본 신아출판사

ISBN 979-11-5933-015-5 03810
값 18,500원

이 도서의 국립중앙도서관 출판예정도서목록(CIP)은 서지정보유통지원시스템 홈페이지(http://seoji.nl.go.kr)와 국가자료공동목록시스템(http://www.nl.go.kr/kolisnet)에서 이용하실 수 있습니다.(CIP제어번호: CIP2016002720)

Printed in KOREA

정용순의 기행수필

섬마을 설화

정용순 지음

수필과비평사

| 책머리에 |

반도국가인 우리나라는 동 · 서 · 남쪽 바다에 흩어져 있는 유 · 무인도가 3,000개나 된다. 이들 섬 중 유인도이고 역사적으로 알려졌거나 알려지지 않았거나 내가 존경하는 옛사람들의 발길 이야기가 묻혀있는 섬들이 많다. 그 섬마을을 찾아가 만난 설화(說話)가 너무 재미있어 세상에 그 이야기를 써 놓고 얼마 남지 않은 생을 마치고 싶었다. 그 이야기들이 너무 좋아서 그 이야기를 나는 '황금색 이야기꽃'이라 하고 싶었다. 그 '황금색 이야기꽃'을 내가 찾아갈 때 그것은 아름다운 '섬마을'의 보물 중 보물을 찾아가는 것으로 생각되어 즐거웠다. 이들을 찾아가고 이야기들을 수필로 작성하여 모으고 해역별 연대별로 분류하였다. 그리하여 내 삶의 종착역이 가까운 시점에 나의 온 정성을 모아 작은 책으로 엮어 이름을 감히 「섬마을 설화」라고 하였다.

내가 찾아가는 섬마을은 바다로 둘러싸인 산과 작은 밭들이 있는 공간이었다. 이러한 공간에 애처롭고 인간적이며 생과 사의 문제가 얽힌 일들이 일어났고 일어나고 있는 것이다.

내가 이 책에 기록한 몇 가지 설화의 예는 다음과 같다. 동쪽 바다 외로운 섬 독도에서는 1956년 독도 의용수비대장 홍순칠(洪淳七, 1929~1986)을 만나 독도가 일본 땅이라 떠드는 일본 놈들의 말이 왜 틀렸는지를 그와 함께 이야기 하였다. 1406년 교동도에서 연산군을, 1637년 연평도에서는 임경업을, 1895년 풍도에서 청나라 군인들과 일본 해군대좌 도고헤이하찌로(東鄕平八郎)를, 기원전 202년 어청도와 외연도에서 중국 제나라 장군 전횡(田横)을, 660년 소야도에서 당나라 장군 소열(蘇列, 소정방)을, 1271년 진도에서는 삼별초 지휘관 배중손(裵仲孫)을, 1598년 고금도에서는 삼도수군통제사 이순신(李舜臣)을 만나 나 나름대로 대화를 나누었다.

섬마을에서 사람들은 애끓는 사랑을 더 많이 하는 그런 경우가 있는 모양이다. 그래서 1960년대 가수 이미자의 「섬마을 선생님」과 「흑산도 아가씨」, 가수 최숙자의 「눈물의 연평도」가 우리나라 모든 사람들의 심금을 울린 것이 아니겠는가(?) 하였다. 선박 없이는 육지에 건너갈 수 없는 그러한 사정으로 애틋함이 인간의 가슴을 태우는 것이다.

이 기행 수필집은 전체 5장으로 편집하였다. 제1장에는 동쪽 바다 섬마을, 제2장에는 강화도 외의 서쪽 바다 여러 섬마을, 제3장에는 고려시대 40년간 수도였던 강화도(江華島) 섬마을, 제4장에는 제주특별자치도 외의 남쪽 바다 여러 섬마을, 그리고 제5장에는 제주특별자치도 섬마을의 설화들이다.

우리나라의 섬들의 대부분은 서해(西海)와 남해(南海)에 펼쳐져 있고, 동해에는 외로운 섬 울릉도(鬱陵島)와 독도(獨島)뿐으로 보인다. 그래서 울릉도, 독도와 신라 말 용왕의 아들 처용(處容)이 바닷속으로부터 헌강왕이 쉬고 있는 개운포 앞으로 나왔다는 처용암, 이웃나라 섬인 쓰시마와 일본 본주 여러 곳의 설화들을 동해의 '섬마을 설화'에 포함시켰다. 사실 처용암이 아무리 작은 섬일지라도 섬은 섬이고, 동해의 섬이다. 또한 쓰시마, 일본 본주는 우리나라 동해의 섬이 아니겠는가?

나는 이 여행기를 집필할 때 찾아간 기념물의 안내 설명표지판의 설명문을 글의 중간에 '인용문'으로 넣는 경우가 많았다. 또한 문장 중에 나타나는 인물, 사건 그리고 사물에 대한 좀 더 자세한 설명을 '참고'라 하여 글 뒤에 넣는 경우가 많았다. 그래서 그러한 글에서는 그것이 '인용문'임과 '참고글'임을 나타내고 문장의 부피도 적어지도록 줄 바꿈을 '/'표시로 하였다.

또 찾아간 곳의 이러한 모습이 재미있고, 저러한 모습이 슬프고, 또 저러한 모습은 인간적이어서 가슴이 설레었다 하는 것을 몇 줄의 시 한 수씩으로 기록하여 문미에 넣었다. 시 한 수 첨부한 다음 여행지에서 디지털카메라로 촬영한 사진들 중 여행기와 관련이 있는 사진 한·두 장씩을 각각의 글 뒤에 첨부하였다.

내가 찾아간 섬들은 우리나라의 섬 3,000개 중 20여 개 정도이다. 앞으로도 더욱 많은 섬마을을 찾아가 알게 되는 '설화'를 기행수필로 작성하는 것을 나의 체력이 허락되는 한 계속할 것이다. 이 기행수필집을 읽어주시는 분들에게 감사의 마음을 드린다. 또한 이 기행수필집을 제작하시고 출간하시면서 여러 가지 참고 말씀을 하여주신 『수필과비평』사 서정환(徐廷歡) 사장님께 진심으로 감사드린다.

2015년 10월 일 청주시 서원구 성화동 구룡산 밑에서

정용순

* [부탁의 말씀] 글 중 '인용문'과 또 각 글의 뒤에 넣은 '참고' 글에서 '인용문'임과 '참고' 글임이 나타나도록, 또한 문장의 부피도 적어지도록 문장 중 줄 바꿈을 '/'로 표시하였음을 독자 분들은 알아주시기 바랍니다.
* [양해의 말씀] 글 속에 나오는 인사들의 이름에 경칭을 생략한 경우가 많았습니다. 독자들은 양해하여 주심을 바랍니다.

| 차례 |

제1장
동쪽 바다 섬마을

제2장

서쪽 바다 섬마을

제3장

강화도 섬마을

제4장

남쪽 바다 섬마을

제5장

제주특별자치도 섬마을

제1장

동쪽 바다 섬마을

일본 우파 놈들이 '독도는 일본의 고유한 영토'라 하는 말이 왜 틀리고, 독도는 엄연한 우리나라의 영토인지를 조목조목 설명하였다.

또한 울릉도, 독도, 처용암, 일본 본주의 아오모리켄과 히로시마켄, 그리고 쓰시마(대마도)의 섬마을에서 만난 설화들이다.

독도가 일본의 영토가 아닌 이유

독도(獨島)는 450~250만 년 전에 화산 분출로 생성된 화산섬(火山島)이다. 150만 년 전에 화산 분출로 생성된 울릉도(鬱陵島)나 100만 년 전에 화산 분출로 생성된 제주도(濟州道)보다 형님이다. 울릉도 도동항(道洞港)에서 동남쪽으로 87.4km에 위치한다. 91개의 바위섬으로 구성되었다고 하나 동도(東島, 넓이: 73.3㎡, 산의 높이: 98.6m)와 서도(西島, 넓이: 88.7㎡, 산의 높이: 168.5m) 두 섬만이 인간이 살 수 있다. 동도와 서도 간의 거리(수로)는 좁은 곳이 151m라 한다.

우선 현 일본 수상 아베를 비롯한 일본의 극우파(極右派)라는 인간들이 독도를 일본 영토라 하고, 2005년부터는 2월 22일을 다케시마의 날(竹島の日)이라 하여 요란하게 행사를 진행하니 한심스럽다. 독도는 우리나라에서 삼국시대부터 우산도(于山島)라 했고, 일본에서는 조선시대 마쓰시마(松島)라 하더니 19세기 말부터 다께시마(竹島)라 한다.

일본 정부의 우파 인간들이 다케시마는 일본 영토라는 이유는 다음의 3가지이다.

그 하나는 1905년 2월 22일 시마네켄(島根縣) 고시 40호에 의하여 무주지인 독도를 일본 영토라 선포했다는 것이고, 또 하나는 샌프란시스코(San Francisco, SF) 대 일본 강화조약(SF 강화조약)의 조약문에 독도(일본 이름 다케시마(竹島), 프랑스 이름 리앙쿠르바위(Lianquor Rocks))가 빠져 있다는 것이다. 그리고 세 번째, SF－강화조약 조약문 작성 기간 중 주미 한국대사 양유찬(梁裕燦)이 미국 국무차관보 러스크(Rusk)에게 독도가 한국의 영토라 SF－조약문에 넣어야 된다 했는데 러스크(Rusk)는 이 요구에 대한 답으로 "독도(리앙쿠르 바위)는 일본 영토"라고 양유찬 대사에게 개인 편지로 보냈다는 것이다.

이제 그 각각이 잘못되었음을 설명하겠다.

먼저 앞의 주장 즉, 다케시마는 무주지이므로 시마네현 고시 40호(1905년 2월 22일 발령)에 의해 다케시마(竹島)가 시마네켄에 편입되었으므로 독도가 일본 영토라는 것의 잘못을 설명한다.

첫째, 일본은 독도가 1905년 무주지(無主地)라서 일본의 시마네켄(島根縣)에 편입했다고 한다. 그러나 우리나라의 많은 역사서에 독도(=우산도(于山島))는 우리나라 영토라 기록되어 있다. 즉 1454년 발간된 『세종실록지리지(世宗實錄地理志)』, 1531년 발간된 『신증동국여지승람(新增東國輿地勝覽)』, 1808년 발간된 『만기요람(萬記要覽)』의 군정편 등에 "죽변(竹辺) 동쪽 바다에 두 섬 무릉도(武陵島)와 우산도(于山島)가 있는데 두 섬은 멀지 않아 맑은 날 양쪽에서 서로 볼 수 있다."고 했으며, "이 두 섬은 512년 신라 장군 이사부(異斯夫)가 우산국(于山國)을 정벌하면서부터 우리나라 영토였다." "우산도는 왜인들이 말하는 마쓰시마이다(于山則倭所謂松島也)."라고 공통적으로 기록하고 있다. 그런데 어찌 독도(=우산도)가 무주지(無主地)인가?

둘째, 1693(숙종(肅宗) 20)년과 1696(숙종 23)년의 안용복(安龍福)의 활동이 있다. 부산동래(東萊) 사람 안용복은 조선 수군 노군 총관이었는데 1693년 울릉도에 순찰 나갔다가 울릉도에 침범하여 온 일본의 선원들에게 붙잡혀 일본 시마네켄(島根縣)으로 갔으나 오히려 "울릉도와 독도가 조선 영토이니 일본 사람들이 그 두 섬에 건너가지 못하게 하라"고 요구하여 일본 최고 행정부인 태정관(太政官)으로부터 허락받고 협약서까지 받았다. 그러나 돌아오는 길에 대마도주(對馬島主)에게 협약서(協約書)를 빼앗겼다. 그러나 1696년 다시 일본에 건너가서 그 협약서를 받아왔다.

셋째, 1877년의 일본 태정관령(太政官令, 총리부령)이다. 태정관령으로 「다케시마(竹島 =울릉도)외 일도(마쓰시마(松島) =독도)는 일본 영토가 아니고 조선(朝鮮)의 영토(領土)이니 일본인은 두 섬으로의 도해를 금(禁)한다」라는 명령이다. 이것은 교토다이가꾸(京都大學) 호리가즈오(堀和生) 교수가 1987년 발표한 논문에 게재한 것이다. 한편, 이 논문의 부속 지도인 기죽도약도(磯竹島略圖)는 2006년 가나자와 교회 우루시자키히데유키(漆崎英之) 목사가 발견하여 발표하였다. 마쓰시마(松島)가 다케시마(竹島)의 부속섬(附屬島)이라는 지도(地圖)이다. 1877년 발령한 일본 태정관령과 부속지도가 독도는 조선의 영토라 했는데 어찌 독도가 1905년 무주지인가? 이 글의 뒤에 기록한 [참고 1]은 우루시자키히데유키 목사가 발견한 기죽도 약도와 태정관령을 우리나라 언어로 번역한 것을 그 지도에 종서로 기록해 넣은 것이다.

넷째, 1900(광무 4)년 발령한 대한제국 칙령(大韓帝國 勅令) 제41호이다. 일본은 독도(일본에서는 竹島(다케시마))가 무주지이므로 1905년 시마네켄 제40호로 다케시마를 시마네켄에 편입하였다고 했으나 조선은 그보다 5년 전인 1900년 대한제국 황제의 칙령으로 울도군의 범위는 울릉도와 석도(石島, 독도)로 한다고 발표한 것이다. 시마네켄이 켄내(縣內) 회람으로 독도를 시마네켄에 소속시키기 5년 전 조선은 황제(고종)의 칙령(관보)을 발령했다는 것이다.

다섯째, 1667년 일본 이즈모(隱州)의 관리 싸이또호센(齋藤豊仙)이 편찬한 은주시청합기(隱州視聽合記)이다. 이것은 이즈모(隱州)의 관리 싸이또호센이 오키섬(隱岐島)을 순회하면서 작성한 태정관의 질문에 대한 답변서이다. 그 답변서에 "일본의 북서쪽 경계는 오키섬(隱崎島)로 한다"는 내용이 포함되어 있다. "다케시마(竹島)와 마쓰시마(松島)에서 조선을 보는 것은 오키섬(隱崎島)에서 이즈모(隱州)를 보는 것과 같다(竹島(松島)見高麗猶雲州望隱州)."고 하는 문구가 보이고 일본 지방관청 역사서 『은주시청합기』에 기록되어 있다.

여섯째, 고지도(古地圖)의 고찰이다. 지금까지 발견된 조선과 일본의 많은 고지도에서 울릉도와 독도는 한국의 영토로 나타내어져 있다는 것이다. 예를 세 개만 들겠다. 그 하나는 1785년 일본인 지리학자 하야시시헤이(林子平)가 제작한 삼국접양지도(三國接壤地圖)이다. 이 지도에 독도는 조선과 같은 색깔로 채색되었고, '독도가 조선영토(松島ハ朝鮮ノ持)'라고 기록되어 있다. 두 번째가 1892년 일본인 나까무라(中村)가 작성한 만국수로지도(萬國水路地圖)이고, 세 번째는 1903(明治 36)년 제국해군측량부(帝國海軍測量部)에서 작성한 일로청한명세신도(日露淸韓明細新圖)이다. 이들 고 지도에 오키섬은 일본열도와 같은 색깔로, 울릉도와 독도는 조선반도와 같은 색깔로 채색(사진)되어 있다.

일곱째, 1987년 3월 일본에서 발간된 『조선역사회논문집(朝鮮歷史會論文集)』에 교토대학 호리가즈오(堀和生) 교수(1951~)의 「다케시마(독도)의 영토편입」이라는 논문이다. 이 논문에서 호리가즈오 교수는 1905년 2월 22일 "다케시마(竹島)의 시마네켄 편입 의결을 각의에서 결정했다 하나 관보가 아닌 회람으로 공표한 것은 분명한 영토침략행위(領土侵略行爲)라고 주장했다. 다케시마를 1905년 일본영토에 편입시킨 것은 일본이 조선 각지에서 자행했던 주권침해행위 같은 침탈행위(侵奪行爲)라고 했다. 일본인이면서도 일본 정부의 행위를 이와 같이 평가한 것을 일본정부가 일본의 반역이라 할 수 있을 것인가?

다음에는 두 번째 주장 즉 SF－대일 강화조약문에 다케시마(독도)가 조약문 안에 포함되지 않았으므로 다케시마는 일본 영토라고 주장하는 것의 잘못을 설명하기로 한다.

첫 번째, SF－강화조약문은 1951년 9월 8일 연합국 48개국과 일본, 미국의 대표들이 서명함으로서 완결되었다. 조약문 작성 주도국은 미국과 영국이었다. 이 조약문의 제2조 (a)항은 "일본은 한국의 독립을 인정하고, 제주도, 거문도, 울릉도를 포함한 모든 조선에 대한 권리 · 권원 및 청구를 포기한다."라고 했다. 일본이 주장하는 것은 이 문구에 독도(다케시마)가 빠졌다는 것이다. 그러나 이것은 우리나라 섬 3,000개 중 그것들의 이름을 조약문의 문구에 넣지 않았다고 하여 다케시마(독도)가 일본 영토라 하는 것은 말이 되지 않는 것이다. "그러면 왜 문구에 들어가지 않은 거제도 매물도 진도, 강화도, 거금도, 마라도, 흑산도, 어청도 오륙도 등 2,900여 개 섬은 왜 일본 영토가 아니고, 유독 독도만 일본 영토라 하는 것인가?" 하고 한국 사람이면 질문을 던지는 것이다.

이 SF－대일강화회의는 한국의 6 · 25전쟁 와중 한국대표의 참석 없이 진행된 회의이며, 일본 외무성 인사가 미국 대표단 중 친일 미국인대표에게 행한 로비 때문에 결과가 모호해진 결과를 가져왔다. 1951년 9월 8일 SF－대일강화조약문이 완결될 때까지 1949년부터 20차의 강화회의를 진행시켰다는 것이다. 1차에서 5차까지 독도는 계속 일본이 한국에 반환되는 한국영토의 예로 조약문에 기재되었었다. 그러나 6차에서 일본 정부와 주일 미국대사관 일본정부연락담당자 씨볼트(William Sebald, 친일인사, 처가 일본인 여자)의 로비로 주도국 미국이 "독도는 일본영토이다." 라고 조약문에 넣어 문제가 발생하였다. 미국은 1950년 쏘비에트 연방과의 냉전이 시작되면서 일본의 협조가 필요하다고 하여 그러한 말도 되지 않는 일본의 요구를 받아 준 것이다. 결국 문안에서 독도가 반환되는 영토의 예로 넣었다 '독도가 일본의 영토이다'라는 말을 뺐다 넣었다를 반복하다가 SF-대일강화조약 문안에서 독도(Liancourt Rocks)를 아예 반환되는 한국 영토의 예로부터 삭제하였다.

이렇게 하여 완성된 SF-대일강화조약 문안이 1951년 9월 8일 연합국 49개국과 일본 대표가 서명하여 완결하였다고 한다. 완결된 조약문은 1952년 4월 8일 효력이 발효된 것이다.

1951년 9월 8일 일본의 마이니치신문(毎日新聞)에서도 독도를 한국령으로 발표하였고, 52년 1월 29일 이승만 대통령이 평화선(이승만 라인)을 선포하여 독도는 한국 영토로 된 것이다. 그런데 왜 2005년 독도가 일본영토라 하고, 일본 시마네켄에서는 2월 22일을 다케시마의 날이라 하여 기념식을 하고 요란을 피우는 것인가? 일본은 지금도 영토침탈의 야욕을 버리지 못하는 것이다. 일본 시마네켄은 다케시마의 날을 없게 하고, 다케시마의 날 행사도 폐기해야 된다. 이웃 나라 사이에 강도짓은 그만두어야 편안히 살 게 아닌가?

두 번째 1951년 2월 13일 발령된 일본 대장성령(大將省令) 4호와 1951년 6월 6일 발령된 일본 총리부령(總理府令) 24호이다. 그 내용은 일본 내 한일회담 문서 전면 공개 요구 모임 사무국 차장 재일교포 이양수가 2009년 1월에 발견하여 중앙일보에 게재한 것이다. 1951년 2월 13일 발령된 일본 대장성령 4호는 '다케시마(竹島, 독도)를 일본영토에서 제외한다'는 것이고, 1951년 6월 6일 발표한 일본 총리부령 24호는 '일본 영토에 포함되지 않는 한국의 섬으로 리앙쿠르트 바위(=다케시마, =독도), 울릉도, 제주도 등이 있다'라고 하는 문안을 내용에 포함한다. 무엇보다 이 명령이 발령된 날자(1951년 2월 13일과 6월 6일)가 SF－대일강화조약 문안 완결된 날(1951년 9월 8일)보다 몇 개월 앞이라는 것이다.

세 번째, 미국은 1905년까지 독도가 한국의 영토였음을 몰랐는가? 하는 문제이다. 이 문제의 답은 "알았다"는 것이다. 왜냐하면 2004년 8월 미국인 로보모(Mark S. Lovomo)가 미국 국립 기록 보관청(NARA)에서 발견한 독도 관련 문서에 「리앙쿠르바위(Liancourt Rocks =독도, =다케시마(竹島))는 일본이 1905년 대한제국을 점령하면서 일본 영토로 편입하였다. 리앙쿠르트바위는 대한제국의 영토이다.」라 기록되어 있다고 하는 것을 발견했다는 것이다. 이것은 1952년 10월 3일 주일 미국대사가 미국 국무성에 보내온 서류라 한다.

또한, 위의 문서가 발견되기 전 SCAPIN 677호와 1,033호, 그리고 맥아더 라인(MacArthur Line)에서 독도가 한국 영토로 소속되게 한 것은 미국이 조사하여 1905년 일본이 대한제국을 병합하는 과정에서 제일 먼저 강탈된 섬이 독도임을 알았기 때문이었다. 맥아더 라인(MacArthur Line)은 미극동군 사령부에서 선포한 것이었다.

세 번째, 러스크(Rusk) 서한이다. 미국무차관보 러스크(Rusk)가 재미 한국대사 양유찬(梁裕燦)에게 보낸 개인적인 편지에 '독도가 한국 영토라는 증거가 없다'는 문구가 있다는 것인데, 이것은 공식적 문서가 아니고 개인 편지이므로 의미가 없다는 것이다. 개인적인 의사 전달이므로 거짓말을 써서 보낼 수도 있다는 것이다. 법망에 저촉될 염려가 적기 때문이다. 미국 정부의 의견이 아니고 개인적으로 러스크가 양유찬 대사를 얕보고 희롱한 문구에 불과한 것이다. 러스크(Rusk)서한은 개인적으로 보낸 서신이고, 역사적 사실을 증거로 기록한 것이 아니므로 공적 효력이 없는 것이다.

명확히 독도는 우리 한국의 영토이다. 우리나라와 같이 힘이 약(弱)하고 전쟁을 싫어하는 나라가 어찌 일본의 영토를 뺏을 수 있다는 말인가? 우리나라가 악질 국가의 영토를 뺏을 수 있는 것이 가능하다는 것인가? 생각해 볼 문제다. 조선 전체를 강탈했던 나라의 영토 1평이라도 조선 사람이 뺏을 수는 없을 것이다.

〈2006년 12월 25일 청주시 사천동에서〉

← 동해의 외로운 섬 독도

[참고 1] 1877년 일본 태정관령(太政官令)과 기죽도약도(磯竹島略圖): 우루시자키히데유키 목사가 발견한 기죽도약도에 태정관령의 한국어 번역문을 종서로 기록해 넣은 것이다.

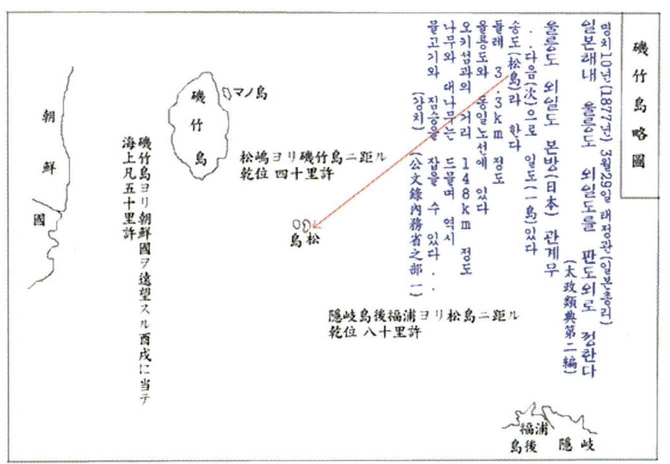

[참고 2] 일본 한 애국인사의 편지: 연합뉴스에 의하면 2012년 9월 22일 일본 미야끼켄 거주 77세 세이노다쿠야(가명) 옹이 센다이 한국영사관에 글을 보내 왔는데 그 편지의 내용을 간추리면 다음과 같다./ 「일본은 독도 영유권을 주장하지 말고 한국과 친밀하게 우호관계를 구축하는 것이 일본의 국익에 도움이 됩니다./ SF－대일강화조약문이 한국의 6·25전쟁 와중에 작성되었고, 한국대표가 참석하지 않은 상태로 작성되었으며, 한국의 3,000개 섬 중에 예를 든 것은 울릉도, 제주도, 거문도의 세 섬이고 다케시마가 문구에 들어있지 않았다고 하여 다케시마가 일본 영토라고 주장하는 것'은 또 하나의 영토침략인 것입니다./ 일본의 훌륭한 대학 교수들, 중·고 교사협의회 교사들, 그리고 평화롭게 살기를 원하는 일본인들이 독도는 한국의 영토라고 주장하는 논문도 여러 편 발표하였고, 성토도 여러 번 하였습니다./ 독도는 한국의 영토이고 일본의 영토는 아닙니다. 이웃 나라 간에 감정 상하면 전쟁뿐이 없습니다./ 더 이상 이러한 문제로 전쟁이 일어나지 않도록 합시다.」/ 아무리 일본 정부에 건의해도 일본 극우인사들은 듣지 않는다는 내용도 기록되어 있다.

[참고 3] 카이로(Cairo)와 포츠담(Potsdam) 선언: 1943년 연합국(미국, 영국, 프랑스, 러시아)이 발표한 카이로(Cairo)선언문은 1943년 11월 23일부터 26일까지 회의를 하여 합의문을 선택하고, 12월 1일 전 세계에 발표한 선언문이었다. 「일본, 독일, 이탈리아」에게 「항복하고 폭력과 탐욕에 의해 점령한 모든 지역에서 퇴각하라」고 한 것이다. 그런 결과 독일과 이탈리아는 항복하고 연합국의 카이로 선언을 받아들였는데, 일본은 받아들이지 않았다./ 그래서 1945년 7월 26일, 연합국은 독일의 포츠담에서 회의를 소집하고 포츠담 선언문을 발표한 것이다./ 「일본은 항복하고, 대한제국의 독립을 인정하며, 강탈한 땅으로부터 물러가라」고 한 것이다./ 그렇게 했는데도 일본이 이 선언문을 받아들이지 않자 1945년 8월 6일 8시 15분과 8월 9일 11시 2분 히로시마(廣島)와 나가사끼(長崎)에 원자폭탄(原子爆彈)(히로시마에는 U－원자탄, 나카사키에는 Pu－원자탄)을 투하한 것이다./ 그러자 일본정부도 1945년 8월 15일 카이로(Cairo)선언과 포츠담(Potsdam)선언을 받아들이고 무조건 항복한 것이었다./ 그리고

SCAPIN(Supreme Commander for the Allied Powers Instruction Note(연합군최고사령부 훈령)) 677호와 1033호가 1946년 1월 29일과 1946년 7월 17일 발령되었다./ 즉, 카이로(Cairo)와 포츠담(Potsdam)선언에 따라 맥아더 라인(MacArthur Line)이 결정된다고 선포한 것이다./ 맥아더라인의 한국 영역에 독도가 포함되어 있다./ 특히 SCAPIN 1033호에서는 독도(Liancout Rocks)에서 12해리 이내 일본 선박의 접근을 금지하도록 독도 주위에 둥글게 경계선을 그었다.

[참고 4] 독도의용수비대(獨島義勇守備隊): 그랬는데도 일본인들이 독도에 1952년 여름 일본령이라는 표지석을 세웠다고 한다. 1952년은 6 · 25전쟁의 와중이었다./ 그 다음 울릉도 거주민들이 이 표지석을 제거하고 독도에 한국령 비석을 세웠더니 일본 선박들이 와서 그것을 제거하고 다시 '다케시마는 日本領(일본령)' 비석을 세웠다./ 그러자 독도지킴이를 하겠다고 나선 젊은이들 33명(수비대장: 홍순칠(洪淳七, 1929~1986))이 독도의용수비대(獨島義勇守備隊)를 지원했다./ 독도의용수비대 대원들은 한국과 일본이 독도표지석(목)을 세

홍순칠 의용수비대장(1929~1986)

대전현충원 소방대원묘역옆 홍순칠 의용소비대장묘비.

우고 치우기를 반복하자 동도(東島)의 바위면에 「韓國領」(한국령)이라 크게 새겨 버렸다./ 독도 의용수비대는 1953년 4월 27일 활동을 시작하고 1956년 12월 30일 경찰에게 경비임무를 인계하였다./ 약 3년 9개월 일본 함정의 독도 접근 방지활동을 훌륭히 수행하였다./ 2005년 '독도개발지원운동본부'에서 홍순칠 의용수비대장의 솔선수범한 독도수비임무를 기념하여 그의 솔선수범하는 모습을 동상으로 제작하였다. 제작비는 당시의 국회의원 24명이 출자하였다고 한다. 동상은 아직까지 무슨 이유가 있는지 독도에 운송하여 설치하지 못하고 있다./ 홍순칠을 비롯 의용수비대원 13인이 대전 현충원 소방대원 순국자 묘역 옆에 잠들어 있다.

[참고 5] 독도의 주민: 독도의 첫 번째 주민은 최종덕(崔鍾德, 1925~ 1987)과 그의 부인 조갑순(趙甲順, 1924~1994)이었다. 이들 부부는 1980년 울릉군 울릉읍 독도리에 주민등록하고 살았다. 그런데 1987년 최종덕이 뇌출혈로 타계하고, 부인 조갑순은 1994년 12월까지 그곳에 살다가 타계하였다. 그들에게는 외동딸 최경순(1958년 생)이 있는데 남편 조준기(1961년 생)와 함께 1986년 7월 8일 주민등록을 독도로 옮겨 세 · 네 번째 독도의 주민으로 살았다. 다섯 번째부터 여덟 번째까지의 사람들이 살고 간 다음 아홉 · 열 번째 독도로 주민등록을 옮기고 현재에도 살고 있는 사람은 김성도(金成道, 1940~) · 김신렬(金信烈, 1937~) 부부이다./ 이들은 1991년 11월 17일 주민등록을 울릉군 울릉읍 독도리 20번지로 옮기고, 완전한 독도 주민이 되어 23년 어로 작업을 하면서 살고 있다./ 계룡건설 이인구 명예회장(1931~)은 독도의 주민으로 사는 이들 때문에 독도가 무인도가 되지 않으니 얼마나 좋으냐면서 2011년 11월 27일 울릉군수(鬱陵郡守) 입회하에 생활비 지급 약정서를 전달하였다./ 월 50만 원씩 김성도 부부에게 그들이 살고 있는 동안 평생 지불한다고 했다.

[참고 6] 독도 연구 및 자료 수집가: 나는 이 글에서 독도가 우리나라 영토임을 증명하는 일을 오랜 동안 하여 온 두 분의 훌륭한 교수를 소개하고 싶다. 한 분은 서울대학교 명예교수이신 신용하(愼鏞夏, 1937~) 교수이고, 또 한 분은 세종대학교 일본어학과 호사카유지(保坂祐二, 1956~) 교수이다./ 신용

하 서울대명예교수는 1980년 서울대학교 대학원에서 사회학 박사 학위를 취득하고, 사회학과에서 교수로 재직(1981~2003)하고 퇴직한 후 명예교수가 되신 다음 독도학회(獨島學會) 회장을 하시는 분이며, 호사카유지 교수는 도쿄(東京)에서 일본인으로 태어났으나 우리나라 고려대학교대학원 정치학과에서 석·박사 과정을 마치고, 우리나라에 귀화(歸化)한 사람이다. 일본인들의 거짓된 언행과 침략근성(侵略根性)이 싫어 한국인으로 귀화했다는 것이다. 세종대학교에서 1998년부터 교수로 근무하면서 독도가 한국영토임을 증명하는 고 서류와 고 지도 다수를 찾아낸 분이다./ 호사카유지 교수는 일본의 우파 인사들이 망언을 할 때마다 전화와 편지, 그리고 이메일(e-mail) 등의 통신수단을 이용하여 규탄하는 훌륭한 일을 하여왔다.

호사카 유지(Hosaka Yuji)
세종대 교수

[참고 7] 1882년 일본인 기무라 제작 조선국 전도: 일본에서 발행한 지도로, 비록 동해를 일본해로 대마도를 일본 영토로 표시하였지만, 울릉도를 죽도(竹島)로 독도를 송도(松島)로 표기하고 있으며, 조선과 동일한 색채로 표시하여 조선 영토임을 나타내고 있다. 적어도 1882년까지 일본에서는 지금과 반대로 울릉도를 '죽도', 독도를 '송도'라 불렀다는 것이 입증되는 것이다. 지금 일본이 독도를 '죽도(竹島)'라 부르는 것이 얼마나 모순된 것인지를 단적으로 보여주는 지도이다. 일본에서 제작한 동판 조선국전도이다.

기무라 제작 조선국전도(1882).

독도박물관과 이종학 초대 관장

일본 극우파 인사들이 독도(獨島)를 일본의 영토라 한다. 그리고 2005년부터 2월 22일을 시마네켄(島根縣)에서 다케시마(竹島)의 날이라 하여 기념행사를 한다. 나는 한 번 쯤 독도를 내 눈으로 보고 싶었고, 1997년 8월 8일 개관된 독도박물관(獨島博物館)을 보고 싶어 2011년이 저물어 가는 11월 1일 울릉도와 독도를 찾아갔다.

묵호(墨湖)여객선선착장에서 예약한 울릉도(鬱陵島)행 선표를 받아 여객선 선플라워(Sun Flower)호에 승선하고, 승선한 여객선이 선착장을 출항하여 3시간 달려 울릉도 도동항(道洞港)여객선선착장(船着場)에 도착하였다. 하선하여 가까운 모텔(Motel)에서 하룻밤을 쉬고, 다음 날 아침 7시 독도(獨島) 왕복 여객선 시간을 알아보고 표를 구입하였다.

오후 2시 도동항여객선선착장에서 오션플라우어(Ocean Flower)호에 승선하고, 여객선이 동해를 동남쪽으로 90분 미끄러져 간 곳에 사진으로만 많이 보아온 독도를 볼 수 있었다. 섬 주변의 절벽이나 골짜기에는 나무와 풀이 자라서 푸른 곳이 여러 곳 보였고, 두 돌섬 사이와 골짜기에 갈매기들이 날라서 새들의 고향임도 자랑하고 있었다. 1987년까지 최종덕이 살았고, 현재 김성도가 독도주민으로 살고 있는 2층 주택이 독도 서도의 동쪽 바위산 밑에 파란 지붕을 하고 서 있었다. 여객선이 도착하면서 여객선 선장은 승객들에게 방송으로 자유시간을 알려주었다.

"하선하여 20분간 사진만 촬영하고 승선하세요!"

300명 정도의 여행객들이 선착장에 내리니 선착장이 시장거리와 같이 복잡했다. 나는 경비대원들이 생활하는 동도(東島) 정상까지는 올라가지 못하더라도 계단 길을 몇 계단만이라도 올라가 보았으면 했는데 계단에 발을 올려놓자마자 경비원이 소리 지른다.

"어르신 그곳은 관광객 출입금지구역입니다. 올라가지 마세요!"

글쎄! 독도를 사랑하여 고가의 여행비를 들여 찾아온 어른들에게 이것이 잘하는 것일까? 생각할 문제이다.

20분은 금시 흘렀다. 다시 승선하고 오션플라우어호는 출항하여 다시 90분 동안 동해를 독도로부터 서북쪽으로 미끄러져 도동항 여객선 선착장에 도착하였다.

1953년부터 3년 동안 누가 시킨 것도 아닌데 독도의용수비대를 창설하여 일본 사람들이 접근하지 못하게 했다는 홍순칠(洪淳七, 1929~1986) 의용수비대장의 일기체 소설은 우리나라 사람들의 독도사랑을 대변하는 것이다. 홍순칠 의용수비대장을 포함하여 수비대원 33명이 자원하여 3년간이나 독도를 지킨 다음 우리나라에는 수십 개 독도사랑 모임이 만들어지고 각 모임이 독도를 수시로 방문하여 바위로 만들어져 있는 독도를 푸르게 가꾸는 일도 하고 있다.

독도에 여객선으로 갔다 와서 다시 모텔에서 쉬었다. 그 다음 날 아침 나는 독도박물관을 관람하기 위하여 도동 시가지 비탈진 도로를 걸어 올라갔다. 독도박물관은 내가 하루저녁을 보낸 모텔에서 500m쯤 골목길로 올라간 도동에서는 고도가 높은 위치에 세워져 있다.

그런데 박물관 축대 밑에 큰 비석이 세워져 있는 것을 볼 수 있었다. 비석에는 "대마도는 본시 한국영토였다"라는 글씨가 새겨져 있었다. 그렇게 새겨진 글씨 밑에 우리나라의 지도와 지도에 대한 설명이 새겨져 있다. 대마도가 조선의 영토라고 하는 지도이다. 1592년 임진왜란 당시 일본의 왕 도요토미히데요시(豊臣秀吉)의 명령으로 일본의 지리학자 '구끼' 등이 제작한 「朝鮮國地理圖 內 八道總圖」(조선국지리도 내 팔도총도)이다. 우리나라 지도 밑에 대마도가 조선령으로 그려진 지도였다. 일본의 정부에서 대마도가 조선땅이라 했는데 일본 정부가 그것

울릉도 도동 독도박물관에서 케이블카로 독도전망대 오르면서 독도 박물관 내려다본 사진(2015년 11월)

이 거짓이라고는 할 수 없을 것이다.

대마도가 한국령이라는 역사적 사실을 나타낸 비석 옆에 시인 박정진의 독도사랑 시(詩)가 새겨진 오석 재질의 시비(詩碑)가 있다. 이러한 공간을 만들어 놓았다는 것은 우리 국민이 독도를 지극히 사랑한다는 것과 일본인들이 독도를 자기네 땅이라 하지만 그것은 근거가 없는 말이라는 의미이다.

독도박물관은 초대 박물관장 고(故) 사운 이종학(史芸 李鍾學, 1927~ 2002)의 오랜 노력 끝에 1997년 8월 8일 개관한 국내 유일의 영토박물관이다. 좀 더 자세히 개관 과정을 설명한다면 다음과 같다. 1995년 울릉군에서 광복 50주년 기념사업의 하나로 독도박물관 부지를 제공하였고, 그 다음 삼성문화재단에서 그 부지 위에 박물관 설계도를 작성하고 그에 따라 건물을 건축하였다. 이 박물관 내에 사운 이종학이 주관하여 수집한 전시물들이 전시되었다. 나는 팔도총도 비석에서 하나의 축대를 더 계단을 밟고 올라갔다. 그곳에 '독도박물관'이 세워져 있는 것이다.

초대 독도박물관장 고 사운 이종학의 생애를 소개하면 다음과 같다. 이종학은 1927년 수원군 화성면 주곡리에서 태어났다. 1957년 연세대 앞에서 고서점인 연세서림을 운영할 때부터 고문헌과 고지도 등을 수집하여 보관하였다. 그때부터 그는 서지학자(書誌學者, Bibliographer)이고 역사자료수집가(歷史資料蒐集家)가 되었다. 독도를 일본의 우파 인사들이 일본영토라 주장하는 국가의 귀찮은 문제가 생기면서 이것과 관계되는 자료를 수집하기 위하여 일본을 30여 차례나 왕래하면서 독도에 관한 자료를 수집하였다고 한다. 그러한 노력의 결과가 독도박물관을 개관하는데 공헌하는 결과가 되고 초대 독도박물관장의 중책을 맡게 된 것이다. 그가 발견한 삼국접양지도(三國接壤地圖)는 1785년

울릉도 도동에 1997년 개소한 독도박물관 앞 대마도가 한국땅임을 주장하는 비석.

일본인 지리학자 하야시시헤이(林子平)가 작성한 지도로서 이 지도에 독도는 분명 한국의 영토라고 표시되어 있다.

물론 이종학은 독도에 관한 역사자료뿐만 아니고 임진왜란, 금강산, 및 수원 역사자료를 수집하여 체계적으로 보관하였다. 그가 2002년 11월 23일 타계한 다음 유족들은 그가 생전에 수집한 2만여 점의 그림, 사진, 지도, 그리고 고서적 등을 수원역사박물관(水原歷史博物館)에 기증하여 전시되게 하였다. 그의 상반신 흉상이 수원역사박물관 입구에서 관람객들을 맞아들이고 있고, 독도박물관 앞에는 그의 송덕비가 세워져 있다.

구름 한 점 없이 맑고 바람도 없는 날 독도박물관에서 케이블카(cable car)로 올라간 산정상에서는 독도를 바라볼 수 있다고 하여 케이블카를 타고 올라가 볼 생각도 하였는데 이날이 케이블카의 점검 · 수리하는 날이어서 타고 올라가 독도를 관망하는 것은 포기할 수밖에 없었다. 하기사 해무가 약간 끼어 올라간다고 해도 독도를 볼 수 있을지 모르지만.

나는 이 글의 말미에 박정진(1950~ , 대구 출생) 시인의 시를 소개하여 독도를 사랑하는 우리 국민의 마음을 표시하고 싶다. 박(朴) 시인은 독도를 꽃이라, 문무대왕이라, 또 해동성인이라 나타냈다.

> 독도/ 박정진/ 대륙의 꿈이 돌고 돌아 끝내/ 동해에 돌산으로 숨은 섬/ 바라볼 건 일출이오./ 들리는 건 파도와 괭이갈매기들의 울음소리/ 깎아지른 암벽은 하늘을 치솟아 외로움을 내 품는데/ 그 틈새로 자주 빛 참나리 향을 풍긴다./ 넌 대륙의 마지막 정절/ 일찍이 너같이 홀로 있다고 이름을 붙인/ 당돌한 섬은 없었다./ 넌 우리 의지의 결정/ 목숨 걸고 절벽에서 꽃을 꺾어/ 수로부인에게 받힌 헌화가의/ 옛 선인 예 살아 있구나/

이런 곳에 홀로 피는 꽃이나/ 그 꽃을 꺾어 바치는 마음이나/ 이런 곳에 홀로 박힌 몸뚱어리나/ 모두가 꽃이다./ 동해 제일 끝에서 육중한 몸을 흔들어/ 맨 먼저 잠을 깨어 달려 나와/ 일출을 온 몸으로 받아 날마다 새롭게 피어나는/ 암청색 네 몸뚱어리/ 넌 우리의 수호신, 동해 용왕되어 / 나라를 지키고자 산골한/ 문무대왕이 여기 나와 있구나/ 홀로 있지만 그 속에 두 세계 감춘/ 동섬, 서섬, 암바위, 수바위…/ 그대로 석화산이로다./ 육지로 육지로 달려와/ 바다와 하늘을 하나로 품는 네 모습 장하다./ 해동성인이로다.

〈2011년 11월 4일 청주시 성화동에서〉

[참고] 내가 읽은 독도 관련 서적: 내가 읽은 '독도'와 관련 있는 이야기가 담겨진 책들을 나열하여 보면 다음과 같다. 이예균 · 김성호의 「일본인은 죽어도 모르는 독도이야기 88」, 송병기의 「울릉도와 독도, 그 역사적 검증」, 안세희의 만화 「옛날부터 우리 땅 독도」, 이주홍의 저서 「우리 땅 독도를 지켜낸 바다의 사자 안용복」, 독도의용수비대 홍순칠 수비대장의 자서전 「이 땅이 뉘 땅인데!」, 그리고 정재민 저작한 「소설 이사부」와 「독도 인 더 헤이그」 등이다. 내가 독도에 대하여 좀 아는 것이 있다면 이들 독도 관련 서적들을 읽었기 때문일 것이다.

동남동녀가 울었다

그 형태가 여우의 머리를 닮았다고 하는 동해의 외로운 섬 울릉도(鬱陵島)는 그래도 가까이에 독도(獨島, =우산도(于山島))가 있어 심하게 외롭지 않다. 2012년 9월 17일 찾은 울릉도는 섬의 서쪽해안의 바위절벽에 터널이 뚫리면서 둘레길이 만들어지고 울릉도 일주도로(一週道路) 100km가 거의 완공되어가고 있었다.

저동(苧洞)에서 민박으로 하루 저녁을 쉬고, 이튿날은 민박집 아주머니의 소개에 응하여 관광버스를 타고 나리분지까지 갔다 오는 여행을 하기로 했다. 해안 일주도로를 따라 서쪽으로 남양(南陽)에서 사자바위를 카메라에 담기도 하고, 1차로로 암벽을 뚫어 만든 터널 두 개도 지나면서 해발 약 500m의 태하령(台霞嶺)을 넘었다. 태하령 정상을 넘어 내려간 골짜기에서 또 하나의 고개가 시작되기 전 삼거리에서 왼쪽으로 내려간 곳이 태하동(台霞洞)이다. 태하동은 울릉도 여러 마을 중 가장 넓은 골짜기이다. 이곳이 울릉도에서는 최초로 사람이 살았던 곳으로 예측된다는 것이고, 1900년 10월 25일 대한제국 황제의 칙령 제41호가 발령되면서부터 1914년까지 강원도 울릉군청(鬱陵郡廳)이 위치하였던 곳이다. 관광버스는 태하등대(台霞燈臺) 관광객 수송용 모노레일 출발지이고, 울릉도 서쪽 지역 관망대로 올라가는 층계 밑 주차장에 멈추면서 20분간의 자유시간을 여행객들에게 주었다.

나는 태하동 중심부에 위치한 성하신당(聖霞神堂)을 보았으면 했는데 지나쳐 온 것이다. 그러나 참으로 다행한 것은 관망대를 올라가 보고 이제 나리분지를 향하여 관광버스가 출발하기 위해 마을을 돌아 나올 때 관광버스가 성하신당 가까이 위치한 울릉도 특산품 판매 상점 앞에 멈춘 것이다. 나는 운전기사에게 잠시 옆의 신당에 가서 사진 몇 장 카메라에 담고 오겠다고 하니 "그리하시지요." 한다. 40년 전에도 그런 느낌이 있었으나 이 날도 가슴이 답답함을 느끼면서 신당의 정문으로 들어섰다.

성하신당이라는 현판이 작은 전각의 열려진 문 위 처마 밑에 걸려 있다. 대문과 전각의 열려진 문 사이는 조그마한 뜰인데 아름드리 해송(海松)이 몇 그루 서 있고, 잎이 무성한 후박나무도 한 그루 보였다. 성하신당 좌우와 대문좌우를 연결하여 벽돌담이 예쁘고 튼튼하게 건축되어 이 신당을 아늑하게 만들어 준다. 대문을 들어서면서 오른쪽 담 밑에 성하신당의 전설이 기록된 안내 설명표지판이 세워져 있었다. 다음은 안내 설명표지판에 기록된 전설이다.

> 성하신당 전설(聖霞神堂 傳說)/ 조선 태종(太宗, 1367~1422, 재위: 1400~1418) 때 울릉도 공도정책(空島政策)이 확정된 다음 안무사(按撫使)로 임명된 김인우(金麟雨) 일행이 울릉도 주민을 강원도로 데려오기 위하여 병선 두 척을 이끌고 태하(台霞)에 도착하여 섬 이곳저곳의 주민들

을 모아 다음 날 출발하기로 하고 잠을 자는데 꿈에 해신(海神)이 나타났다./ 김 안무사가 "어쩐 일이십니까?"하고 묻자 해신이 다음과 같이 말했다. "너는 내일 떠나기 전에 동남동녀(童男童女) 한 쌍을 남기고 떠나거라!" 하고는 사라졌다./ 김 안무사는 날이 밝아 출발하려 하니 풍파가 일어 기다릴 수밖에 없었다./ 그는 한 계략을 생각했다./ 꿈에 만난 해신의 말을 듣기로 한 것이다./ 그는 소년 한 사람과 소녀 한 사람을 불러 "얘들아! 내가 거처하던 곳에 필묵을 놓고 왔으니 가서 가지고 오거라!" 하니 둘은 빨리 그 곳으로 걸어갔다./ 그러자 풍파가 조용해지고 순풍이 강릉 쪽으로 불었다./ 모든 사람을 배에 타게 하고 돛을 올렸다./ 필묵을 찾지 못한 동남동녀가 달려 왔을 때 두 병선은 수평선 너머로 사라지고 있었다. /－〈중략〉－/ 수년이 흐른 후 김인우가 다시 울릉도 안무사로 임명되어 울릉도에 입도하였다./ 입도하자마자 태하동의 이곳저곳을 둘러보았다./ 3년 전 두고 돌아간 소년과 소녀의 흔적을 찾아보기 위해서였다./ 드디어 한 나무 밑에 껴안은 형상의 사람뼈가 보였다. －〈이하 생략〉－

소년과 소녀 한 명씩에게 필목을 놓고 왔다고 가지고 오라 심부름 시킨 다음 심부름 간 사이 떠나가 버린 안무사 김인우 일행을 두 사람은 울면서 원망했을 것이다. 심부름 시킨 것이 어린 두 남녀만을 외로운 섬에 남겨두려는 안무사라는 어른의 거짓말이었으니 어마어마한 배신감을 느꼈을 것이다. 죽어서 귀신이 되어 원수를 갚겠다는 앙심을 품고 죽었을 수도 있다. 남녀 한 쌍을 남겨두고 갔다 3년 후 다시 온 김인우는 어느 나무 밑에 껴안은 형상의 두 사람의 뼈를 발견하였다고 한다. 이때 김인우도 사람이고 자녀를 두고 있는 아버지였으니 대단히 큰 죄책감을 느꼈지 않았을까(?) 하는 생각이다. 이들은 아직 어려서 음식이나 여분의 옷도 없는 상태에서 그것을 만들 물질과 공구도 없었으니 설마 어린 소년과 소녀가 외로운 섬에 남아있다는 것을 안무사가 알고 갔으니 다시 배를 가지고 돌아올 것을 기다리다 지쳐 죽었는지도 모를 일이다.

인생의 허무함을 초로(草露) 또는 물거품으로 비유한다. 그렇다 해도 이 어린 소년·소녀는 너무 안타깝게 어린 나이에 지금부터 거의 600년 전 외로운 섬 울릉도에 남겨져 저 세상으로 갔다. 김인우는 인정이 없는 악마인 것이다.

이 세상 어느 누구도 저 세상에 가지 않는다던가? 영혼이 있다면 아주 짧은 미래에 먼저 간 조상들이나 바로 뒤에 오는 누구든 저 세상에서 만나는 것이다. 이 동남동녀의 이야기는 근세사에 속한 태종 때의 일이니 전설이 아니고 실화일 것이다.

안내 설명표지판 앞에서 신당(神堂) 전각(殿閣) 건물을 바라보니 전각 현판 밑 앞문은 활짝 열려있다. 열려진 문으로 안을 들여다보니 제사상(祭祀床) 뒤에 앉은 동남동녀의 밀랍인형상(蜜蠟人形像)이 보였

정문에 들어가면서 바라본 태하동 성하신당(聖霞神堂)의 모습.

다. 소년은 흰 빛깔의 바지와 저고리를 입고, 소녀는 노란 저고리에 초록 치마를 입었다. 약 600년 전 외로운 섬 울릉도에 남겨져 저 세상으로 간 동남동녀를 위로하기 위하여 울릉도민들이 그들을 밀랍인형으로 만들어 이 성하신당에 모셔 놓고 제사를 지내어 주는 것이다.

정문에 들어와 동쪽 담 앞 성하신당 안내 설명표지판 옆에 세워놓은 오석 재질의 시비에는 시인 지안(芝岸) 이계애(李季愛)의 성하신당 동남동녀(聖霞神堂 童男童女) 라는 제목의 현대시가 새겨져 있었다.

성하신당 동남동녀(聖霞神堂 童男童女)

격랑의 세월 견뎌내는 이여 그렇게
돌아와 섬이 되는 이여
목을 놓고 우짖는
저 파도소리

태하동 성하신당에 안치한 동남동녀(童男童女) 밀랍인형.

누구의 전생인가
그날그날 피어나는 꽃잎이거나
단 한 번의 낙화에도
홀연히 번져나는
저 향기는 또
누구의 슬픔인가?
다만 童男童女 우리 주검은
발원의 지극한 불길 되어 다시 살아나느니
사람아
우리에겐 이처럼 사랑이 있어
추위와 굶주림과 두려움
벗이나 있어
여기 전설의 힘으로 지어진
영혼의 처소에서
칠흑 어둠을 지나서도 길길이 뛰는 바다
그 깊이를 다스린다.

이계애 시인은 동남동녀가 외로운 섬에 남겨진 슬픔도 노래했고, 사랑과 전설도 노래했다.

해송 숲에 둘러싸인 성하신당을 뒤로 하고 특산물 판매장 앞으로 왔을 때 아직도 버스를 같이 승차하고 온 여행객 일부가 특산물 구입 중이다. 이제 이들이 버스에 모두 승차하면 약 500m 위 1시간 쯤 전 태하동으로 들어올 때 지나온 삼거리로 가서 좌회전하여 열두 구비 구부러진 고갯길을 오르고 다음 현포(縣浦) 바닷가로 내려가 나리분지로 오르는 여행길을 갈 것이다.

〈2012년 9월 21일 청주 사천동 신동아아파트에서〉

[참고] 울릉도와 독도 여행: 울릉도와 독도는 한국인에게 인기 있는 여행지가 되었다./ 역사적으로 지리적으로 우리나라의 영토인 독도에 한국의 대통령이 여행했다고 트집 잡는 나라가 있다./ 일본 극우파놈들은 한국 사람들이 독도 이야기만 나오면 신경을 곤두세운다고 한다./ 그러나 한국 사람들이 독도이야기에 신경 쓰지 않을 수가 있는가? 저이 놈들이 우리 땅 독도를 "자기들의 고유한 영토"라 하는데 어찌 한국 사람들이 신경을 곤두세우지 않을 수 있느냔 말이다./ 울릉도에는 400명 여행객이 탑승하는 대형 여객선이 포항, 묵호, 강릉에서 왕복하고 있다. 묵호에서 울릉도 도동항까지는 3시간, 도동항에서 독도까지는 1시간 30분 걸린다.

처용암에
궂은비 내리는데

2008년 1월 20일 오후 2시 울산역에 도착. 울산역 앞에서 택시에 승차하면서

"처용암(處容巖)에 갔으면 합니다."

하고 기사에게 말하니 곧 바로 택시는 남쪽 공장건물 사이 길을 달려 내려갔다.

나는 오늘 신라 제49대 헌강왕(憲康王, 재위: 875~886) 때 개운포(開雲浦) 세죽마을 앞에서 나왔다는 용왕의 아들 처용(處容)의 전설이 묻혀있는 처용암을 찾아가는 것이다.

운전기사는 택시를 운전하면서 안내방송을 내 보냈다.

"약 40년 전인 1970년대에는 울산의 인구가 5만 명을 조금 넘는 조그마한 도시였습니다. 그런데 돌아가신 박정희 대통령이 이곳에 공업단지 건설을 지시하여 공업단지를 조성하면서부터 커지기 시작하여 지금은 인구가 약 120만 명을 넘는다고 합니다. 그러므로 울산시의 주민

은 원주민이 거의 없고 모두 외지인들입니다. 오른쪽에 보이는 건물이 1962년 대한석유공사로 출발하여 유공, 그리고 SK로 이름이 바뀐 정유공장(精油工場)입니다. 이 부근은 화학공업단지랍니다. 이곳에도 공업단지가 들어서기 전에는 민가들이 꽤 있었는데 화학공업단지가 들어서면서 대부분 이사했습니다. 환경오염문제(環境汚染問題) 때문이라 합니다. 공단 사원들은 처음에 자전거로 출퇴근을 하더니 지금은 오토바이로 출퇴근합니다."

이제 택시는 왼편 창으로 바다가 보이는 도로를 달리더니 길 건너편 왕대나무 숲이 보이고, 그 앞으로 작은 갈림길이 있어 삼거리인데 그 갈림길 옆에 처용암이라고 새겨진 표지석이 나오자 그곳으로 좌회전하여 왕대 숲 사이 비포장 길로 택시는 서서히 달렸다. 오른쪽으로 넓은 호수(湖水) 같은 물이 차 있는 공간이 보였다.

"옆에 보이는 것이 호수입니까?"

하고 물으니 운전기사는

"바다입니다."

라고 대답했다. 작은 어선(漁船) 서너 척이 떠있고, 사방이 낮은 산으로 둘러싸였는데 호수가 아니고 동해(東海)로 연결된 만(灣)이라는 것이다. 만의 중간에 조그마한 바위섬이 보였는데 그 운전기사는

"오른쪽으로 보이는 섬이 처용암입니다."

라고 했다. 그리고 바닷가 허름한 음식점 앞에 나를 내려놓으면서

"이곳이 개운포바닷가입니다. 구경 잘 하고 가시이소."

하고 택시를 돌려 들어온 길로 달려 나갔다.

온 날이 장날이라고 하늘은 음산하게 잔뜩 찌푸리고 궂은비가 부슬부슬 내렸다. 내가 택시에서 내릴 때 앞에 보였던 허름한 음식점은 처용암기와집이라는 음식점이었다. 이 음식점 주변이 880년 경 겨울 어

느 날 헌강왕이 민정시찰 나와서 쉴 때 안개가 앞을 볼 수 없도록 끼었다는 개운포(開雲浦)인 것이다. 그 때 일관(日官)은 헌강왕에게

"동해 용왕이 조화를 부리는 것이니 좋은 일을 해 준다고 약속해야 안개가 걷힐 것입니다."

라고 말했다 한다. 그 말을 들은 헌강왕은 수행하여 온 대신들에게

"이곳에서 가깝고 좋은 장소를 찾아 용왕을 위해 절을 짓도록 하라!"

고 말하였다. 그 말이 떨어지자마자 안개가 사라지면서 용왕이 그의 일곱 아들과 함께 처용암으로 나와 감사의 인사를 하고, 노래도 부르고 춤을 추었다고 한다.

안개가 앞이 보이지 않을 정도로 잔뜩 끼었다가 절을 지으라는 왕의 말이 떨어지자마자 사라진 곳이라고 하여 이름이 개운포(開雲浦)가 된 것이다. 내가 도착했을 때 구름이 잔뜩 끼고 비가 내리는 것은 지금도 이곳 바다 속에 용왕이 살아서 나에게 그때의 상황을 조금 맛보게 하려는 듯했다.

헌강왕은 용왕의 일곱 아들 중 총명해 보이는 한 아들을 경주로 데리고 와서 어여쁜 처녀와 결혼하여 살게 하고 급간(級干)이라는 벼슬을 주었다고 한다. 그의 이름이 처용(處容)이다.

그런데 역신(疫神)이 처용의 아내를 흠모(欽慕)하여 밤에 처용이 나가서 친구들과 노는 동안 처용의 집에 들어와서 처용의 아내와 동침했고, 처용이 돌아와 역신이 아내와 동침하는 것을 보고 즉석에서 지어 부른 노래가 처용가(處容歌)라 하는 향가(鄕歌)이다.

안개를 끼게 만든 용왕을 달래려고 헌강왕이 지어준 절이 울주군 청량면의 망해사(望海寺)라고 일연선사(一然禪師, 1206~1289)의 저서 삼국유사(三國遺事)에 기록되어 있다.

나는 처용암의 안내 설명표지판이 어디에 세워져 있는지를 물어보

려고 옆에 있는 음식점 처용암기와집에 들어가려고 하니 누런 개 한 마리가 다리를 절름거리고 나를 따라오며 "콩콩" 짖었다. 낯선 사람만 보면 짖는 동물이니 어쩌겠는가? 경계하면서 음식점에 들어가니 두 여인이 부엌에서 음식을 준비하다가 나온다.

"처용암의 안내 설명표지판이 어디 있는지요? 그것을 물으려 들어왔습니다."

라고 말하니 한 여인이

"그 안내 설명표지판 이 위 시내버스정류소 옆에 있습니다."

했고, 또 한 여인은

"그 안내 설명표지판요? 여기서 약 100m쯤 바닷가를 따라 올라가면 그곳에 있습니다."

라고 했다. 우선 두 번째 여인이 가리켜 준 곳이 가깝고 바닷가를 따라 조금 올라가면 된다고 하니 찾아보기로 했다.

문밖에 나오니 그 다리를 절름거리는 누런 개가 또 따라오며 콩콩 짖었다. 이제는 식당 아주머니가 소리 한 번 지르니 그 강아지 꼬리를 내렸다. 인간도 처음 보는 사람에게 이유 없이 짖다가 좀 지위가 높거나 이해관계가 연관되어 있는 사람이 제지하면 꼬리를 내리는 치사한 인간이 있는데 이 강아지와 같은 것이다. 그 여인은 친절하게 비를 맞으면서 바닷가까지 따라와 처용암 안내 설명표지판의 위치를 확인하여 주고 음식점으로 돌아갔다.

처용암의 안내 설명표지판은 처용암이라는 작은 바위섬에서 가장 가까운 개운포바닷가에 세워져 있었다. 처용암은 울산온산산업단지(蔚山溫山産業團地)에서 석유화학단지(石油化學團地) 쪽으로 들어온 바다(만(灣)이라 한다)의 가운데 위치한 둘레 100m 정도 되는 바위섬이다. 개운포에서 처용암이 가운데 있는 바다 건너는 온산공단이 위치한 처용리(處容里)이다. 개운포가 있는 처용암의 동북쪽 마을이 황성동(皇城洞)이고, 황성동에 개운포성지가 있다.

처용암 안내 설명표지판 옆에 매끈하게 깎은 가로 1.5m, 세로 1m, 두께 20cm의 묵직하고 아담한 오석으로 만든 비석이 서 있었다. 1985년 울산문화원에서 세운 것으로 윗부분에 處容歌碑(처용가비)라 큰 한자글씨로 제목이 새겨졌고, 「처용가(處容歌)」가 역시 큰 글씨의 한문 해서체로 새겨져 있었다. 또한 처용암으로 향한 면에는 삼국유사의 처용에 대한 설화가 한글 해서체로 새겨져 있다.

處容歌碑(처용가비)

東京明期月良(동경명기월량)(동경 달 밝은 밤에)
夜入伊遊行如可(야입이유행여가)(밤 늦도록 노닐다가)
入良沙寢矣見昆(입량사침의견곤)(들어와 자리를 보니)
脚烏伊四是良羅(각오이사시양라)(다리가랑이 넷이더라)
二肹隱吾下於叱古(이힐은오하어질고)(둘은 내 것이고)
二肹隱誰支下焉古(이힐은수지하언고)(둘은 누구의 것인가)
本矣吾下是如馬於隱(본의오하시여마어은)(본래 내 것 이었지만)
奪叱良乙何如爲理古(탈질양을하여위리고)(빼앗긴 것을 어찌하리)

그런데 나는 이 비석에 새겨진 글자에서 있어서는 아니 될 사실을 발견하였다. 새겨진 한자(漢字) 중 한 자가 틀리게 새겨진 것을 발견한 것이다. 여러 사람들로부터 거금을 거두어 만든 훌륭한 오석 재질의 비석에 처용가의 원문을 새겨 몇 천 년, 몇 만 년 동안 서있을 좋은 기념물인데 새긴 글자가 한 자라도 틀려서야 되겠는가? 틀린 글자는 마지막 줄의 새을(乙)자가 일본 글자의 "て(테)"자와 같이 새겨진 것이다.

비석에 새기는 글자는 오자와 탈자가 없는지 새기기 전 전문가의

오석 재질의 처용가비(處容歌碑)와 '처용암 안내 실명표지판' 그리고 비위섬 '처용암'.

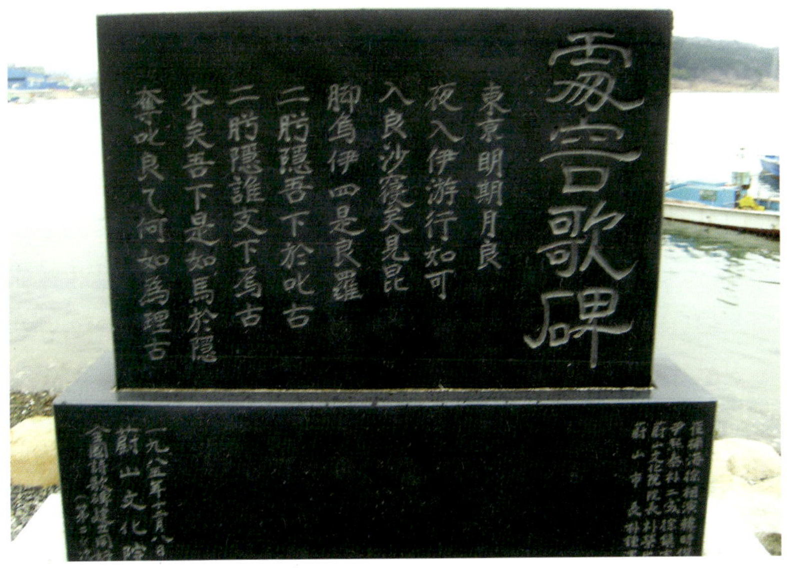

처용암 가까운 바닷가에 세워진 처용가비.

마지막 확인 작업이 필요한 것인데 오자(誤字)가 있다는 것은 확인 작업을 하지 않은 증거이다.

처용암은 작은 바윗돌들 위에 큰 바위 두 개가 올라앉은 조그마한 바위섬이다. 섬은 몇 그루의 이름 모를 상록수가 두 큰 바위 주위에 뿌리를 내리고 생명을 유지하고 있으므로 푸른색이다.

헌강왕이 개운포에서 쉬고 있을 때 짙은 안개가 끼어 앞을 볼 수 없었다는데 오늘은 안개는 조금 끼었으나 구름이 끼어 음산한 날씨에 진눈개비가 조금씩 내려 우산을 가지고 오지 않은 칠십 객의 옷을 적셔 주고 있었다.

내가 헌강왕과 같은 권력이 없어 용왕을 위해 절을 지어 주라는 말도 할 수 없고 만들어 줄 수도 없으니 음산한 날씨에 궂은비를 내리게 하여 고통스럽게만 하는 것인가? 그러나 처용이 용왕의 아들이고 용왕이 안개를 끼게 하여 헌강왕이 절을 지으라 했다는 설화는 이야기를 좋아하는 사람의 지어낸 이야기일 것이다. 용왕의 아들이 바다 속에서 처용암으로 올라와 헌강왕을 따라 경주로 가서 관리생활을 어찌 할 수가 있겠는가?

추측컨대 울산에서 사람들의 존경을 받던 나이 지긋한 한 울산의 유지가 아들 일곱을 데리고 민정시찰을 나온 헌강왕을 극진히 대접하였으므로 헌강왕이 그의 소원을 물어보니 "상감마마 절을 하나 지었으면 하는 소원이 있습니다." 했고, 헌강왕은 그것을 가상히 여겨 망해사(望海寺)를 지어 주라고 지시한 것이다. 그리고 그 일곱 아들 중 미남이고 심성이 착해 보이며, 글도 많이 읽고, 향가작사도 잘 하는 아들인 처용을 서라벌(徐羅伐)로 데리고 와서 어여쁜 처녀와 결혼시키고, 급간(級干)이라는 벼슬도 주었는데, 이것을 사람들이 그러한 설화로 만든 것이다. 그 처용이 「처용가」라는 향가를 지어 불러서 구전되다가 일연선사(一然禪師)에 의해 삼국유사(三國遺事)에 기록된 것이다. 보통

사람들은 모르고 살지만 이러한 훌륭한 향가(鄕歌)가 우리나라에 있다는 것이 우리나라 사람의 자긍심을 북돋우는 것이다.

나는 개운포에서 구름 낀 음산한 겨울날씨에 찬 진눈개비를 맞으며 처용암을 바라보다가 대나무 숲 사이로 닦여있는 오솔길을 따라 큰길로 올라와 시내버스정류장에 오니 시내버스정류장 벽에도 처용암 설화가 큰 글씨로 쓰여 있었다.

그러니까 「처용암기와집」이라는 음식점에서 부엌에 있던 한 여인이 "처용암 안내 설명표지판은 울산역에서 울산 공업탑으로 연결되는 도로의 시내버스정류장에 있어요." 라고 말한 것도 틀린 말이 아닌 것임을 알게 되었다.

오늘은 헌강왕과 처용의 발자취를 따라갔었다.

〈2008년 1월 28일 청주 사천동에서〉

[참고] 처용암 안내 설명표지판에 기록된 설명문: 처용암(處容巖)/ 울산광역시 기념물 제4호/ 울산광역시 남구 황성동668-1/ 처용암은 남구 황성동 세죽마을 바로 앞에 보이는 바위섬이다./ 이 바위섬에서 처용이 나타났기 때문에 이 바위섬을 처용암이라 부르게 되었고, 그로 인해 처용암 남쪽의 마을 이름도 처용리로 되었다 한다./ 삼국유사(三國遺事)에 기록된 처용(處容)의 설화와 관계있는 유서 깊은 바위섬이다./ 신라 제49대 헌강왕(憲康王, 재위: 875~886)이 이곳에 와서 순유(巡遊) 하다가 돌아가던 중 물가에서 쉬고 있는데 갑자기 안개가 짙게 끼어 길을 찾을 수 없었다./ 일관(日官)이 아뢰기를 "동해의 용왕이 조화를 부리는 것이니 좋은 일을 해주어 풀어야 합니다."라고 했다./ 그 말을 듣고 임금이 근처에 용왕을 위한 절을 세우라고 지시하자 바로 안개가 걷히었다./ 그 절이 울주군 청량면 율리에 재현되어 있는 망해사(望海寺)이다./ 이곳은 임금이 절을 세우라 지시하자 안개가 걷힌 포구라 하여 개운포(開雲浦)라 부르게 되었다./ -〈중략〉-/ 처용이 아내와 동침하는 역신(疫神)을 물리치려고 불렀던 노래가 유명한 신라 향가(鄕歌) 「처용가」이다.

쓰시마와
쓰시마 해전

나는 2007년 여름 문화방송에서 주관하는 대학생들의 여름방학 역사탐방단을 따라 쓰시마 여행을 하게 되었다. 쓰시마는 우리나라의 부산에서 50km도 되지 않는 가까운 거리인데 칠십객으로 첫 발걸음을 하는 것이었다.

중복이 3일 후인데 쓰시마(對馬島) 맨 북쪽 항구 히타카츠항에 오전 11시 쯤 우리 역사탐방단을 실은 여객선이 도착하여 상륙하고, 일본의 관광버스에 올라 쓰시마 북쪽으로부터 몇 곳을 관광하였다. 쓰시마의 맨 북쪽 낮은 산꼭대기에 조성된 와니우라 한국전망대에서는 맑은 날 부산과 거제도의 산들이 보인다는데 날씨가 좋지 않아 한국의 산을 희미하게나마 볼 수 없었다. 이 조그마한 산꼭대기에는 108명 조선통신사 일행과 4명의 일본인 안내원이 1691(숙종(肅宗) 27)년 일본으로 가던 중 폭풍을 만나 목숨을 잃었던 것에 대한 위령탑이 세워져 있다. 그 시절 일본으로 가는 유일한 통로인 쓰시마를 거쳐 가는 현해탄 뱃길에서 그렇게도 죽을 수 있었으니 인생의 목숨이란 어찌 보면 파리 목숨인 것이다.

이곳과 부산 사이에는 섬과 같은 가로막는 것이 없고 바다이므로 이곳에서는 가지고 온 휴대폰을 열면 한국과 통화가 된다고 일행들은 가족에게 전화를 하며 즐거워하였다.

쓰시마(對馬島)는 남북이 80km, 동서는 0.3~8km의 긴 섬이라 했다. 우리 여행단을 실은 관광버스는 쓰시마의 중간쯤 왔을 때 한 정자에 올랐다. 가이드는 서쪽으로 내려다보이는 작은 만(灣)이 많고 섬이 그 만들 앞에 있어 외부에서 잘 보이지 않으므로 신라시대부터 조선시대까지 우리나라의 해안을 무수히 침범한 왜구들의 소굴이었다고 했다. 이 전망대를 만제키전망대(万關展望臺)라고 했다.

우리 일행을 승차시키고 달리는 관광버스는 만제키전망대에서 5km 정도 왔을 때 쓰시마의 허리에 상당하는 만제키바시'(万關橋, 210m) 북쪽 입구에 섰다. 관광지의 하나가 된 이 교량과 교량주변을 관람하라는 것이다. 쓰시마가 두 개의 큰 섬으로 된 줄 알았는데 그것은 내가 지리를 잘 못 공부한 것이다. 서쪽의 아소만과 동쪽의 미우라만(三浦灣) 사이는 낮은 언덕으로 300m 정도 넓이 밖에 되지 않았다고 한다. 일본 정부는 쓰시마가 군사작전의 요충지로 쓰일 것을 예상하고 1900년 언덕을 파서 운하(運河)를 만들었다. 그리고 그 운하 위에 다리를 놓아서 쓰시마의 남、북을 왕래하는데도 불편이 없게 만들었다고 한다.

러일전쟁(露日戰爭)의 마지막 전투인 쓰시마 해전이 일어나기 5년 전인 1900(明治 33)년에는 다리의 길이가 80.0m, 우리나라 6 · 25전쟁이 일어난 1950(昭和 31)년에는 보수하여 81.6m의 다리로 만들었고, 1996(平成 8)년에는 일본 정부가 15억 엔을 들여 넓이도 넓히고 길이도 210.0m로 확장하였다. 다리 위에 H빔을 아취형으로 부착하여 교량을 튼튼하고 아름답게 만들고, 빨간 페인트칠을 한 것이다. 러일전쟁(露日戰爭)의 마지막 전투라 할 수 있는 쓰시마해전에서 만제키바시 밑에 만든 이 운하가 실제 전투에 얼마나 도움을 주었는지 그것은 전투사에 나타나 있지 않으니 모른다.

일본의 선전포고에 의하여 만주의 남쪽 요동반도에서 시작된 러일전쟁(露日戰爭)에서 사상자수는 일본이 많으면서 심양(審陽)과 뤼순(呂順), 다이렌(大蓮) 등의 전투가 일본군에 유리하다고 생각되자 러시아의 니콜라이 황제는 전함, 구축함, 순양함 등 42척으로 구성된 발틱함대에게 요동반도(療東半島)의 러시아군을 돕도록 명령했다. 그래서 쓰시마해전은 일어난 것이다. 쓰시마해전은 1905년 5월 27일 시작하여 5월 29일 끝난 전쟁이었다.

발틱함대가 1904년 10월 15일 발틱해의 리에파이항에서 출항하여 대한해협에는 5월 27일 도착하였으니 7개월 12일이 소요된 것이다. 케이프타운을 돌아 1905년 1월 9일 마다카스카르에서 사격훈련도 하고 석탄(증기함이어서 석탄이 없이는 움직일 수 없었다고 함)을 공급받는데 2개월, 인도양을 항해한 후 4월 14일에는 베트남의 캄란항에 도착하여 석탄을 공급받는데 1개월, 그리고 5월 9일 캄란항을 출항하여 쓰시마해협에는 5월 27일 도착한 것이다. 쓰시마해협을 통과할 때 모든 함대가 불을 끄고 무전기도 끈 채 밤에 이 해협을 통과하는데 병원선에서 불빛이 새어나와 일본군 순양함에 발견되어 진해항(鎭海港)에 대기하고 있던 일본 해군제독 도고헤이하치로(東鄕平八郞)에게 보고되고, 해전은 시작되었다고 한다.

우리나라 진해항에서 전투준비를 마치고 대기하고 있던 12척의 일본전함들과 소형 쾌속정들이 학익진을 펼치고 일제히 러시아 전함들에게 발포하여 러시아 군함들을 침몰시키고 고장으로 기동이 불가능

한 러시아 전함들은 일본 본주 서부의 시마네켄(島根縣)의 항구로 견인하여 갔다.

이 쓰시마 해전의 결과 러시아의 군함이 침몰된 것은 21척, 일본 시마네켄으로 견인된 것 7척, 상해로 도피한 군함 9척, 필리핀 마닐라로 도피한 것 3척, 그리고 블라디보스톡으로 들어간 군함은 3척(구축함 2척, 순양함 1척)이라 했다. 또한 전사 4,830명, 로제스트벤스키 사령관이 포함된 포로 6,106명인데 반하여 일본의 피해는 적었다. 일본의 피해는 수뢰정 3척이 침몰되고 해군 전사자는 116명이었다.

러시아는 세계에서 가장 넓은 영토를 가진 나라인데 그 거대한 나라의 대 함대인 발틱함대가 동방의 조그마한 섬나라 일본 해군에게 패배

쓰시마(대마도) 중간의 운하 위에 건설된 교량 '만제키바시(万關橋)'.

한 것이다. 1905년 말 미국의 친일파 대통령 루스벨트가 중재한 포츠머스(Portsmouth) 회담으로 전쟁의 배상문제가 결정되었다. 한국에서의 일본의 우월권이 인정되어 우리나라가 결국 1910년 일본에 병합되는 비극적인 결과를 가져오게 된 것이다.

쓰시마의 허리 '만제키바시'에서는 미우라만의 푸른 바닷물이 내려다보이고, 바닷물 건너에는 구수보(久須保)라는 일본의 공장지대 마을이 바닷가에 자리하고 있는 것이 건너다보였다. 삼림이 97%라고 하는 쓰시마에 인간이 사는 집이나 마을은 바닷가의 조금 편편한 곳에 자리하고 있다. 구수보라는 마을의 이름이 흥미로웠다. 일본어로 "넘어간다"라는 말로서 여기서는 미우라만에서 만제키바시 밑 운하를 통해 서쪽에 있는 아소만으로 넘어간다는 의미라 한다.

만제키바시를 걸어서 건너간 만제키 휴식광장의 주차장에 관광버스는 주차하고 있었다. 주차장 한 귀퉁이에 울릉도 나리분지에서나 볼 수 있는 넓은 나무껍질로 지붕을 만든 너와집이 있고, 그 앞에는 둥글게 정원을 만들어 각종 나무와 꽃들을 심어 놓은 것을 볼 수 있었다. 그 나무들과 꽃들 중에 무성하게 크고 있는 무궁화 몇 그루가 꽃을 흐드러지게 피우고 있었다. 무궁화를 외국에서 만나면 그리 반가울 수가 없다. 역시 내가 한국인이기 때문일 것이다.

이 쓰시마의 도주를 고려 때 우리나라 왕이 임명했다지 않는가? 세종대왕은 왜구소굴인 이 섬에 17,000명의 군을 파견하여 항복을 받아냈다지 않는가? 세월이 흐르다 보면 언제인가 이 쓰시마가 한국에 편입될 날도 있을 것이다.

버스에 올라 30분 정도 달려 이제는 만제키바시와 이즈하라(嚴原) 중간쯤에 개발되어 있는 온천장에 도착하여 온천욕을 하였다. 그리고 신라 때부터 쓰시마도주가 살았다는 쓰시마의 동남쪽 해변에 위치한 쓰시마의 행정중심 도시 '이즈하라'에 도착하여 바닷가에 위치한 호텔에서 방을 배정받고 짐을 풀었다. 우리 일행은 2일 간 이 호텔에 인연을 맺었다.

〈2007년 8월 2일〉

[참고] 러일전쟁(露日戰爭): 1895년 청일전쟁(淸日戰爭)에 승리한 일본이 만주의 요동반도(Liaotung Peninsula, 遼東半島)에 있는 뤼순(呂順)과 다이렌(大連)에 공장을 건설하고 군사기지를 만들었다./ 그러자 3국(러시아, 불란서, 독일)이 일본의 점령을 규탄했다./ 일본에게 요동반도에서 물러나라는 것이다./ 그 위력에 밀려 일본이 물러나자 러시아가 뤼순에 군항(軍港)을 만들고, 우리나라 용암포(龍岩浦)를 조차(租借)하였다./ 그러자 일본이 1904년 2월 8일 뤼순항을 기습 공격하여 정박하고 있던 러시아 전함 2척과 순양함 1척을 격침시켰다./ 그리고 2월 10일 러시아에 선전포고(宣戰布告)를 하고 요동반도(療東半島)가 전쟁터가 되어 치열한 전투 '러일전쟁'(露日戰爭)이 시발된 것이다./ 이 전쟁에서의 일본군 사상자는 68만여 명이고, 러시아군의 사상자는 40만여 명으로 추정되었다./ 그러나 요동반도와 만주의 중심도시 선양(審陽)은 일본군이 점령하였다./ 러시아 발틱함대가 1904년 10월 15일 발틱해 리에파이항을 출항하여 대한해협까지 오는데 7개월 12일이 소요되었음은 위에서 대략 설명하였다./ 발틱해에서 대한해협까지 28,800km를 9 노트의 속도로 석탄을 연소시켜 발생되는 증기의 압력을 이용하여 엔진을 가동하여 항해한 것이다./ 일본의 함대는 우리나라 진해만에 주둔하고 있었음도 위에서 설명하였다./ 러시아의 발틱함대 사령관은 로제스트벤스키(Rozhestvensky) 제독이었다./ 발틱함대가 1905년 5월 27일 밤 쓰시마해협을 통과하려고 접근할 때 일본 해군제독 도고헤이하치로(東鄕平八郎, 1848~1934)는 일본의 연합함대에게 공격의 명령을 내렸다./ 일본함대는 5월 27일~28일의 2일 동안 발틱함대를 공격하였다./ 결과, 발틱함대는 궤멸되었고, 일본해군은 크게 승리했다./ 이것이 쓰시마해전의 전말이라 할 수 있다./ 쓰시마해전 후 포스마쓰 협약(1905년 9월 5일)에

따라 일본은 사할린의 남쪽 부분을 점령하였고, 대한제국에서의 모든 우선권을 얻었다./ 그뿐만 아니라 일본의 해군제독 도고헤이하찌로는 일본의 영웅이 되었고, 일본은 세계 최강국 반열에 올랐다./ 러시아 제국은 정부의 무능으로 2월 혁명이 일어났고, 일본에서는 제국주의의 광풍이 심하게 몰아쳤다./ 그리고 대한제국은 열강의 묵인 속에 1905년 을사보호조약(乙巳保護條約)을 강요당하는 등 독립을 유지하기 어렵게 되었다가 1910년 8월 29일 일본에 강제병합되었다.

쓰시마의 면암 최익현

최익현(崔益鉉)은 1833년 경기도 포천에서 출생하였고, 23세에 갑과에 급제하여 관리생활을 계속하여 판서에 까지 올라 충성으로 직책을 수행한 사람이다. 1876년에는 강화도조약에 반대하는 상소를 올리고 1인 도끼시위를 하다가 흑산도(黑山島)에 유배되었었고, 1905년 일본의 강압에 의한 을사보호조약(乙巳保護條約)이 체결되자 전라북도 태인에서 제자인 고석진(高錫鎭)의 권유로 낙안군수(洛安郡守)를 지낸 돈헌 임병찬(遯軒 林炳瓚)을 제자로 받아들이고 그들과 1906년 4월 13일(음) 우리나라로부터 일본인들을 몰아내기 위한 의병을 일으켜 정읍, 곡성, 장성, 순창을 장악하였다.

그러자 전주와 남원의 우리나라 군부대와 일본군이 진위대를 편성하여 의병들을 향하여 포위망을 좁혀왔다. 그러자 최익현은 일본인을 몰아내려는 의병활동에 같은 조선인들 간의 충돌은 있을 수 없는 일이라 하여 의병을 해산하고 일본군에 압송되었다. 일본인들은 최익현을 쓰시마(對馬島)로 압송하여 갔다. 전국의 유생들이 합동하여 일본에 항거하는 것을 염려한 조선 초대 총독 이또오히로부미(伊藤博文)의 조치였다고 한다.

쓰시마로 압송하기 위해 최익현이 부산항에서 압송선에 오른 것은 1906년 8월 26일이다. 최익현은 부산에서 배에 오르기 전 버선 속에 조선의 흙을 담고 제자 임병찬에게 동이에 물을 떠오라 하여 배에 싣고 쓰시마로 압송되었다.

이즈하라꼬(嚴原港)는 쓰시마의 동남쪽에 위치한 쓰시마에서 가장 큰 도시이고, 역대 쓰시마도주가 머문 쓰시마의 행정수도이다. 최익현은 이곳으로 압송되어 동쪽으로 바다가 내려다보이는 이즈하라(嚴原)의 서쪽 언덕, 옛날 조선 통신사가 쓰시마도주와 함께 도쿄(東京)로 가기 위하여 이즈하라에 도착하여 머물던 니시야마지(西山寺) 옆 일본군 경비대 영내에 감금되었다. 이때 일본군 경비대장이

"일본땅에서 일본음식을 먹게 되었으니 일본군 장교의 명을 따라야 할 것이요. 모자를 벗으시오"

하니 최익현은 다음과 같이 답했다고 한다.

"내가 그럴 줄 알고 조선에서 물 한 동이를 떠 왔느니라. 오늘부터 이 조선의 물만 마실 것이니 너희들의 말을 듣지 않을 것이니라!"

말하고 단식하다가 1907년 1월 1일 순국(殉國)하였다. 부정부패(不正腐敗), 불의(不義)를 용납하지 않은 조선의 충신이었다.

나는 2007년 문화방송에서 주관하여 수행하는 대학생들의 여름방학 쓰시마 역사탐방단에 이름을 올렸다. 위에 서술한 바와 같이 조선을 진심으로 사랑하는 생을 살아왔던 최익현의 발길이 머물렀던 곳을 찾아가 보려 참가한 것이다.

우선 쓰시마의 행정중심 도시 이즈하라(厳原)의 주소는 정확하게 나

까사끼켄(長崎縣) 쓰시마시(對馬島市) 이즈하라조(嚴原町)이고, 쓰시마와 나까사끼는 거리가 대단이 멀리 떨어져 있으면서 같은 켄(縣)에 속함도 이 여행에서 알게 된 것이다.

내 생각에는 쓰시마에 도착하고 바로 최익현이 머물렀던 곳을 가 보았으면 했는데 여행 스케줄은 그렇지 않았다. 3박 4일 동안 쓰시마의 이곳저곳을 돌아보고 최익현 선생의 순국비가 세워진 슈젠지(修善寺)에는 귀국하는 날 아침에야 찾아갔다. 여행사의 계획이니 어쩔 수 없는 일이었다. 다음은 우리가 쓰시마 여행 마지막 날 최익현의 시신이 안치되었던 슈센지(修善寺)를 찾아간 이야기이다.

우리 일행이 숙박한 쓰다야호텔은 이즈하라꼬(嚴原港)의 바닷물이 드나드는 개울 옆에 위치하고 우리 일행 34명이 머물기에는 적당한 호텔이었다. 쓰다야호텔 앞 시냇물은 서쪽 산골짜기로부터 발원하여 이즈하라 시내를 관통하여 흘러 쓰시마 동쪽 바다로 들어간다. 이 시냇물의 양 편을 연결하는 다리는 다섯 개 정도 있는데 그 중에서 바다에 가장 인접한 곳에 건설된 다리가 가장 길고 웅장한 이즈하라오오키하시(嚴原大橋)이다. 폭풍이나 지진에도 파괴되지 않도록 빨간색 페인트칠을 한 H－빔을 아취형으로 다리난간 위에 올려 건설한 교량이다. 그 빨간 아취형 빔이 호텔 정문 앞에서 300m 정도 되는 가까운 거리에 있으므로 쓰다야호텔은 앞 시냇물의 바다 어구 옆에 위치해 있는 것이다.

이즈하라에서의 마지막 날 아침 우리 일행은 100년 전 최익현의 시신이 4일 간 안치되었었다는 사찰에 가기 위하여 안내자의 뒤를 따라 빨간 난간의 이즈하라오오끼하시 쪽으로 약 200m 쯤 가다가 왼쪽 넓지 않은 길로 들어갔다.

각 가정의 담장 곁에 아담하게 손질된 소나무가 정원수로 자라고 있었고, 신사(神祀) 같은 것이 길가에 보였다. 오밀조밀 풍기는 거리의 냄새가 분명 일본의 다른 도시 예를 들어 도쿄(東京)와 오사카(大阪) 시내에서 내가 만났던 풍경들과 같았다. 승용차 한 대가 들어갈 수 있는 넓이의 골목길을 꼬불꼬불 걸어서 올라가는데 왼편으로 높은 돌담이 보였다. 검은 회색 돌로 반듯하게 쌓은 돌담의 높이는 4m정도 되고 길이는 50m쯤 되었다. 돌담을 쌓은 돌 표면에는 파란색 이끼가 붙어있고, 작은 나무들이 돌 틈에 뿌리를 내리고 자라는 모습이 오랜 세월의 흔적으로 보였다. 그러나 나는 잠시 후 이 돌담이 우리 여행단이 찾아가는 최익현의 시신이 1907년 1월 1일부터 5일까지 안치되었었다는 슈젠지의 돌담임을 알게 되었다. 왜냐하면 돌담이 거의 끝나는 곳에 10계단 정도의 돌층계가 있고, 돌층계를 올라간 곳의 출입문 옆에 "淨土宗 圓盛山 九品院 修善寺"(정토종 원성산 구품원 수선사)라고 한자로 글씨가 새겨진 장방형의 매끈한 돌기둥이 세워져 있었기 때문이다.

그 출입문 안으로 들어갔을 때 문 안 오른편 5m 정도 되는 곳에 최익현의 순국비(殉國碑)가 세워져 있었다. 한자 '修善寺'는 우리 발음으로 읽으면 '수선사'이나 일본 발음으로는 "슈젠지"이다. 이 절이 있는 뒷산이 원성산(圓盛山)이고, 정토종이나 구품원은 불교계에서 쓰는 말인 듯 했다. 이 슈젠지는 백제의 비구니 스님 법묘(法描)가 창건했다 한다.

최익현을 생전에 감금하였던 곳은 이즈하라 시가지 서쪽 언덕 일본군 경비대 영내(잠업교사의 사저를 경비대가 빌려 쓴 곳)였는데 최익현이 그곳에서 타계하자 시신(屍身)을 그곳으로부터 이즈하라항에 가까운 이곳 슈젠지로 옮겨 안치했다. 슈젠지가 항구에서 가깝기 때문에 시신을 옮겨 갈 선박이 이즈하라항에 입항하면 시신을 승선시키기 편리한 곳이라 생각한 것이라 했다. 시신을 1907년 1월 1일 슈젠지로 옮겨 와서 4일 간 안치하였다가 1월 5일 이즈하라항에 입항한 선박에 승선시켰다고 했다.

슈센지의 출입문에 들어서면서 관리실이면서 본관인 전형적인 일본식 집이 약 10m 왼쪽에 있고, 관리실과 정문 사이가 조그마한 마당이면서 정원이었다. 7월 말이어서 정원에는 붉은색 참나리꽃들과 엷은 분홍색 수국(불도화)이 흐드러지게 피어 있었다.

안내자는 정문에서 들어오면서 바로 오른쪽에 우리일행을 둘러서게 하고 이곳 슈젠지 경내를 설명하였다. 그런데 바로 우리 앞에 최익현의 순국비가 세워져 있었다, 최익현의 순국비는 엷은 회색돌에 한자로 다음과 같이 새겨져 있었다.

『大韓人崔益鉉先生殉國之碑』(대한인 최익현 선생 순국지비)

비석의 두어 걸음 앞에 커다란 소철이 우거진 잎을 하늘로 펼치고 서있었다. 최익현 순국비 뒤에는 무궁화 몇 그루가 꽃을 피우고 있고, 누군가 생화꽃다발 한 아름을 순국비 앞에 놓은 것이 보였다. 1986년 이 '순국비'가 세워질 당시 서울대 교수 최창규(최익현의 친손자)가 참석했음을 신문에서 읽은 일이 있었는데 그 기억이 희미하게 떠올랐다.

소철이 자라는 곳에서 대문 쪽 담장 밑에 이즈하라교육위원회에서 최익현의 생애를 넓은 화강암비석(높이×가로×두께 1m×2m×0.15m)에 일본어로 새겨 놓은 것이 있었다. 최익현의 애국애족(愛國愛族)하며 살아온 일생을 소개한 글인데, "비록 최익현이 한국의 애국지사이나 그의 애국정신은 일본의 소년과 소녀들이 본받아야 할 것이다"라고 새겨진 것이었다. 물론 최익현이 어떻게 나라에 충성하였는지도 자세히 설명되어 있었다.

나는 최익현이 순국한지 100주년 되는 2007년 이 슈젠지에 오래도록 남아있을 최익현의 순국비를 바라보면서 다음과 같은 생각을 했다. "최익현이 100년 전 오직 나라를 위한 충성심으로 일본인에게 굽히지 않은 것이 반드시 우리나라의 소년、소녀들에게 알려지고 그들의 가슴에 그 정신을 심어 줄 것이다."

국제교류가 활발해지면서 나와 같은 사람도 이곳에 올 수 있고, 이 순국비를 보고 감명을 받았는데, 감수성이 나보다 몇 배는 더 많은 한국의 소년들과 소녀들이야 얼마나 큰 감명을 받을 것인가? 그러한 의미에서 한국의 애국자 최익현은 이즈하라(嚴原) 슈젠지(修善寺)에 살아있는 것이다.

그의 대한민국을 사랑하는 충성심이 어린 소년、소녀들의 마음에 살아있어 우리나라가 이 세상의 가장 훌륭한 나라로 거듭나게 될 것이다.

〈2007년 7월 31일 쓰시마 여행을 다녀와서〉

[참고] 면암 최익현(勉庵 崔益鉉)의 생애: 1906년 5월 8일 전북 태인의 무성서원에서 낙안군수를 지낸 제자 임병찬과 함께 의병(義兵)을 일으켜 정읍(井邑)과 순창(淳昌)까지 장악했으나 이토오히로부미(伊藤博文)가 남원의 진위대에 의병의 진압을 명령하였다./ 남원진위대는 조선관군과 일본군으로 조직된 부대였다고 한다./ 의병과 진위대가 부딪히고 진위대의 대부분이 조선관군으로 편성되고, 그들의 화력도 의병이 대항하기에는 역부족이어서 의병장 최익현과 의병을 지휘했던 제자들이 의병활동을 끝냈다고 한다./ 일본군에 붙잡혀 쓰시마(대마도)로 압송되어 갈 때 앞의 본문에서도 기술하였지만 한 번 더 기록하기로 한다./ 배가 떠나기 전 부산 초량에서 제자 임병찬에게 조선의 물 한 동이를 떠오라 하고, 자신은 버선 속에 초량의 흙을 쓸어 담아 이것을 가지고 쓰시마의 이즈하라꼬(嚴原港)에 도착하였다./ 그리고 일본군 경비대가 임시 사용하던 잠업교사(蠶業教師)의 사저에 감금되었다./ 최익현은 8월 26일부터 약 4개월 단식하였다./ 그 사이 큰 아들 영조가 조선의 쌀과 보약을 가지고 와 흰죽을 쑤어 드리고 약을 달여 드렸으나 끝내 입에 대지 않았고, 12월 27일에는 차남 영욱도 조선의 쌀과 보약을 가지고 왔다./ 그러나 이때는

이미 그의 기력이 소진하여 죽이나 약을 입에 넣을 수도 없었다./ 그리고 1907년 1월 1일 새벽 4시 타계하였다./ 두 아들과 제자 9명이 임종을 지켜보았다고 한다./ 그가 임종에 앞서 정신이 또렷했을 때 마지막으로 지은 한시 한 편은 다음과 같다./

起噡北斗拜瓊樓	(기첨북두배경루, 아침에 일어나 북두 바라보고 임금님 계신 곳에 절하니)
白首蠻杉憤悌流	(백수만삼분제류, 흰 머리 오랑캐 옷자락에 분한 눈물 흘리네)
萬死不貪秦富貴	(만사불탐진부귀, 만 번 죽어도 어찌 진나라 부귀를 탐하랴)
一生長讀魯春秋	(일생장독노춘추, 일생 동안 읽은 책이 노나라 춘추라네)

슈센지 구내 면암 선생의 순국비(슈센지는 면암이 순국하신 다음 4일 간 시신을 모셨던 사찰임).

최익현은 화서 이항노(華西 李恒老)의 제자로 勉菴(면암)이라는 호도 화서 이항로가 지어준 것이라 한다./ 최익현의 출생지는 경기도 포천이나 네 살 때 충청도 청양군 목면으로 이사하여 살았다./ 모덕사(慕德寺)(선생의 덕망을 사모한다는 뜻으로 고종이 지어줌)는 그가 살던 청양의 생가에 그의 위패와 영정을 모시기 위하여 마련된 사우라 한다./ 그는 1833년 출생하고 1907년 1월 1일 타계하셨으니 우리나라 나이로 75세에 타계한 것이다./ 2006년 기자와 역사학자인 일본 와코대 이진희 명예교수가 현 쓰시마 자위대 주둔지역을 찾아갔었다고 한다./ 그 자리가 100년 전 일본 쓰시마경비대가 임시 대여하여 사용하던 잠업교사의 사저터로서 최익현이 4개월 간 감금되어 있던 곳이기 때문이었다./ 그곳에 최익현이 남긴 어떤 흔적이 있을까 하고 간 것인데 전혀 아무런 것도 발견할 수 없었다고 한다./ 현재 그의 묘소는 예산군 광시면 관음리 예당 저수지가 내려다보이는 곳에 있다.

일본
아오모리켄 고마끼 온천

2009년 7월 초 일본 본주(本州)의 가장 북쪽 아오모리켄(青森縣)의 왕복 일차선인 좁은 길을 우리 일행 12명은 우리나라 봉고차 모양의 소형 관광버스에 승차하고 여행을 하였다. 여행의 두 번째 날 우리 일행은 아오모리 시내를 관광하고 고마끼(古牧)아오모리야(青森屋)호텔에 도착하였다. 롯데관광 전금선 가이드는 아오모리켄 고마끼(古牧)로 오는 도중 차내 방송으로 고마끼온천과 시부사와, 그리고 그의 저택에 대하여 소개하였다.

고마끼온천을 알기 위하여는 「일본 경제의 아버지」라 부르는 시부사와에이이치(澁澤榮一, 1840~1931)를 우선 알아야 합니다./ 시부사와에이이치는 도쿄(東京) 근교에서 출생하여 한학과 현대적 교육을 받은 사람으로 그가 기업경영과 경제에 눈을 뜨게 된 이유가 있습니다./ 시부사와에이이치의 타고난 기질도 있고요 메이지시대 막부(明治時代 幕府)의 실권자 쇼군의 동생이고 대장대신인 도꾸가와아케다케가 불란서 파리에서 열리는 만국박람회에 참석할 때 경리담당자로 그를 수행했고, 그가 도꾸가와아케다케를 수행하여 가서 서구문물을 보고 배우고 돌아왔기 때문이었다고 합니다./ 한 사람이 그렇게 많은 기업을 경영할 수 있다는 것은 실로 놀라운 일이었다고 합니다./ 예를 들어 일본제일국립은행(日本第一國立銀行)을 설립하여 초대 총재가 되었고, 1881년 '일본철도청'을 창설하였으며, 1890년 도쿄-아오모리(青森) 간 철도를 부설하였다고 합니다. 시멘트, 해운업, 광산, 방직, 조선업 등등 많은 기업을 경영했다 합니다./ 만년에 많은 기업과 재산을 그의 손자 시부사와게이죠우(澁澤敬三)에게 물려주고, 그의 집사인 스키모토에게 아오모리에 흩어져 있는 그의 재산을 정리하여 소유하도록 소유권을 이양하였답니다./ 스키모토는 아오모리 고마키온천(青森 古牧溫泉)을 개발하고, 호텔을 지었으며, 오이라세계류 계곡과 고마끼의 시부사와공원을 관광지로 개발하였답니다./ 고마끼 아오모리야호텔 뒤에는 시부사와의 별장 저택과 시부사와에이이찌와 시부사와케이죠우의 동상이 있습니다.

전금선 가이드는 관광객들에게 관광에 대한 흥미를 더해주고 있었다. 나에게는 칠순의 좋은 선물을 준 것이다. 또한 인생의 역정이 아무리 호화로워도 흔적과 이야기를 남겨도 다른 세상으로 가는 것임을 이야기 해 준 것이다. 시부사와저택은 1945년 제2차 세계대전에서 일본이 패전한 다음 미국 극동군 사령관 맥아더(MacArther)와 일본정부 인사와의 협의 안건이 있을 때 회의장소로 제공되었다고 하는 이야기도 하였다.

한국어를 모르는 일본인 운전기사는 전금선 가이드가 관광버스 내 방송으로 설명하는 한국말 중 시부사와라는 말을 알아듣고는 그녀에게 일본어로 "호텔로 들어가기 전에 시부사와 저택과 시부사와의 동상

주위를 버스가 한 바퀴 돌고 들어갈 것이니 우선 버스 안에서 그곳을 관광하세요."라고 말했다. 이것을 전금선 가이드가 통역하고 관광버스가 그 저택과 시부사와 동상 주위를 한 바퀴 돌았다. 시부사와 저택은 시부사와에이이찌(澁澤榮一, 1840~1931)와 그의 손자 시부사와게이죠우(澁澤敬三, 1896~1963)가 일 년에 한 、두 번 와서 쉬다 갔다는 별장이었다. 일본의 주택들이 그렇듯 나무로 지은 3층 건물이고, 주위에 다른 가옥들이 없는 조용한 곳에 삼나무들로 둘러싸인 넓은 정원을 가진 훌륭한 일본식 가옥이었다. 시부사와 저택 뒤 정원에는 할아버지 시부사와에이이찌와 손자 시부사와게이죠우의 동상이 있었다. 할아버지와 손자가 나란히 앉아서 기업경영에 관한 이야기를 나누는 모습이다.

이제 고마끼아오모리야호텔에서 우리 부부가 배정받은 방은 11층 호텔의 11층에 있는 방이고, 전형적인 일본식 다다미방이었다. 다음 날 아침의 이야기이나 깨끗하고 조용하며 온도와 습도가 적당하여 잠자리를 옮기면 잠을 잘 못자는 아내까지도 숙면하였다고 했다.

저녁에 일본 사람들이 입는 실내복 유카타를 입고 1층 온천탕으로 내려왔다. 온천탕의 시설은 우리나라의 온천과 비슷하였으나 욕탕에서 문을 열고 나간 노천탕에서의 풍광이 아름답고 목욕 후에 특이한 상쾌함이 있었다. 전문가들이 조사한 결과 온천수의 수질이 지난 8년 동안 일본의 모든 온천 중 1위라 하였다.

노천탕의 아름다움은 어떠한가? 욕객들이 몸을 담그는 장소를 둥글게 만들어 놓았는데 그 밖은 넓은 연못이었다. 무심코 노천탕에서 온천물이 흘러 넘쳐 들어가는 연못을 넘겨다보니 그 뜨거운 물에 붉은 색깔의 금붕어가 돌아다니고 있었다. 물고기는 비교적 찬물에서 사는 것으로 알고 있는데 신기한 일이었다.

그 연못 건너편은 단풍나무, 삼나무, 너도밤나무 등의 나무들이 푸른

옷을 두껍게 입고 언덕 위를 장식하고 있었다. 그 언덕 중간에는 그리 높지 않고 넓지 않은 폭포수가 나무숲 사이를 흘러나와 물보라를 날리며 떨어지니 노천탕에 앉아서 건너편 언덕의 나무숲과 그 폭포를 바라보고 있는 순간만은 내 마음이 사랑과 미움을 떨치고 텅 빈 마음이 되어 있는 듯하였다. 온천탕에서 넘쳐 들어가는 물과 폭포수로 떨어지는 물이 합쳐진 곳에서 금붕어들이 살고 있는 것이다.

우연히 여행 나온 곳이 이렇게 좋은 곳이어서 만족스러웠다. 더구나 이곳은 20세기 일본의 경제를 일으킨 사람과 맥아더 원수의 이야기가 묻어있는 곳이니 이야기 거리가 생겨 좋은 것이다.

〈2009년 7월 5일 청주시 사천동에서〉

아오모리켄 도와다꼬

아오모리켄(あおもりけん, 青森縣)은 일본 본주 가장 위쪽의 켄(縣)이고, 혹가이도(北海島)에서 쯔까루해협(津輕海峽)을 남쪽으로 건너 마주보는 곳이다. 칠순기념 여행지로 그곳이 선택된 것은 우연이었다. 2009년 6월도 저물어가고 삼복을 재촉할 때 아내와 상의한 결과 아오모리켄을 여행지로 선택한 것이다.

오늘의 일정은 관광버스로 오이라세계류 계곡 중간까지 가서 걷기 좋고 풍광도 아름다운 등산로 2km를 걷고, 도와다호(十和田湖)를 관광 여객선으로 건너 호수 건너편 선착장 가까이 있는 도와다신사를 관광하는 것이다. 오이라세계류 계곡의 시냇물은 도와다호의 물이 넘쳐흐르는 것이기 때문에 도와다호가 근원지라 안내자 전금선은 설명했다. 이제 계곡의 한 지점에 우리 일행 12명이 내려 걸으며 계곡의 경치를 구경하는데 깨끗한 물이 흐르는 시냇물 양 옆의 산기슭에서 내려오는 개울물이 도와다호에서 흘러오는 본류와 합쳐져서 작지만 높고 낮은 폭포를 만들며 흐르는 풍광이 아름다웠다.

다시 관광버스에 오르니 전금선 안내자가 도와다호에 얽힌 도와다신사(十和田神祀) 창건설화를 들려주었다.

이 호수와 관계된 도와다신사(十和田神祀)의 창건설화가 있습니다. 잠시 그 설화를 들려드리겠습니다./ 「옛날 오이라세계류 골짜기에 살고 있는 한 여인이 꿈을 꾸었는데 한 도사가 나타나 "너는 이무기의 아이를 잉태하였느니라. 아이가 태어나면 물고기를 먹지 못하게 하라. 먹더라도 두 마리 이상은 먹지 못하게 하여라. 커다란 재난이 올 것이니라!"라고 말하고 사라졌답니다./ 그리고 10개월이 지나 예쁜 사내아이가 태어났답니다./ 아이의 이름을 하찌노타로(八の太郎)라고 지었답니다./ 이 아이는 무럭무럭 자라서 건장한 소년이 되었답니다./ 어느 날 친구 두 명과 나무를 잘라 숯을 구우려고 산에 갔는데 자신을 혼자 놓아두고 친구들이 산으로 올라간 사이 시냇물에서 물고기 세 마리를 잡아서 불에 구웠답니다./ 그리고 한 마리를 먹었고, 두 마리는 친구들에게 주려고 했는데, 물고기의 맛이 너무 좋아 모두 먹었답니다./ 그러자 이상하게 목이 말라 도와다호(十和田湖)의 물을 한 없이 마셨습니다./ 그러자 피부에 비늘이 돋고 발톱이 길어지면서 용(龍)으로 되었다고 합니다./ 이 용이 사람만 보면 모두 죽여 버렸다고 해요./ 물론 나무를 잘라 가지고 온 친구 둘도 죽였고요./ 산신이 이 이 못된 용을 없애려고 다른 한 소년을 아키타켄(秋田縣)에서 태어나게 했답니다./ 그 소년의 이름을 난소노보스라고 지었답니다./ 어느 날 이 소년의 꿈에 산신이 나타나 "너는 도와다호로 가서 못된 용을 물리치거라"라고 하였답니다./ 이 소년이 그 산신의 말에 따라 도와다호로 가는데 너무 힘들어 길옆에 쓰러져 잠이 들었답니다./ 그런데 그 산신이 이 잠자는 소년의 꿈에 나타나 "포기하면 네가 죽을 것이다"라고 소리 지르더랍니다./ 소년이 깨어보니 옆에 짚신과 지팡이가 놓여있더래요./ 그 짚신을 신고 지팡이를 짚으니 몸이 나를 듯 가벼워져서 쉽게 도와다호에 도착할 수 있었다고 해요./ 호숫가에 도착하니 그 용이 나타나 죽이려고 덤볐습니다./ 난소노보스가 지팡이를 용에게 던지니 용의 몸 한 곳을 지팡이가 관통하고 피가 튀더니 "나보다 센 놈이 나타났구나!" 하고는 달아났답니다./ 그 피는 호수 옆의 바위에 묻어 지금도 바위가 빨갛게 물들어 있습니다./ 주민들은 난소노보스에 대한 감사의 뜻으로 도와다호 나까야마반도(中山半島) 부근에 도와다신사(十和田神祀)를 지어서 난소노보스를 모셨답니다./ 이것은 하나의 신사가 조성된 설화입니다.」/ 도와다호의 둘레는 46km이고요 호수 중 수심이 가장 깊은 곳이 327m라 합니다./ 해발 401m의 산지에 만들어진 호수입니다./ 이 호수는 20만 년 전에 화산이 폭발하여 그 폭발한 구멍에 물이 고여 만들어졌는데 그 후 10만 년 전쯤에 한 번 더 화산이 폭발하여 호수의 남서쪽에 두 개의 반도가 만들어졌다고 합니다./ 반도의 하나는 나까야마반도(中山半島)이고, 다른 하나는 오쿠라반도(御倉半島)입니다./ 두 반도 사이의 호수 중간 지점이 가장 깊은 곳(327m)입니다.

여기까지 이야기했을 때 관광버스가 도와다호의 동쪽 관광여객선선착장에 도착하여 우리 일행은 200인승 관광여객선에 승선하였다. 아름다운 이 관광여객선은 도와다호를 미끄러졌다. 사람의 손이 닿지 않은 호숫가 바위와 나무들－줄기가 붉은 소나무들이 특히 눈에 띄었다－이것은 하나의 자연예술품들이었다. 자연적으로 만들어진 정원이라 하였다.

오이라세계류 가까운 여객선선착장에서 출발한 여객선은 오쿠라반도를 돌아서 나까야마반도의 옆 마을 야스미야라는 마을의 여객선선착장에 도착하였다. 여기에서 하선한 우리 일행은 평범한 일본식 마을을 통과하여 도와다신사의 정문을 통과하니 수령 수백 년인 두 아름씩 되는 삼나무 수십 그루가 길옆에 자라고 있었다. 이 삼나무 숲 속에

도와다신사(十和田神祀)가 고풍스런 모습으로 앉아 있었다. 일본신사는 우리나라 무당들의 집과 같은 곳이다. 우리 한국 사람들이 찾아갈 이유가 있을까(?) 하는 생각을 가지고 있으면서도 이들이 가꾸는 곳이라 고풍스럽다고 우리나라 사람들도 찾아가니 따라갔다. 일본인은 일본인대로 신사 앞 매어놓은 나일론 줄에 그들의 소원을 종이에 적고 접어서 매달아 놓는 어리석은 짓을 하고 있었다.

신사에서 나와 호숫가를 좀 걸었는데 나체의 두 여인이 왼손을 가슴 앞에 올리고 마주 서있는 동상이 눈길을 끌었다. 일본인들이 오또메상(乙女像)이라 부르는 동상이다. 이 여자 나체 동상이 만들어진 설화도 있어 그 설화를 전금선 안내자가 설명하였다. 이야기인즉 도와다호는 물이 맑아 투시거리가 15m나 되는데 물이 너무 맑아서 그런지 물고기가 20세기 초까지 살지 못했다고 한다. 도와다호에 접한 두 켄(縣)인 아오모리켄(靑森縣)과 아키타켄(秋田縣)의 고위 행정가들이 치어를 방류했으나 살지 못했다. 1904(명치 37)년 인공부화법으로 각시송어를 호수에서 부하시켰더니 살더란다. 이것을 기념하기 위하여 세운 동상이 오또메상이라 하는데 근대 일본의 유명한 시인이고 조각가인 다까무라고타로(高村光太郎, 1883~1956)가 1914년 결혼하고 1931년 사별한 그의 부인 나가누마지에코(長沼智惠子)의 나체상과 나체상이 호수에 비친 모습을 1953년 표현한 동상(銅像)이라 했다.

다까무라고타로는 일본이 1905년을 지나면서 전쟁을 일으켜 이웃나라를 식민지화 하려는 것을 부끄럽게 생각하여 시골에 내려가 농사짓고 살은 일본의 친한 인사 중 한 사람이었다고 한다. 일본인 중에서는 존경할 만 한 훌륭한 사람이다. 오또메상은 다까무라고타로 73년 생애에서 70세에 만든 생의 마지막 작품이었다.

도와다호를 잡지에 소개하여 세상에 알린 시인은 오마쓰게이게쓰라는 시인이었다. 그는 그의 다음과 같은 시에서 도와다꼬와 오이라세계류를 극찬하였다.

「스메바 니혼/ 아소메바 도와다꼬/ 아로게바 오이라세계류산리한」(산다면 일본/ 논다면 도와다호/ 걷는다면 오이라세계류삼리반)

〈2009년 7월 6일 청주시 사천동에서〉

도와다호(十和田湖) 남쪽에 세워진 마주 서 있는 나체의 두 여인상(오또메상). 조각가 '다까무라고타로'(高村古太郎)의 생애 마지막 작품(다까무라고타로 부인과 그 부인이 수면에 비친 모습을 나타낸 것).

히로시마의 겐바구도무

녹슬은 철근이 부서진 벽돌벽과 둥근 지붕의 에치－빔(H－beam)을 붙잡고 서 있다. 이 건물이 히로시마(廣島)의 겐바구도무(げんばくどむ, 原爆돔)이다. 히로시마시(廣島市)에 원자폭탄(原子爆彈)이 투하되었음을 나타내는 기념물이다. 이 건물의 앞에 세워진 비석에 새긴 안내 설명표지판의 설명문은 다음과 같다.

1945(昭和 20)년 8월 6일 8시 15분, 미군 폭격기 B29로부터 떨어뜨린 원자폭탄이 廣島市 細工町 島病院 直上空(히로시마시 세공정 시마뵤엔 직상공) 550m에서 폭발함에 의하여 시마뵤엔(도병원)에서 반경 2km내에 있던 20만여 명의 사람들이 죽고, 건물들이 모두 파괴되었다. 국내·외 평화를 갈망하는 많은 사람의 마음이 되어, 세상의 모든 사람에게 전쟁의 참혹함을 알리기 위하여, 또한 일본에서 태어나 제2차 세계대전(第二次世界大戰)을 겪지 못한 후세에게 전쟁의 두려움과 평화의 소중함을 전하

기 위하여 견고했던 건물 히로시마산업장려관을 겐바구도무(原爆돔)로 개명하고 기념물로 남겨 놓는다.

조선(朝鮮) 시대 소년들의 한문 학습서이며 도덕교과서라 할 수 있는 동몽선습(童蒙先習)의 첫 쪽에 '하늘과 땅 사이 만물 중에 사람이 가장 귀중하다(天地之間 萬物之中 人間最貴)'라고 했다. 동몽선습은 천자문(千字文)을 배운 다음에 소년들이 배우게 되는 한자교과서이다. 그런데 1945년 8월 6일 아침 8시 15분에 히로시마 도병원(島病院) 직상공 550m에서 폭발한 원자탄에 의하여 귀중한 인간 20만여 명이 한순간에 죽었다. 이러한 일은 1945년 8월 6일 인류역사상 최초로 일본의 히로시마에서 일어났고, 두 번째로 같은 달 9일 11시 2분 나가사끼(長崎)에서 일어났다. 위의 겐바구도무의 앞에 세워놓은 안내 설명표지판의 설명문의 내용을 보면 일본인들도 전쟁은 인류의 비극임을 아는 것이다. 그러므로 1945년 8월 6일 8시 15분 히로시마에 투하되어 폭발한 원자탄에 의해 대부분의 건물이 부서지고 파괴되다가 남은 이 산업장려관 건물이 전쟁의 참화를 후세에 알리는 표시물로 된 것이다.

원자탄이 히로시마에 투하된 다음 56년이 흘렀는데 지금도 원자병으로 일본의 보훈병원에서 고생하는 사람들이 많다는 것이다.

내가 오카야마대학(岡山大學)에 2001년 연구 차 갔다가 잠시 관광을 할 수 있는 시간을 얻었을 때 제일 먼저 가보고 싶은 곳은 오카야마시(岡山市)에서 약 200km 서쪽에 위치한 히로시마시(廣島市)의 원폭돔이었다. 이 도시의 중앙에 위치한 한 건물이 이 도시 도병원 직상공에서 원자탄이 폭발된 것을 나타내는 건물로 남겨놓았다는 이야기를 약 20여 년 전 히로시마대학에서 박사학위를 취득한 친구로부터 들었고, 또 원자탄의 제조와 성능 실험, 그리고 히로시마에서 원자탄이 폭발된 후 남겨진 다음과 같은 후일담은 감동적이었기 때문이다.

미국의 맨하탄프로젝트(Manhatan project)라 하면 제2차 세계대전의 빠른 종결을 위한 원자탄 개발계획이었다./ 이 계획을 성취하기 위하여 미국 정부는 원자탄 제조의 주관 과학자로 독일 나치정부의 유대인 학살을 피하여 망명해 온 노벨 물리학상 수상자 알버트 아인슈타인(Albert Einstein, 1879~1955)과 엔리코 페르미(Enrico Fermi, 1901~1954)를 교섭하였다./ 아인슈타인은 제의를 거절하였으나 막노동을 하며 겨우 생활을 유지하고 있던 페르미는 쾌히 허락하였다./ 그리고 훌륭하게 연구를 수행하여 원자탄 4개를 만들었다./ 그 중 한 개는 실험용으로 네바다(Nevada) 사막에서 성공적으로 폭발시켰고, 두 번째 것이 1945년 8월 6일 아침 8시 15분에 히로시마 상공 550m에서 폭발시킨 우라늄(U)－원자탄이다./ B29기가 이 원자탄을 싣고 티니안섬(Tinian Island, 사이판섬 서남쪽 100km에 위치함)의 비행장을 이륙하여 히로시마로 비행한 것이다./ 당시의 B29 폭격기(Enola Gay)는 원자탄(Little Boy)을 싣고 이륙하는데 어려움이 있었다고 한다./ 원자탄의 무게(약 4.5ton) 때문에 B29기의 이륙이 염려되었다./ 또한 원자탄이 네바다 사막에서 폭발 시험할 때 위력을 관찰했던 페르미는 1954년 타계하였다./ 방사선을 모르고 위력을 관찰하였기 때문이었다고 한다./ 아인스타인의 동상(銅像)이 워싱턴 D.C. 중심부에 세워지고, 존경을 받는 것은 상대성 이론의 발견자이기도 하지만 맨하탄프로젝트 참여를 거부했기 때문이라는 이야기도 있다./ 페르미의 동상은 없다.

오카야마역(岡山驛)에서 나는 아내와 함께 일반열차에 승차했다. 열차의 차창으로 내다보이는 서일본의 산과 들, 나무로 건축된 반듯한 집, 그리고 각각의 집 정원에 예쁘게 다듬어 키워지는 소나무들을 두 시간 동안 감상하고 있을 때 기차는 히로시마역(廣島驛)에 도착하였다.

역 앞에서 히로시마 중앙로를 전차(電車)를 타고 30분 정도 가서 겐바구도무(원폭돔)에 도착하였다. 삼십여 년 전 서울과 부산에서 철거해 버린 그 전차가 일본의 도시에서는 지금도 유용하게 사용되는 것이다. 그래서 인류 역사상 최초로 20만여 명의 사람을 일시에 죽이는 데 사용한 원자탄이 공중에서 폭발했던 장소에 내가 서 있었다. 겐바구도무는 원자폭탄이 떨어지기 전에는 히로시마시산업장려관(廣島市産業獎勵館)이었다.

이 히로시마산업장려관 건물이 원폭을 나타내는 건물로 남겨진 이유는 주위가 비교적 넓고 교통도 편리하며 강변 풍치가 좋은 곳에 있고, 붉은 벽돌로 쌓은 벽이 반쯤 남아있고 H－빔이 지붕에 남아있어 원자폭탄폭발에 의하여 파괴된 흔적이 실감나기 때문이라 한다.

일본을 천 년 전에 지배한 것은 배를 타고 한반도로부터 건너 온 우리 한국인의 조상들이었음이 발굴되는 유물들로부터 입증되고 있다. 그렇다면 우리나라는 일본인들의 옛 고향 땅이고, 우리나라 사람들은 그들의 고향사람이다. 그러므로 히로시마에 떨어져 그들에게 큰 피해를 준 원자탄은 명분 없는 전쟁 임진 · 정유왜란을 일으켜 우리나라를 도탄에 빠트리고, 일제 만 35년 동안 고향사람들을 괴롭히고 문화재를 착취해 간 그들에게 내린 천벌이라고 손뼉을 치며 웃는 우리 이웃이 있는 것이다.

그러나 생각하여 보면 괴롭힌 사람에게 꼭 벌이 내려져야 하는 것일까? “간음한 여자를 어떻게 할까요?” 하고 묻는 사람에게 예수께서 “누구든 죄가 없는 사람은 저 여자에게 돌을 던져라.”라고 한 비유가 아니라도 괴롭힌 사람에게 꼭 칼을 휘두르고 총을 난사해야 되는가? 이웃을 괴롭히지 않은 사람이 있는가?

겐바구도무의 안내 설명표지판 옆 비석에는 慰靈(위령)이라 큰 글씨로 새겨져 있고, 비석 옆에는 평화기원을 위해 그린 포스터(Poster) 몇 장과 꽃다발 몇 개도 놓여 있었다. 팔순은 되어 보이는 한 노인이 원자폭탄이 떨어질 때 방사선을 맞아 원자병으로 보훈병원에서 고생하고 있는 생에 찌든 환자를 돕자는 취지문을 준다. 성금함에 동전 몇 개가 놓여 있었다. 그 성금으로 그들을 돕기에 충분할까? 나 자신도 모금함에 동전 몇 개를 넣으면서 조금은 그것을 의심하여 보았다. 모금하는 사람의 마음이 갸륵하기만 했다.

겐바구도무의 이곳저곳을 둘러보고, 주위를 휘돌아 흐르는 강물도 바라보다가 발길을 돌렸다. 오카야마의 숙소로 돌아왔을 때 한 겨울의 짧은 해는 우리나라 쪽으로 넘어간 지 오래였다.

인간에게 일어나는 모든 일은 사소하다고 했다. 그러면 히로시마시 상공에서 큰 폭발을 일으켜 23만여 명의 인명피해를 준 원자폭탄폭발도 사소하다는 말인가 생각해 볼 일이다.

〈1996년 8월 30일 오카야마에서〉〈창작수필 41집 123~128, 2001년 가을호게재〉.

히로시마 평화기념관의 '겐바구(원폭)돔'. 1996년 세계문화유산으로 선정되었다.

[참고 1] 오카야마시(岡山市): 오카야마시(岡山市)는 일본의 오사카시(大阪市)와 히로시마시(廣島市) 사이에 있는 인구 62만의 도시이며 고속전철 신간센(新幹線)이 이곳을 지나고, 신간센에서 시코쿠시마(四國島) 가가와켄(香川縣)으로 연결되는 열차의 시발역이 오카야마역(岡山驛)이다. 또한 복숭아가 주산물이라 역 앞 중앙로는 일본의 유명한 동화의 주인공 모모따로(挑太郎)의 이름을 인용하여 모모따로오오도리(挑太郎大通路)라 부르고 이를 이용하여 복숭아를 선전한다./ 관광지로는 고라꾸엔(後樂園)이라는 일본 3대 정원 중 하나가 이 도시를 휘감아 돌며 흐르는 아사히강(旭川) 옆에 있다.

[참고 2] 히로시마(廣島) 상공에서 폭발된 원자폭탄: 1944년 미국 정부의 맨하탄 프로젝트(Manhatan project)에 의해 개발되고 히로시마 상공에서 1944년 8월 6일 8시 15분 폭발된 원자탄은 질량수 235인 우라늄($_{92}U^{235}$)원자탄이었다./ 작은 소년(Little Boy)이라고 이름 붙인 이 원자폭탄은 길이 3m, 지름 71cm, 그리고 무게 4.5ton이었다고 한다./ 북마리아나 제도(North Mariana Islands)의 수도가 있는 섬은 사이판섬(Saipan Island)인데, 사이판섬 바로 남서쪽 100km에 위치한 티니안섬(Tinian Island)의 미국공군비행장으로 비밀리에 미군 군함에 의해 옮겨 와서 이 비행장에서 B29(Enola Gay)폭격기에 탑재하고, 히로시마 상공 9,450m 에서 떨어트리고, 550m 상공에서 폭발하도록 만들었다고 한다./ 이 폭격기를 조종한 사람은 미국 공군 대령 폴 티베츠(Paul Warfield Tibbets Jr. 미국 일리노이스 출생, 1915~2007)였고, 실제 원자탄을 투하시킨 사람은 대령 토마스 패러비(Thomas Falerby, 1922~2003)였다./ 이 원자탄의 위력은 TNT 16kton이 동시 터질 때의 위력과 같다고 한다./

[참고 3] 나카사키(長崎) 상공에서 폭발된 원자폭탄: 규슈시마(九州島) 나카사키시(長崎市) 상공에서 1945년 8월 9일 11시 2분 폭발한 원자탄은 원자번호 94, 질량수 239인 플루토늄($_{94}Pu^{239}$)원자탄이었다./ 원자폭탄의 이름은 뚱보(Fatman)였다./ 이 폭탄을 싣고 티니안섬 미국공군비행장으로부터 나카사키시로 운행하여 간 폭격기는 'B29복스카'(Bockscar) 폭격기, 기장은 소령 촬스 스위니(Charles Sweeney)였다./ 폭탄 투하자는 커미트 비한(Kermit K. Beahan,

1918~1989) 대위이고, 나카사키시 북쪽 우라카미 천주교회 502m 상공에서 폭탄이 폭발되었다./ 질량수 235인 우라늄(U) 원자탄보다 위력이 강했다고 한다(TNT 약 22kton)./ 이 플루토늄(Pu)원자탄의 폭발로 약 7만 5천 명 정도가 사망하였다고 한다./ Pu 원자탄의 위력이 큼에도 불구하고 히로시마에 원자폭탄 투하되었을 때보다 나카사기에서의 피해가 적은 것은 투하 장소가 도시의 중심이 아니고 교외지역이었기 때문이었다고 한다.

제2장

서쪽 바다 섬마을

우리나라 서쪽 바다에 위치한 어청도, 소야도, 대청도, 간월암(도), 교동도, 연평도, 흑산도, 풍도, 그리고 외연도의 섬마을에서 만난 설화들이다.

어청도의
제나라 장수 전횡

나는 2013년 7월 1일 아침 9시 군산항에서 서해어청훼리호의 승객이 되었다. 서해어청훼리호는 군산항을 출항하여 1시간 후에는 낚시객들과 연도주민들을 연도(煙島)여객선선착장에 하선시키고 출항하여 섬 하나도 보이지 않는 해무(海霧)가 약간 끼어있는 바다 위를 미끄러졌다. 그리고 이 여객선은 1시간 30분 후 천연적 섬 속의 항구인 아늑하고 넓은 만(灣)에 위치한 어청도여객선선착장에 도착하여 선객(船客)들을 하선시켰다.

도착한 시간이 낮 11시 30분이어서 가까운 음식점에 들러 간단히 점심 식사하면서 음식점 아주머니가 소개하는 민박집으로 가서 주인을 만나고 배정된 방에 배낭을 놓고 나와 60대 주인 남자에게 치동묘(淄東廟)의 위치를 물었다.

"치동묘가 어디 있는지 아십니까?"

라고 물으니 민박집 아저씨

“바로 옆에 있습니다. 제가 안내하여 드리지요.”
하고는 앞서 간다. 따라가니 그는 마을 뒷골목 길로 들어가 붉은 색 페인트칠을 하고 문의 중간에 태극문양을 그린 대문을 열고 들어갔다.
“이곳이 제나라 장군 전횡을 모신 사당 치동묘입니다.”
라고 하였다. 그 민박집에서 100m 거리에 전횡사당인 치동묘가 있었다. 淄東廟(치동묘) 현판이 사당 앞 추녀 밑에 붙어있는 옛날 기와집이었다. 그 현판 바로 밑의 창호지를 바른 문을 열었을 때 맞은 편 벽 앞에 수염이 가슴까지 내려온 위엄을 갖춘 남자(이 글 마지막 부분의 인물화)가 나를 놀라게 했다. 전횡이 치동묘 뒷벽 앞에 앉아있는 것이다.
나는 인터넷 자료실에서 전횡의 탱화에 관한 설명을 읽었었다. 20세기 초 어느 해 전횡이 충남 공주군(公州郡)에 있는 어느 사찰의 탱화 그리는 스님의 꿈에 나타났다고 한다. 그 스님은 그 형상대로 전횡의 탱화를 그려 어청도에 가지고 가서 치동묘에 안치시켜 달라고 했다 한다. 1936년까지 잘 모셨는데 1936년 어느 날 사라졌다고 했다.
그런데 지금 그 탱화가 치동묘 제실 안 뒷벽 앞에 세워져 있으니 내가 놀란 것이다. 탱화를 잃어버렸다는 것이 거짓말인가? 아니면 다시 탱화를 그린 것일까? 하는 여러 가지 생각이 들었다. 붉은 관복과 연초록색 관을 쓰고 있다. 수염이 많은 것은 아닌데 콧수염은 양편으로 갈라져 있고, 턱수염은 가슴까지 내려와 있다. 눈은 초롱초롱하고 눈썹은 짙다.
B.C. 202년 중국의 한나라 고조 유방(劉邦, B.C.256~195)이 항우(項羽, B.C.232~202)와의 다툼에서 승리하여 항우가 패배한 후 자결하자 항우 편에 서있던 제나라 장군 전횡(田橫, ?~202)은 부하 병사와 가족들 500명과 함께 필요한 물자를 돛단배에 싣고 황해를 동쪽으로 항해하여 바다 위에서 3개월 동안 헤매다가 안개 속에 갑자기 나타난 푸른섬에

상륙했다고 한다. 그 섬이 어청도(於青島)이다.

그런데, 몇 달 후 추격하여 찾아온 유방의 부하가 항복하고 새로 세운 한(漢)나라를 위하여 같이 일하자고 했다. 물론 이 권유를 거절할 경우 군대를 보내 이 섬에 있는 모든 사람을 몰살하겠다는 위협도 하였다.

그래서 같이 여기에 온 500여 명을 살릴 생각으로 '전횡'은 두 사람의 부하만 데리고 한나라 수도 낙양(洛陽)에 갔다. 그러나 한나라의 신하는 될 수 없다고 생각한 '전횡'은 한나라 궁궐 앞에서 가슴에 칼을 꽂아 자결하였다. 이것이 '전횡'의 생애를 간략하게 기술한 것이다.

문이 적자색으로 칠해지고 태극문양을 가운데 그려 넣은 치동묘(淄東廟)의 정문, 사당, 그리고 2m 높이 돌담 등 모두 허물어지지 않고 튼튼하게 세워져 있는데 마당에 잡초가 허리에 닿을 정도로 무성하다. 마을 사람들이 도시로 떠나면서 마을에 주민수가 적으니 치동묘의 관리가 소홀한 것인가(?) 했다. 정문 바로 앞에 안내 설명표지판이 세워져 있었다. 설명문은 다음과 같다.

> 어청도 치동묘(於青島 淄東廟)/ 군산시 향토문화유산 제14호/ 소재지: 전북 군산시 옥도면 어청도리 286/ 치동묘는 제(齊)나라 장군 전횡(田横)을 모시는 사당(祠堂)으로 전횡은 백제시대 이래 어청도(於青島) 주민들의 토속신앙 대상이 되었던 인물이다./ 치동묘는 2m 높이 돌담으로 둘러싸여 있는데 대문에는 태극문양이 새겨져 있고, 전면 3칸, 측면 1칸, 높이 2m의 목조기와 형태이다./ 치동묘에 얽힌 전설을 살펴보면 "고대 중국 제(齊)나라 사람인 왕담(王潭)의 동생으로 '전횡'이라는 사람이 있었는데 전횡은 훗날 제나라의 재상이 된 후 왕까지 되었다고 한다. 그런데 '전횡'은 한(漢)나라 유방(劉邦)이 초(楚)나라 항우(項羽)를 이긴 후 B.C. 202년 천하를 통일하고 초패왕 항우가 자결하자 의지할 곳이 없게 되어 두 명의 형제, 측근과 병사 500 명을 거느린 채 돛단배를 타고 황해로 탈출하

였다. 황해로 탈출한지 3개월 만에 어청도에 도착했다고 한다. 전횡 일행이 어청도를 발견한 날은 바다 위에 안개가 약간 끼어 있었는데 갑자기 푸른섬 하나가 우뚝 나타나자 전횡을 비롯한 전 군사들이 기쁨의 함성을 지르며 섬에 상륙하였다. 이러한 이유로 전횡은 이 섬의 이름을 푸른섬이라 하여 '어청도(於靑島)'라 이름지었다 한다."/ 치동묘의 이러한 유래로 인하여 군산의 토반인 담양전(田)씨들이 전횡을 자신들의 조상으로 생각하여 1926년 군산시 둔율리에 치동묘를 세워 모시더니 최근에는 사당을 원오곡마을로 옮겨 '치동원'이라 이름하고 제사를 모시고 있다.

치동묘의 안내 설명표지판에 기록된 것은 전횡 일행이 B.C. 202년, 3개월 동안 바다를 떠돌다가 안개 속에서 갑자기 나타난 푸른섬—그 의미가 이름 어청도(於靑島)와 같다고 한다. 어청도의 어(於)자는 어조사 어자로 "아!" 하는 감탄의 의미라 한다. 그러므로 어청도는 '아! 푸른 섬'이라는 의미가 되는 것이다. 군산시 옥도면 어청도리에 위치하고, 전횡이 백제시대로부터 어청도민의 토속신앙신이 되었다고 설명한 것이다. 무엇보다 전횡 일행이 항로도 모르고 바다 위에서 3개월 헤매다가 안개 속에서 홀연히 나타난 푸른 섬을 발견하고 상륙하였다는 이야기는 동정심을 일으키기도 한다.

그 섬의 이름을 어청도로 하였다는 안내 설명표지판의 설명문으로 그들이 상륙하여 살았던 섬은 이 어청도라고 생각되는 것이다. 이웃섬 외연도(外煙島)에도 당산에 전횡 사당이 있으나 상륙한 섬은 어청도인 것이다. 지금은 행정 구역이 어청도는 전라북도 군산시에, 외연도는 충청남도 대천시에 속하지만 1914년까지만 해도 어청도와 외연도가 모두 충청남도 보령군 소속이었으니 옛적에는 어청도와 외연도는 같은 섬으로 생각했을 것이다.

치동묘 내 중국 제(齊)나라 장수 전횡 영정.

어청도 치동묘(於靑島 淄東廟).

인터넷 자료실에서 감명 깊게 읽은 전횡에 관한 한시(漢詩) 한 편은 고려 말의 충신 포은 정몽주(圃隱 鄭夢周, 1337(충숙왕 6)~1392(공양왕 4))의 작품이었다. 정몽주는 젊은 시절 중국 원(元)나라에 사신으로 갔다 오면서 어청도 부근을 지나가게 되었는데 이미 소개된 책을 읽어 그 전설을 알고 있는 전횡을 생각하고 지은 한시라고 한다.

> 오백 명 군졸들이 서로 죽고 말았으니/ 전횡의 높은 절의 천 년 후에도 감동하네/ 당시 잃은 땅을 무엇 때문에 책망할까?/ 대한(大漢)의 어질고 너그러운 정치 만민을 얻었도다.

어청도는 중국 산동반도(山東半島)로부터 거리가 300km 정도이고, 우리나라 군산여객선터미널로부터의 거리가 72km라 한다. 우리나라로부터의 거리가 중국으로부터의 거리의 1/4도 되지 않으므로 일찍이 우리나라의 영토가 되었지만 우리나라와 중국 사이의 바다에 위치하므로 전횡 일행 500여 명이 돛단 병선을 타고 올 수 있었던 것이다.

나는 치동묘에서 나와 민박집으로 와서 잠시 짐을 정리한 다음 그 옛날 우리나라로 망명했다는 전횡에 대한 일을 기록하여 보는 것이다.

〈2013년 7월 1일 어청도 민박집에서〉

[참고] 어청도(於靑島): 어청도는 군산시 옥도면에 속한 섬이다. 126° 17′ E, 26° 02′ N에 위치하는 섬이다. 1914년 전에는 충남 보령군에 속한 섬이었으나 한일병합(韓日併合) 후인 1914년 일본정부의 행정구역 개편에 따라 군산시에 편입되었다고 한다./ 그러나 몇 년 전까지 여객선은 대천항과 군산항에서 각각 운항하였으나 2012년부터는 군산항에서만 운항한다./ 섬의 면적은 1.71㎢, 해안선 길이는 10.8km인 작은 섬이다./ 2005년 주민의 수가 511명이라 했다./

한일병합시대 벼의 창고를 일본인들이 어청도에 짓고 군산항에서 수집된 벼를 이곳에 운반하여 쌓아놓았다가 일본과 중국으로 옮겨갔다는 말이 있다./ 이것은 천연적으로 만들어진 좋은 항구가 있었기 때문에 가능했다고 한다./ 어청도는 남서쪽에 길이 1,000m, 폭 500m, 깊이 5m 정도의 천연적으로 만들어진 만이 있어 좋은 항구 역할을 하는데 만의 입구에 100m 길이의 방파제 2개를 조성하여 태풍으로부터 어선들과 여객선을 보호할 수 있다.

소야도 장군바위

벚꽃이 만발한 2013년 4월 중순 어느 날, 나는 소야도(蘇爺島)를 찾았다.

소야도는 660년 당(唐)나라군과 신라(新羅)군이 백제를 협동공격할 때 당나라의 총사령관 소열(蘇烈, 소정방)이 1,900 척의 함선에 13만 명의 장병들을 싣고 황해를 건너와 신라군의 대장군 김유신과 작전 계획을 수립하려고 40일 간 머물렀다는 섬이다. 덕적도(德積島)에서 동남쪽 작은 해협 건너에 위치한 섬이므로 행정구역으로는 덕적면 소야리(德積面 蘇爺里)이다. 인천항에서 47.6km 남서쪽에 소야도 나루개선착장이 있다. 덕적도 진리선착장과 소야도 나루개선착장 사이의 거리는 약 500m이다. 소야도의 넓이는 3.03㎢, 2006년 섬의 가구 수는 108가구, 주민 수는 220명이라 했다.

660년 5월 30일(음) 이 섬에서 소열은 마중 나온 신라의 태자 김법민(金法民)과 대장군 김유신(金庾信)을 만나 작전회의를 했다고 한다. 이

작전회의에서 당나라군(唐軍)은 기벌포(伎伐浦, 현재의 서천)를 거쳐 백강(백마강)으로 올라가고, 신라군은 탄현을 넘고 황산벌을 거쳐 사비성에서 7월 10일(음) 만나자고 약속한 것이다.

나는 1350여 년 전 소열이 13만 대군을 거느리고 황해를 건너 와 40일 간 머물렀다는 소야도를 만나러 화창한 봄날인 4월 10일 집을 나섰다. 1,350여 년이 흘러 아무런 흔적이 없겠지만 나는 인터넷 자료에서 두 가지 남아있는 흔적이 있음을 알았고, 이들을 보는 것도 나에게는 하나의 흥미로운 인생사로 생각되었다. 그들을 만나고 확인하려는 것이다. 하나는 소열이 자신의 형상으로 만들었다는 장군바위인데, 이 장군바위는 소야도 텃골에서 100m 동쪽 작은 섬 창부도의 북쪽 바닷가에 있다. 또 하나는 지도상에서 이미 확인한 뗏뿌루해수욕장, 나루개선착장, 마뻬뿌리, 무푸리섬 등 중국 발음의 지명들이다. 이 지명들은 소열이 당시 소야도에 머무는 동안 지은 이름이라 하는 것이다.

내가 승선한 덕적도행 쾌속 여객선 스마트(SMART)호가 인천항 연안부두를 출항한 시간은 14시 30분. 이 여객선의 선실은 의자도 훌륭하고 쾌적하였다. 스마트호가 출항할 때 선창을 통해 밖을 바라보니 드나드는 입·출구를 제외하고 크고 작은 선박들이 방파제 둑의 말뚝에 밧줄로 묶여 항구에 가득 차 있는 바닷물 위에 떠 있었다.

스마트호는 70분을 달려 덕적도 진리의 도우여객선선착장에 도착하고, 스마트호에서 하선하자마자 옆을 보니 나와 같은 여객선 선실에 승선하여 온 승객들 중 몇 사람이 옆의 조그마한 어선(통통배)에 옮겨 타고 있었다. 왜 이들이 그 배에 옮겨 타느냐고 안내하는 남자에게 물으니

"소야도(蘇爺島) 사람들이니 건너편 소야도 나루개선착장으로 가는 것입니다."

라고 했다. 그날 나의 여행 목적지가 소야도 부속섬인 창부섬 장군바위를 만나러 가는 것이므로 나도 그들이 타는 작은 배에 승선하였다. 그리고 그 작은 선박 뱃머리에 서서 승선하는 사람들로부터 승선료를 받는 60대 남자에게 승선료 1,500원을 지불하였다. 그 작은 선박은 5분도 되지 않아 소야도 서쪽 나루개선착장에 도착하였다.

그 어선에서 내린 사람들은 소야도 나루개선착장 옆 주차장에 주차된 마을버스에 오르기에 나도 그 마을버스 있는 곳으로 가서 마을버스 운전기사에게

"어디로 가는 버스입니까?"

라고 물으니 그 운전기사가

"큰말이라는 마을로 가는 마을버스입니다."

라고 말하였다. 그래서 나도 그 마을버스에 올랐다. 아무래도 이날은 그 큰말이라는 곳에 가서 민박을 해야 할 것 같았다. 소야도는 작은 섬이어서 대부분의 주민들이 소야도 동쪽의 큰말이라는 마을에 거주하는 것이다.

마을버스는 고갯길을 넘어가고 소야도에서 두 번째로 높은 산인 국사봉(國師峰, 106m) 밑으로 조성된 시멘트 길을 달렸다. 그리고 고개 두어 개를 넘으면서 꼬불꼬불한 산기슭 길을 달렸다. 그런데 마을버스 기사가 갑자기 버스를 멈추더니

"옆의 민박집이 이 마을에서 숙식을 할 수 있는 유일한 민박집입니다. 숙식하시려면 여기에서 내리십시오."

라고 말을 하면서 큰말 입구 벽에 '소야도민박'이라 표지판이 부착된 집 앞에 나를 내려주었다. 나는 그 민박집으로 들어가 주인아저씨가 열어주는 방에 들어가 배낭을 내려놓았다. 내가 도착한 날은 주말이나 휴가철이 아니고 평일이어서 관광객과 낚시꾼이 없어 민박집의 방은

비어 있었다. 내가 마루에 나오니 주인아저씨가 마루에 앉아 있었다. 그래서 그에게 바닷길 열림에 대하여 물었다. 내가 창부섬 장군바위 있는 곳에 갈 수 있을까 하는 것을 알기 위하여서였다.

"주인아저씨 간조(썰물) 때 창부섬과 무푸리섬으로 건너가는 바닷길을 볼 수 있습니까?"

하고 물었더니 그 주인 남자는

"매월 음력 15일 부근에만 간만의 차가 커서 볼 수 있지요. 이 달은 양력 24일이 돼야 됩니다. 오늘은 볼 수 없습니다."

라고 말하는 것이다. 날자에 따라 썰물이 일어나는 정도, 즉 썰물 때 바닷물이 내려가는 정도와 밀물 때 바닷물이 올라가는 정도가 다르니 간만의 차가 달라지는 것이다. 음력 보름 때 간만의 차가 가장 커서 바다 속 깊은 땅이 드러나기 때문에 소야도에서는 그때만이 동쪽 해변 두 곳, 즉 텃골 앞 바닷가와 창부섬 사이, 그리고 큰말 앞 작은목해변에서 갓섬, 간뎃섬, 송곳여, 무푸리섬으로 연결하는 바닷길이 열리는 현상인 모세의 기적이 일어나는 것이다. 내가 도착한 날이 양력 18일이니 이곳에서 모세의 기적을 보려면 6일을 더 있어야 되었다. 그러나 그렇게 할 수 없으니 그것은 포기해야만 했다.

카메라를 들고 밖으로 나가서 작은목해변을 둘러보았다. 아직 오염되지 않은 해변이었다. 바닷가 이곳저곳에 "가지고 온 물건은 반드시 버리지 말고 가져가시오!" 라는 표지판이 세워져 있어 덕적면(德積面)에서도 환경정화 문제를 게을리 하지 않는구나 생각하였다.

민박집이 있는 곳은 무푸리섬이 내려다보이는 언덕에 위치하고 있었다. 큰말이라는 마을의 작은목 해변으로 내려가 갓섬과 송곳여, 무푸리섬 등을 카메라에 담고 민박집에 돌아오니 저녁상이 준비되어 있었다.

식사 후 주인과 마주앉아 몇 가지 이야기를 나누었다. 주인은 인상이 곱상하고 키는 작은 편이나 얼굴이 편안한 사람이었다. 주인은 나이가 71세 계미생(癸未生)이라 했다. 그가 나에게 묻는다.

"혹시 선생님은 대학에 계셨습니까?"

그래서 내가

"그렇습니다. 어떻게 그것을 아셨습니까?"

하고 물으니 얼굴과 태도에 나타난다는 것이다. 대답한 다음 명함을 건넸더니 그도 명함을 준다. 김종남(金宗南)이라 했다. 그는 인천 시내에서 독서실을 경영하다가 5년 전 집과 밭을 지키기 위하여 돌아왔다고 한다. 내가 그의 가족관계를 물어 보았다.

"선생님 자녀는 어찌 두셨습니까?"

하니 나와 그가 앉아있는 거실 응접의자 뒤에 걸린 사진들을 가리킨다.

"1남 2녀를 두었지요. 위로 딸 둘. 그리고 막둥이가 아들입니다."

한다. 아들의 얼굴이 아버지 얼굴과 많이 닮았다. 그는 나와 이야기를 하는 동안 커피를 끓여 내 오기도 했다. 그러면서 북한문제, 독도문제, 전직 대통령 김대중과 노무현 이야기, 등등을 이야기 하다가 그 민박집 101호에서 소야도의 첫 밤을 맞았다.

아침에 일어나니 6시 30분인데 해가 수평선에서 한 발은 올라와 있다. 국사봉을 올라가는 것이 아침에 하고 싶은 일이었다. 국사봉은 그리 높지 않은 산(106m)이다. 그런데 국사봉 중턱의 펜션 옆으로 국사봉 정상으로 오르는 등산로가 있겠거니 하고 팬션까지 갔다가 정상으로 오르는 등산로가 없었으므로 국사봉 정상으로 30분 쯤 후에 오를 수 있었다. 인생도 살아가다가 너무 어렵지 않은 연구과제인 듯하여 잘 검토하지 않고 덤볐다가 갈 길 못 찾아 헤맨 경우가 있듯이 나는 소야도의 그리 높지 않은 산 중턱에서 등산로를 찾지 못하여 잡목과 가시덤

불에 막혀 국사봉 중턱에서 헤매었었다. 이러한 잡목 숲 이곳저곳에도 진달래꽃은 흐드러지게 피어있었다.

이제 국사봉에서 돌계단 등산로를 천천히 밟고 소야도 서쪽 뗏뿌루 해변으로 내려와 텅 빈 모래사장 곁에 통나무로 지어놓은 정자의 마루에 앉아 조용한 바다를 바라보았다. 지금은 이렇게 조용한 바다이지만 1350여 년 전 5월 말(음)에는 소열(소정방)이 중국 산동성으로부터 1,900여 척의 함선들에 13만여 명의 군졸들을 싣고 와서 함선들이 이 바다에 떠 있었을 게 아닌가? 이러한 것을 생각하고 미소를 지어 보았다. 공간은 같은데 시간이 다르면 그 공간에서 일어나는 일들이 이렇게 다른 것이다.

그런데 나의 이번 소야도 방문은 신기할 만큼 갑옷을 입은 장군의 모습을 닮았다는 장군바위를 나의 디지털 카메라에 담는 것인데 장군바위가 창부섬의 북쪽에 서 있고 '모세의 기적현상'이 일어나지 않아 창부섬에 건너가지 못하므로 나의 디지털카메라에 담을 수 없을까 무척 아쉬운 마음이었다.

나는 마을버스가 달리는 시멘트 길을 따라 뗏뿌루해변에서 큰말 해변도로를 거쳐 나루개선착장을 향하여 걸었다. 나루개선착장으로 가던 중 꼬불꼬불한 고갯길에서 동북쪽 골짜기를 내려다보니 농가 십여 채가 있는 텃골 마을 해변 동쪽의 좁은 해협 건너로 창부섬이 내려다보였다. 텃골이 창부섬에서 가장 가까운 마을이니 멀리 장군바위가 비록 작게 보였으나 보였다. 나루개선착장을 잠시 후에 가기로 하고 장군바위를 가깝게 보기 위하여 그 텃골 바닷가로 내려갔다. 드디어 텃골 바닷가에 서서 창부섬 북쪽을 바라보니 위엄스럽게 갑옷입고 투구 쓴 형상의 장군바위가 북쪽을 향해 서 있는 모습으로 작지만 뚜렷하게 보였다. 그래서 여기에서 창부섬과 장군바위를 카메라에 담았다(사진).

소야도 텃골마을 앞에서 건너다 본 창부섬과 창부섬 북쪽의 '장군바위'.

이 장군바위는 창부섬 북쪽 해안에 서서 북쪽을 바라보면서 마치 핵폭탄이나 만들고, 우리 해군함정에 어뢰나 발사하여 아까운 젊은 해군장병 46명을 수장시키고, 정전협정을 위반하고 연평도에 포탄을 쏟아 붓는 북한의 못난 놈들을 꾸짖는 듯했다.

이 바닷가에서 다시 아스팔트길로 올라가는데 40대 중년 사나이가 자신의 집 마당에서 경운기를 수리하다가 나를 보고 말을 걸어왔다. 다음은 그와의 대화를 옮겨 기록한 것이다.

"선생님 이 마을에 어찌 오셨습니까?"

"문화탐방 왔습니다. 660년 소정방이 백제 정벌 왔을 때 이 섬에서 신라 대장군 김유신과 만났다고 하는 전설이 있어서요."

"그러세요? 이 마을 해협 건너 창부섬에 만들어 놓은 장군바위는요 소정방이 이곳에서 약 40일 머무는 동안 3천 명의 병사를 동원하여 자신의 상을 만든 것이라고 해요."

"그 이야기는 내가 처음 듣는 이야기네요."

"이 섬의 이름 소야도(蘇爺島)의 소야(蘇爺)는 소정방을 높여 부르는 '소(蘇)씨 어른'을 한자로 표기한 것이고요, 소야도의 많은 지명이 당(唐)나라 말과 비슷하다고 해요. 뗏뿌루, 나루개, 마베뿌리, 무푸리가 그렇다는 것이지요."

"참 좋은 말씀 잘 들었습니다. 감사합니다."

그러나 그가 알고 있는 전설이 진실이라 생각할 수 없는 것도 있다고 생각하였다. 장군바위를 3,000명 병사들을 동원하여 소정방의 모습으로 만들었다는 것이 우선 그렇다. 나는 그러한 전설이 기록된 글을 볼 수 없었으니 믿을만한 말은 아니었다. 한편, 김현각 편집, 교학사간 전국여행 지도에는 이 마을에 살던 두 장사가 누가 힘이 센지 싸움을 했는데 패한 장사가 장군바위로 변했다는 것이다. 이 전설도 믿을 만한 이야기가 아니다. 사람이 어떻게 바위로 변했겠는가? 이 두 전설 외에도 여러 전설이 전해져 내려오나 모두 꾸며진 이야기였다. 나에게는 꾸며진 이야기라도 좋은 것이다. 장군바위가 있으면 되는 것이고, 이 장군바위가 북쪽을 향하여 서서 못난 북한 위정자들을 꾸짖는 모양으로 보이면 되는 것이다.

이제 여객선이 나루개선착장에 도착할 시간이 가까워 오기 때문에 발길을 재촉하여 고갯길을 넘어갔다.

무엇보다 확실한 역사적 사실은 1,350여 년 전 당(唐)나라 장군 소열(소정방)이 백제를 공격하기 위해 대군을 이끌고 이 섬 소야도에 왔었다는 것이다. 물론 1,350여 년 전의 일이니 소열의 지휘소가 어디 있었는지는 알 수 없는 일이다.

알지 못하면 어떻겠는가? 단지 창부도 북쪽에 북쪽을 바라보고 위엄스럽게 서있는 장군바위가 북한의 못난 인간들을 꾸짖는 장군이면 그만이지.

창부섬 장군바위

나루개, 뗏뿌루, 마베뿌리, 무푸리섬
660년 소열이 이끄는 당나라군 13만 명
40일 머물며 부르던 지명이라네
텃골과 창부섬 사이, 그리고
작은목해변과 무푸리섬 사이 바다가
모세의 기적을 일으키는 곳
창부섬 장군바위는 못난 북쪽 놈들 꾸짖네

〈2013년 4월 20일 청주시 구룡산 밑에서〉

대청도 원나라 태자 타환의 궁궐터

황해도 옹진반도(甕津半島)에서 19km 남쪽에 위치한 섬 대청도(大青島, 면적: 15.56㎢)의 선진포여객선선착장은 인천연안부두(沿岸埠頭)에서 서북쪽으로 202km이다. 2014년 4월 통계청에서 조사한 바로는 이 섬의 주민수가 1,340명이었다.

내가 이 섬 대청도에 관심을 갖게 된 것은 2013년 10월 28일부터 2014년 4월 29일까지 월 · 화 22시부터 1시간 동안 방영된 mbc드라마 기황후(奇皇后)의 무대 중 한 곳이 대청도였고, 역사서에도 원(元)나라의 제11대 왕 혜종(惠宗, 1320~1370, 재위: 1333~1368)이 태자 시절 11세의 소년으로 이 대청도에 유배 왔었다는 기록을 읽을 수 있었기 때문이었다. 더구나 인터넷 자료에는 원나라 태자 타환(妥懽)이 집을 짓고 1년 5개월 동안 거주했었다는 곳이 지금의 대청초등학교가 세워져 있는 곳이고, 이곳에서 타환의 궁궐터 주춧돌과 궁궐지붕 청기와 조각이 대청초등학교 건설 때 발견되었다고 하였으니 흥미로웠다.

2014년 태풍 나크리가 지나간 다음날인 8월 6일 오후 2시 나는 배낭을 짊어지고 집을 나섰다. 인천연안부두 앞 모텔에서 하룻밤을 보내고, 8월 7일 아침 일찍 연안부두국내선여객선터미널 매표소로 가서 선표를 받고, 여객선에 올랐다. 아침 8시 20분 출항예정이던 여객선 하모니플라워(Harmony Flower)호는 8시 50분이나 되어 출항했고, 날씨가 맑고 파도도 없는 서해 바다를 서북쪽으로 미끄러져 대청도 동쪽 해안에 위치한 선진포여객선선착장에 12시에 도착하였다. 선진포여객선선착장은 대청도 선진포항 동쪽 방파제 끝부분에 위치한다. 그러므로 해안가 상점들이 있는 마을과 선진포여객선선착장은 긴 방파제(약 300m)로 연결되어 있고, 방파제 위는 넓은 도로였다.

여객선에서 내려 방파제 위로 조성된 길을 걷는데 갈매기들은 정박해 있는 고깃배들 위에서 그들의 노래를 부르며 춤을 추고, 방파제 위에서는 고추(건들)잠자리들이 무질서하게 나르고 있었다. 나의 고향 공주의 한적한 산골에는 바다가 없으므로 갈매기는 볼 수 없으나 고추(건들)잠자리들의 무질서한 춤을 늦여름－초가을에 나의 고향집 밖 마당에서 볼 수 있었는데 고향에서의 그 기억이 살아나 늦여름인가(?) 했다.

이 여객선선착장이 위치한 선진동마을에는 대청면사무소, 해양경찰서, 종합운동장, 민박집들, 그리고 음식점도 있다. 그 중 한 음식점으로 들어가 점심식사를 하면서 같은 식탁의 맞은편 자리에 앉아 식사를 하고 있는 40대 남자와 다음과 같은 이야기를 나누었다.

"실례합니다. 한 가지 물어봐도 될까요?"

"예 괜찮습니다. 물어보시지요."

"젊은이는 대청도에 여행 온 사람이요? 아니면 대청도 주민이요?"

"저는 대청도 주민이고 팬션을 운영하고 있습니다. 어르신께서는 혼자 오셨는지요?"

"그렇습니다. 혼자 관광왔어요."

"어르신은 어디를 어떻게 관광하시려는 것입니까?"

"우선 대청초등학교까지 걸어서 갈려는데 거기까지 거리가 몇 km인지요?"

"어르신 대청초등학교까지는 4km 정도 됩니다만 날씨가 더워 걷기에 힘드실 겁니다. 제가 저의 집에 모셔다 드리겠습니다. 저의 집에서 기다리시면 제가 백령도에서 오는 손님 10여 명을 데리고 오후 3시에 집으로 다시 가서 같이 관광하시게 하여 드리겠습니다. 그리 하시지요."

했다. 그래서 그것도 괜찮을 것이라 생각하여 점심식사 후 그의 15인승 승합차를 타고 경사가 심한 고개를 넘어서 그의 팬션으로 갔다. 그런데 그의 팬션이 대청도에서 유명한 모래사막 옆 옥죽포(玉竹浦, 옛이름 옥자포)선착장 마을에 있었다. 옥자포는 1330년 원(元)나라 제9대 명종(明宗, 재위: 1329년 2월~1329년 11월)의 태자 타환이 100여 명 수행원과 함께 대청도에 유배되어 올 때 입항한 선착장이라 하니 내가 찾아보려고 했던 장소의 한 곳이어서 잘 되었다 생각되었다.

그 40대 남자는 나를 그의 팬션 식당에서 쉬면서 TV를 시청하고 있으라 하고 다시 선진포여객선선착장으로 나갔다. 백령도 관광여행 후 대청도로 와서 대청도를 관광하려는 섬 여행객들을 안내하여 오려는 것이다. 그래서 그동안 나는 그 팬션의 식당에서 TV를 시청하고 있었는데 약 10분 정도 앉아 있을 때 약 70세 쯤 되는 영감이 식당으로 들어왔다. 이 엘림팬션의 주인이며, 그 청년의 아버지로 보였다. 다음은 나와 그 영감이 나눈 이야기이다.

"이 팬션의 주인이시오?"

"그렇습니다."

"주인장은 온 몸이 검습니다."

"날씨가 더우니 옷도 이렇게 반바지에 런닝만 입고 팬션 주위의 농토에 채소를 키우는 일을 하니 햇볕에 타서 그럴 것 같습니다."

"주인장 땅이 얼마나 됩니까?"

"약 1,500평 정도 됩니다. 팬션과 사는 공간으로 약 300평, 도로와 주차장, 그리고 꽃밭으로 300평은 사용하였으니 농토는 약 900평은 됩니다."

"주인장은 이곳에서 몇 년이나 사셨는지요?"

"35년 정도 살고 있습니다. 1914년부터 백령도(伯翎島), 대청도(大靑島)와 소청도(小靑島)가 모두 백령면(伯翎面)이었는데 1974년부터 백령도(伯翎島)는 백령면(伯翎面)으로 그대로 남고, 대청도(大靑島)와 소청도(小靑島)는 대청면(大靑面)으로 분리되어 새로 독립된 면으로 되었어요. 저는 1980년까지 백령도의 백령면사무소에 근무하다가 1980년 대청면사무소로 전근되었어요. 대창면사무소에 근무하면서 이 땅을 구입하게 되었지요."

"그런데 주인장 이곳 옥죽포가 680여 년 전 타환첩목아 또는 토곤테무르라고 하는 원나라 태자가 대청도로 유배 올 때 그가 입항한 선착장이라는 기록을 읽었는데 그게 맞는지요?"

"약 700년 전의 일이어서 알 수가 없습니다. 그러나 이중환(李重煥, 1690~1752)의 택리지(擇里志, 1751)에 그러한 것이 기록되어 있다고 합니다. 이곳의 이름이 옛날에는 옥자포(玉子浦)라 했는데 옥자는 왕자와 같은 의미라 합니다. 즉 옥자포는 왕자가 입항한 항구라는 것입니다. 원나라 태자 타환이 11살의 소년으로 계모의 모략에 의해 이곳으로 유배되어 왔는데 수행원 약 100 명과 같이 와서 지금의 대청초등학교 자리에 궁궐을 건축하고 1년 5개월 살았다고 합니다. 여기에서 약 6km 떨어진 대청초등학교 자리까지 가는데 1주일이 걸렸다고 합니다."

내가 여기까지 듣고 궁금한 것을 물었다.

"지금의 대청초등학교 건축할 때 11살 원나라 태자 타환이 살았던 궁궐의 주춧돌과 집의 지붕에 사용했던 청기와 조각이 발견되었다는 기록이 있다고 하는데 지금 그것들이 어디에 보관되어 있습니까?"

"없습니다. 발견되었는지 발견되지 않았는지 모르나 없다고 합니다. 680여 년 전인 1330년 타환은 이곳에 유배와 1년 5개월 살았다고 합니다. 너무 오랜 옛날 일이어서 흔적들은 없습니다."

여기까지 이야기를 듣고 이 영감의 아들이 백령도를 관광하고 온 손님들을 데리고 왔다고 하여 밖으로 나왔다. 나는 대청초등학교까지만 같이 가겠다고 말했다.

15인승 승합차에 여행객 10 명 정도를 승차시킨 다음 이 팬션의 장남은 가까운 고개를 넘어 서쪽 해안가로 가서

"이 해변이 대청도에서 가장 아름다운 농여라 부르는 바닷가입니다. 저는 농여의 가장 남쪽에 봉고차를 세우고 있겠으니 해안을 따라 걸으셔서 그곳까지 오십시오."

라 말하고 봉고차를 운전하여 농여 남쪽으로 갔다. 해안이 깨끗하고 줄무늬가 있는 큰 바위가 마침 간조(干潮) 때여서 바닥이 들어난 갯벌에도 서 있고, 낮은 산허리와 해변의 이곳저곳에도 있었다.

농여 가장 남쪽에 와 있던 봉고차는 여행객들이 승차하자 서서히 낮은 고개를 넘어갔다. 넘어가서 내려간 곳 즉 지금은 양지동이라는 언덕진 곳에 대청중학교, 대청고등학교, 대청초등학교, 그리고 대청어린이집이 있었다. 이제 나의 여행목적지에 도착한 것이다. 그러므로 나는 그의 승합차에서 하차하였다. 이곳이 680여 년 전 원(元)나라 태

인천광역시 옹진군 대청면 대청초등학교(이 자리에 원나라 혜종이 1330년 12월부터 17개월 살았다.).

자 타환이 17개월(1330년 12월~1332년 4월) 살았었다는 궁궐터였다지 않는가?

대청초등학교 서북으로는 북서풍을 막아줄 수 있는 높지도 낮지도 않은 산이 있고, 남쪽에는 대청도에서 가장 넓은 들판이 있어 시야가 시원하였다. 또 이 너른 들판 건너에는 대청도에서 가장 높은 삼각산(三角山, 343m)이 건너다 보였다. 여러 가지로 보아서 원나라의 11살 어린 태자가 살기에 적당한 땅이었던 듯하다. 내가 오후 1~2시간 쉬면서 이야기를 나누었던 엘림팬션의 주인 남자는 비결서라 하는 정감록(鄭鑑錄)에 우리나라에 큰 전쟁이 일어나도 대청도는 그 영향을 받지 않을 것이라 기록되어 있다는 이야기를 했었는데 내가 대청초등학교 건물 앞에 서서 주위를 돌아보니 정말 그 말이 맞을 것만 같았다.

이제 나는 인터넷 자료에서 읽을 수 있었던 원나라 태자 타환(토곤테무르 혹은 발라태자)과 기황후의 이야기를 간략하게 요약해 보려 한다.

1330년 12월 11살 소년인 원나라 태자 타환(妥懽, 뒤에 혜종(惠宗) 또는 순제(順帝), 1320~1370, 재위: 1333~1368)이 현 대청초등학교 자리에 집을 짓고 17개월 동안 거주했다 한다./ 거주하는 동안 작은 금부처를 거실에 모셔 놓고, 매일 "살아서 대도(원나라 수도)로 돌아가게 하여 주세요!" 하는 기도를 하였다고 한다./ 당시 원나라와 고려는 군신관계의 나라라 하여 고려왕도 원나라에서 임명하였고, 원의 공주는 고려의 왕비로 되었다./ 우리나라의 왕은 고려 제28대 충혜왕(忠惠王, 1315~1344, 재위: 1330~1344) 때였고, 원나라는 제9대 문종(文宗, 재위: 1328~1332) 때였다./ 타환은 문종의 형 제8대 명종(明宗, 재위: 1328년 2월~11월)의 장남이었으므로 동생보다 먼저 왕위에 즉위되어야 함에도 불구하고, 사촌동생 영종(永宗, 재위: 1332년 10월~12월)을 제10대 왕으로 즉위시키기 위해 숙모가 모략을 부려 타환을 대청도로 유배(流配)보냈다는 것이다./ 그러나 영종이 즉위하여 43일 만에 사망하였으므로 타환은 17개월 동안 대청도에서 유배 살이 하고, 대도로 귀환되어 원의 제11대 왕 혜종(惠宗, 재위: 1333~1368)이 된 것이다./ 그러면 혜종과 기황후(奇皇后, 원래 이름: 기승냥, 1315~1370)가 어떻게 가까워졌고 황후로 되었는지(?)를 기술하여 본다./ 기승냥은 고려말 고위관리였던 기자오(奇子敖)의 5남 3녀 중 막내딸이고, 덕성부원군(德城府院君) 기철(奇轍, ?~1356(공민왕 5), 기자오의 둘째 아들)의 막내 여동생인데 1333년 원나라에 공녀(貢女)로 차출되어 갔다./ 그런데 이미 환관(내시)으로 원나라 왕궁에 와 있던 고용보(高龍普)를 만나고, 고용보는 그녀를 혜종의 다과 심부름하는 궁녀로 추천하였다./ 그러자 혜종이 기승냥을 궁녀로 받아들여 만나게 되었다./ 그런 다음 혜종과 가까워져서 후궁이 되고, 아들 아이유시리다라(愛猷識答臘, 북원의 소종(昭宗, 1338~1370, 재위: 1368~1370))를 1338년 낳은 다음 1339년 제2황후로 되고, 1353년 아이유시리다라가 세자로 책봉된 다음 1365년 기승냥은 드디어 제1황후가 된 것이다./ 그러나 그것도 오래 가지 못하였다./ 1368년 명(明)나라를 건국한 주원장(朱元璋, 1328~1380, 재위:

1368~1380)이 인솔하는 13만의 홍건적(紅巾賊)이 대도를 공격하여 왔기 때문이다./ 공격을 받자 쇠약해질 대로 쇠약해진 원나라 정부는 이를 막지 못하고 대도를 버리고 북쪽으로 패주해 갔다./ 응창부로 왕궁을 옮기고, 나라의 이름을 북원(北元)이라 하였다./ 북원의 초대왕은 소종(昭宗, 아이유시리다라, 재위: 1368~1370) 이었다.

대청도 원나라 태자 타환이 17개월 간(1330년 12월~1332년 4월) 살았던 집터에 대한 나의 글은 여기에서 멈추기로 한다.

나의 이 글과 대하드라마 기황후의 내용은 다르다. 나의 글은 인터넷 자료, 옐림팬션 주인의 이야기 등과 같은 기록물이나 들은 이야기에 나타난 이야기만 썼으나 TV드라마 기황후(奇皇后)에서는 시청하는 사람에게 흥미와 감동을 줄 수 있도록 작기의 드라마 제작자가 이야기를 각색한 것이다.

타환도 어린 소년으로 아무런 죄도 없는데 1330년 12월 대청도 양지

1330년 원나라 태자 타환 일행이 타고 온 배가 입항했다는 옥자포선착장이 있는 마을(2014년 8월).

동으로 유배오고, 1332년 4월 북경으로 귀환하여 수많은 다툼을 겪으면서 반백년을 보낸 것이다. 어찌 타환 한 사람의 생애(生涯)만 그렇겠는가? 우리는 살면서 이웃에 마음 상하는 말과 행동을 하고 있는지 돌아보면서 살아야 할 것이다.

〈2014년 8월 20일 청주 구룡산 밑에서〉

[참고] 몽고 사람들의 손님대접: 몽골의 풍속은 한국의 풍속과 다른 하나의 기이한 풍속이 있다고 한다./ 그것은 남자 손님을 대접하는 풍속이라 한다./ 즉 친숙한 남자 손님이 찾아오면 그 손님에게 저녁식사 대접을 하는 것은 당연하고, 그 손님과 그 집의 안주인이 잠자리를 같이 하게 하여 준다는 것이다./ 그 집의 남편은 이웃집에 가서 그 밤을 보낸다./ 그렇게 함으로써 두뇌가 좋은 후손을 얻을 수 있다는 것이다./ 그래서 몽골 대부분의 사람들은 성(姓)씨를 쓰지 않는다고 한다. 아버지의 성씨를 따라야 되는데 여러 사람의 손님이 와서 자고 갔으니 누구의 아들이고 딸인지 알 수 없기 때문이다. 믿거나 말거나 한 말이다.

간월암을 창건하고 재건한 두 스님

간월암(看月庵)은 충남 서산시 부석면 간월도리(忠南 瑞山市 浮石面 看月島里)에 위치한 암자이다. 간월암은 작은 섬인 간월도(看月島, 0.73㎢)의 가장 남쪽 천수만에 떠 있는 듯 자리한 또 하나의 작은섬 간월암도(看月庵島, 0.1㎢) 위에 조성된 암자이다.

1980년대 서산A · B지구방조제가 현대건설사에 의해 완성되고, 그 방조제 위로 조성된 국도가 홍성군 서쪽으로부터 서산시 부석면 남쪽까지 연결되면서 그 중간에 위치한 간월도를 통과한다. 그러므로 간월도는 더 이상 섬이 아니고 육지로 되었으나 옛날대로 간월도라 부른다.

간월도와 간월암도 사이는 약 100m정도의 해협인데 밀물(滿潮) 때 2m 깊이의 바닷물이 덮이면 사람들이 드나들 때 작은 배를 이용하고, 썰물(干潮) 때는 모세의 기적이라는 현상에 의해 들어난 모래밭길 위를 걸어서 드나든다.

이러한 위치에 암자를 창건한 사람은 조선 태조 이성계(太祖 李成桂,

1335~1408, 재위: 1392~1398)의 왕사였던 무학대사(無學大師, 1327(충혜왕 7)~1405(태종 6))였다. 그러나 간월암은 1405년 무학대사 입적(入寂) 후 폐사되었다. 그리고 1941년 재건한 스님은 (송)만공선사((宋)滿空禪師, 1871~1946)였다는 이야기를 인터넷 자료로부터 읽고 이렇게 훌륭한 스님들의 기도처를 만나본 다음 마음에 담고 싶었다.

간월암에는 무학대사가 남긴 흔적으로 천수만의 바다와 무학대사가 무심코 바라보다가 득도했다는 천수만 위에 떠오른 달이 그대로 있다. 그런 것보다 그곳에는 약 70년 전 암자를 재건한 만공선사의 흔적으로 법당(法堂)과 산신각(山神閣)이 있고, 그 무엇보다 법당 앞 문 위 추녀 밑에 '看月庵'(간월암)이라 쓴 한문 현판 글씨에 만공선사의 혼이 깃들어 있다고 했다. 흔적은 아닐지라도 1942년 만공선사가 1,000일 기도를 드릴 당시에 180년 수령으로 대웅전 앞을 지키고 서있던 사철나무 한 그루가 지금은 250년 수령의 나무로 고고하게 자리 잡고 있다는 것도 기록에서 읽었다.

아내에게 이야기하니 자신도 여행을 같이 하겠다고 하여 2014년 12월 25일 아침 10시 내가 운전하는 승용차가 세종시를 통과하고 대전-당진 고속국도를 달려 서산A방조제 둑이 시작되는 점까지 도착하는데 소요된 시간은 2시간이었다. 길이 좋아지고 승용차를 운전하여 가니 40년 전보다 대단히 빨리 갈 수 있었다. 사실 40년 전에는 우리 부부가 아무런 역사적 사실을 알지 못하고, 흥미도 없이 버스를 타고 간월도와 간월암을 지나친 일이 있었다.

A방조제 둑 위로 조성된 도로위에서 오른쪽은 넓은 간월호(看月湖)이고, 왼쪽은 천수만(淺水灣) 바다이다. 나의 승용차는 서산A방조제를 지나면서 간월도 상점가로 들어가고, 상점가 안쪽에 있는 주차장에 주차하고 밖으로 나왔다. 나는 오랜만에 간월도에 오니 간월도에 주차장

이나 있는지 걱정하였는데 의외로 넓은 주차장이 조성되어 있는 것에 감탄하여 아내에게 "주차장 넓다"라고 말하였는데 옆에서 다음과 같은 말소리가 들려 우리는 같이 웃었다.

"주차장요? 저 너머에는 더 넓어요"

이 말은 주차장에서 엿판에 엿을 비닐봉지에 일정량씩 넣어서 팔고 있는 약 50세 정도로 보이는 남자가 내가 하는 말을 듣고 하는 말이었다. 그 엿장수의 말대로 주차장 주위에 높게 자란 소나무와 전나무, 잣나무 등의 줄기와 잎 사이로 언덕 아래 조성된 넓은 주차장이 주차된 차량들과 함께 내려다 보였다. 주차장 주위에는 전복, 젓갈(굴, 조개), 건어물 등을 판매하는 상점들이 많다. 우리 부부는 돌층계를 밟고 모래와 자갈로 되어 있는 길로 내려가 간월암으로 건너갔다. 마침 간조 때여서 간월암으로 가는 길에는 바닷물이 없었다. 간월암 동쪽 입구 비탈길로 올라간 곳이 절마당이다. 절마당으로 올라가는 길의 오른쪽 바위 절벽 앞에 한글과 영문으로 기록된 간월암 안내 설명표지판이 세워져 있었다. 다음은 한글로 기록된 설명문이다.

> 간월암(看月庵)의 유래/ 간월암은 과거 피안도(彼岸島) 피안사(彼岸寺)로 불리며, 밀물 시 물위에 떠 있는 배와 비슷하다 하여 연화대(蓮花臺) 또는 낙가산(落伽山) 원통대(圓通臺)라고 부르기도 했다./ 고려 말 무학대사(無學大師)가 이곳에서 수도하던 중 홀연히 달을 보고 도를 깨우쳤다 하여 암자이름을 간월암(看月庵)이라 하고, 간월암에서 좁은 해협 건너 이 섬의 어머니 섬이 있는데 그것의 이름도 간월도(看月島)라 하였다.// 이후 조선의 억불숭유정책으로 간월암이 폐사 되었던 것을 1941년 만공선사(滿空禪師)가 중창하여 오늘에 이르고 있다./ 한편 만공선사는 이곳에서 조국해방(祖國解放)을 위한 천일기도(千日祈禱)를 1942년부터 드리고 바로 그 후에 광복을 맞이하였다고 전한다./ 간월암은 밀

물과 썰물 때 섬과 육지로 변화되는 보기 드문 자리에 위치하고 있으며, 특히 주변의 섬들과 어우러진 낙조(落照)와 함께 바다위로 달이 떠올랐을 때의 달맞이경관이 빼어나게 아름답다.

피안사(彼岸寺)는 14세기 후반 무학대사(無學大師, 1327(충혜왕 7)~1405(태종 5))가 창건하였다. 그런데 무학대사가 수도 중 홀연히 떠오른 달을 보고 득도했다 하여 절(寺)의 이름을 간월암(看月庵)으로 바꾸었고, 간월암에서 간조(썰물) 때는 모래 언덕이 나타나는 아주 작은 해협 건너 피안도(彼岸島)였던 섬 이름도 간월암도(看月庵島)로 바꾸었다 한다. 무학대사는 태조의 왕사여서 간월암을 훌륭한 수도처로 유지할 수 있었으나 조선 유학자들의 억불숭유(抑佛勝儒) 정책으로 무학대사 타계 후 간월암은 폐사되었다고 한다. 폐사되었던 간월암을 1941년 재건시켜 기도처로 사용한 스님은 한일병합 된 20세기 초부터 조선의 불교계를 이끌었던 만공선사((宋)滿空禪師, 1871(고종 8)~1946)였다. 그는 1942년부터 우리나라가 일제로부터 해방되기를 기원하는 1,000일 기도를 하였고, 우연히도 기도가 끝난 다음 날인 1945년 8월 15일 일본 천황이 국제연합에 무조건 항복을 선언한 것이다.

이제 우리 부부가 마당에 들어갔다. 마당 입구에 서서 대웅전 쪽을 바라보는데 나무 한 그루가 거의 한 아름 정도 되는 줄기에 많은 곁가지와 그 곁가지들에 무수히 달린 둥근 잎들로 내 시야를 막았다. 사철나무였다. 높이 1.5m까지 한 줄기로 올라가고 그 곳에서 많은 곁가지가 사방팔방으로 뻗었다. 줄기 앞에 이 나무에 대한 정보라 할 수 있는 내용이 표지판에 기록되어 나무줄기 위쪽에 걸려 있었다. 수령이 250년이라 하고, 줄기의 둘레가 104cm라 했다. 사철나무가 노박덩굴과로 분류된다고 했다. 사철나무라는 이름은 둥근 잎을 가지고 있으면서도

간월암 대웅전 앞 '사철나무'(수령 250년).

겨울에 잎이 떨어지지 않는다는 의미이다.

수령이 250년이면 1765년에 새싹이 돋아났다는 것이다. 그렇다면 1327년에 태어나고 1405년 타계하신 무학대사는 이 사철나무를 볼 수 없었을 것이나 1871년에 태어나시고 1946년 타계하신 만공선사는 이 암자에 있을 때 이 사철나무가 항상 법당 앞을 지켰다는 이야기이다. 그러므로 1945년 8월 14일 조국광복 1,000일 기도를 마칠 때 이 사철나무는 수령 180년의 나무로 간월암 대웅전 앞을 지키고 있었던 것이다. 누가 아는가? 일본 놈들이 이 절마당에 들어와 만공선사를 흘겨보려 할 때 못 보도록 무수한 가지와 잎으로 막아주었을지? 사철나무 가지와 잎 사이로 법당 추녀 밑의 현판 글씨 看月庵(간월암)이 보였다. 1941년 만공선사가 암자를 재건하고 쓰셨다는 글씨가 그가 남긴 하나의 흔적으로 그의 혼이 들어 있는 것이다. 물론 그가 남긴 것은 법당 관음전과 산신전 등 건물들도 있으나 손수 붓끝을 놀려 썼다는 글씨가 귀중하

간월암 대웅전 앞 만공스님의 현판 글씨.

게 생각되었다. 글씨를 잘 아는 사람들은 "글씨가 어찌나 정교하고 힘이 넘치는지……."라고 감탄하지만 나는 글씨를 평가할 줄 모른다. 단지 20세기 초로부터 중반까지 우리나라 불교계를 대표하면서 우리나라 사람들의 존경을 받았던 선사가 손에 잡은 붓을 움직여 한 획 한 획 그어 간 글씨라는 것이 의미가 있는 것이다.

나는 간월암 현판을 바라보다가 법당 뒤로 가서 내가 좀 전에 건너온 모래와 자갈로 이루어진 길을 내려다보았다, 이제 만조시간이 가까워 오니 바닷물이 모랫길로 차오르고 있었다. 이 모래-자갈길에는 직경 1~2m 정도의 둥근 바위들이 5~6개 듬성듬성 놓여 있으면서 그런 둥근 바위 두 개를 포개어 놓은 것도 있었다.

나와 아내는 대웅전으로 들어가 부처님께 삼배하였다. 여생이 얼마 남지 않은 우리 부부가 자식들에게 부담을 주지 않고 구름이 손짓할 때 하늘로 갈 수 있기를 빌었다.

간월도 주차장에서 바라본 간월암.

대웅전에서 밖으로 나오니 아내가 어둡기 전에 청주에 도착하려면 지금 출발해야 된다고 하면서 서두른다. 나는 아내에게 잠시 기다리라 하고, 한 가지 궁금한 것을 물어보려고 사철나무 바로 옆 건물에 있는 기념품 상점으로 들어갔다. 상점에는 50대 여인이 앉아 있었다. 다음은 그 여인과의 대화이다.

"한 가지 물어봐도 됩니까?"

"예. 물어보세요!"

"간월암에 우물이 있는지요?"

"없어요"

"그러면 이 암자 사람들은 어떤 물로 밥을 짓나요?"

"수돗물요. 수돗물이 나와요."

간월도와 간월암 사이의 모랫길 밑으로 수도관이 가설된 것이다. 서산A · B방조제가 건설되면서 간월도는 더 이상 섬이 아니고 간월암은 옛 간월암이 아니었다. 내가 40년 전 간월암에 왔을 때는 음료수로 사용할 물을 간월도에서 물통에 떠서 들고 와야 된다고 했는데 지금은 수도관이 간월암까지 연결되어 항상 수도꼭지를 열면 사용할 물이 나오는 것이다.

그러나 간월도에서 옛날과 변하지 않은 것은 맑은 날이면 저녁 때 볼 수 있는 아름다운 낙조(落照)와 매월 음력 보름날 저녁의 달맞이이다. 간월암 마당가 돌담 옆에서 달맞이 하는 것은 하늘에 떠 있는 둥근 달과 그 달빛이 천수만 거울 같은 바다표면에 부딪혀 보이는 바닷물속의 달, 이렇게 두 개의 달이 어우러져서 그 경관이 가히 부처님의 세계라 할 만하다고 한다. 그래서 무학대사께서 달을 보고 홀연히 도를 깨친 것은 아닌지(?) 모를 일이다. 간월암은 천수만(淺水灣)이라는 넓은 바다 가장 북쪽에 있는 섬에 세워진 암자로서 안면도(安眠島) 서쪽의 바다에 비교하여 조용한 바다이므로 가능한 현상일 것이다.

무학대사는 간월암 마당에서 달을 바라보다가 홀연히 득도하였다고 하여 스승 나옹화상(懶翁和尙, 1320~1376)에게 그 이야기를 하니 "자네는 더 이상 공부하지 않아도 되겠네!"라 말하고 법호를 무학(無學)이라 지어주었다는 것이고, 만공스님은 간월암에서 조국해방을 기원하는 1,000일 기도를 하여 그 기도가 끝나는 날의 다음날에 8 · 15해방을 맞았다는 것이니 이러한 암자는 전국에서 유일한 것이다. 나의 고향(공주) 근처에 이러한 좋은 암자가 있다는 것은 정말 자랑스러운 것이다.

간월암에서의 낙조관광과 달맞이를 한 사람은 사람에 따라 다를 수 있겠으나 하나의 선경(仙境)에 들어간 느낌이라 말한다. 그래서 인간이 얼마나 보잘 것 없는지를 실감하고, 한 번 더 인간이 겸손해야 됨을 느낀다는 것이다.

〈2014년 12월 29일 청주 구룡산 밑에서〉

[참고 1] 무학대사(無學大師): 무학대사는 충남 서산군 인지면 모월리가 고향이다./ 무학대사가 아직 어머니(嚴氏) 뱃속에 있을 때 농사가 잘 되지 않아서 아버지가 국가로부터 대출받은 빚을 갚지 못했다./ 그래서 몸을 피했다고 한다./ 그러므로 현청의 사령이 부인을 대신 호송하여 서산 현청으로 가던 중 갑자기 산기(産氣)를 느껴 몸을 풀 곳을 찾으니 엄동설한이라 눈이 산천을 덮었는데 오직 한곳이 눈(雪)이 없어 이곳에서 아기를 낳았다./ 그리고 자신의 겉옷을 벗어 아기를 덮어 두고 현청에 들어갔다./ 현감이 이 여인의 얼굴이 몹시 초췌하였으므로 그 이유를 물었다./ 그리고 오는 길에 아기를 출산하였음을 듣고, 현감은 "인간의 도리가 어찌 이럴 수 있는가?"하며 곧 그 사령을 아기 있는 곳에 보냈는데 사령이 도착하여 보니 큰 학(鶴)이 두 날개를 펴서 아기를 감싸고 있더라고 했다./ 이 사실을 현감이 듣고, 상서로운 일이라 하며 아기 이름을 무학(舞鶴)이라고 지어주기까지 하였다./ 후에 무학대사(無學大師)가 태어난 곳을 이 지방 사람들이 학돌재라 이름 지었나 한다./ 무학은 20세 때인 1346년 나옹화상(懶翁和尙, 1320－1376)으로 인하여 출가한다./ 무학대사는 이곳 피안사에 1353(공민왕 3)년 토굴을 지어 열심히 수도하면서 달을 보고 홀연히 도를 깨쳤다고 한다. 이 이야기를 나옹화상이 듣고 더 배울 것이 없는 사람이라 하며 법호를 무학(無學)으로 지어 주었다고 한다./ 무학대사의 승명은 자초(自超), 속성은 박(朴) 씨이다./ 고려의 국운이 저물어 갈 무렵 대사는 함경도 고원 백련암(白蓮庵)에서 이성계를 만나고, 이성계의「석가래 세 개를 짊어지고 걸어갔습니다.」라는 꿈을 해몽하여 주었다고 한다./ 1392년 태조가 조선을 개국하고 초대 임금으로 즉위하면서 무학대사는 왕사(王師)가 되었으며, 한양(漢陽)을 조선의 수도로 정하는데 일익을 담당하였다./ 태조는 간월도, 황도, 등을 사폐지로 정하여 불교계에 할애하여 몇 스님들이 간월암에서 수도하여 득도하였다./ 무학대사는 1405(태종 6)년 금강산 금장암(金剛山 金藏庵)에서 78세를 일기로 입적(入寂)하였다.

[참고 2] 만공선사(滿空禪師): 만공선사는 1871(고종 8)년 전북 태인읍 상기리에서 태어났다./ 아버지는 송신통(宋神通)이고 어머니는 김씨./ 본관은 여산

이고, 본명은 송도암(宋道巖), 만공(滿空)은 법호이다./ 만공선사는 성이 '송'씨이므로 '송만공선사'라고도 부른다./ 도암 소년은 1883년 전라북도 김제군 금산사(錦山寺)에 들렀다가 불상을 보고 감동하여 출가를 결심하였다,/ 그길로 충남 공주군 계룡산 동학사(東學寺)에 가서 진암(眞巖)선사 문하에서 행자 생활을 시작하였다./ 1884(고종 20)년 경허(鏡虛, 1849~1912)스님의 소개로 충남 서산군 천장사(天藏寺)에서 태허(泰虛)스님을 은사로 출가하였다./ 그는 이후 "모든 법이 하나로 돌아가니 그 하나는 어디로 돌아가는가?" 라는 화두(話頭)를 가지고 홀로 참선에 열중하다가 1895년 충남 아산군 봉곡사(鳳谷寺)에서 새벽 범종소리를 듣고 크게 깨달음을 얻었다./ 그 후 천장암에 돌아와 수도하던 중 1904(광무 7)년 스승 경허선사로부터 전법계를 이어받았다./ 이후 예산군 덕숭산(德崇山) 수덕사(修德寺)에 금선대(金仙臺)를 짓고 후학을 지도하여 조선 불교중흥에 기여했다./ 그가 고명하다는 말을 듣고 궁궐에서 상궁과 나인들이 그의 법문을 들으러 찾아오기도 했다./ 하루는 만공선사가 사미승이 아무 생각 없이 부르는 딱다구리 노래를 궁궐에서 불공들이러 온 상궁과 나인들에게 들려주었다./ "앞산에 딱따구리는 없는 구멍도 뚫는데, 우리 집 그 양반은 있는 구멍도 못 뚫네."라는 노래였다./ 나중에 궁인들이 돌아가고 나자 상좌들은 그 뜻을 물으니 사미승이 부른 그 노래가 바로 법문이라 답하였다./ 한참을 생각하던 상좌들은 나중에 은유적으로 풍자한 그 뜻을 이해하였다./ 도의 깨우침은 고행 속에만 있는 게 아니고 평범 속에 있다는 의미라 했다./ 조선의 억불숭유정책(抑佛崇儒政策)으로 폐허된 간월암을 1941년 재건하였으면 하자 마벽초선사가 그 뜻을 받들어 현재의 건물들을 건축하였다./ 아름다운 안면도, 태안군, 홍성군 등이 이곳을 둘러싸고 그 속에 한 송이 연화가 피어 있는 모양이다./ 만공선사는 1940년 5월의 조선총독부의 창씨개명을 거부하고 수행과 참선에만 정진하였다./ 1946년 10월 20일 향년 75세, 법랍 62세로 입적하였다.

교동도
연산군 적거지

우리나라 역사상 가장 포악한 폭군이 교동도(喬桐島)에 유배되었다가 역질(疫疾)에 걸려 두 달간 유배생활을 하고 타계했다. 그의 나이 31세의 청년이었다. 그러나 그의 죽음을 안타깝게 생각하는 사람은 우리나라에 없다.

나는 역사탐방을 다니면서 다음의 탐방지를 어디로 할 것인지 결정하는 과정에서 교동도(喬桐島)가 폭군이 두 달 간 위리안치(圍離安置)되었던 곳으로 흥미가 생겨 그곳에 찾아가기로 했다. 그런데 연산군의 교동도 내 두 달 간 위리안치 되었던 곳은 '고구리 연산골', '봉소리 신골', 그리고 '읍내리'의 세 곳이라 알려지고 있다.

첫 번째, '고구리 연산골'은 교동도에서 가장 높은 산인 화개산(269m) 주변의 화개산성의 서쪽 부근이고, 최근 긴 육면체 화강석에 燕山君謫居址(연산군적거지)라 새겨진 표지석을 세워 놓았다고 한다. 두 번째, 봉소리 신골은 현재 강화도와 교동도 사이에 연육교(連陸橋)가 거의 완공되어 가는데 그 교량의 교동도 쪽 입구 가까운 곳이다. 그리고 세 번째가 교동향교 남쪽 마을 읍내리(邑內里) 축대 위의 밭이다.

세 곳 모두 이곳이 연산군이 두 달 동안 유배와 있던 적거지라고 주장하는 사람들의 의견이 있다. 그러나 주장하는 사람 각각도 연산군 적거지가 어느 곳이라는 기록물을 확인한 일도 없는 것이다. 그러나 역사학자들 중 많은 사람들은 읍내리를 가장 유력한 연산군 적거지라 한다.

나는 1년 6개월 전인 2012년 10월 25일 한 차례 연산군 적거지를 확인하기 위해 교동도에 왔었다. 그 이야기를 기록하면 다음과 같다. 「교동도 월선선착장에 도착한 다음 벼가 수확되는 가을벌판 가운데로 조성된 길을 걸어 교동읍성의 남문으로 들어갔다. 성안 마을(읍내리)의 어느 길가에서 어렵게 만난 주민에게 연산군 적거지를 아느냐고 물으니 "연산군이 유배와서 살았던 곳은 고구리에 있습니다"라고 말하여 어렵게 지나가는 승용차에 사정을 하여 교동면사무소까지 가서 고구리 연산군 유배지를 물으니 화개산 기슭을 가르쳐 주어 찾아갔다가 찾지 못하고 돌아갔었다.」

나는 2014년 2월 25일 교동도월선선착장에 두 번째 도착하여 차가운 바람을 얼굴에 맞으면서 교동읍성(읍내리)까지 걸어가서 교동읍성 북쪽의 성벽(城壁)이 허물어진 곳으로 들어섰다. 이 출입구가 교동도일주도로에서는 교동읍성에 들어가는 가장 가까운 출입구이다. 나는 그때(18개월 전)의 일을 생각하고 "이번에는 속지 않을 것이다." 마음을 다지고 간 것이다.

그 입구에는 연산군을 선달 그믐날 제사지낸다는 부근당(扶芹堂)이 한 민가집 뒤에 있다. 내가 부근당 옆길로 들어섰을 때 바로 그 민가집 앞에서 약 50대로 보이는 남자를 만났다. 그는 부근당 앞집에서 40년 살고 있다고 했다. 내가 배낭에서 인터넷 자료실에서 복사한 연산군적거지(燕山君謫居址) 비석과 비석 옆의 안내 설명표지판이 세워진 사진을 그에게 보여주고

"이 마을에 이 비석과 안내 설명표지판이 있는 것을 사진 찍은 것을 복사하여 가져 온 것입니다. 이런 것이 이 마을 어디 있습니까?"

하고 물으니

"연산군 적거지는 고구리에 있으니 면사무소에 가서 위치를 확인해 보세요!"

하는 것이다. "이 남자 내가 1년 6개월 전(2012년 10월)에 이곳에 와서 듣고 고구리에 가서 헤매게 했던 말을 똑같이 하는구나!" 마음속으로 중얼거리고는

"이 마을에 있다고 여기 와서 여러 사람이 사진 찍었어요. 어디 있는지 가리켜 주시요! 40년이나 이 마을에 살았다면서요?"

하고 애원하다 시피 하니 이 사람 화를 크게 내며

"몰라요! 나는 본 적이 없어요!"

하는 것이다. 그래서 내가

"왜 이 동리 있는 것을 모른다고 하고 또 왜 화를 내세요?"

하였더니 이 남자 하는 말

"나는 연산군을 싫어해요. 그렇게 사람들을 많이 죽이고 나쁜 짓 많이 한 놈이니 나는 죽도록 싫어해요!"

라 말하고 자신의 집으로 들어가 버렸다. "도대체 연산군을 싫어하는 것과 약 500여 년 전 그가 유배 왔던 곳의 안내 설명표지판 있는 곳을 가리켜 주는 것이 무슨 상관이 있다는 말인가?" 하고, 나는 '이 인간은 더 이상 이야기 할 수 없는 못난 놈이구나!" 하고 마을로 내려가다가 옆길로 조금 들어가니 2m 높이의 돌기둥 두 개가 세워진 밭이 보였다.

물론 인터넷에서 이것에 대한 설명도 보았었다. 이 돌기둥 두 개는 1629(인조 7)년 교동도 남쪽에 경기수영(京畿水營)을 설치할 때 교동읍성도 축조했고, 그때의 교동읍성 관아터 정문의 양쪽 기둥이라는 것이다. 그 돌기둥 있는 곳으로 내려오는데 바로 앞의 도로에서 약 70세 되어 보이는 남자가 그의 손녀가 유치원 버스를 타고 등원하는 것을 돕고 있는 것이 보였다. 그 영감이 그의 손녀 유치원 등원하는 일을 끝낸 다음 내가 옆으로 가서

"선생님 한 가지 물어봐도 될까요?"

하고 말하니 그 영감

"물어 보세요. 괜찮습니다."

하는 것이다. 그래서 내가 연산군적거지(燕山君謫居址) 비석과 비석 옆의 안내 설명표지판 사진을 보여주고

"이 비석과 안내 설명표지판이 어디 있습니까?"

하고 물으니

"연산군적거지는 역사 연구하는 교장 출신 선생님이 '고구리'라고 발표하여 그곳으로 결정되어졌어요. '고구리'로 전부 옮겨 갔어요. 여기는 연산군 적거지가 아니래요."

하는 것이다. "이 마을 사람들은 연산군 이야기만 나오면 '고구리' '고구리' 하니 어쩌란 말인가? 만약 이 영감도 모른다고 하면 나 혼자 이 마을 구석구석을 찾아 볼 것이다. 생각하고 한 번 더 그 비석과 적거지 안내 설명표지판 사진(寫眞) 복사한 것을 보여주고

"이것들이 이 마을 어딘가에 있다고 이렇게 사진으로 찍혀 있지 않아요? 이것들 어디 있어요?"

하니 그 영감 다음과 같이 말했다.

"이건 저쪽 붉은 함석지붕집 앞 골목길로 올라가면 있어요."

하는 것이었다. 그리고 그 초등학교 교장선생의 이야기를 또 하는 것이다. 그렇건 저렇건

"같이 가셔서 확인 좀 해 주시지요."

하고 말했더니 앞서서 그 장소로 걸어갔다. 그런 다음 그 영감의 얼굴이 상당히 붉어지고 굳어지더니 가버렸다. 연산군적거지 안내 설명표지판의 설명문은 다음과 같다.

> 연산군적거지(燕山君謫居址)/ 향토유적 제28호/ 소재지: 강화군 교동면 읍내리 270/ 연산군(1476(성종 7)~1506(연산군 13), 재위: 1494~1506)은 조선 제10대 임금으로 이름은 융(隆), 성종의 맏아들이다./ 즉위 초에는 사창(司倉), 상평창(常平倉), 진제장(振濟場)의 설치, 사가독서(賜暇讀書)의 부활, 국조보감(國朝寶鑑), 여지승람(輿地勝覽)이 간행 등 다소의 업적을 이룩했으나 친모 폐비 윤씨(廢妃 尹氏)가 사사(賜死)된 후 세자시절을 불우하게 보낸 탓으로 이상성격(異常性格)이 형성, 점차 향락과 횡포를 일삼아 많은 실정(失政)을 했다./ 무오사화(戊午士禍) · 갑자사화(甲子士禍)를 일으켜 사림파(士林派)를 대량 학살 · 숙청했고, 성균관을 유흥장으로 만들어 황음(荒淫)을 일삼는 등 갖은 횡포를 자행했다./ 마침내 1506년 중종반정(中宗反正)으로 폐위(廢位)되고, 군(君)으로 강등되어 1506년 9월 3일 교동도(喬桐島) 읍내리의 초옥(草屋)으로 유배되었다./ 유배된 다음 두 달 후인 1506년 11월 20일 병사(病死)했다./ 유배살이를 보낸 옛 집터에는 우물이 남아있어 지난 날 폭군(暴君)의 자취를 회상(回想)케 한다./ 현재 유배지터에는 '燕山君謫居址(연산군적거지)라고 새긴 자그마한 화강암 비석이 세워져 있다.

연산군은 1494년 12월 24일 19세 소년일 때 조선 제10대 왕으로 즉위했고, 김종직의 조의제문(弔義帝文)이 이극돈(李克敦)에 의해 발견되

어 무오사화(戊午士禍)를 일으킨 것은 1498(연산군 5)년이고, 연산군의 생모 폐비 윤씨의 폐출·사사와 관련된 사림파들의 7족을 참살하거나 위리안치 시킨 사건인 갑자사화(甲子士禍)를 일으킨 것은 1504(연산군 11)년이었다. 그리고 중종반정(中宗反正)이 1506년 9월 2일 박원종(朴元宗) 등에 의해 일어나 그가 폐왕으로 되어 교동도 읍내리에 위리안치(圍籬安置)되었다.

여기서 나는 알았다. 꼭 500년 전 이곳에 와서 두 달 17일(1506년 9월 3일~11월 20일) 간 살다가 역질로 사망한 연산군의 제사를 마을의 언덕에서 1년에 한 번씩 지내면서 위리안치 되었던 자리에 적거지 표시판을 1986년 교동면에서 설치했다는데, 이 마을 사람들은 이것을 감추려 하는 것이다. 수많은 인재들을 유자광이나 임사홍 같은 간신들의 말에 따라 죽이고, 성균관에서 유흥놀이를 하였으며, 큰어머니를 강간하는 등 못된 짓을 한 놈이 이 마을에 유배 와서 살았다는 것은 이 마을의

1506년 9월부터 두 달간 연산군이 와 있었다는 적거지의 비석과 설명표지판.

땅값을 떨어지게 만든다고 이 마을주민들은 생각하는 것이다.

연산군이 500년 전 마셨을 샘이라 하는 우물은 사용하지 않으니 메말라 있고 샘에서 물이 고인 곳은 사람이 서있는 땅에서 1m 정도 밑인데 샘 벽 중간에 나무가 뿌리 내리고 줄기직경 20cm의 나무로 자라다가 누군가가 밑줄기를 잘라서 죽은 것이다. 죽은 줄기 약 30cm가 남아 있었다. 그 나무는 오동나무라 기록된 것을 인터넷 자료에서 읽었었다. 그리고 화강암 비석의 앞면에 연산군잠저지(燕山君潛邸址)라 새겨져 있고, 그 비석 옆에 세워진 안내 설명표지판에는 연산군적거지(燕山君謫居址)라 제목이 기록되어 있다. 그러나 '잠저지'는 왕으로 즉위하기 전 살던 집이라는 의미이니 잘못된 표현이라 여기저기 인터넷 자료들에서 볼 수 있었다. 연산군적거지(燕山君謫居址)가 맞는 말이라 했다.

우리는 살면서 자못 잊기 쉬운 한 가지 사실이 있다. 자신이 살고 있는 곳에서 자신이 있음으로서 이웃이 편안하게 살 수 있어야 이웃사람들은 자신이 그곳에 살고 있는 것을 영광으로 생각한다는 것이다. 연산군은 말리는 할머니의 가슴을 머리로 받아 죽게 한 인간이다.

혹자는 연산군이 폐왕이 되어 교동도 읍내리에 유배 왔을 때 교동읍성이 있었을 것으로 생각할지 모르나 연산군이 유배 왔을 때는 1506년 9월 3일이고, 교동읍성은 1629(인조 7)년 축조되었으므로 연산군이 유배 왔을 때는 교동읍성은 없었다. 연산군이 1506년 11월 20일 사망하고 123년이 지난 다음 교동읍성이 축성된 것이다.

나는 이렇게 생각한다. 한 나라의 왕에 즉위하였으면 술과 여자를 좋아하고 흥청망청(興淸忘淸) 놀면 안 되는 것이다. 연산군이 놀던 모습에서 이 '흥청망청'이라는 말이 생겨났다니 한심한 일이다. 왕이라는 지위에 올랐으면 원한을 사게 하였던 사람을 포용해야 되는 것이다.

나는 그가 유배생활을 읍내리에서 했느냐? 고구리에서 했느냐? 봉소리 신골에서 했느냐? 하는 것은 중요치 않다고 생각한다. 그가 여기 와서 두 달 17일 살았으면 어떻단 말인가? 잠시 세상을 피로 물들게 한 더럽고 더러운 인간이 임금이 되었다는 부끄러운 역사가 안타까운 것이다.

〈2014년 03월 07일, 청주시 구룡산 밑에서〉

[참고 1] 강화도－교동도연륙교(江華島－喬桐島連陸橋): 강화도－교동도연륙교는 2014년 구정 때 3일 간 완공되지 않은 상태에서 차량 통과를 허용했다고 한다./ 그렇지만 그것은 주민들의 최소한의 편의를 제공한 것이다./ 길이 3.44km로서 우리나라 섬을 연결하는 연륙교 중 가장 긴 교량이 될 것이라 한다./ 실제 완공 · 개통은 2014년 6월 15일 될 것이라 한다.

[참고 2] 교동도 가는 방법과 연산군의 모습: 교동도에 가려면 강화읍시외버스터미널에서 시내버스를 타고 창후리선착장으로 가서 나룻배를 타고 교동도 월선포선착장으로 건너가야 한다./ 2014년 6월 15일부터는 연륙교가 개통되어 강화읍시외버스터미널에서 직접 교동도로 시내버스가 운행될 것이다./ 연산군은 피부가 희고 키가 큰 편이었다고 하며, 수염은 적었다고 한다. 이것은 임진왜란 당시 오성과 한음으로 유명한 한음 이덕형의 수필 '죽창한화'에 기록되어 있다고 한다./ 김수명이라는 사람은 연산군이 왕일 때 임금모독죄로 구속되기도 했는데 그의 일기에 연산군은 허리가 가늘다고 기록하였다.

연평도
안목어장

연평도에도 한일병합시대인 1934년 갑자기 태풍이 불어 닥친 일이 있었다 한다. 연평도 서쪽 산 정상 조기박물관 옆 등대공원에 지금은 건물만 남아있고 기능이 폐기된 등대가 있는데 그 폐기된 등대 옆에 조난어업자위령비(遭難漁業者慰靈碑)(당시는 연평도가 황해도에 속했으므로 황해도지사 정교원이 썼다고 되어 있다)에 다음과 같이 쓰여 있다.

> 1934년 6월 1일 연평도에 조기잡이 하기 위해 600척의 고깃배와 수천 명의 어부들이 모여 있었는데 갑자기 폭풍이 불어와 고깃배 323척이 파손되고, 어부 204 명의 목숨을 앗아갔다.

그 후 몇 십 년이 흐른 다음인 1999년 6월 15일과 2002년 6월 29일에 일어난 제1 · 2차 연평해전으로 해군장병 6명(윤영하 소령, 한상국 중사, 조천형 중사, 황도현 중사, 서후원 중사, 박동혁 병장)이 전사하였다. 또한 2010년 9월 23일에는 북한의 해안포 진지에서 아무런 경고 없이 연평도의 이곳저곳에 포탄 약 500발을 퍼부어서 민가와 관공서 수십 채가 파손되고, 야산의 산림이 불탔으며, 민간인 2명과 해병 2명(서정우 하사와 문광옥 일병)이 전사하였다.

나는 2013년 8월 9일 인천항 연안부두에서 13시 30분 출항하는 연평도행 여객선의 경로승객(敬老乘客)이 되었다. 병자호란(丙子胡亂, 1637) 때의 명장 임경업(林慶業, 1594~1646)의 사당이 연평도 중심부에 있다하니. 또 그가 조기(助氣 또는 釣磯)를 잡았다는 연평도 인근의 '안목어장'이 어디에 있는지 보고 싶어 가는 것이었다.

선실은 1층과 2층으로 구분되어 승객들이 200석 좌석의 어느 곳에나 앉을 수 있었다. 좌석이 반도 차지 않았기 때문이었다. 나는 2층 선실에 자리를 잡았다. 플라잉카페리(Flying Car Ferry)호는 해무(海霧)가 약간 낀 바다 위를 미끄러지듯 2시간 달려 연평도(延坪島) 당섬여객선선착장(當島旅客船船着場)에 도착하였다. 플라잉카페리호에서 하선하니 좀 넓은 주차장에는 승용차들, 트럭들, 승객들, 장사꾼들, 그리고 어구와 어망들이 널려있어 좀 너저분하였다. 연평도에는 차가 없을 줄 알았는데 너무 많았다.

복잡한 선착장 주위를 돌아보니 주차장 옆에 얼룩무늬로 장식된 해병부대 파견병들의 사무실로 사용하는 콘테이너가 놓여있고, 주차장에서 남쪽으로 올려다 보이는 낮은 산에도 얼룩무늬가 그려진 해병관망대가 있었다. 콘테이너 앞면 문 위에는 '해병대'라는 빨간 판에 노란색으로 그린 글씨가 있었다.

나는 해병장교 출신이어서 이곳이 얼마 전까지 내가 근무했던 곳이라 생각되었다. 그런데 잠시 후 생각하여 보니 내가 해병생활을 하였던 때는 어언 40여 년의 세월이 흘렀고, 내가 근무했던 부대는 김포반도에 있고, 월남의 청룡부대였으며, 포항 해병사단이었다. 연평도의 해병부대에는 근무하지 않은 것이다. 차들은 대부분 주민들이 인천으로 나갈 때 타고 나와 주차한 것들임을 그 복잡한 주차장가에서 커피를 판매하는 한 아주머니에게서 들었다.

연평도의 여객선선착장이 있는 조그마한 당섬'(當島)은 (대)연평도와 700m의 해협을 사이에 두고 있다. 이 해협에 연도교가 건설되어 있다. 당섬은 남쪽으로부터 서쪽이 낮은 산으로 둘러싸여 있고 서쪽 낮은 산을 넘은 곳의 바다가 안목어장이다. 이 서쪽 산의 밑으로 조성된 시멘트로 포장된 길을 걸어 나오니 삼거리이고, 그곳에서부터 연도교가 시작되었다. 나는 천천히 연평도 본섬 연평면소재지와 당섬을 연결하는 700m 연도교(連道橋)를 걸어서 건넜다.

이제 민박집을 정하고, 그 민박집에 배낭을 벗어놓고, 민박집에서 약 200m 뒤편에 있는 연평면사무소(延坪面事務所)에 가서 임경업장군(林慶業將軍)의 영정이 있는 충민사(忠愍祀, 임경업장군각(林慶業將軍閣)) 열쇠를 받아서 뒷산으로 갔다. 충민사로 오르는 길은 자연석을 다듬어 쌓은 돌계단길인데 돌계단이 100 개는 되고 계단 옆에 참나리꽃들이 만개하여 있었다. 계단 길옆에 가로수로 서 있는 벚꽃나무들은 8월 10일 아직 머물러 있는 여름의 햇볕이 뜨겁게 달구는 계단에 그늘을 만들어 주고 있었다. 계단을 올라가니 적갈색 페인트칠을 하고 중심에 태극문양이 그려진 대문과 그 옆에 충민사(忠民祀) 안내 설명표지판이 문 앞에 세워져 있었다. 안내 설명표지판의 설명문은 다음과 같다.

충민사(忠愍祀)/ 인천광역시 향토유적 제1호/ 소재지: 인천광역시 옹진군 연평면 연평리 644-2/ 조선 중기 명장 임경업(林慶業, 1594~1646)

이 연평도 주민에게 끼친 전설적 시혜(施惠)를 숭모·제향하는 사당이 다./ 제16대 인조(仁祖, 재위: 1623~1649) 때 일어난 병자호란(丙子胡亂)으로 1637년 임금은 근세사상 처음 보는 치욕(恥辱)을 당하고, 소현세자(昭顯世子, 1612~1645)와 봉림대군(鳳林大君, 1619~1659, 효종 재위: 1649~1659) 두 왕자가 인질로 청(淸)나라에 잡혀갔다./ 당시 평안도 병마절도사(兵馬節度使) 겸 안주목사(安州牧師)로 근무하던 임경업은 두 왕자를 귀국시키기 위해 명(明) 나라 병력을 이용하는 것이 최상이라 생각하여 제물포에서 선박을 타고 산동반도(山東半島)로 향하던 중 연평도(延坪島)에서 부식(副食)을 준비하려고 여러 가지 방법을 고안했다./ 이때 안목어장에 만조 때 가시나무를 엮어 꽂게 하고 간조(干潮) 때 그 가시나무를 살피니 많은 고기가 가시나무에 걸려 있었다고 한다./ 잡힌 고기의 머리에 흰 돌 같은 것이 박혀 있었으므로 이 물고기를 석수어(石首魚) 즉 조기(鈎磯)라 불렀다 한다./ 이것이 연평도조기잡이의 유래가 되었다./ 그 뒤 연평도 주민들은 명장 임경업의 선견지명을 숭배하여 사당을 세우고 봄마다 풍어를 기원하는 제사를 지낸다./ -〈이하생략〉 -

명장 임경업이 고기를 잡은 곳이 '안목어장'이라 했다. 그리고 명장 임경업의 생애와 조기잡이 유래를 이 설명문에서 읽을 수 있도록 비교적 자세히 기록되어 있었다. 나는 초등학교 때 역사시간에 병자호란(丙子胡亂) 당시 백마산성(白馬山城)에서 임경업 장군이 거느린 부대가 침범하여 오는 청군(淸軍)을 철저히 방어하고 있어 청군이 이 성에서 먼 길로 돌아 서울로 들어갔다고 들은 것을 기억한다. 또한 임경업이 충북 충주 사람으로 그가 무과에 급제하기 전 충북 보은군 소재 속리산(俗離山) 중심부 경치가 웅장한 골짜기에서 무술을 연마했다 하여 그 골짜기를 경업대(慶業臺)라 부른다는 설화도 알고 있다.

임경업은 부하 군졸들을 시켜 가시나무로 엮은 발을 당섬 옆 안목어

연평도 충민사에 안치된 임경업 장군 영정.

장에 만조 때 쳐 놓게 하였더니 간조 때 많은 고기가 그 발에 잡혔는데 그 고기들의 머리에 하얀 돌이 박혀 있으므로 이 물고기를 석수어(石首魚)라 부르다가 후에 '조기'로 부르게 되었다고 한다. 이러한 이야기도 충민사 안내 설명표지판의 설명문에 기록되어 있다. 임경업 부대의 조기잡이가 연평도 조기잡이의 시초라는 말도 있다. 이 설명문에는 당시 청(淸)나라의 밀정 노릇을 하며 영의정까지 지낸 김자점(金自點, 1588~1652)과의 악연으로 임경업(1594~1646)은 그에게 여러 번의 수모를 당했고, 드디어 그의 모함으로 청국에서 1646년 사형되었다고 한다.

나는 태극문양이 가운데 그려진 충민사의 적자색 대문 앞으로 가서 면사무소에서 가져온 열쇠로 자물쇠를 열고 충민사구내로 들어갔다. 충민사의 마당에는 쑥부쟁이들이 한자씩은 자라서 마당에 가득 차 있었다. 충민사를 찾는 관광객이 많지 않으니 그렇겠으나 옹진군에서 충민사 관리를 게을리 하는 게 아닌가?

창호지로 바른 충민사 앞문을 열었을 때 맞은편 벽에 걸린 명장 임경업의 영정이 사람 키 높이의 유리가 끼워진 사진보관함에 안치되어 세워져 있었다. 영정은 푸른 색 관복을 입고 검은 관모를 쓴 인자한 모습의 아저씨다. 콧수염과 턱수염이 곱게 자랐으며 평범한 눈, 코, 입, 귀가 지금의 우리가 사는 세상에서 존경받는 선생님 모습(사진)이다. 영정 앞 제상(祭床) 가운데에는 향로가 있고, 두 개의 촛대에 각각 굵은 양초가 세워져 있었다.

아직 오후 5시 밖에 되지 않아 해가 수평선에 잠기려면 2시간은 더 있어야 하니 조기역사관과 평화공원으로 갔다가 민박집에 돌아왔다.

이튿날 아침 8시에 일어나니 앞 바다에 해무가 짙게 끼어 있다. 그리고 9시 쯤 되니 비가 세차게 내렸다. "오늘 오후 4시 30분 여객선 플라잉카페리호를 승선하여 인천항 연안부두로 돌아가야 하는데 돌아가지 못하는 것은 아닌가?" 하고 걱정을 하고 있는데, 11시 30분 쯤 되어 민박집 아주머니가 "여객선 오늘 출항 한다고 전화 왔어요." 하고 알려주어 안심되었다. 자기가 궁금하여 여객선 매표소에 전화를 해서 알게 되어 알려주는 것이라고 했다.

점심식사를 하고 시계를 보니 오후 1시였다. 배낭을 정리하여 짊어지고 걸어서 700m의 연도교를 건너고 연평도여객선선착장이 있는 당섬 입구라 할 수 있는 곳의 제1연평해전 승전기념탑 삼거리에서 왼쪽으로 가면 여객선선착이지만 오른쪽 길을 200m쯤 걸어서 남쪽으로 갔다. 그곳에서 간조이기 때문에 들어난 시멘트 도로를 밟고 건너간 곳이 '안목어장'임을 알고 그곳으로 가려는 것이다. 그렇게 시멘트도로를 밟고 안목어장 옆 썰물 져 들어난 넓은 바위해변으로 갔다. 내가 안목어장 쪽 안개 낀 바다를 바라보고 있는 동안 내 옆에 4대의 크고 작은 승용차들이 건너와서 내 옆에 멈추어 섰고, 그 승용차들을 운전하여 온 사람들이 내 좌우에 서서 나와 같이 안목어장을 내려다보았다.

그날은 안개가 끼어 안목어장에서 동남쪽의 작은 섬인 모이섬(毛伊島)이 보이지 않았다. 내가 서 있는 작은 바위산 밑과 모이섬 사이가 '안목어장'인데 360여 년 전 임경업 부대는 가시나무 줄기들로 엮은 발을 이 안목어장에 세워 놓아 조기를 잡은 것이다. 나의 이번 여행의 목적은 이루어 진 것이라 할 수 있다.

날씨가 맑았으면 이 안목어장 옆에서 모이도를 볼 수 있을 뿐만 아니라 그 옆으로 티탄늄(Ti) 광산이 있는 소연평도(小延坪島, 0.24㎢(71,300평), 주민수 88명, 당섬 여객선선착장에서 약 20km)가 삼각형의 푸른 산으로 보인다고 하는데 볼 수 없는 아쉬움이 있었다.

〈2013년 8월 18일 청주시 구룡산 밑에서〉

[참고 1] 연평도(延坪島): 연평도는 7.01㎢의 그리 작지 않은 섬(대천시 외연도의 3.2배)이다. 주민의 수가 2012년 1930명이라 했다./ 가장 높은 산이 현 해병 부대본부 뒷산인 127m 높이의 산이지만 100m 내외의 작은 산들이 많다. 마을은 동쪽 연평면사무소 주위에만 몰려있다./ 연평도 주위도 간만(干滿)의 차가 심하므로 간조(干潮) 때도 여객선이나 함정이 접안할 수 있는 면사무소에서 약 1.0km 떨어져있는 당섬 옆이 여객선, 화물선, 어선들의 선착장으로 된 것이다./ 인천 연안부두여객선터미널에서 122km, 쾌속여객선이 1일 1회 왕복하는데 편도 2시간 걸린다./ 북방어로한계선(NLL)에서 연평도 북쪽 해안은 3.4km라 한다./ 당섬여객선선착장과 연평도 본섬 사이에 700m의 연도교가 건설되어 만조(滿潮) 때에도 주민들의 왕래가 편리해졌다.

[참고 2] 조기역사관과 평화공원: 조기역사관은 연평면사무소에서 2km 서쪽 해변에 위치한다. 1층이 전시실, 2층은 관망대이다./ 전시된 자료실에는 조기의 생태와 조기잡이에 관한 이야기를 설명하여 놓았다./ 그 중에서 내가 배울

수 있었던 것은 다음과 같다./ 하나는 조기가 계절에 따라 황해를 이동하면서 산다는 것이다./ 연평도에는 현재 조기가 잡히지 않지만 임경업 부대원이 조기를 잡았던 시기(1640년)를 기점으로 1968 년까지 1년 중 산란기인 4월부터 6월까지 연평도에 조기들이 머물렀다는 것이다./ 둘째, 1968 년까지 매년 5월이면 연평도에 3,000 척 정도의 어선과 수만 명 어부들이 모여들어 황금의 조기파시라는 말이 나왔다는 것을 알았다./ 조기역사관은 연평도 서쪽 바닷가 바위절벽 위에 세워졌고, 300m 동쪽에 평화공원이 조성되어 제1, 2연평해전에 희생된 해병과 2010년 9월 북한해안포대의 연평도 포격으로 사망한 두 해병의 반신 흉상이 조각되어 있다.

[참고 3] 임경업과 김자점 탄생에 대한 전설: 임경업(林慶業, 1594~1646)장군의 부친 임황(林篁)은 한 때 원주감영(原州監營)의 옥사정이었다./ 그때 살인누명을 뒤집어쓰고 잡혀 온 사람을 도망가게 하여 준 일이 있었다./ 그런데 그 사람이 그 다음 묘 자리를 볼 줄 아는 스님이 되어 임황 전직 옥사정의 부친 장례 때 찾아와 묘 자리를 잡아주면서 당부한 말은 "만약 상을 당하면 삼일장으로 하여 장삿날에 광을 짓고 거적을 씌워 관을 모시십시오, 그리고 그때는 반드시 상주 혼자서 광을 지키는데 광속에서 혹시 어떤 소리가 들리거나 괴이한 일이 일어나도 절대 들여다보거나 그 자리를 떠나지 마시고 지키셔야 합니다." 하고 그 스님은 떠났다./ 그 다음 임황은 그 말대로 하려고 힘썼으나 광속에서 쇠가 부딪히는 소리가 나므로 광 속을 들여다보았다고 한다./ 그 싸움이 효종 때 유명한 무관 임경업과 역적 김자점(金自點, 1588~1652) 가문의 수호신 사이의 싸움이었을 가능성이 많다고 한다./ 그 결과였는지 그 다음 태어난 임경업은 의리를 지켜 친명파 충신이 되었고, 김자점의 끈질긴 모함으로 청나라에서 52세에 타계하였다./ 그리고 김자점은 효종과 이완 대장의 북벌계획을 청나라에 밀고한 역적이 되어 63세에 사약을 받아 마시고 타계하였다./ 믿거나 말거나 한 역사적 사실이다.

어청도 전횡사당으로부터
어청등대까지 걸으며

민박집 주인 이(李)씨로부터 집 앞 골목에 위치한 치동묘 안내를 받고 나오면서

"내가 어청도 등대에 갔다가 오겠습니다."

하니 이 씨는

"등대 가시려면 제가 등대관리인에게 안내 부탁하겠습니다. 등대 책임자와 같은 교회 교인이거든요. 잠시 기다리시지요."

하고 말하더니 휴대폰으로 전화한다.

"최 집사 우리 집에 오신 손님 한 분이 등대 관광을 가신다고 하니 안내 좀 잘 해드리시지요. 등대 안을 좀 보여 드릴 수 있으시지요?"

라고 휴대폰으로 통화하는 것이다. 그 다음 이 씨가

"건강하시니 충분히 올라가실 수 있을 거요."

라고 말하는 것으로 등대관리사가 나이 많은 분이시면 등대 안의 계단이 좀 가파른데 올라갈 수 있으시겠느냐고 묻는 모양이었다. 이 사람들

의 전화하는 소리를 듣고 나는 내가 이곳 섬 주민에게도 힘이 없어 걱정을 받는 노인이 되어 있구나 하고 조금 섭섭했다.

내가 이 등대를 보려는 것은 우리나라가 1910년 한일병합되고, 우리나라의 등대 중에서는 제일 먼저 건설된 등대(1912년 건설)이며, 우리나라로서는 거문도등대(巨文島燈臺)와 인천 월미도등대(月尾島燈臺) 다음으로 세 번째 건설된 어청도등대임을 들은 것이고, 치동묘로부터 이 어청도등대까지의 길은 좋은 등산로라는 것을 인터넷 자료로부터 알게 되었기 때문에 걷기운동을 하려는 것이었다. 사실 나는 등대의 외부만 보면 되었지 내부는 볼 생각을 하지 않았는데 등대 관리자는 내부를 관람시킬 걱정을 한 것이다.

햇빛이 쨍쨍 내리쬐는 6월 말일. 섬을 동서로 관통하도록 닦여진 고갯길을 걸어 올라가는데 길의 좌우는 산죽 숲이고, 산죽 숲 오른쪽 밑으로 이 섬의 수원지(水源池)인 연못이 보이고, 연못의 북쪽에는 물레바퀴를 전기 모터로 돌려서 연못의 물을 순환시켜 준다. 수많은 갈매기들은 바다로부터 연못 동편에 날아와 물에 떠서 목욕을 즐기는 모습이 보였는데 몇 마리는 여객선선착장 쪽으로 날아가고, 몇 마리는 여객선선착장으로부터 날아오곤 했다. 처음 이 섬을 찾아온 방문객에게는 한 폭의 그림이었다.

산죽 숲을 지난 다음의 길옆에는 자귀나무, 후박나무, 산초나무, 소나무, 동백나무 등의 나무들과 칡넝쿨, 엉겅퀴, 나리꽃, 쑥부쟁이 등등의 풀과 야생화들이 무성하게 자라고 있었다. 단지 애석한 것은 몇 십 년, 몇 백 년 자란 소나무 수백 그루가 죽은 것이었다. 이 소나무들은 어디에서 날라 온지도 모를 솔잎혹파리들에 의하여 솔잎이 갉아 먹힌 것이다.

전횡사당인 치동묘에서 어청도등대까지는 약 3km 거리로서 어청도에서는 단 하나의 등대를 왕복하는 어청도 동서를 왕복하는 등산로이다. 날씨도 더운데다 그 고개 올라가는 길이 가파른 산길이이어서 힘이 들어 입은 옷이 땀으로 젖었다. 마침 고개 가장 높은 곳에 팔각정 쉼터가 멋있고 깨끗하게 건축되어 있었다. 땀 흘리며 고갯길을 올라온 도보 여행객이 잠시 땀을 식히기에 안성맞춤인 곳이다. 고개 꼭대기이니 바람도 시원하게 불고 남쪽으로 어청도항과 어청도리 마을, 그리고 방금 올라올 때 본 갈매기들이 목욕을 즐기는 수원지가 내려다보이고, 동북쪽 푸르른 바다 건너로 얼마 전 관광하였던 외연도 봉화산(外煙島 烽火山)이 보였다.

이 팔각정에서 등대까지는 내려가는 고갯길이어서 힘들이지 않고 등대 입구에 도착하였다. 그리고 등대관리장 최 씨에게 휴대폰으로 전화를 하니 바로 나와서 등대 내부로 안내하였다. 등대관리장은 날씬한 몸매에 얼굴도 미남형인데 청바지와 T－샤츠 차림으로 등대 안의 한 사람 겨우 올라갈 수 있는 철제 계단으로 먼저 올라가면서 나에게 올라오란다. 3층 정도 되는 곳까지 50계단은 올라갔다. 그곳에 야간에 멀리 비친다는 전구가 있고 밖으로 나가는 문이 있어 나간 곳에 난간이 등대를 감싸고 있다. 그 난간과 등대의 밖벽 사이가 관망대이다. 주위의 아름다운 바위절벽과 파도가 넘실거리는 바다를 내려다 볼 수 있었다.

다시 그 좁은 계단을 내려오니 등대관리장 최 씨는 관리소 건물 2층에 있는 자신의 사무실로 나를 안내하였다. 응접용 의자에 그와 마주 앉아 그의 인생 이야기를 들을 수 있었다. 그는 이곳에서 17년이나 근무하고 있다고 했다. 지금 나이가 45세이니 28세 때부터 이곳에서 근무하고 있는 것이다. 기독교인으로 주말은 교대근무이니 주말에 근무만 없으면 마을의 교회에 나가 예배드리고 교회 봉사활동을 한다고 했다.

“사생활을 물어도 되나 모르겠습니다. 대답하시기 싫으시면 대답하지 않으셔도 됩니다. 결혼은 언제 하였고 자녀는 어떻게 두셨는지요?" 하고 내가 물어보았다. 하지(夏至)가 지난 다음 며칠 되지 않은 오후 3시 정도여서 아직도 해가 넘어 가기에는 충분한 시간이 있어 이러한 질문도 할 수 있었다.

"저는 33살에 결혼하였습니다. 그런데 결혼하고 7년이 지났는데도 아이가 생기지 않아 저의 부모님께서 걱정을 하셨습니다. 그래서 병원을 찾아가 의사선생님과 상의한 결과 인공수정을 시도해 보라고 하여 저의 집사람과 상의했더니 동의하여 시술하고 임신이 되어 낳은 아이들이 남녀쌍둥이였습니다. 그 아이들이 이제 여섯 살이 되어 지금 마을에서 유치원에 다니고 있습니다. 마을에 셋방을 얻어 생활하고 제가 출퇴근을 하는 것이지요."

최 관리장은 이러한 이야기를 미소를 띤 모습으로 즐겁게 했고, 나는 재미있게 들었다. 둘을 낳느라 고생도 했지만 둘이 재미있게 노는 것을 보면 행복하다고 했다.

인터넷 자료에는 어청도등대 안내 설명표지판이 있어 읽을 수 있었는데 실제 그 안내 설명표지판이 세워져 있다는 어청등대 입구에는 그것이 없었다. 아마 안내 설명표지판이 낡아서 바꾸는 작업을 하는 듯하였다. 인터넷에서 발견한 안내 설명표지판의 설명문은 다음과 같다.

> 군산어청도등대(群山於青島燈臺)/ 국가 등록문화재 제378호/ 어청도등대는 청일전쟁(淸日戰爭) 후 중국항로의 중요성이 부각되어 1912년에 건설되었다./ 해안 절벽 위에 위치한 이 등대는 돌출지붕과 이를 장식한 꽃 봉우리, 그리고 상부로 갈수록 좁아지는 단면 등이 주변 바다의 풍광과 잘 조화된 아름다운 등대이다./ 내부 조립식 나선형 철제 계단과 외부 침입자를 차단하기 위한 접이식 철제 바닥판 역시 독특한 형태이다./ 또

관리사의 관사 앞에서 바라본 어청도 등대(2013년 6월 30일)

한 불을 밝히는 등명기(燈明機)를 수은 위에 뜨게 하여 회전시키는 중추식등명기(목재 텍트시스템)의 흔적 등 초기등대의 구성시스템이 잘 남아 있다.

101년 이상 이 자리에서 건축할 때의 모습 그대로 어두운 밤을 40㎞ 밖까지 밝힌 의연한 등대를 나는 2013년 7월 1일 만났다. 1910년 우리나라를 집어삼킨 일본 놈들이 1912년 대륙침략의 목적을 달성하기 위한 기반 시설의 하나로 이 어청도등대를 만들어 놓았다고 하나 나는 깨끗하고 우람한 이 등대의 모습이 좋았다.

어청도등대는 소록도등대, 해남 땅끝마을등대, 그리고 가거도등대와 함께 등대로는 4번째로 2003년 등록문화재로 지정되었다고 한다.

이 섬은 군산시청에서 북서쪽으로 약 72㎞ 지점에 있고, 중국 산동반도(山東半島)의 가장 가까운 곳이 300km라 한다. 예로부터 서해에 태풍이 불어오면 서해에서 어로 작업하던 우리나라 어선뿐만 아니라 중국의 선박들까지 이 어청도항으로 몰려들어 대피했다고 한다.

이제 나는 어청도등대(항로표지관리소) 관리장에게 친절한 안내에 감사한다는 인사를 하고 왔던 길을 다시 역으로 걸어서 고개 정상 팔각정에 와서 다시 이마에 흐르는 땀을 닦았다. 잠시 북쪽 바다 건너 외연도(外煙島)를 바라보며 숨을 돌렸다. 동쪽 산 밑 호수의 한쪽에서 목욕하는 갈매기들이 내려다보였다.

나는 이 글을 여기에서 마무리 하려고 한다. 목적했던 길을 걸었던 이야기를 모두 기록했기 때문이다. 어청도등대는 이제 어청도 주민들의 자부심이고, 하나의 관광자원이 되어 있다. 또한 여객선선착장으로부터 등대까지의 등산로는 어청도 주민들과 어청도를 찾아온 관광객들의 가장 인기 있는 걷기운동 등산로이다.

〈2013년 7월 2일 어청도 한 민박집에서〉

[참고 1] 어청도: 섬의 가장 높은 산은 198m의 서방산(당산)으로 섬 중앙에 위치한다./ 여객선선착장이 있는 마을에서 등대로 가면서 보면 서방산이 남서쪽으로 올려다 보인다./ 어청도의 넓이는 1.71㎢, 해안선 길이 10.8㎞, 인구 479 명(1994년)이다./ 섬의 중앙 남쪽에는 너비 0.5㎞, 길이 1㎞인 넓은 만이 천연적 항구를 만들고 있음은 앞에서도 설명하였다./ 취락은 서방산 동남쪽에만 조성되어 있으며, 그 마을(어청도리)에서 서쪽으로 3km 관통로 끝에 어청도등대가 있다./ 군산항에서 출발하는 정기여객선이 1일 1회 운항된다./ 병풍처럼 둘러싼 산의 바위절벽이 태풍을 막아주고, 절벽에는 갖은 해풍을 이기고 해송과 동백나무가 자라고 있다. 어선 수용 능력은 264 척이라 한다.//

기봉강산 홍무일월

2006년 태풍이 몰아친 다음의 어느 여름날 나는 목포에서 흑산도를 왕래하는 여객선 남해스타호의 승객이 되었다. 남해스타호는 제작된 지 오래지 않은 여객선이어서 선실의 의자로부터 모든 것이 깨끗하였다. 우리나라 섬으로 가는 뱃길 중 목포에서 흑산도(黑山島)·홍도(紅島)를 왕복하는 뱃길이 황금노선임을 들은 바 있으나 비수기인데도 관광객들이 선실을 가득 메웠다.

여객선 남해스타호가 목포항여객선선착장을 빠져나갈 때 오른쪽을 올려다보니 유달산(儒達山, 228m)이 안개에 포근히 안겨있고, 왼쪽으로는 용도(龍島)가 미끄러졌다. 오늘 내가 (대)흑산도에 가는 것은 처음 만나는 흑산도(黑山島)에서 내가 존경하는 조선 말 충신 면암 최익현(勉菴 崔益鉉)이 머물렀던 자리를 만나러 가는 것이다.

나타난 섬이 사라지면 새로운 섬이 나타났다. 다도해(多島海)! 목포 앞바다는 1,004개의 섬이 있는 다도해 중 다도해라지 않는가? 꼭 한

시간 남해스타호가 섬들 사이를 미끄러져 가다가 멈춘 곳은 비금도여객선선착장이었다. 활(弓)처럼 휜 긴 교량이 비금도와 도초도를 잇고 있었다.

"이제부터 이 배는 외해로 나가니 파도에 배가 많이 흔들릴 수 있습니다. 아이들이 선실 밖으로 나가지 못하게 해 주세요"
하는 선내방송이 들린 것은 여객선이 비금도여객선선착장을 출항할 때였다. 그러나 그 뒤에도 배는 거의 흔들리지 않았다. 그런데 배가 흑산도 예리항(曳里港)에 입항할 때는 우박이 섞인 소나기가 쏟아져서 하선할 때 나는 좀 괴로웠다. 변덕 많은 날씨였다.

이 섬 흑산도에 있는 유일한 호텔인 비치호텔에 들어가 방을 배정받고 예리항(曳里港) 쪽의 창문을 열었을 때는 언제 비가 왔느냐는 듯 햇빛까지 비치고 하늘이 반쯤은 개고 있었다. 듣던 바대로 내려다보이는 바닷물은 푸르다 못해 검고, 그 바닷물 속에 줄을 매어 달고 다시마를 키운다는 둥근 스티로폼 덩이들이 방파제 안에 줄을 맞추어 떠 있었다. 그러한 바닷물 건너에는 검푸른 숲으로 덮인 산이 있었다. 그 검푸른 산에는 돌로 쌓은 둥근 석성(石城)이 보였다. 그 석성은 통일 신라 때 청해진(淸海鎭)을 설치하고 해적을 토벌했다는 장보고(張保皐(?~846(문성왕 8))가 830년 경 쌓았다고 하는 것을 호텔 안내데스크에 물어 알 수 있었다.

11시가 넘어 점심도 해결하고 최익현(崔益鉉)의 유적지(적거지)를 돌아보려고 호텔을 나섰다. 예리항이 흑산도의 북동쪽이니 호텔에서 예리항까지 아직 완성되지 않은 흑산도일주도로를 따라 걸어서 예리항여객선선착장 가까이 나왔다.

가까운 곳의 음식점에서 전복죽으로 점심을 간단히 마치고, 음식점 앞에 머물고 있는 코란도 택시에 승차하고 "최익현 유적지에 갈려고 합니다." 했더니 비포장도로인 일주도로의 동쪽 길을 따라 남쪽으로 고개를 넘어 천천히 달렸다. 장마가 지난 후이므로 산에서 내려오는 물로 비포장 길이 질척질척했다.

고개를 넘어 1km 정도 내려가면서 약간 편편한 곳이고 오른쪽에 가로 15m, 세로 5m, 그리고 두께를 알 수 없는 커다란 검은 바위 앞에 코란도 택시는 멈추었다.

"이곳이 최익현(崔益鉉)의 유적지입니다."

라고 택시기사는 말했다.

거대한 검은 바위 앞면에 바위 이름 지장암(指掌巖)과 그 바위 앞면에 최익현 선생이 종서로 기록한 한자 글씨 8자가 새겨져 있었다(글 뒤 사진). 바위 이름 指掌巖(지장암)은 주자(朱子)의 '爲我重指掌'(위아중지장)이라는 시구에서 따 온 이름이라 했고, 여덟 글자는 다음과 같다.

「箕封江山 洪武日月」(기봉강산 홍무일월)

이 문구는 「이 나라의 금수강산은 고조선으로부터 있어 왔고, 이 나라의 해와 달은 조선 500년의 역사를 가지고 있다.」라는 의미이다. "우리나라가 유구한 역사를 가진 독립국가"라는 표현이다. 글씨가 검은 바위면에 깊게 음각한 것이 아니고 세월도 130여 년이 흐르니 희미하여 졌으나 알아볼 수는 있었다(사진). 역사도 짧은 왜놈들이 감히 단군왕검 자손들의 나라를 침범할 수 있느냐는 것이다. 1876년 강화도에서 일본과 맺은 병자수호조약(丙子修護條約)을 반대하는 상소문을 올렸다가 흑산도로 유배 온 울분을 나타낸 것이다. 어떻게 보면 이 지장암에 새긴 여덟 글자가 최익현의 마음을 잘 나타낸 것이다.

면암 최익현 선생의 적거지 비석과 비석 뒤의 지장암(指掌巖). 지장암에 새겨진 箕封江山 洪武日月.

그 큰 바위 앞에 화강암 비석(높이 1m, 가로 30cm, 두께 15cm)과 유배지임을 알리는 안내 설명표지판이 있었다. 화강암 비석에는 "勉庵崔益鉉先生謫廬遺墟碑"(면암최익현선생적려유허비)라 새겨 있는데 이 비석은 선생의 제자인 오준선(吳俊善), 임동선(林東善) 등이 1924년 찾아와 세운 것이라 한다. 정겨움과 의리가 밀려오는 이야기이다.

면암 최익현 적려유허비의 옆에 면암 최익현 유배지의 안내 설명표지판이 정갈하게 세워져 있었다. 설명문은 다음과 같다.

> 면암 최익현 유배지(勉庵 崔益鉉 流配地)/ 이곳은 최익현이 강화도조약(江華島條約)을 반대하여 도끼를 메고 척화상소(斥和上疏)를 올린 다음 유배되어 1876(고종 13)년 1월부터 1878(고종 15)년 3월까지 2년여를 살았던 곳이다./ 최익현(1833~1907)은 조선 말기 거유로서 당시 대원군의 실정, 갑오경장(甲午更張) 때의 단발령 등 국내의 대소 사건이 있을 때마

다 나라의 정기를 바로잡고자 죽음을 무릅쓰고 전·후 30여 차례의 상소를 올렸다./ 평생을 일관된 충절 위에 의병도 순국도 함께 이루시니 1905(광무 9)년 을사조약(乙巳條約)이 체결되자 호남에서 의병을 일으켜 항전하다가 일본 군인에게 체포되어 대마도(對馬島)에 유배되어 단식 순국(殉國)하였다./ 정부는 1962년 건국공로훈장 대한민국장(建國功勞勳章 大韓民國章)을 추서하였다.

이 설명문은 최익현이 흑산도에 유배 온 이유와 그의 대략적 생애(生涯)를 간략하게 설명한 것이다. 1876년 일본과 맺은 강화도조약을 반대하는 상소를 올리고 1인 도끼시위를 하다가 유배되어 와서 1876년 1월부터 1878년 3월까지 만 2년 2개월을 흑산도에 유배되었다고 기록하여 놓은 것이다. 그리고 설명문의 마지막 부분에는 1905년 11월 17일 일본의 협박에 의해 을사늑약(乙巳勒約)이 맺어진 다음 의병을 일으켰다가 1906년 8월 말 대마도로 압송되어 갔다가 순국(1907년 1월 1일)하신 이야기도 있다.

최익현은 처음 흑산도로 유배 올 때 소흑산도(가거도)에 1876년 2월 16일(양력) 와서 문인주(文寅周) 집에 머물다가 1877년 2월 (대)흑산도 진리(鎭里)로 와서 지역민들의 요청으로 일신당(日新堂)이라는 서당을 열어 소년들에게 한학을 가르쳤다고 한다. 흑산도에서 가장 오랫동안 머문 곳이 진리였다. 그러나 서당터는 잘 모르고 서당 앞에 있던 샘은 서당샘이라 하여 지금도 존재하지만 아무런 표식이 없다 한다. 진리마을은 예리항 동북쪽에 위치한 비치호텔과 비치호텔 동북쪽의 장보고 성터 사이의 마을이라 한다.

집터가 무엇 그리 중요하겠는가? 최익현의 곧은 충성심만이 1만 년, 2만 년의 세월이 흘러가도 존경받을 일인 것이다. 아마 최익현이 지장암 옆 마을에서도 1877년 경 몇 개월간 머물렀기 때문에 바위 이름을 지장암이라 짓고, 이 바위에 「箕封江山 洪武日月」이라는 글자도 새긴 것이라 생각되었다.

이 글을 쓰고 있는 2006년 8월 말 정부 관계자들이 전시작전통제권을 환수해야 된다고 하고, 사행성도박을 눈감아 주어 커다란 문제를 일으켰으니 그들은 최익현의 애국정신 앞에 무릎 꿇고 사죄해야 할 것이다.

내가 승차하고 지장암까지 온 코란도 택시의 운전기사는 흑산도 사리(정약전의 적거지)가 고향이고, 지금도 사리에 살고 있다고 했다. 사리는 지장암이 있는 곳에서 질척질척한 비포장 길을 한참이나 더 남서쪽으로 달려 내려간 이 섬의 남서쪽 마을이다.

최익현은 우리나라 국민 중 거짓말을 되도록 하지 않는 사람들이 가장 존경하는 의인이다.

〈2006년 8월 29일〉

[참고 1] 흑산도 일주도로: 예리항 동북쪽의 비치호텔 옆으로 닦여진 흑산도 일주도로는 시멘트 포장도로이다./ 이 우회도로를 동북쪽으로 따라가면 천연기념물 369호 초령목도 있고, 진리 처녀당에 대한 설화가 기록된 곳도 있다./ 몇 십번 꼬불꼬불 올라가는 상라봉 고갯길 옆에는 3-5월 꽃이 피는 동백나무 숲이 빼곡하다./ 상라봉 꼭대기에 가수 이미자의 "흑산도 아가씨" 노래비가 있고, 상라봉 정상에서 서북쪽 바다의 긴 섬이 '장도'이다./ 이미자의 노래비에서 일주도로를 떠라 서쪽으로 가면 고개 마루에 약수터와 지도바위가 있다./ 지도바위는 큰 바위에 자연적으로 생긴 구멍의 모양이 우리나라 지도와 같다고 하여 우리나라를 생략하고 '지도바위'라고 한다./ 흑산도 주위에서 다시마를 키우는 것은 전복의 먹이를 준비하는 것이다./ 신안군에는 100개 정도의 섬이 있는데 그 중 11개만이 유인도라고 한다.//

[참고 2] 손암 정약전(巽菴 丁若銓, 1758(영조 34)~1816(순조 16)): 정조 때 대학자 일표이서(一表二書, 경세유표(經世遺表), 목민심서(牧民心書), 흠흠신서(欽欽新書))의 저자 다산 정약용(茶山 丁若鏞, 1762(영조 38)~1836(헌종 2))의 형이다./ 형제는 1,800년 천주교 신유박해(辛酉迫害) 때 황사영(黃嗣永) 백서사건(帛書事件)에 연루되어 유배형을 받는다./ 다산 정약용이 전남 강진(全南 康津)으로, 손암 정약전은 흑산도로 유배된다./ 정약전은 1816년 흑산도에서 유배 중 타계하였다./ 그가 흑산도에서 1810년 경 저술한 자산어보(玆山魚譜)는 우리나라 최초의 어류도감으로 유명하다./ 나는 최익현 선생의 유적지를 만나러 갔다가 코란도 택시기사의 안내로 흑산도 가장 남쪽 사리에 재현된 정약전의 적거지 까지 갔었다./ 사리 마을의 중간쯤에 기사는 택시를 세우더니 언덕위에 건축된 반듯한 대문으로 들어갔다./ 귀양살이 온 사람이 살기에는 너무나 넓고 번듯한 집이었다. 최익현 선생보다 75년 전에 손암 정약전이 흑산도에 온 것이다./ 손암 정약전의 이야기가 2005년 소설가 한승원에 의하여 '흑산도 하늘길'이라는 소설로 태어났다.

[참고 3] 강화도조약(조일수호조규): 1875년 9월 20일 일본 군함 운요호(雲揚號)가 일본 해병대(陸戰隊, 륙센다이) 22명을 승선하고 오전에는 강화도 초지진을 포격하더니 오후에는 영종도의 조선군과 주민들에게 소총과 대포를 발사하여 살인 방화를 하였다./ 이 사건이 운요호 사건이다./ 그런데 일본 정부는 운요호가 초지진과 영종도에 포를 발사한 것은 조선 정부에 책임이 있다고 수호 통상조약을 강제로 맺은 것이 강화도조약이다./ 일본 정부는 강화도 조약에서 첫째 운요호 사건에 대한 조선 정부의 사과, 둘째, 개항, 그리고 셋째, 조선 영해의 일본함선의 자유 항해 등을 요구한 것이다./ 조선 정부는 개항에 합의했다.

풍도해전에서 타계한 중국 군인들의 넋

인천 연안부두여객선터미널에서 대부도 방아머리여객선선착장을 거쳐 풍도(豊島)여객선선착장까지 왕복하는 여객선을 나는 대부도 방아머리여객선선착장에서 2014년 2월 23일 12시 15분 승선하고 풍도의 동쪽 바닷가에 위치한 풍도여객선선착장에 오후 2시에 도착하였다. 우선 여객선선착장 주변을 둘러보니 마을 쪽 해변에 세워진 풍도 안내 설명표지판이 보였다. 이 안내 설명표지판 앞으로 다가갔다. 설명문에 풍도해전(豊島海戰)이 설명되어있는지 보려는 것이 첫째 목적이었다. 이 풍도해전의 흔적이야 지금 어디에도 볼 수 없지만 역사서에 기록되어 있고, 풍도여객선선착장의 안내 설명표지판에도 설명되어 있는지 좀 궁금하였다. 안내 설명표지판의 설명문은 다음과 같다.

> 풍도해전(豊島海戰)/ 1894년 7월 25일 오전 7시 52분 일본군 쾌속 순양함 세 척이 풍도 동쪽 선착장에 정박해 있던 청(淸)나라 함정들을 격파하

였다./ 청나라가 영국 상선회사에서 대여하여 온 상선 고승호(高陞號)도 격침시켜 수장하였다./ 고승호에는 1,100명 청나라 군인들과 장비들, 그리고 보급품들이 실려 있었다./ 풍도해전이 청일전쟁(淸日戰爭)의 시발점이자 동북아의 패권(覇權)이 일본으로 기울게 된 계기가 됐다./ 또한 일본이 1905년 러일전쟁(露日戰爭) 때도 이를 경험으로 요동반도 뤼순항(旅順港)에 정박한 러시아 함대를 궤멸시켰다./ 일본과는 전혀 상관없을 것 같은 풍도를 일본인들은 많이 알고 있다고 한다./ 그것은 풍도가 청일전쟁이 발발한 곳이고, 일본 해군이 그 전쟁에서 청국의 기선을 제압한 장소이기 때문이다./ 그러한 사실이 일본의 초·중·고교 사회교과서와 지도서에 실려 교육하고 있다 한다./ －〈중략〉－ / 풍도가 근대사의 중심에 있다는 것 또한 서해안 도서 중 유일하게 경기만을 지나는 모든 선박들을 관망할 수 있는 섬이기 때문이었다.

풍도해전을 설명한 게시판이었다. 이 게시판으로 우선 풍도해전이 풍도에서 1894년 일어났다는 증거가 된 것이었다. 그렇다고 하더라도 나는 이 글을 읽을 사람들을 위하여 나의 풍도를 찾은 이유가 되는 풍도가 청일전쟁(淸日戰爭)의 시발지라는 것에 대해 좀 더 설명하려고 한다.

1894(고종 31)년 5월 초(음력) 전봉준(全琫準, 1855(철종 6)~1895(고종 32))이 이끄는 갑오동학농민혁명군(甲午東學農民革命軍) 수만 명이 전주성(全州城)을 공격하여 점령하자 조선 정부는 정부군으로는 이들을 진압시킬 수 없다고 생각하고 청(淸)나라에 동학농민혁명군 진압을 부탁하였다./ 청나라는 이에 응하여 1894년 6월 8일(음력) 청나라 군사 2,400명을 함정 3척에 실어 아산만에 상륙시켰다./ 그리고 6월 12일(음력)부터 군사행동을 시작하였다./ 그러자 일본 정부도 텐진조약(天津條約, 1885)과 조선 내 일본인 보호라는 명목을 내 걸고 대부대를 인천에 상륙시키고, 경

인지구를 점령하였다./ 일본군은 7월 23일 경복궁도 점령하였다./ 경복궁 점령 2일 후인 7월 25일 일본 해군대좌 도고헤이하찌로(東鄕平八郎)가 지휘하는 일본 쾌속순양함 3척이 풍도 선착장 앞바다에서 청나라 군대를 아산만에 상륙시키고 작전이 끝나기를 기다리던 청나라 군함 3척과 청나라 증원군 1,100명을 싣고 상륙 대기하던 영국상선 고승호(高陞號)를 급습하여 격침시켰다. 이것이 풍도해전이다.

이 푸르기만 한 풍도 앞바다에서 1894년 7월 25일 일본 순양함 3척의 기습공격으로 바다에 빠져 타계한 중국 군인들이 1,100여 명이고, 12문의 포와 많은 보급품이 수장되었다. 풍도해전 4일 후인 7월 29일에는 성환 전투, 9월 16일에는 평양 전투에서 일본군이 청나라 군을 무찌르고 청일전쟁에서 일본군이 승리한다. 그래서 청나라는 일본과 시모노세끼조약(下關條約)이라는 굴욕적 조약을 체결하게 되고, 중국은 일본의 한국에 대한 우선권을 인정하게 된다.

삼국시대로부터 아산만에 위치한 당진항(唐津港)은 우리나라의 항구 중 지리적으로 중국과 가까운 곳이었으므로 중국과의 왕래가 가장 왕성했었다. 그런데 이 항구의 한 가지 단점은 간만(干滿)의 차가 십여 m나 되어 만조(滿潮)일 때만 함정들이 항구에 접안할 수 있다. 당진항으로부터 풍도까지의 거리는 12km. 간조(干潮) 때 함선들은 풍도의 동쪽 풍도함선선착장에 정박해야만 하는 것이다. 1894년 갑오동학농민혁명군(甲午東學農民革命軍)이 전주를 점령하였을 때 조선정부가 청나라에 갑오동학농민혁명군 진압을 부탁하였다. 그래서 중국의 세 함정(제원함(濟遠艦), 광을함(廣乙艦), 그리고 조강함(操江艦))이 2,400명 중국군과 장비, 그리고 보급품을 탑재하고 아산만에 들어가 하선시키고 풍도선착장으로 나와 머물렀고, 영국으로부터 청(淸)나라가 대여한 영국 상선 고승호(高陞號)가 추가병력 1,100명과 12문의 포, 그리고 각종 보급품을 싣고 와서 만조 때 당진항으로 들어가 하선 시키려고 대기하고 있었는데, 일본의 쾌속 순양함 3척이 이 4척의 함선을 기습 공격하였다. 그리고 위에서 설명한 전쟁결과를 가져온 것이다.

지난해 늦가을인 11월 중순 청주에서 풍도에 가려고 대부도 방아머리여객선선착장까지 갔다가 바다위에 짙게 낀 안개 때문에 여객선이 출항할 수 없어 귀가하였었다. 그때 대부도여객선선착장까지 갔다가 풍도에 가지 못하고 귀가하면서도 그리 아쉽지 않았었다. 그것은 그때가 11월이어서 그때 풍도에 갔으면 풍도 마을 뒷산에 예쁘게 피는 복수초꽃(福壽草花)과 바람꽃을 볼 수 없었기 때문이었다. 그래서 이른 봄인 오늘(2월 23일) 풍도에 온 것이다. 풍도(豊島)는 충청남도 태안반도 서북쪽 난지도에서 5km 정도의 서쪽 바다에 위치한 섬이지만 행정적으로는 경기도 안산시 단원구 풍도동에 속한다. 안산시청에서 44.5km, 대부도여객선선착장에서 17km라 한다.

이 풍도의 안내 설명표지판의 풍도해전 설명문을 읽고 민박집을 정하기 위하여 누구에게 물어볼까 하고 두리번거리는데 한 경찰관이 주민들과 이야기 하다가 나를 바라보고 미소 지으며 다가왔다. 계급은 경위였다.

"경위님 수고 많습니다. 민박집이 여러 곳 보이는데 어느 집이 따뜻하고 좋은가요?"

하고 물으니 그는

"이 섬 치안센터로 가서 차 한 잔 하시지요"

하고 자신의 사무실(치안센터)로 가다가 길 옆 민박집도 소개한다. 그 민박집에 배낭을 내려놓고 그의 사무실로 가서 커피 한 잔을 주면서 자신은 이 섬에 일주일 전에 왔으니 잘 모르나 민박집은 비슷할 것이라고 말한다. 그를 따라 갔다가 그가 차린 점심을 그와 같이 먹고 나왔다.

여객선선착장이 있는 풍도동마을은 풍도의 후망산(堠望山, 176m) 동쪽 기슭에 위치하고, 동쪽 아산만을 향하고 있다. 풍도의 면적은 1.84㎢이고, 이 마을에만 주민들이 살고 주민의 수는 169명(2011년)이라 한다. 우체국, 파출소, 민박집, 발전소, 수산협동조합 등이 모두 이 마을에 위치한다. 마을의 집과 밭은 축대 위에 올라앉은 형태이다.

파출소는 마을의 바닷가 도로 가장 북쪽에 위치한다. 파출소에서 점심식사 후 바닷가에 돌로 쌓은 축대 위 해안도로를 따라 남쪽 여객선선착장 쪽으로 걷다가 중간쯤에서 산기슭에 은행나무고목이 서있는 곳으로 올라갈 수 있는 마을길이라 생각되는 길로 올라갔다. 축대위에 조성된 마을 집들 사이 비탈길을 따라 올라간 것이고, 이 마을의 수호신처럼 마을 뒷산에 서있는 은행나무고목을 만났다. 수령 500년, 사람의 가슴 높이 줄기의 둘레 7.5m, 나무의 높이 25m의 거대한 은행나무(銀杏木)이다. 이 은행나무에 대한 안내 설명표지판이 나무줄기 앞에

풍도 마을 뒷산 수령 500년의 은행나무 옆에서 풍도 마을을 내려다 본 모습.

세워져 있고 은행나무 밑에는 약수로 알려진 우물이 맑은 샘물을 반쯤 담고 있었다.

이 설명표지판의 설명문에 의하면 이 은행나무가 신라와 연합하여 백제를 멸망시킨 당(唐)나라 장수 소정방(蘇定方)이 백제 멸망 후 배를 타고 당나라로 귀국하다가 풍도에 도착하여 이 나무를 심어 놓고 갔다고 하는 전설이 있다 하고, 또 하나의 전설은 조선 제16대 왕 인조(仁祖)가 1624년 발생한 이괄의 난 때 충남 공주(公州)로 피난 내려가는 길에 잠시 풍도에 들려 이 은행나무를 심었다는 전설이다. 그러나 내가 아무리 역사에 대한 문외한이라 할지라도 이 전설들은 터무니없다고 생각하였다. 그 이유는 다음과 같다. 나·당연합군이 백제를 멸망시킨 때는 661년으로 1,340여 년 전이고, 이괄(李适, 1587~1624)의 난은 1624(인조 2)년에 일어났으므로 지금부터 380년 전이다. 그러므로 이 나무의 수령 500년과 맞지 않고, 또 이괄의 난이 일어났을 때 인조는 한양에서 천안을 지나고 차령고개를 넘어 공주로 갔으므로 풍도에는 가지 않은 것이다.

수령이 비슷한 은행나무 한 그루가 이 은행나무에서 100m 정도 남쪽에 서 있으나 이 나무보다 약간 작다. 나는 은행나무 밑의 샘물을 잠시 바라보다가 은행나무 오른쪽에 만들어진 등산로를 따라 후망산 쪽으로 올라갔다.

이 풍도의 뒷산을 내가 오르는 첫 번째 이유는 야생화가 피기 시작하는 계절이므로 그 야생화를 보려는 것이었다. 그런데 내가 도착한 2월 23일은 복수초가 만발하기 전이어서 등산로를 올라가는데 꽃길이라 관광객이 들어가지 못하게 박아놓은 나무말뚝에 굵은 나일론 밧줄을 매어놓았다. 그 수령 500년의 은행나무로부터 약 200m 정도 올라갔는데도 꽃은 보이지 않았다. 그때 이 야생화 꽃길을 초등학교 1·2학년에

다닐 정도의 어린 아들 둘을 데리고 내려오는 여인이 있어 그 여인에게

"아줌마 내려오면서 노란색 꽃을 보았습니까?"

하고 물어 보았다. 그랬더니 그 여인과 그 여인의 큰 아들이 같이 대답했다.

"가끔 볼 수 있었어요. 노란색 꽃을요."

그렇게 몇 마디 말을 나누고 이들과 헤어져 서서히 걸어 올라갔다. 올라가면서 살펴보았다. 길가에 노란 복수초꽃 한 송이가 보이더니 두 송이 핀 곳도 보였다. 꽃송이 옆의 가랑잎을 헤치고 보니 크고 작은 꽃봉오리들이 가랑잎 속에 숨어 있기도 했다. 복수초꽃 가족 일곱 개가 피어있는 곳도 있었다. 그 뿐만 아니라 흰색 바람꽃 가족들도 큰 나무 뿌리 옆에서 발견하였다. 흰 바람꽃은 나를 보고 방긋 웃는 듯 보였다. 흰 머리가 자신들의 꽃잎 색깔과 같아서 동족으로 아는지?

풍도에는 복수초꽃, 바람꽃, 노루귀꽃, 풍도대극 등이 이른 봄부터

풍도 복수초.

이른 여름까지 아름답게 후망산 자락을 장식한다고 한다. 그 중에서 노란 꽃잎의 복수초꽃이 압도적으로 많다. 어떻게 생각하면 청일전쟁(淸日戰爭)의 시발점이 된 풍도해전(豊島海戰)은 동양의 근대사에서 가장 큰 사건이었다. 그래서 나는 이 해전으로 함정들이 격침되어 타계한 청나라 젊은이들의 넋이 옆에 있는 외로운 섬 풍도의 후망산 기슭으로 올라와 작지만 아름답고 귀여운 꽃으로 다시 태어나지 않았을까(?) 하는 생각을 하는 것은 어떤 잘못도 되지 않을 것이다.

풍도의 복수초

추위가 가기 전
눈 속에서 피어나는 꽃
노란색 음식이나 물감을 먹은 것도 아닌데
꽃잎은 노랗게 물들었을까?
초등학교 때 처음 만난 세계지도에서
미국은 파란색, 카나다는 붉은색, 중국은 노란색
풍도 앞바다에서 하늘나라로 올라간 젊은이들의 영혼들이
살아서 돌아가지 못한 조국 그리워
꽃이 되면서 꽃잎을
세계지도 속의 고국 색깔과 같이 노랗게 물들인
애처로운 사연의 꽃이여

〈2014년 3월 3일 청주 구룡산 서쪽 기슭에서〉

[참고 1] 풍도(豊島): 풍도의 이름표기는 1914년 이전까지 楓島로 했고, 1914년 이후 豊島로 표기하였다고 한다./ 위에서 설명하였으나 안산시청에서 44.5km, 대부도여객선선착장으로부터는 17km이고, 충남 당진군 석문면 바닷가에서부터는 5km 남짓이라 한다./ 섬의 면적은 1.84㎢, 해안선 길이 5.5km인

작은 섬이다./ 2011년 조사한 결과 인구수는 95가구 169명이라 한다./ 이 섬 주변에는 바위절벽이 많고 갯벌이 없다./ 그래서 이 섬의 주민들은 갯벌이 발달되어 있는 무인도인 도라도(화성군 서신면)에 가서 일년의 반을 굴과 바지락을 채취하여 판매함으로서 생활을 유지하였다고 한다./ 그러나 몇 년 전부터 화성군에서 굴과 바지락 채취를 금하여 가지 못한다.

외연도
사랑나무의 죽음

2007년 문화체육관광부 주관 한국에서 가장 가고 싶은 섬 4곳을 선정하기 위해 각 지자체로부터 사진과 설명서를 첨부한 신청서를 받은 결과 413개의 섬이 신청되었다고 한다. 이 413개 섬을 여러 가지 방법으로 조사하여 선정된 4개 섬은 청산도(青山島), 홍도(紅島), 외연도(外煙島), 그리고 매물도(每勿島)였다. 그 네 섬에 외연도가 포함된 이유는 원형이 잘 보존된 원시경관이 좋다는 것이라 한다. 나는 이 섬이 보고 싶어 2013년 6월 1일 대천항을 찾았고 외연도 왕복 신한해운 소속 여객선의 승객이 되었다.

대천항여객선선착장에서 호도(狐島), 녹도(鹿島)를 거쳐 외연도여객선선착장을 왕복하는 여객선은 승객 약 120명 정도를 승선시킬 수 있는 비교적 작은 여객선인데 이 날은 약 80명의 승객을 싣고 대천항여객선선착장을 출항하였다. 14시에 출항하여 16시 10분 외연도의 동쪽 아늑한 항구의 여객선선착장에 도착하였다. 나는 우선 예약한 민박집에 찾아가 배낭을 맡겨 놓고 전횡(田横)의 사당이 있는 마을 북서쪽 당산(堂山)에 올라갔다.

오늘 나의 여행목적은 이 조그마한 섬 외연도(면적: 2.18 ㎢, 주민: 약 550명(2009년))의 뒷산에 동백나무연리지(冬栢木連理枝)가 있다 하여 그것에 대한 흥미가 일어 그것을 보러 온 것이다. 여행의 또 다른 목적은 중국 제나라 장군 전횡(田横, ?~B.C.202)을 제사지내는 사당(祠堂)이 있다 하여 그것을 보는 것이었다.

민박집 아저씨(76세)가 가리켜 준대로 마을 뒤에는 고추와 고구마, 마늘 등을 심은 밭이 나타나고 밭이 끝나는 산기슭 바로 밑에 외연초등학교의 2층 건물이 보였다. 초등학교 앞에 가서 서쪽을 바라보니 당산 상록수림의 멋있는 고목들이 보였다. 등산로 입구에 상록수림 안내 설명표지판이 세워져 있었다.

외연도 상록수림(外煙島 常綠樹林)/ 천연기념물 제136호/ 지정: 1962년 12월 3일/ 위치: 충남 보령시 오천면 외연도리 산239번지/ 규모: 32,727㎡/ 충청남도에서 가장 서쪽에 위치한 외연도(外煙島)의 중심에 있다./ 외연도라는 이름은 황해 가운데 멀리 떨어져 안개 낀 날이 많아 연기에 싸인 듯한 섬이라는 의미이다./ 약 10,000평의 마을 뒤 당산에는 동백나무, 후박나무, 식나무, 상수리나무 등 각종 상록수·낙엽활엽수들로 어우러져 한 겨울에도 꽃이 피어 장관을 이루고 있다./ 전설에 의하면 이곳의 동백나무는 수백 년 전 섬 주민이 남쪽 섬들과 왕래하면서 옮겨 심었다고도 하고, 기원 전 202년 중국 제(齊)나라가 한(漢)나라에게 망하자 항복을 거부하고 군사들을 거느리고 이 섬으로 온 제나라 장군 전횡(田横)이 심어 자라고 퍼진 것이라고도 한다./ 전횡은 기원 전 202년 모국 제나라가 망하자 자신을 믿고 따르는 군사 500여 명과 가족을 돛단배에 싣고 황해를 동쪽으로 3개월이나 달려 이 섬에 도착하여 정착했다고 한다./ 그러나 몇 년 후 한(漢)나라 사신이 와서 항복을 강요하자 한나라 수도 낙양에 들어가 자결하였다./ 가족과 군사들의 안전을 위한 것이었다고 한다./ 이 섬에 정착한 사람들은 당산에 사당을 짓고 그를 섬의 수호신으로 받들어 제사를 지냈다.

전횡(田橫)의 위패를 모신 사당은 상록수림이 빼곡히 자라는 높이 약 80m의 당산 정상 가까이에 있었다. 안내 설명표지판의 설명문에도 설명되어 있듯이 전횡은 중국 제(齊)나라의 장군이었는데 기원 전 202년 제나라가 한나라에 패배한 초나라와 동맹하였으므로 항우(項羽)가 자결하자 한(漢)나라 유방(劉邦)의 미움을 받아 한나라의 백성으로 살 수 없다 생각하고 군사 500여 명과 가족을 배에 싣고 피난 온 곳이 이 섬 외연도라는 것이다. 위 설명문에서 기록된비 외연도라는 이름은 황해 가운데 멀리 떨어져 안개 낀 날이 많아 연기에 싸인 듯한 섬이라는 의미라고 했다. 그 후 한나라에서 이들의 행방을 알게 되고 사신을 보내 항복을 권유해 '전횡'은 단신으로 낙양 한(漢)나라 왕궁에 가서 자결하였다는 것이다. 그래서 이곳에 남아있던 사람들이 그때부터 사당을 짓고 제사를 지냈다고 한다.

내가 외연도에 도착한 날(6월 7일)은 주말이나 휴일이 아니어서 관광객이 거의 없었다. 그래서 등산로가 조용하여 좋았다. 등산로는 보령시에서 목재테크 층계로 깨끗하고 편안하게 조성하여 놓아 등산하기에 편리하였다. 머리가 흰 외로운 길손을 위로하는 것인지 아름드리 상록수들의 숲 속에서 꾀꼬리의 아름다운 노랫소리가 들리는가 하면 이름 모를 산새들의 노랫소리도 들려왔다. 이 머나먼 섬에도 내가 지금 살고 있는 청주의 산과 똑 같이 이런 새들이 살고 있음이 신기하게 생각되었으나 새는 창공을 마음대로 날라서 다니니 배를 타지 않아도 이

먼 섬에 오는 것이 대단히 쉬울 것이라고 곧 생각하게 되었다.

보령시에서도 외연도에 관광객이 찾아오도록 마을 뒷산 전횡 사당 주변의 길들을 목재 테크 계단으로 조성하여 노약자들도 쉽게 등산할 수 있게 하였고, 안내 설명표지판과 등산로 표지판을 적당한 곳에 세워놓았다. 전횡사당은 고풍스럽게 옛날기와로 지붕을 만들어 놓은 것이다.

내가 뒷산을 올라가기 전 잠시 민박집 영감과 이야기를 나누었는데 그 때 내가 동백나무연리지가 있는 곳이 어디냐고 묻자 그 나무가 뒷산 전횡사당 동쪽 당산기슭에 있다고 가르쳐 주면서 다음과 같은 이야기를 하였다. 그 영감의 이야기를 적어본다.

"연리지(連理枝)를 사랑나무라 부른답니다. 동백나무연리지는 우리나라에서는 이곳 뒷산 상록수림 밖에는 없다고 합니다. 그리고 대부분의 연리지는 두 나무가 자라다가 나무줄기가 닿아서 붙는 형태인데 이 동백나무연리지는 두 나무의 가지가 약 1.5m나 떨어져 있으면서 나뭇가지가 부딪힌 것도 아닌데 지면으로부터 2.0m 위에서 연결되었어요. 이것을 본 사람은 모두 신비스럽다고 말했답니다. 많은 결혼을 생각하고 사귀는 남녀가 이 연리지 밑을 통과하면 사랑의 결실이 이루어진다고 찾아왔고, 부부싸움을 한 부부가 이 연리지 앞에만 오면 사이가 좋아진다고 하여 찾아왔다고 합니다. 연리지 밑을 통과한 남녀는 가지고 온 소주나 맥주를 종이컵에 따라서 부딪치며 "부라보"나 "화이팅"을 외쳤답니다. 그런데 그 연리지가 2010년 9월 4일 태풍 곤파스가 지나가면서 두 나무 모두 뿌리가 뽑히고, 연결된 가지가 부러지고 말았어요. 마을의 주민들은 나무막대 지지대 10 개쯤을 가지고 올라가서 땅에 박고 그 박은 막대와 부러진 줄기를 삼베로 묶었으며 두 곳이나 부러진 연리지 가지를 삼베로 감아 묶어놓았으나 나무는 말라 죽고 말았지요. 문제는 이 사랑나무가 태풍 때문에 줄기가 부러져서 죽었다고 인터넷에 올라가면서 외연도를 찾아오던 관광객이 반에서 반으로 줄었다는 것이지요."

2010년 9월 4일 불어 닥친 태풍 곤파스는 동백나무연리지를 죽였을 뿐만 아니라 몇 백 년 당산에서 자란 685그루의 아름드리 동백나무, 후박나무, 팽나무 등에게 큰 피해를 주어 그 중 약 150그루의 아름드리 줄기를 부러트렸다고 한다.

나도 처음 찾아온 외연도에서 이 사랑나무를 보았으면 했는데 부러져서 죽었다고 하니 아쉬웠다. 전횡사당에 올라가면서 나무막대를 부러진 줄기 옆에 박고 삼베 헌겁으로 감고 묶은 사랑나무를 찾아보았다. 민박집 영감이 이야기한 것을 내 눈으로 확인한 것이다. 결혼을 앞두고 찾아온 젊은 사람도 아니고 부부싸움을 하고 찾아온 것도 아닌 내가 아쉬운데 지역경제와 연결되어 있는 외연도 주민들의 아쉬움은 오죽하랴! 결혼의 성사를 빌러 왔다가 사랑나무의 죽음을 본 젊은 남녀, 그리고 부부싸움을 하고 가정의 행복을 빌러 왔던 부부는 얼마나 실망스러우랴!

전횡사당추녀 밑에 「田公祀堂記(전공사당기)」가 걸려 있었다. 한문 예서체(禮書體)로 기록된 전공사당기는 "公姓田諱橫也(공성전휘횡야, 공의 성(姓)은 전이고 이름은 횡이다)"로 시작되는데 전횡이 500여 명 군사와 가족들을 거느리고 돛단배를 타고 이 섬에 도착하여 정착하고, 한나라 사신의 항복 강요에 낙양으로 홀로 가서 자결한 후 이곳에 남아 있던 사람들이 이 사당에 위패를 모시고 제사 지낸다는 그 이야기를 기록한 것이다.

태풍이 외연도를 지나갈 줄 알았고, 이 태풍이 사랑나무를 부러트릴 수 있었음을 알았다면 미리 튼튼한 나무지지대 20개 정도로 이 사랑나무 줄기를 묶어 매어 놓았을 것이다. 인간은 그러한 자연재해를 예측하

봉화산 중턱에서 바라본 외연도리.

전횡사당 앞에 서있는 저자.

고 막을 수 있도록 영리하지도 못하면서 이웃에게 사리에 어긋난 짓을 하여 상처를 주는 것이다. 그런 수모를 준 행위로 인하여 상대가 입는 피해보다 자신의 마음이 입는 피해가 10배도 더 큼을 모르는 것이다.

〈2013년 6월 10일 청주 성화동 구룡산 서쪽 기슭에서〉

[참고 1] 외연도(外煙島) 찾아 가는 방법: 대천항(大川港)은 우리나라에서 이름이 잘 알려진 대천해수욕장(大川海水浴場)에서 약 1km 정도 북쪽에 위치한다./ 대천시외버스종합터미널에서 대천항으로 운행하는 시내버스는 대천해수욕장 입구를 지나 대천항여객선매표소 앞을 지나간다./ 대천항여객선선착장에서 외연도행 여객선은 성수기인 5~9월 중 날씨가 좋은 날에는 8시와 14시 1일 2대가 출항한다.

[참고 2] 외연도 봉화산 봉화대: 나는 동북쪽으로 올려다 보이는 고려시대와 조선시대 왜구와 같은 해적들이 나타났을 때 봉화(烽火)를 올렸다는 봉화산(烽火山, 279m)으로 발길을 옮겼다. 이것은 관광객들의 좋은 등산로이다./ 이 등산로 옆에는 산초나무, 자귀나무가 보이고, 붉은색 꽃을 피우는 참나리꽃의 줄기가 올라오며, 엉겅퀴들이 흐드러지게 꽃을 피우고 있었다./ 봉화산 정상에는 직경 8m, 높이 1.2~2.0m의 높이로 돌로 둥글게 쌓은 축대가 있다./ 이 둥글게 쌓아진 축대가 봉화대(烽火臺)였다./ 왜구나 중국 해적이 나타나면 그 둥근 돌축대 중간에서 소똥을 섞은 마른 풀에 불을 붙여 봉화를 올렸다는 설명문이 기록된 봉화대 안내 설명표지판이 봉화대 서쪽에 세워져 있었다. 그러나 이 봉화대에서 한 번이나 봉화를 올렸을 것인가?/ 그러나 이 봉화대가 이 섬에서 볼 수 있는 역사유적인 것이다.

[참고 3] 외연도 동백나무연리지: 2015년 5월 16일 나는 외연도 당산상록수림(當山常綠樹林)을 찾고, 당산 동쪽 기슭의 지지대 10개 정도로 묶어 놓고 부러진 줄기를 삼베로 감싸고 철사줄로 묶어 놓은 두 동백나무를 찾았다./ 그러나 두 동백나무는 이 세상의 생명체가 아니어서 두 동백나무들과 지지대가 목재 데크 계단 길옆에 쓰러트려져 있었다.

제3장

강화도 섬마을

강화도 섬마을 이곳저곳에서 만난 설화들이다.

마니산과 기氣

강화도 마니산(江華島 摩尼山)에 관한 인터넷 자료를 읽어보니 화도면 상방리(華道面 上坊里) 마니산 등산로매표소로부터의 참성단(塹星壇) 등산은 계단로(階段路, 마니산 제1등산로)로 등산하는 것보다 그것의 서쪽에 조성되어 있는 단군로(檀君路, 마니산 제5등산로)로 등산하는 것이 거리는 좀 길지만 서남쪽으로 내려다보이는 경치가 아름다워 좋은 등산이 된다고 기록되어 있었다.

그래서 단군로에 흥미를 갖고 마니산 등산을 하려고 2014년 가을도 깊어가는 10월 15일 새벽 5시 나는 청주 구룡산 밑 아파트 문을 나섰다. 청주에서 택시와 시외버스, 그리고 강화읍에서 시내버스를 이용하여 강화도 화도면 상방리에 도착하였다.

상방리 마니산 등산로매표소를 지나 작은 고갯길을 서서히 걸어 올라갈 때는 오후 1시 30분이었다. 평일(수요일)인데도 단체나 가족단위로 참성단을 찾은 관광객(또는 등산객)이 많다고 생각되었다. 계단로

와 단군로가 나뉘면서 단군로는 서남쪽으로 조그마한 교량을 건너가야 된다. 나는 이제 이 교량을 건너갔다. 나의 등산하는 속도가 늦으니 그렇겠으나 뒤에서 오는 사람이 없었는데 어느 사이 내 곁을 지나쳐 가는 젊은이들과 여자 등산객들이 가끔 있다. 이 마니산은 등산로 주변에도 바위가 많은 것이 특성 중 하나이다. 크고 멋있게 생긴 바위가 곳곳에 있어 등산로가 우아하였다.

단군로 중간쯤에 200계단 정도 되는 긴 층계가 시작되는 옆에 2012년 8월 8일 강화 시설관리공단에서 '웅녀계단'(熊女階段)이라는 이름을 갈색 플라스틱판에 기록하여 놓은 것을 볼 수 있었다. 웅녀(熊女)는 단군신화(檀君神話)에 나오는 단군의 어머니 이름이다.

이 웅녀계단이 끝난 곳에서 큰 바위가 길을 막으면 그 바위를 돌아가도록 등산로를 조성하고 안전을 위해 나무말뚝을 일정한 간격으로 박아 놓고 이것들을 나일론밧줄로 묶어 놓았다. 나는 그 나일론밧줄을 잡아가며 웅녀계단이 끝나는 곳에서 단군로를 약 30분 올라가니 다시 플라스틱테크 층계다. 이번에는 층계가 시작되는 난간기둥에 '372계단로'라 이름을 기록하여 놓은 것이다. 아마도 강화 시설관리공단에서 경사도가 급한 능선에 안전하게 올라갈 수 있도록 플라스틱테크 층계를 만들고 계단의 수를 세어보니 372개였으므로 그것을 층계 길의 이름으로 한 모양이었다.

웅녀계단이 끝나는 곳과 372계단이 시작되는 곳 중간에 전망대가 한 곳 있다. 용유도, 장봉도, 주문도, 말도, 아차도 등이 전시하여 놓은 사진과 연관되어 내려다보였다. 흥왕리의 아기자기한 마을풍경, 흥왕리 앞의 누렇게 익어가는 벼가 채워진 논들, 마침 간조(干潮)여서 들어난 갯벌, 그리고 갯벌 넘어 날씨가 맑아 훤히 내려다보이는 섬들이 가슴을 시원하게 하여준다. 그 옆에 화남 고재형(華南 高在亨, 1846~1916) 시인의 '마니산'이라는 제목의 한시와 번역문이 갈색 나무판에 검은 글씨로 예쁘게 기록되어 있었다.

摩尼山(마니산)

화남 고재형(華南 高在亨, 1846~1916)

來坐摩尼最上頭　(내좌마니최상두, 마니산 정상에 올라 주위를 돌아보니)
江州一片泛如舟　(강주일편범여주, 강화섬이 한 조각 바다에 떠 있는 배로구나)
檀君石迹撑天地　(단군석적탱천지, 단군께서 쌓은 돌단은 천지를 떠받들고)
萬億年間與水留　(만억년간여수유, 억만 년 긴 세월 동안 물과 함께 남아있네)

고재형 시인의 시 '마니산'이 기록된 갈색 플라스틱판 옆에는 고려말 학자이고 정치가인 목은 이색(牧隱 李穡, 1328~1396)의 '등 마니산천단'(登 摩尼山天壇)이라는 한시의 원문과 번역문이 예쁜 갈색 나무판에 검은색 먹 글씨로 기록되어 있었다.

登 摩尼山天壇(등 마니산천단, 마니산 천제단에 오르다)

목은 이색(牧隱 李穡, 1328~1396)

檀君遺蹟古壇留　(단군유적고단유, 단군의 옛 자취가 이 옛 단에 머물고)
分明日月臨玄圃　(분명일월임현포, 또렷하게 해와 달은 천상의 선경에 임하였구나)
浩蕩風煙沒白鷗　(호탕풍연몰백구, 넓게 깔린 아지랑이 속으로 흰 갈매기는 잠기네)

天地有窮人易老	(천지유궁인이로, 천지도 끝이 있을까 사람은 쉽게 늙어가네)
此至能得幾回遊	(차지능득기회유, 이 몸이 이곳을 몇 번이나 올 수 있을지!)

「해와 달은 세월이 흘러도 변함이 없고, 갈매기는 항상 이 바닷가를 날라 다니지만 사람은 토끼나 말처럼 살 수 있는 한계가 있으니 이 성스러운 참성단에 몇 번이나 다시 올 수 있을 것이냐?」하고 생을 한탄하는 마음을 시로 나타낸 것이다. 이성계(1335~1408) 일파가 1392년 조선을 개국하자 곧기만 한 고려의 충신 목은 이색은 이곳저곳을 유람하다가 참성단(塹星壇)에도 찾아와서 이 한시를 남긴 것이다. 여생이 얼마 남지 않았음을 알고 세상의 허망함을 시로 나디낸 것이다. 그래서 "이 몸이 참성단에 몇 번이나 더 올 수 있을까?"라고 한 것이다.

이와 같이 강화도는 산과 들의 풍경도 아름답고, 고인돌 유적과 전등사·보문사와 같은 유명한 사찰도 많다. 그뿐이랴 한 때 고려의 수도였기 때문에 역사유적과 왕릉도 몇 기 있다. 훌륭한 시인, 학자들이 아름다운 자연, 그리고 단군이 하늘에 제사지낸 역사적인 곳을 시로 나타내는 좋은 곳이다. 그래서 나도 누구보다 강화도를 좋아하는 사람이 되었다. 그런데 강화도는 이러한 모든 것들보다 강화도 남쪽의 강화도에서 가장 높은 산인 마니산이 '기의 생기처'(氣의 生氣處)라는 것이 우리 한국인에게 주어진 가장 좋은 선물이 아닐까 하는 생각이 들었다. 왜냐하면 이 '기'가 많이 품어져 나오는 곳에 사람이 오면 마음이 편안해지면서 활력이 생겨 건강이 좋아진다고 하기 때문이다.

그 단군로(마니산 제5등산로) 중간 전망대의 고재형 시인과 고려 말의 충신 이색의 시가 기록된 갈색 플라스틱판들 옆에 마니산 그림을 곁들인 '기(氣)'의 설명문이 기록된 안내 설명표지판이 세워져 있었다. 그 설명문은 다음과 같다.

> 강화 마니산 전국 제일의 '기'의 생기처/ '기'의 전문가들은 우리나라에서 좋은 기(氣)가 나오는 곳이 십여 곳 있는데 그 중에서도 민족의 성지 마니산을 제1의 '기'의 생기처(生氣處)로 선정하였다./ 마니산에 오면 마음이 편안해 지면서 활력이 생겨 건강에 좋다고 한다./ -〈중략〉-/ 일반적으로 '기'의 측정에는 엘-로드법(L-rod method)을 사용한다. 두 개의 금속 막대가 땅에서 나오는 전자에너지에 의해 교차 회전하는 원리를 이용한다./ 안내도의 등산로에 표시된 숫자는 그 지점에서의 그 금속 막대의 분당 회전수를 나타낸 것이다./ 매표소(46), 참성단까지 2/3지점(60), 참성단(65)/ -〈이하생략〉-

엘-로드법에 의해 측정된 마니산에서의 분당 엘-로드의 금속막대 회전수는 상방리매표소가 46, 상방리매표소로부터 참성단까지 2/3정도 올라온 지점에서 60, 참성단은 65라고 안내 설명표지판의 마니산 그림에 표시되어 있다. 한편, 우리나라 여러 곳에서 측정된 엘-로드의 금속막대 회전수는 다음과 같다고 했다. 고창 선운사 대웅전(禪雲寺 大雄殿)은 16, 청도 운문사 죽림헌(雲門寺 竹林軒)은 20, 그리고 해인사 독성각(海印寺 獨聖閣)에서는 46으로 마니산 참성단의 '기'의 수치보다 낮다. 그래서 마니산이 '기의 생기처'라는 것이다. 이들 측정값은 1999년 4월 8일 주간조선 르뽀 한국의 '기 센 곳'에서 발췌된 측정값이니 허위는 아닐 것이다. 거짓 측정값이 아닌 것으로 믿는다.

솔직히 나는 엘-로드가 어떻게 생겼는지도 모르고 측정하는 것을 본 일도 없다. 다른 안내 설명표지판은 마니산 전체에 하나나 둘 있으면 그만인데 '기'에 대한 안내 설명표지판은 이와 똑 같은 설명문이 기록된 것이 단군로와 계단로에 4곳 정도나 세워져 있음을 볼 수 있었다. 누구는 기가 세다 누구는 기가 약하다는 말을 우리는 가끔 사용하면서 '기'의 실체를 모르는 것이다. '기'는 뭉치면 물질이 되고, 흩어지면 자연이 된다고 하면서 우주 만물의 근원적인 힘이라 하니 일반인은 이해가 어려운 것이다.

그런데 1973년 아폴로(Apollo) 16호 우주인들이 달에 착륙하여 지구를 건너다보니 지구의 한 점에서 서기(瑞氣)가 솟아 나왔다고 한다. 그들이 귀환 후 그 지점이 어디인지 조사하였더니 한국의 강화도 남쪽에 위치한 마니산이었다고 한다. 이것은 황종국이라는 사람이 '비평과 전망'이라는 잡지에 게재한 글의 내용이다.

내가 단군로의 372계단로 입구에 도착하여 층계를 올라가려 하니 약 50명 정도의 등산객들이 372계단로 계단을 내려오고 있어 잠시 기다려야 했다. 그 관광객들이 일열로 내려간 다음 그 뒤에 계단을 옆 걸음으로 천천히 내려오는 영감이 있었다. 다음은 그 영감과 대화한 말을 그대로 기록한 것이다.

"안녕하세요? 저보다 연세가 많으신 어르신으로 보이십니다. 연세가 어찌되셨어요?"

"댁은 나이가 어찌 되었소?"

"저는 일흔다섯 살입니다."

"나보다 한참 아래입니다. 나는 여든둘이요. 어디 사시오?"

"저는 청주에서 왔습니다. 어르신은 어디 사시는지요?"

"나는 청주 한씨 인천시 종친회장을 맡고 있으니 일 년에 두 번은 청주에 갑니다. 나는 인천 부평에 살다가 5년 전에 강화도 양도면에 이사 와서 살고 있습니다."

했다. 부평이나 강화가 모두 인천광역시이니 살던 곳에서 옆 마을로

2014년 10월 중순 참성단의 제천단 밑 돌담 벽면 속에서 자라는 150년 수령의 소사나무.

이사와 사는 것이다. 여행 나오면 처음 만나는 사람과 이렇게 부담 없이 이야기 할 수 있어 좋다.

이제 이 영감과 헤어져 372개의 계단을 하나씩 밟고 천천히 올라갔다. 계단을 올라가 평탄한 길이 된 곳이 있어 흙을 밟으며 올려다보니 참성단의 천제단(天祭壇)이 바로 위에 보였다.

참성단이 올려다 보이는 등산로에서부터는 길이 비교적 평탄하였다. 이제 참성단 둥근 광장(지름 8.7m)까지 30개 정도의 계단을 밟고 올라갔다. 둥근 광장 옆 높이 1m, 폭 2.0m 정도의 돌담 틈새에 분재같이 자라는 수령 150년의 소사나무의 파란 잎은 갈색으로 물들려 하고 있었다. 엘-로드법으로 측정한 '기' 회전수가 분당 65회라 하는 '기'의 생기처에 온 것이다. 이러한 곳에 올 수 있음이 행복한 생활을 하는 것이 아니겠는가?

참성단 원형 마당에서 왔다 갔다 하며 '기'를 좀 받은 다음 마니산계단로(마니산 제1등산로)를 이용하여 하산하였다. 그리고 마니산 입구 상방리 등산로매표소 옆에 세워진 안내 설명표지판 중 마니산에 관한 것을 읽었다. 이 표지판의 설명문에 「강화도는 우리나라의 '배꼽'과 같은 곳이라 우리 민족의 정기가 담겨 있는 곳」이라는 문구가 있었다. 그렇다면 마니산이 '기의 생기처'인 것과 우리가 건강을 위해 기수련(氣修鍊)할 때 호흡을 멈추고 배꼽 바로 밑 단전에 힘을 주는 단전호흡법(丹田呼吸法) 사이에는 어떤 연관성이 있는 것이 아닐까(?) 하는 생각이 들었다.

〈2014년 10월 23일 청주시 서원구 성화동 구룡산 밑에서〉

[참고] 매월당 김시습(梅月堂 金時習, 1435~1493)의 한시(漢詩) 강화 마니산: 「江華 摩尼山(강화 마니산)/ 摩尼山色好(마니산색호, 마니산 산색은 좋기도 한데)/ 矗立海天隅(촉립해천우, 바닷가 하늘에 우뚝 솟아있다.)/ 飛雁不能渡(비안불능도, 기러기도 능히 날아 건너지 못하고)/ 晴嵐摠可圖(청람총가도, 갠 날 생기기가 모두 그림 같구나)/ 祭壇秋草老(제단추초노, 제단에는 가을풀이 시들어가고)/ 僧舍白雲孤(승사백운고, 절간 숙소에는 흰 구름이 외롭다.)/ 一望滄溟闊(일망창명활, 한 번 바라보니 푸른바다는 넓기만 하고)/ 煙波接有無(연파접유무, 물안개가 있는 듯 없는 듯 닿아있구나!)」

국난예고의 우물이 있는 사찰

적석사(積石寺)는 천축(天竺)스님의 다섯 송이 연꽃 이야기가 있고, 우물물이 국난을 예보했다고도 하며, 저녁노을의 아름다움을 즐길 수 있다고 인터넷 자료실에 소개되어 있어 찾아 가보고 싶었다. 그래서 2014년 경칩(驚蟄)일 이른 아침 나는 집을 나섰다.

다음은 강화시외버스터미널에서 내가 택시에 승차하여 고려산 기슭 적석사에 찾아갔던 이야기만을 기록하기로 한다. 13시 강화시외버스터미널에서 택시에 승차하고 강화읍 중심도로를 서쪽으로 달려 통과하고, 고비고개를 넘고 고천리(古川里) 삼거리에서 마을길로 들어가 택시가 적석사 진입로를 오르는데 길의 경사도가 심했다.

택시는 적석사 범종각이 올려다 보이는 축대(돌로 길이 50m, 높이 3m로 쌓은 축대가 3층임) 밑에 나를 하차시켜 주었다. 나는 감로정으로 가기 위하여 축대 밑 경사도가 심한 비탈길을 걸어 올라갔다. 그 가파르고 아슬아슬한 축대 위에 적석사의 대웅전과 범종각, 요사채,

관음전이 건축되어 있고. 국가가 어려울 때 물이 용출되지 않거나 색깔과 투명도가 변화한다는 우물인 감로정(甘露井)이 대웅전 입구 언덕 밑에 있었다.

올라간 곳에서 처음 만나게 되는 신비하게 보이는 정자(亭子)인 '불유각'(佛乳閣) 안에 보살들을 거느린 부처님 앞으로 산 속으로부터 대롱을 통과하여 흘러내리는 물이 '돌절구'에 모아지고, 돌절구에 물이 가득 차게 되면 돌절구 동편 구멍으로 흘러나가 그 옆에 시멘트로 만든 사각형 연못을 채워 주었다. 이 돌절구의 물이 '감로정(甘露井)'이다. 6·25전쟁이 일어나기 전 이 물이 탁해져서 마실 수 없었는데 며칠 후 전쟁이 일어났다는 샘물이다. 그러나 이것은 믿거나 말거나한 일이다. 내가 그런 현상을 본 것이 아니고, 과학적으로는 있을 수 없는 일이기 때문이다.

이제 잔디가 예쁘게 덮여 있는 마당으로 들어가니 북쪽의 남향한 건물이 '대웅전'(大雄殿)인데, 그 앞에 적석사 안내 설명표지판이 세워져 있다. 표지판의 설명문은 다음과 같다.

> 적석사(積石寺)/ 소재지: 인천광역시 강화군 내가면 고천리 산74/ 적석사는 강화부지와 전등사 본말사지 등에 416(장수왕 4)년 천축조사(天竺祖師)가 고려산 정상에서 색깔이 다른 다섯 송이 연꽃을 날려 각 꽃이 떨어진 곳마다 절을 창건하였는데 적석사는 그 중 붉은(赤色) 연꽃이 떨어진 곳에 지은 절로서 처음 적련사(赤蓮寺)라 하였으며, 후에 적석사(積石寺)라 이름을 바꾼 사찰이다./ 강도지에 의하면 "이 사찰은 고려산(高麗山, 436m) 낙조봉(落照峰) 아래 위치한다./ 사찰 내에 있는 우물은 맑고 깨끗하다. 그러나 나라에 재난이 다가오면 물이 마르거나 탁해져 마실 수 없다./ 또 서쪽 낙조봉에 오르면 일몰의 경관이 빼어나 적석사 낙조가 강도팔경(江都八景)의 하나로 선입되었다."라고 기록되어 있다./ 1998년

8월의 큰 장마로 수해를 입었으나 복원하여 2005년에는 대웅전이 새로운 면모를 갖추었다.

이 설명문에서 적석사가 416(장수왕 4)년 천축(인도) 조사가 창건하였다 하고, 고구려의 장수왕(長壽王, 본명: 巨連, 394~491, 재위: 413~491)이라는 이름을 기록한 것은 적석사가 위치한 강화도가 그 당시 고구려의 영토였기 때문이었을 것이다. 또한 천축국(인도) 스님이 고려산 오련지(五蓮池)에 피어있는 다섯 색깔의 연꽃 한 송이씩을 하늘로 날려 그 연꽃이 떨어진 곳에 각각 절을 짓게 하여 적련사(赤蓮寺), 백련사(白蓮寺), 황련사(黃蓮寺), 청련사(靑蓮寺), 그리고 흑련사(黑蓮寺)를 지었다는 게 아닌가? 그러나 지도에서 흑련사는 찾을 수 없으나 그 외 네 절은 찾을 수 있었다. 적련사가 그 후 적석사(積石寺)로 바뀐 이유는 절 이름에 붉을 적(赤)자가 들어가면 절에 화재가 날 수 있다 해서 그랬다는 이야기가 있다.

그런데 천축조사는 힘이 세었거나 신통력이 있었던 모양이다. 하늘로 날린 연꽃이 500m로부터 4km까지 날라 간 것이기 때문이다. 고려산에서 백련사까지는 500m지만 적석사까지는 3km, 그리고 황련사는 4km나 되기 때문이다.

적석사 낙조대(落照臺)는 적석사 서쪽 산마루이고, 그 낙조대에 해수관음보살(海水觀音菩薩)이 모셔져 있다. 나는 절의 마당 서쪽 편에 건설된 요사채와 범종각 사이를 지나 2백여 개 좁은 돌계단으로 되어 있는 낙조대로 오르는 길로 가서 계단을 올라갔다. 칠십 객에게는 낙조대 오르는 계단이 미끄럽고 좁으며 경사가 급하여 현기증이 일었다. 나의 40대가 박사학위 논문 준비와 대학에서 자리를 잡는 등 세파를 헤쳐 나가기에 정신적으로 현기증이 일었었는데 70대가 되니 이 돌계단에서 몸에 현기증이 일어나 좀 당황하였다.

이 돌계단을 오른 어느 인사가 인터넷에 이 돌계단과 관계있는 다음의 시를 올려놓아 내가 감상할 수 있었다.

> 적석사 보타전 오르는 돌층계/ 이제야 조금은 알 것 같습니다./ 층계가 이렇게 적지 않은 것을/ 놀러 가듯 단숨에 뛰어 올라가지 말라고/ 쉬어가며 뒤 돌아보라고// 계단 난간 없는 것을/ 한 걸음 한 걸음/ 인생을 조심히 살아가라고// 첫눈에 반한 보타전 오르는 돌층계/ 지은 업을 참회하며/ 돌 위에 뜨거운 눈물 찬 한숨 다 내려놓고//

위 '시'에서 '쉬어가며 뒤 돌아보라고'는 나에게는 잘 못 된 구절이라 생각되었다. 왜냐하면 돌층계가 좁고 경사가 급하여 일어나는 현기증으로 뒤를 돌아볼 수 없었기 때문이었다. 나는 이렇게 그 구절을 바꾸고 싶었다. "뒤돌아보지 말고 앞만 보고 올라가라고."

1m 높이의 좌대 위에 세워져 있는 해수관음보살(海水觀音菩薩)은 서쪽 석모도(席毛島)와 교동도(喬桐島) 사이의 강화만을 향해 서서 바다 뒤로 숨어 들어가는 태양을 향해 기도하는 모습이다. 남쪽으로 내려다보이는 넓은 저수지의 이름이 '고려저수지'이고, 북쪽은 교동도를 건너가고 건너오는 창후리선착장이 넓은 강화들판 너머로 건너다보였다.

내가 낙조대(落照臺)에 올라갔을 때가 오후 3시 30분경이니 날씨는 맑아서 낙조(落照)를 볼 수 있는 날이나 적어도 2시간 이상을 기다려야 되고, 또 낙조를 본 다음에 돌계단을 내려오는 것이 조심스러워서 그렇게 1시간 쯤 낙조대에 설치된 난간을 잡고 이러한 시원한 경치를 둘러보다가 올라온 돌층계를 밟고 대웅전 앞으로 내려온 다음 절 마당을 지나 감로정 앞으로 와서 이제는 경사가 심한 길을 약 100m 쯤 내려왔다. 약 2시간 전 내가 이 사찰에 올 때 택시에서 내린 장소에서 50m 정도 내려간 곳이다. 그곳에서 왼쪽을 보았을 때 비각과 비각 옆의 비각 안내 설명표지판이 보였다. 비각 속에 세워져 있는 비석은 적석사 사적비이고, 그 사적비 안내 설명표지판의 설명문은 다음과 같다.

> 적석사 사적비(積石寺 事蹟碑)/ 유형문화재 제38호/ 소재지: 인천광역시 강화군 내가면 고천리 산74/ 적석사는 전등사 본말사지 등에 백련사 및 청련사와 함께 416(장수왕 4)년 창건되었으며, 처음에는 적련사(赤蓮寺)로 부르다가 적석사(積石寺)로 바뀌었다고 전한다./ 이 사적비는 1714(숙종 40)년 세워진 비석으로 불교의 전래 및 절의 중건상황과 고려시대 몽골침입에 대항하여 강화로 도읍을 옮겼을 때 적석사가 임금의 거처로 사용되었다는 기록을 담고 있다./ 전체 높이: 394cm, 비신(碑身)의 높이: 304cm, 너비: 69cm로 비석의 제목이 高麗山積石寺之碑(고려산적석사지비)라 기록되어 있다.

위 대웅전 앞 적석사 안내 설명표지판의 설명문과 적석사 사적비의 안내 설명표지판의 설명문은 내용이 같은 것이 대부분이나 좀 다른 내용도 있다. 두 설명문에서 같은 내용은 416(장수왕 4)년 적석사가 창건되고, 처음에 적련사로 불리다가 적석사로 이름이 바뀌었다는 내용이다. 다른 내용은 적석사 사적비는 유형문화재 제38호라는 것이고, 이 사적비가 1714(숙종 40)년 세워졌다는 것이다. 그것으로 보면 적련사가 적석사로 이름이 바뀐 것은 언제인지는 확실히 몰라도 1714년 이전인 것은 확실하다는 것이다. 1714년 건립된 이 적석사적비에 적련사가 아닌 적석사로 표시되었기 때문이다. 또 한 가지 이 사적비에 설명된 것으로 새로운 것은 1232년 몽골군 침입으로 고려의 수도가

적석사 김로정과 대웅전 건물(1층이 관음전이고 2층이 대웅전임)

개성(경)에서 강화로 옮겨 왔을 때 이 절이 왕(고종)의 거처로도 사용되었다는 것이다.

나는 적석사에 관한 인터넷 자료를 읽어보고 또 이날 적석사를 돌아보면서 다음과 같은 것을 생각하였다. 훌륭한 설화가 적석사에 살아있게 한 인사들이 누구인지는 모르지만 그들은 모두 이 세상 사람은 아니다. 그러면서 이들은 과학적으로 설명할 수 없는 설화가 앞으로 수천 년 동안 이곳에 살아있게 한 것이다.

적석사

강화도 고려산 기슭 그리 높지도 않은데
올라가는 길은 급한 경사로.

인생길 길지 않아도

험할 수 있음을 알려주는 듯

천축스님의 절 건축설화, 감로정의 국난 예보 설화
거짓이면서 세상에서 있었는 듯

〈2014년 3월 9일 성화동 구룡산 서쪽 기슭에서〉

유아무와 인생지한

나는 고려 중·후반기에 살았던 동국이상국집(東國李相國集)의 저자 백운 이규보(白雲 李奎報, 1168(의종 23)~1241(고종 28))의 묘소가 강화도 길상면에 있다는 것을 기록물에서 발견하고 2012년 11월 8일 찾아갔다.

강화읍시외버스터미널에서 온수리행 시내버스에 올라 기사에게 이규보의 묘소 가까운 곳에서 하차시켜 달라고 부탁을 했다. 시내버스가 강화읍에서 남쪽으로 연결된 국도를 달릴 때 창 밖 가을 산의 붉고 누런 풍경과 벼가 수확되어 텅 빈 논들이 보였다. 이들을 바라보며 올해도 다 갔구나 하고 있는데, 기사가 나를 불렀다. 바라보니 기사는 시내버스를 길가에 세우고 건너편 산 밑을 가리키며 저곳에 이규보 묘소가 있다고 했다.

강화읍시외버스터미널에서 20km는 남쪽으로 내려온 곳이었다. 나는 시내버스에서 내려 왼쪽이 낮은 산이고 오른쪽이 논인 1차선 마을

길 시멘트포장도로를 서쪽으로 500m 정도 걸어 들어갔다. 그곳에서 들판 건너 북쪽 소나무 숲 밑 잔디가 덮인 산기슭에 봉분이 보였다. 이규보 묘소가 틀림없다고 생각했다.

이규보의 호(號)는 백운(白雲) 또는 삼혹호(三酷好)이다. 호를 그렇게 지은 이유가 있다고 한다. 백운이란 마음이 깨끗하고 자유분방하다는 의미이고, 삼혹호는 이규보가 시(詩), 술(酒), 거문고(琴)의 세 가지를 좋아한다는 의미라 한다. 이규보는 1168(의종 23)년 경기도 여주(麗州)에서 태어나고, 어릴 적부터 시를 잘 지었다 한다. 소년시절부터 개경으로 옮겨 살았던 듯하다. 고려 제19대 명종(재위: 1170~1197)과 이규보의 개구리 이야기는 하나의 설화로 전해지고 있다.

> 1191(명종 22)년 명종(明宗, 1131(인종 10)~1202(신종 6), 재위: 1170~1197)이 일반 평복을 입고 저녁 시찰을 나갔다./ 개경 송악산 기슭까지 들어갔는데 해가 저물었다고 한다. 주위를 둘러보니 허름한 초가집이 있어 들어가 하룻밤 머물자고 요청하자 주인 젊은이(이규보)가/ “조금만 더 들어가시면 주막이 있습니다.”/하고 거절하였다. 명종은 그 주막으로 가서 저녁을 먹고, 다시 그 허름한 초가집으로 갔다./ 왜냐하면 나올 때 대문 앞에 붙여놓은 한 줄의 글 유아무와(有我無蛙) 인생지한(人生之恨)을 보았는데 그 의미를 몰랐기 때문이었다./ 그대로 해석하면 ‘나는 있고 개구리가 없으니 그것이 인생의 한이다.’라는 의미이다./ 명종이 주인 젊은이를 만나 그 글의 의미를 물으니 주인은 다음과 같은 이야기를 했다./ “까마귀가 꾀꼬리에게 어느 날 노래시합을 하자고 했답니다. 물론 꾀꼬리는 자신의 목소리가 곱고 노래도 잘 부르므로 찬성했고, 심판은 두루미에게 맡기기로 합의했습니다. 시합 전 날까지 까마귀는 두루미에게 그가 좋아하는 개구리를 잡아다 주었습니다. 그리고 시합 날 꾀꼬리와 까마귀가 두루미 앞에서 노래를 불렀더니 꾀꼬리는 응당 자신이 이겼다고

할 줄 알았는데 두루미는 까마귀가 노래를 더 잘 했다고 했답니다."/ 왕은 그 이야기를 듣고 가면서 "여보게 젊은이 나는 5일 후 궁궐에서 임시로 열리는 과거시험을 볼 것인데 자네도 그 과거에 응시하게"라고 말했답니다./ 5일 후 이규보가 그 과거에 응시하니 과거 시험의 시험제목은 '有我無蛙 人生之恨의 의미를 쓰라'는 것이었다고 한다./ 이규보는 물론 이 과거시험에서 장원을 했다.

우리나라의 인구수가 1,200 년대에는 2백만 명 정도이고, 몽골과 왜구의 침략에 시달리면서 이 이야기로 미루어 알 수 있는 바와 같이 내부에서는 뇌물이 판을 쳤으니 인간의 삶이 얼마나 비참하였겠는가(?) 이규보의 '유아무아 인생지한'이라는 이야기는 관리들이 뇌물을 받아먹는 이야기일 뿐만 아니고 고려사회 전반에 걸쳐 부패했다는 이야기이다. 무신정권 시절이니 오죽했으랴!

1232(고종 19)년 고려의 궁궐이 개성(開城)으로부터 강화로 옮겨옴에 따라 당시 65세인 이규보도 관직생활을 하고 있었으므로 강화로 옮겨왔다. 그 당시는 정년이라는 것이 없었다. 그러나 그는 강화에서 10년도 살지 못하고 1241(고종 28)년 74세를 일기로 타계(他界)하여 이곳 강화도의 길상면 길직리 낮은 산기슭에 묻힌 것이다.

그 묘지는 후손들이 잘 관리하여 보기 좋았다. 주위를 돌아보니 묘소 앞에 문인석 2기, 석양 1쌍, 석등 1기, 망주석 1쌍이 세워져 있고, 제시석과 비석이 있었다. 후손들이 묘소관리를 잘 하는 것은 잘 지어진 제실 2 채가 묘소 옆과 밑에 있는 것으로 미루어 알 수 있었다. 묘지 앞에 안내 설명표지판이 세워져 있었다. 그 내용은 다음과 같다.

이규보묘(李奎報墓)/ 인천광역시 기념물 제15호/ 소재지: 인천광역시 강화군 길상면 길직리 산115/ 이규보(1168~1241)는 1191(명종 22)년 진사

시에 합격한 뒤 당시 실권자인 최충헌에게 기용된 문인으로 벼슬이 문하시랑평장사(門下侍郎平章事)에 이르렀다./ 동명왕편(東明王篇)을 통해 고구려인의 큰 포부와 활동을 읊어 민족의식(民族意識)을 크게 떨쳤다./ 또 몽고군의 침입을 받게 되자 국난을 극복하기 위해 대장경을 조판할 때 대장각판군신기고문(大藏刻版君臣祈告文)을 지었다./ 문집으로 동국이상국집(東國理想國集)이 있다./ 묘역의 석물들은 고려 강도시기의 대표적인 것들이다.

안내 설명표지판에 이규보 묘소의 위치와 기념물 번호, 그리고 그의 문집이 동국이상국집(東國理想國集)이라는 것은 당연히 기록돼야 할 기록물이나 그 이외에 특별히 기록된 사항은 팔만대장경을 조판할 때 대장각판군신기고문(大藏刻版君臣祈告文)을 이규보가 저작했다는 것을 표시한 것이다. 그는 그 기고문을 작성할 정도로 뛰어난 문장가였다는 것이다.

강화도 길상면 길직리 소재 이규보 묘소.

이규보의 문학작품들은 동국이상국집에 대부분 포함되어 있다. 동명왕편(東明王編), 국선생전(麴先生傳), 백운소설(白雲小說), 대장각판군신기고문(大藏刻板君臣祈告文) 등이 포함되었고, 이규보의 저작시 이천여 수가 동국이상국집에 포함되어 있다고 한다. 대장각판군신기고문은 대장경각판 제작에 앞서 1237(고종 24)년 임금과 신하, 백성들의 각오를 다짐하며 쓴 발원문이라 한다. 이때 이규보의 직위가 문하시랑평장사(門下侍郎平章事)였으므로 이 글을 저작했다는 것이다. 이규보의 한시 한 수를 기록하여 본다.

> 折花行(절화행, 꽃을 꺾어 가지고 감)/ 牡丹含露眞珠顆(목단함로진주과, 진주 이슬 머금은 모란꽃을)/ 美人折得窓前過(미인절득창전과, 신부가 꺾어들고 창밖을 지나다가)/ 含笑問檀郎(함소문단랑, 빙긋이 웃으며 신랑에게 묻기를)/ 花强妾貌强(화강첩모강, 꽃이 예쁜가요? 제가 예쁜가요?)/ 檀郎故相戲(단랑고상희, 신랑이 짐짓 장난을 치느라)/ 强道花枝好(강도화지호, 꽃이 당신보다 더 어여쁘구려)/ 美人妬花勝(미인투화승, 신부는 꽃이 더 예쁘다는 말에 토라져)/ 踏破花枝道(답파화지도, 꽃가지를 밟아 뭉개고 말하기를)/ 花若勝於妾(화약승어첩, 꽃이 저보다 어여쁘거든)/ 今宵花同宿(금소화동숙, 오늘밤은 꽃하고 주무세요.)

묘소는 길직리 뒷산 해발 50~100m의 낮은 산허리에 조성되어 있다. 남향이고, 묘소 앞의 들판은 동쪽으로 김포–강화 사이의 해협까지 연결된다. 이 들판 주위는 낮은 산들이 둘러싸고 있다. 또 묘소 뒷산에는 아름드리 소나무들이 커다란 숲을 이루어 음산하기까지 하다. 인생은 약 770년 전 74년 살다 가신 문인이 호로 사용한 흰 구름(白雲)이 아닐런지(?)

〈청주시 흥덕구 구룡산 밑에서 2012년 11월 16일〉

강화
양도면 곤릉

백운 이규보 묘소를 돌아보고 나는 그곳에서 약 4km 서쪽 덕장산(德庄山, 320m) 기슭에 위치한 곤릉(坤陵)을 도보로 찾아갔다. 곤릉은 고려 제22대 강종(康宗, 1152(의종 7)~1213, 재위: 1211~1213)의 왕비이고, 23대 고종(高宗, 1192~1259, 재위: 1213~1259)의 어머니 원덕왕후(元德王后, 柳氏, ?~1239(고종 19))의 능(陵)이다.

서쪽으로 가는 길은 경사도가 심하지 않은 작은 고갯길이다. 내가 놀란 것은 그 고갯길을 다 올라간 곳의 오른편에 저수지가 있음을 본 것이다. 그 연못이 동쪽으로 펼쳐진 논들 위쪽에 있으니 농사철에는 이들 논에 물을 공급하였을 것이다. 연못에 연꽃이 심어져 있었는데 늦가을이어서 연잎은 누렇게 말라 있었다.

이 고개를 넘어간 곳의 마을에는 농가가 많지는 않으나 편안하여 보였다. 무엇보다 마을 중심부에 수령 약 500년의 느티나무 고목 두 그루가 나에게 향수를 일으키게 했다. 찾아가도 반겨줄 사람 없는 나의 고향 마을에도 약 500년 수령의 느티나무 두 그루가 고향 마을 입구에 서 있기 때문이다. 초로 같고 물거품 같은 인생이다. 어릴 때 이 두 느티나무 고목 밑에서 함께 놀던 친구들은 이생을 마치고 하늘나라로 올라가기도 했고, 이제 시골노인이 된 사람도 있다.

두 그루 느티나무를 지나 서쪽으로 시멘트 포장도로를 약 300m 걸어간 곳이 고려왕릉로와 만나는 삼거리이다. 이 삼거리에서 고려왕릉로를 서쪽으로 걸어갔다. 1km 정도 걸어간 곳에 곤릉 표지판이 있고 또 하나의 삼거리이다. 그곳에서 북쪽 마을길로 약 500m 들어간 곳이 덕장산 기슭의 마을이다. 고려 제23대 고종(高宗)의 어머니 원덕왕후의 능에 가까이 간 것이다.

그 당시로서는 노인인 강종(康宗, 1152~1213, 재위: 1211~1213)은 즉위한 다음 2년도 안되어 타계하였으니 개경(開京)에 묻혔겠으나 1232(고종 19)년 고려의 궁궐이 강화로 옮겨졌으니 고종의 어머니 원덕왕후는 아들 고종을 따라 강화로 와서 대비로서 1239(고종 26)년까지 생존타가 타계하였다. 그래서 강화도의 한 산골짜기에 묻힌 것이다. 석물도 없고 곡장(曲墻)도 없는데, 최근 봉분 앞에 석축을 쌓는 등 인천광역시에서 주위 정비를 하여 '능'이 초라하나마 깨끗하게 정화되었다. 비석 한 기가 봉분 앞에 세워져 있었다. 회색 화강암 비석에 새겨진 한자는 「高麗元德太后陵(고려원덕태후릉)」이라는 글씨였다. 글씨가 마멸되어 겨우 읽을 수 있었다.

석축 옆에 화남 고재형(華南 高在亨, 1846(헌종 13)~1916) 시인이 1906년 저작한 한시 곤릉(坤陵)이 갈색 플라스틱판에 흰색 페인트 글씨로 양각되어 있는 것이 특히 보기 좋았다.

坤陵(곤릉)/ 德庄南麓白雲深(덕장남록백운심, 덕장산 남쪽 기슭 흰구를 덮였는데)/ 指是坤陵屹到今(지시곤릉흘도금, 이 곤릉이 지금 껏 우뚝 서 있네)/ 短草萋萋松未老(단초처처송미노, 풀은 우거지고 소나무는 늙지 않아)/ 猶含舊國可憐心(유함구국가련심, 고려 왕조 가련한 마음 아직도 머금고 있구나)

원덕태후(元德太后) 류씨(柳氏)는 고려 제22대 강종의 두 번째 왕후라 한다. 첫째 왕후는 사평왕후(무신 이의방의 딸)인데 1212년 타계하였고, 사평왕후에게는 아들이 없고 딸만 1명(수녕궁주) 있었다. 그래서 원덕왕후의 아들 고종(高宗, 1192~1259, 재위: 1213~1259)이 임금으로 즉위한 것이다. 고종의 출생년도가 1192년인 것으로 보아 후궁으로 들어와 있다가 왕후가 타계하자 1212년 왕후로 책봉되고, 1213년 강종이 타계하고, 고종이 즉위하면서 대비(원덕태후)가 되어 살다가 1239년 강화 왕궁에서 타계한 것이다. 고재형의 한시가 기록된 갈색 판넬 옆에 곤릉의 안내 설명표지판이 세워져 있었다. 설명문은 다음과 같았다.

곤릉(坤陵)/ 사적 제371호/ 소재지: 인천광역시 강화군 양도면 길정리/ 이곳은 고려 제22대 강종(재위: 1211~1213)의 왕비 원덕태후 류씨(元德太后 柳氏)의 능이다./ 원덕태후가 언제 사망하였는지는 알려지지 않고 있으며, 이 능의 봉분과 석축곡장은 붕괴되고 각종 석조물이 없어진 채 폐허된 것을 1974년 정화하였다.

이 표지판의 설명문에서 '원덕태후가 언제 사망하였는지는 알려지지 않고 있으며' 라고 기록되어 있는데 이것은 각종 자료에 1239년 사망하였다고 기록된 것이 틀렸다는 것인지 알 수 없는 것이다. 아마 출생년도를 모른다는 말을 잘 못 기록한 것일 것이다.

이제 내가 곤릉에서 산기슭 작은 마을로 내려오니 한 집 앞에서 아주머니 한 분이 수돗물이 흘러나와 채워지는 큰 플라스틱 함지박그릇에 방금 뽑아 온 '무'를 잎이 있는 그대로 넣고 깨끗이 씻고 있었다. 그 아주머니에게

"아주머니 안녕하세요? 말씀 좀 여쭈어 봐도 괜찮습니까?"

하고 말하니 그 아주머니

"그러시구려."

하고 미소 지으며 상냥하게 대답했다.

"이 옆에 축대 쌓고 지은 집 너무 예쁘게 지었네요. 주인이 뭐 하는 사람들인가요?"

하고 물으니 그 아주머니 다음과 같이 대답했다.

"잘은 모르나 서울에서 사업을 하는 사람들이라고 해요. 매일 서울로 출퇴근해요."

이러한 이야기를 나누고 있는데 영감 한분이 외바퀴 구루마에 무우와 배추를 싣고 와서 아주머니 옆에 내려놓고 나와 아주머니가 이야기하는 것을 듣는다. 이 아주머니의 남편이 틀림없다고 생각하고 인사를 하고 석릉(碩陵)으로 가는 가장 가까운 길을 물었다.

"아저씨 안녕하세요. 석릉에 갈려고 하는데 가깝게 갈 수 있는 길을 아시는지요?"

그러니까 그 아저씨 대답한다.

"내가 잘 알고 있어요. 저기 산 능선이 내려오다가 잘록 낮아진 곳이 보이지요. 그 방향에 왕릉이 있어요. 바로 이 밑의 길로 올라가시면 개울을 건너는 다리(교량)가 나오는데 그 다리를 건너자마자 왼쪽으로 개울을 따라 내려가다가 새로 짓는 집들 있는 곳으로 가서 집들 사이로 하여 산으로 올라가는 길이 있어요. 등산로가 낙엽이 쌓여 있으니 잘 찾아 가셔야 됩니다."

하고 자상하게 설명하여 주었다. 이제 이들 부부에게 작별 인사를 하고 가면 되는데 나는 이 아저씨와 이야기를 더 나누고 싶어 그 아저씨에게 내가

"아저씨 얼굴에 주름도 없으시고 참 건강해 보이시는데 연세가 얼마나 되셨어요?"

하고 물었더니 그 아저씨 미소를 띠우시더니

"일흔 일곱이요. 건강하긴 무어 건강해요? 온 몸이 상처투성이예요."

하신다. 턱 밑의 가슴뼈 제일 윗부분을 만져보라고 하면서

"이 부분이 우선 일반 사람들과 다를 것이요. 내가 10년 전 쯤에 심장 판막증이 와서 인공심장을 넣은 사람이요. 20년 전에는 위암이 생겨 위 수술도 했어요."

라는 말을 하는 것이다. 나는 인공심장이 있다는 소리는 들었어도 사람의 심장을 떼어내고 인공심장을 넣은 사람은 처음 만나는 것이었다. 현대의학이 이렇게 발달하여 있는 것이다. 그러니 인간 수명 100세 시대가 찾아온 것이다. 이때 아주머니의 날카로운 질책이 조용한 산마을을 흔들었다.

"여보! 수술한 게 뭐 자랑이라고 수술한 얘기를 해요?"

그 말을 듣고 내가 그 아주머니에게 웃으면서 말했다.

"아주머니! 아저씨 탓하실 것 없어요! 남을 헐뜯는 말은 사회의 악이니 하면 안 되지만 몸이 아팠던 이야기는 해야 된다고 합니다. 자랑은 아니지만 참고가 되라는 의미에서 하는 것이 좋다는 것이고요. 살다보면 그런 병이 생기기도 하는 것이 인생이라는 것이지요."

내가 그렇게 말 했더니 그 아주머니 더 이상의 말은 하지 않았다. 그 아저씨가 자신의 건강 이야기를 조금 더 하였다.

"나는 한 달에 한 번씩 서울대 병원에 가서 검진을 받고 약을 가져와

매 식사 후 먹지요. 피가 엉키지 말라고 피를 묽게 하는 강한 약을 먹는 것입니다. 사는 게 사는 것인지 모르고 살고 있어요."

이런 이야기를 하더니 외바퀴 수레를 밀고 앞에 보이는 채소밭으로 가는 것이다. "건강하시고 안녕히 계세요" 하고 그 아주머니에게 작별 인사를 하니

"잘 가세요. 다음에 부인하고 같이 놀러 오세요."

하고 인사를 받으신다.

곤릉

외로운 강화의 산골짜기
섬이니 맹수는 없을 터
이곳은 강화섬의 가운데
살아온 인생도 처량하니
석수도 망주석도 곡장도 필요 없소

〈2012년 11월 20일 청주 구룡산 밑에서〉

강화도 덕장산 기슭에 위치한 곤릉(강종비이고, 고종의 어머니 무덤).

무인 집권자를 제거하려다 유배된 희종

인공심장(人工心臟)을 가지고 십 년을 살고 있는 할아버지는 곤릉 아랫마을 그의 집에서 석릉(碩陵)으로 가려면 산길로 직접 가는 것이 쉽게 갈 수 있다고 말했다.

큰길로 나가서 석릉으로 가는 것은 길을 찾기 좋으나 지도로 볼 때 세 배는 먼 길이었다. 나는 그 영감의 말 대로 산길로 가기로 하고 그 집 바로 아래 마을버스 다니는 길로 나가서 200m 쯤 올라가고, 작은 교량(橋梁)을 건너고, 개울둑을 따라 내려갔다. 그리고 새로 짓는 집 옆길로 올라갔다. 그 다음 진강산'(鎭江山) 정상에서 능선을 따라 내려오다가 잘록한 부분에 해당되는 곳의 바로 밑이 왕릉이 있다고 했으니 그 방향으로 걸어올라 가는 수밖에 없었다. 그런데 이 길은 관광객이 거의 다니지 않고 늦가을이므로 낙엽이 쌓여 등산로를 분간하기 어려우므로 길을 잃고 말았다. 그러나 다행히 약 30분 올라간 곳에서 시멘트 포장도로를 만나고 그 포장도로를 걸어 올라가면서 강화나들길 표식 리본이 나무에 매달려 있는 것을 발견하였다. 여기에서부터 석릉까지 올라가는 길은 강화나들길을 따라 걸으면 되므로 편안 했다.

석릉은 소나무, 참나무, 단풍나무, 오리나무, 노간주나무 등이 우거진 아늑한 진강산 남쪽 산골짜기에 위치하여 있다. 봉분 앞의 광장은 납작한 돌들로 세 개의 낮은 축대를 쌓았고, 각각의 축대를 올라갈 수 있게 계단도 만들어 놓았다.

맨 밑의 돌축대 옆에 대한제국 말 화남 고재형(華南 高在亨, 1846(헌종 13)~1916)) 시인의 碩陵(석릉)이라는 제목의 한시(漢詩)가 플라스틱 판에 양각되어 있다.

碩陵知在鎮江巒	(석릉지재진강만, 석릉이 진강산에 자리하고 있음을 아노니)
獨閉空林月影寒	(독폐공림월영한, 빈숲에 홀로 문 닫고 있자니 달그림자 차갑구나)
猗我聖朝封築謹	(의아성조봉축근, 아, 우리나라 조정에서 봉분을 수축하고)
年年奉審地方官	(년년봉심지방관, 해마다 지방관리가 받들어 살핀다네)

석릉은 곡장(曲墻)이 1m 높이의 'ㄷ'자 형 돌담으로 쌓아진 특이한 왕릉이었다. 봉분 앞에는 제시석, 망주석, 석양 등은 없고, 겨우 글씨를 읽을 정도로 高麗熙宗碩陵(고려희종석릉)이라 새겨진 황회색 비석 1기와 문인석 한 쌍(그 중 한 기는 몸이 갈라짐)만이 왕릉을 지키고 있었다. 외로운 산골에 왕릉이 너무 초라해 보였다. 조선시대 500년 동안 보살피지 않았을 것이니 그럴 수밖에 없을 것이다.

이제 1211년 최충헌(崔忠獻, 1149(의종 3)~1219(고종 6))이라는 무인의 횡포를 징계하려다가 오히려 왕위에서 물러나게 되고, 유배되어 죄인으로 살다가 57년을 일기로 이생을 끝마친 한 인간의 몸이 묻힌 공간이 이 왕릉인 것이다. 알루미늄판으로 깨끗이 만들어 석릉 곡장 동편 앞에 세워 놓은 안내 설명표지판의 설명문은 다음과 같았다.

> 석릉(碩陵)/ 사적 제369호/ 소재지: 인천광역시 강화군 양도면 길정리 산182/ 고려 제21대 왕 희종(熙宗, 1181~1237, 재위: 1204~1211)의 무덤이다./ 희종은 1204년 고려 제21대 왕으로 즉위한 후 최충헌의 횡포가 심해지자 1211년 그를 제거하려다 실패하고, 폐위되어 교동도(喬桐島)로 유배되었다./ 1237(고종 24)년 8월 용유도에서 세상을 떠나 이곳에 안장되었다./ 능은 지름 8m의 원형 봉분과 주위에 'ㄷ'자 형 1m 높이 돌담곡장으로 낮게 둘러싸여 있으며, 묘비 한 개와 문인석 2기가 있다./ 2002년 발굴조사 결과 청자상감국화문 잔탁 등 12~13세기 상감청자 전성기에 만들어진 유물이 출토되었다.

안내 설명표지판의 설명문에는 그가 용유도에서 사망했다고 기록하여 놓았는데, 대부분의 역사서에는 교동도 법천정사(法天精舍)에서 생을 마쳤다고 했으니 어느 것이 옳은지 모를 일이다. 그러나 그것이 역사적으로 그렇게 중요한 사실은 아닐 것이다. 그런데, 무인 집권시대 절대 권력자인 최충헌의 횡포가 심한 것도 사실이었던 모양으로 그를 죽이려 시도했다는 것이 나의 마음을 흡족하게 했다. 10년 전 이 왕릉의 발굴조사에서 12, 13세기 제작된 그릇이 출토되었다는 것도 흥미로운 일이다.

고려 제21대 임금 희종(熙宗, 1181(명종 12)~1237(고종 24), 재위: 1204~1211)은 고려 제20대 신종(神宗, 1144(인종 23)~1204, 재위: 1197~1204)과 선정태후 김씨 사이에서 장남으로 태어났다. 24세 때인 1204년 제21대 임금으로 즉위하고, 31세 때인 1211년 내관 왕준명(王濬明)과 합세하여 횡포가 심한 무인 집권자 최충헌(崔忠獻, 1149(의종 3)~1219(고종 6))을 제거하려다 실패하고 1219년까지 8년 간 교동도에 위리안치(圍離安置)되었다고 한다. 그러다가 1219년 개성으로 돌아와 1227년까지 평민으로 살기도 했다. 희종의 셋째 딸 덕창궁주가 최충헌의 아들 최성(崔城, 최우의 동생)과 결혼하여 최충헌과 사돈이 되었기 때문이라고 한다. 그러나 1227년 최충헌의 큰아들 최우(崔瑀, ?~1249)는 희종의 복위운동이 일어났다는 음모론(陰謀論)을 내세워 희종을 1237년까지 11년 간 교동도(喬桐島)에 다시 위리안치 시켰다. 1232(고종 19)년 몽고군 침략을 방어하려고 무인집권자 최우의 주선으로 고려의 왕궁을 개경으로부터 강화읍'으로 옮겨 갔으니 1237(고종 24)년까지 희종의 말년은 강화에서 가까운 교동도의 읍내리에서 지내며 어떻게 생활했는지 알 수 없는 것이다. 그가 타계한 1237년은 그의 나이 57세 되는 해였다.

희종은 24세에 왕위에 올랐으나 허수아비 임금이었다. 허수아비 임금으로 1204년부터 1211년까지 약 7년 살았고, 31세에 교동도에 유배되

고려 제21대 희종의 무덤 석릉(碩陵).

어 39세까지 약 8년 살았다. 그리고 39세에 유배지에서 죄가 풀리어 개성 집으로 귀가하였다. 개성에서 평민으로 47세까지 약 8년, 그리고 47세로부터 유배인으로 57세까지 11년 살았던 사람이 희종이다.

역사가들은 희종과 환관 왕준명이 모의하여 최충헌을 죽이려고 한 것은 무리였다고 평한다. 최충헌은 1196년 집권하여 1211년에는 자신의 경호부대 도방이 자리 잡고 있을 때였기 때문이다. 최충헌을 암살하기는 어려웠다. 그러나 최충헌의 못된 횡포로 수많은 수모를 당하고 임금으로 앉아있는 것보다는 임금을 그만두는 것이 낫다고 하는 사람도 있으니 생각하기 나름일 것이다. 죽으면 모두 허망스러운 일들이다.

고려 희종

무신정권 초기 집권자를
하늘로 보내려다 피만 흘렸는데
유배되었다가
무인 집권자의 사돈이 되는 일로
평민으로 되었다가
다음 집권자에 의해 다시 유배된
사람 희종(熙宗)
강화도 진강산 남쪽 산골짜기에
망주석도 없이
묻히고 팔백 년

〈2012년 11월 24일 구룡산 밑 성화동에서〉

[참고] 고려 제21대 희종과 환관 왕준명 일당의 최충헌 암살기도: 1211년 어느 겨울날 희종(熙宗)은 무신정권 집권자 최충헌(崔忠獻)의 횡포를 제거하기 위

하여 왕준명(王濬明) 등과 모의 했다./ 1211년 12월 경자(庚子)일 희종이 최충헌에게 식사를 같이하자고 불렀다./ 최충헌은 몇 명의 수행원을 동반하고 희종이 있는 내전 출입문을 들어서자 승려들과 무사들이 갑자기 나타나 이들에게 칼을 휘두르고 철퇴를 내려쳤다./ 내전 복도는 피투성이 시체들로 난장판이 되었다./ 최충헌이 "전하"를 부르며 "살려주십시오" 하고 애원했지만 왕은 내실의 문을 잠그고 열어주지 않았다./ 무사들에게 살육되기를 바란 것이다./ 최충헌은 지주사 다락이 열려있어 그곳에 숨었다./ 승려들과 무사들이 3회나 다락 옆으로 지나가면서도 발견하지 못했다고 한다./ 그리고 잠시 후에는 최충헌의 가신 김약진(金躍珍)과 큰아들 최우(崔瑀)의 장인 정숙첨(鄭叔瞻)이 도방의 군사들을 이끌고 들어와 최충헌을 구출하였다고 한다.

강화도 홍릉에서
고려궁지까지 걸으며

깊어 가는 가을날인 2012년 11월 2일, 753년 전에 조성된 고려 제23대 고종(高宗, 1192~1259, 재위: 1213~1259)의 능인 홍릉(洪陵)으로부터 39년(1232~1270) 동안 고려의 왕이 거주했다는 강화읍 고려궁지까지 걸었다. 고종이 타계했을 때 그 운구행렬이 지나왔을 길을 걷는다는 의미도 있을 것 같았다.

많은 사람들이 고종은 무신정치(武臣政治) 시대의 왕이어서 왕으로서의 권위를 지키지 못했다고 말하지만 그 시절 왕으로 있었던 것만은 확실하고, 칼자루를 쥔 무인들로부터 오는 수모를 견딜 수 있었던 것만으로도 괜찮다고 하는 역사가도 있는 것이다.

강화읍시외버스터미널에서 택시를 타니 마침 택시기사는 강화에서 60년 동안 살았다는 사람이어서 나를 강화읍에서 외포리로 연결되는 고갯길의 중간쯤의 삼거리에서 오른쪽으로 약 300m 들어간 곳에 위치한 강화읍 학생수련원 주차장에 나를 내려 주었다.

철봉과 루우프, 봉들이 설치되어 있는 체력단련장을 통과하여 산기슭으로 오르는데 길옆에 '홍릉은 이곳에서 500m'라고 기록한 표지판이 보였다. 비탈길을 500m나 올라간 곳에 홍릉이 있다는 것이다. 오르는 길은 경사가 좀 심한 편인데 길 왼편으로 흐르는 개울물소리와 거기에 섞여 들리는 새소리가 듣기 좋았다. 길 양편으로 참나무, 소나무, 오리나무, 밤나무 등이 높게 자라고 있으니 이름 모를 산새들이 그 나무 위 어느 나뭇가지에 앉아 지저귀는 것이다.

홍릉이 보이고 붉은 갈색 판에 글씨가 양각되어 있어 무슨 내용인가 읽어보니 한시(漢詩) 한 수와 번역문이다. 1906년 화남 고재형(華南 高在亨, 1846~1916) 시인의 작품이다.

洪陵(홍릉)

麗朝如夢鳥空啼 (려조여몽조공제, 고려시대 꿈같은데 산새 부질없이 울고 있네)
春雨洪陵草色齋 (춘우홍릉초색재, 봄비 젖은 홍릉은 풀빛이 가지런하네)
北望雲中松岳樹 (북망운중송악수, 북쪽 구름 속 송악의 숲이 있고)
猶自靑靑漢水西 (요자청청한수서, 절로 푸른 한강물은 서쪽으로 흘러가네)

우리나라가 1910년 일본에 강제로 병합되기 4년 전 이곳에 올라와서 홍릉에 대한 한시를 지은 것이다. 고재형 시인은 강화에서 태어나고 타계한 사람으로 강화의 이곳저곳 사적지에 관한 한시를 남긴 대한제국 말 한학자이다. 나는 2012년 깊어가는 가을 날 홍릉에 왔는데 고재형 시인은 100여 년 전에 '봄비 젖은 홍릉'이라 했으니 1906년 봄 어느 날 이곳에 발길을 했던 모양이다. 홍릉의 위치를 말하여 주는 시조 같다. 송악(개성)은 북쪽 구름 속에 있다 했고, 한강물은 서쪽으로 흐른다고 했다.

인구도 적고 무기도 보잘 것 없으므로 청나라 놈들과 왜놈들에게 갖은 수모를 다 겪은 우리들의 조상이 아닌가? 고재형 시인의 홍릉에 대한 한시는 고려가 망한 다음 만월대(滿月臺)에 와서 회고가(懷古歌)를 작시한 운곡 원천석(耘谷 元天錫, 1330(충숙왕 17)~?)의 심정과 조금은 같은 느낌으로 작시한 것 같다는 생각이 들었다.

홍릉은 가파른 고려산 동쪽 기슭에 조성되어 봉분은 축대 위에 있다. 봉분 앞 제시석(祭示石)이 있는 곳에서 봉분이 올려다 보였다. 홍릉입구에는 커다란 안내 설명표지판이 세워져 있어 읽었다.

> 고려고종홍릉(高麗高宗洪陵)/ 사적 제224호/ 소재지: 인천광역시 강화군 강화읍 국화리/ 이곳은 고려 제23대 고종(1192~1259, 재위: 1213~1259)의 능이다./ 고종의 아버지는 제22대 강종(康宗, 1152~1213, 재위: 1211~1213)이고, 어머니는 원덕태후(元德太后, ?~1239)이다./ 한편 비는 제21대 희종(熙宗, 1181~1237, 재위: 1204~1211, 당숙)의 큰 딸 안혜태후(安惠太后, 6촌)이다./ 고종이 즉위할 때는 최충헌(崔忠憲) 무신집권시대였는데 1219(고종 7)년 최충헌이 죽자 그의 아들 최우(崔瑀, 최이라고도 함)가 뒤를 이어/ —〈중략〉—/ 1258(고종 45)년 김준(金俊) 등이 최의(崔竩)를 죽이자 왕권이 일부 복권된다./ 1216(고종 4)년 거란족의 침입을 김취려(金就礪, ?~1234(고종 21)) 등이 격파했고, 1231(고종 18)년 몽고족이 침범한 다음 1232년 도읍지를 개성으로부터 강화로 옮겼다. —〈이하생략〉—

고종의 가계 이야기와 재위 시 일어난 전쟁 이야기 등 파란만장한 일생을 요약한 설명문이었다. '중략' 부분에서는 무신정권 이야기이고, '이하생략' 부분에서는 대구 부인사(符仁寺)에 보관 중이던 대장경판이

고려산 동쪽 기슭에 위치한 홍릉.

몽고병들의 방화로 불타 버리자 1236(고종 23)년으로부터 1251(고종 38)년까지 15년 동안 불탄 8만 대장경판을 조판하여 현재 합천(陜川) 해인사(海印寺)에 보관되어 세계문화유산으로 등재되었다는 이야기가 기록되어 있다. 고종은 1259년 67세로 강화도 고려왕궁에서 타계하여 홍릉에 장례 지냈다는 이야기로 설명문이 끝난다.

이제 나는 고종이 27년 간 머물렀던 고려왕궁을 향하여 발길을 옮겼다. 약 6km라 한다. 홍릉 옆의 계곡을 흐르는 개울 옆으로 닦여진 길을 따라 내려와 학생수련장을 지나 듬성듬성 민가가 자리 잡고 있는 국화리 앞을 지났다.

국화리저수지까지는 인가도 많지 않아 사람들을 만날 수도 없었다. 내가 내가면에서 강화읍으로 연결되는 도로에 나와 강화읍으로 갈 때에는 달리는 차량들이 많고, 도로는 좁은 편이어서 차량들의 속도가 규정 속도 이상으로 달리니 나는 몇 번인가 도로 밖으로 피하였다.

이제 국화리의 꽤나 넓은 저수지인 국화리저수지 부근에 오니 작은 상점이 있어 캔 커피 하나를 구입하여 마셨는데, 상점의 주인이 87세 할머니여서 가족관계를 물으면서 한참동안이나 이야기를 나누었다. 할머니가 혼자 외딴곳에서 사시니 외로워서 이야기 하는 것을 즐거워 하셨다. 무엇보다 이야기를 듣고 말하는 것이 가능하니 다행이었다. 그러면서 남편의 이야기가 나올 때는 "먼저 몇 년 전에 먼 곳으로 갔어요." 하면서 눈물을 흘리셨다. 할머니의 이 모습이 나그네의 가슴을 할퀴었다.

국화리저수지 부근에는 낚시꾼들이 머물 수 있도록 팬션들이 많았다. 저수지 옆길을 지나니 민가의 집들이 증가하더니 강화읍 시가지에 도착하였다. 첫 번에 눈길을 끄는 것이 남북으로 견실하게 쌓은 강화읍성과 '강화대로'가 교차되는 곳에 건축된 성문이었다. 강화읍성의 서문 진송루(鎭松樓)는 내가 본 어느 성문과도 비교될 수 있을 만큼 견고한 성문(城門)이었다. 이제 이 진송루 옆으로 조성된 강화대로를 따라 500m쯤 걸어 강화읍내로 들어간 곳에서 고려궁지는 왼쪽 길로 다시 500m 올라간 곳이라는 표지판이 있었다.

서서히 그 표지판이 지시한 대로 걸어갔다. 그리고 고려왕궁터가 북쪽으로 올려다 보이는 길의 옆에 작은 비각이 보였다. 이 비각 속에는 오석 재질의 비석(높이 2m, 폭 60cm, 두께 20cm) 두 기가 들어 있었다. 비각 앞에 비석들의 안내 설명표지판이 있었다. 그 중 하나가 1637년 병자호란(丙子胡亂) 때 강화성 남문루에서 몽고군이 강화해협을 건너 밀려오자 자폭·순절한 애국지사 김상용(金尙容, 1561(명종16)~1637(인조 15))의 추모비였다. 이 순절비에서 길을 건넌 곳에 강화초등학교가 있고, 곧 바로 북쪽으로 50m 올라간 곳이 고려왕궁터 정문이었다.

고려왕궁터의 정문의 이름을 승평문(昇平門)이라 했다. 고려궁터 안내 설명표지판이 승평문 앞 층계 옆에 고려궁의 안내약도와 함께 세워져 있었다.

> 강화고려궁터(江華高麗宮址)/ 사적 제133호/ 소재지: 인천광역시 강화읍 관청리 743-1/ 이곳은 고려시대 궁궐이 있던 곳이다./ 몽골의 침략에 대항하여 1,232(고종 19)년 수도를 개성으로부터 강화읍으로 옮긴 후 궁궐을 이곳에 건립하고 39년간 사용하였으나 1270(원종 12)년 고려정부가 몽골과 형제관계로 화친하기로 하여 개성으로 환도할 때 몽골의 요구로 궁궐과 성곽을 모두 파괴하였다./ 그 후 조선시대에는 이곳에 왕이 행차할 때 머무르는 행궁을 건립하였으나 이 또한 1866년 병인양요(丙寅洋擾) 때 소실되었다. -〈이하생략〉-

현재 이곳에는 2003년 복원한 조선시대의 유수부, 이방청, 외규장각과 고려시대로부터 이곳에 남아있던 강화동종이 있다. 그러나 이 터에는 고려 제23대 임금 고종이 1232년부터 1259년까지 27년 간 사용한 궁궐이 있었던 자리인데, 그 다음 1259년부터 1270년까지 11년 간 제24대 원종(元宗, 1219~1274, 재위: 1259~1274)이 임금으로 살다가 몽골과 형제국가(兄弟國家)로 화친을 맺은 다음 몽골의 요구로 1270년 개경으로 도읍지를 옮기면서 고려왕궁이었을 때 사용하던 건물과 성곽, 산성 등은 파괴하였으며, 조선시대 강화유수부를 건립하고 사용하였으니 고려왕궁의 흔적은 없다고 한다. 안타까운 일이다. 아마도 동종, 돌층계, 그리고 정원의 돌은 그 시절에 있었던 대로 있을 것이다.

몽골이 7차에 걸쳐 침입해 왔다고 하니 생각만 해도 끔찍스럽다. 무인(최충헌, 최우 등)들이 칼을 휘두르는 세상에 이 고려왕궁터에 고종이 머물렀다는 것도 기억할 일이다.

나는 승평문(昇平門) 앞 이십 계단 정도의 층계를 올라가 고려왕궁 터 안으로 들어갔다. 궁궐터로는 넓지 않은 일만 평 정도의 강화 송악산(해발 약 150m)기슭에 축대를 세 단으로 쌓고 몇 개의 건물이 세워져 있고, 나무들이 자라고 있었다. 주위는 높이 2m 정도의 성곽으로 둘러싸여 있다. 옛 고려왕궁이 이렇게 좁은 곳은 아니었고, 이 궁궐터는 옛 궁궐터의 일부라 한다.

제일 위 축대 위에 건축된 건물이 외규장각(外奎章閣) 건물이다. 약 50평 대지에 단층 한옥이고, 의궤 박물관 역할을 한다. 외규장각 건물에는 의궤를 비롯한 고귀한 서적과 은괴 등이 있었는데 1866년 병인양요(丙寅洋擾) 때 프랑스 함대들을 타고 온 프랑스 군인들이 우수한 무기와 화력으로 강화를 점령하고, 이 궁궐터로 들어와 은괴 19상자와 의궤 등 서적 4,700여 권을 약탈하여 갔다고 하는 것이다. 그 서적들이 2011년에야 돌아왔다. 힘이 약한 나라의 슬픔을 우리는 잊지 말아야 할 것이다.

외규장각이 있는 터에서 열다섯 계단을 밟고 내려온 곳에 강화 동종과 종각 건물, 그 옆에 400년 수령의 몸통 둘레 6m라는 회나무 한 그루, 그리고 조선시대 강화유수부 동헌(江華留守府 東軒) 건물이 있다. 400년 수령의 회나무라 하면 회나무가 심어질 때가 선조(재위: 1567~1608) 또는 광해군(재위: 1608~1623) 때라는 것이다. 그러므로 고려 고종(재위: 1213~1259) 시절에는 이 회나무가 심어지지도 않았다. 그러한 점에서 고려왕궁의 흔적을 혹시 볼 수 있을까 하고 찾아온 늙은 나그네에게는 아쉬움만 남는 것이다.

1631(인조 9)년 건립된 강화유수부 동헌은 1637(인조 16)년 병자호란 때 화재로 소실되어 1638(인조 17)년 강화유수 김식국이 중수하고, 그 후에 수 차 개수하였다고 한다. 지금 동헌 중앙 강화유수부 강화유수

집무실에는 강화유수와 이방(吏房)들이 아침 조례를 하고 있는 모습이 밀랍인형으로 만들어져 있다. 또한 1654(효종 5)년 건립된 강화유수부 이방청(江華留守府 吏房廳)은 가장 낮은 축대 위, 즉 승평문 서편에 'ㄷ' 자 형태로 건설된 건물이다. 정세규(鄭世規, 1583(선조 16)~1661(현종 2))가 강화유수로 근무하던 시절 건립된 건물로서 강화군의 행정업무를 전담하였던 부서들이 있었다고 한다.

이렇게 하여 강화에서의 늦가을의 한 오후가 까마득히 먼 고려의 무인정권 속에 흘러갔듯이 늦가을 짧은 해도 고려산 너머로 넘어갔다. 나는 인생의 허무를 조금이나마 풀어보려고 약 40년 고려의 수도였던 강화읍에 와서 하루를 보낸 것이다.

〈2012년 11월 10일 청주시 성화동에서〉

정수사 앞바다 각시바위 설화

함허대사(涵虛大師, 1376(우왕 3)~1433(세종 15))는 1376년 충북 충주(옛 이름 중원)에서 출생하였다. 세속에서의 이름은 유수이(劉守伊)였다. 21세 때인 1396년 가까운 친구의 죽음을 보고 세상의 삶이 무상(無常)하다 생각하고 관악산(冠岳山) 의상암(義湘庵)으로 무학대사(無學大師, 1327~1405)를 찾아가 출가하였다고 한다. 함허대사가 저술하였다는 한시 山中味(산중미)는 다음과 같다.

山中味(산중미, 산중에 사는 맛)/ 山深谷密無人到(산심곡밀무인도, 산 깊고 골도 깊어 찾아오는 사람 없고)/ 盡日寥寥絕不緣(진일요요절불연, 왼 종일 고요하여 세상인연 끊어졌네)/ 晝則閑看雲出峀(주즉한간운출수, 낮이 되면 무심히 산굴에 핀 구름보고)/ 夜來空見月當天(야래공견월당천, 밤이 오면 부질없이 중천에 뜬 달을 보네)/ 爐間馥郁茶烟氣(로간복욱다연기, 화로에는 피어오른 차 달이는 연기요)/ 堂上氤氳玉篆烟(당상인온옥전연, 당상에는 향기로운 옥전 같은 연기로다.)/ 不夢人間喧擾事(불

夢人間喧擾事(몽인간훤요사, 인간사 시끄러운 일은 꿈에도 꾸지 않고)/ 但將禪悅坐經年(단장선열좌경년, 단지 선정의 기쁨 속에 앉아 세월 보낸다.)

깊은 산골짜기에서 수도생활 하는 자신의 모습을 그린 시(詩)가 정겹다.

정수사는 639(선덕여왕 8)년 회정선사(懷政禪師)가 창건했다고 알려져 있다. 639년 회정 선사는 마니산 참성단(摩尼山 塹星壇)에 참배하러 왔다가 지금의 정수사가 위치한 마니산(摩尼山) 동쪽 계곡이 수도자(修道者)가 선정삼매(禪定三昧)를 정수(精修)할만한 곳이라 하여 사찰을 짓고 이름을 정수사(精修寺)라 하였는데, 1426(세종 8)년 함허대사(涵虛大師)가 이 사찰을 중창한 다음 법당(法堂, 大雄寶殿) 남쪽에서 맑은 물이 흘러나오는 것을 발견하고 淨水寺(정수사)라고 한자를 바꾸었다 한다.

나는 이러한 함허대사의 이야기가 묻어있는 강화군 화도면 사기리(江華郡 華道面 沙器里)에 위치한 정수사에 승용차를 운전하여 갔다. 김포시에서 강화도 초지진(草芝鎭)으로 연결되도록 2001년 완공된 1.2km 길이의 초지대교(草芝大橋)를 지나고, 직진하여 전등사(傳燈寺) 앞을 지나 삼거리에서 좌회전하였다. 그 삼거리에서 정수사까지의 거리는 8km 정도였다.

나는 승용차를 운전하여 강화도 순환 일주도로에서 정수사로 올라가는 삼거리에서 오른편으로 경사가 급한 길을 500m나 올라가 정수사 옆 산기슭 주차장에 주차하였다. 그리고 법당 앞 사찰 마당으로 들어가다가 왼편 언덕 위를 보니 3층 석탑이 옆의 느티나무와 키 크기 경쟁을 하고 있는 것으로 보이는 광경이 이채로웠다.

이제 법당 안으로 들어가 삼배 후 법당 앞 툇마루로 나와 앉아 아래로 내려다보이는 해협의 푸른 물과 해협 건너 보일 듯 말듯 한 김포반도 약암리의 풍경을 바라보았다. 시원하고 아름답고 조용한 장소다. 법당 남쪽 우물 옆으로 가서 깨끗하게 돌로 만들어진 우물을 가 보았는데 그 옆에 고재형(高在亨, 1846~1916)시인의 淨水寺(정수사)라는 시가 갈색 플라스틱판에 흰색 페인트로 기록되어 있었다.

淨水寺(정수사)

淨水幽深地不凡 (정수유심지불범, 정수사 그윽하고 그 터도 비범하니)
法華金字匣中緘 (법화금자갑중함, 법화경 금자 사경 서갑 속에 봉해 있네)
浮屠前殿涵虛蹟 (부도전전함허적, 부도 앞쪽 전각은 함허 대사 흔적인데)
今日猶傳閣氏巖 (금일유전각씨암, 각시바위 전설이 오늘까지 전해오네)

고재형 시인은 이 한시에서 함허대사의 부도 앞 대웅보전은 함허대사가 중수했으니 대사의 기념물이고, 저 바다 중간에 솟아있는 각시바위는 남편의 성불을 기원했던 함허대사 출가 전 아내의 화신이라 했다. 각시바위는 실제 그런 일이 일어날 수는 없는 것이니 설화가 600년 동안 이어져 왔다면 실화인 듯한 설화인 것이다.

각시바위의 설화가 기록으로 나타난 것은 1759(영조 35)년 발간된 여지도서(輿地圖書)이다. 여지도서 이전의 기록은 아직까지 발견되지 않았다. 그러므로 이 각시바위의 설화란 온전히 글을 쓰거나 이야기하는 사람들의 순수한 창작물인 것이다. 고재형(高在亨) 시인이 그의 한시에 각시바위 설화를 인용한 것은 을사보호조약(乙巳保護條約)이 체결(1905년)된 다음 해이다. 그래서 함허대사 출가 전 결혼했던 부인이 돌아보지 않는 남편에게 부담을 주지 않기 위해 바다에 뛰어들어 죽었으나 남편의 성불을 지켜보려고 바다에서 우뚝 솟아난 것과 같이 조선의 정신은 굳건한 저 각시바위처럼 바로 솟아오를 것이라 한 것이리라. 실의에 빠져 있는 백성들에게 조선의 자주성을 되찾을 수 있다는 희망과 인내의 메시지를 던져 준 것이다.

정수사 대웅보전(淨水寺 大雄寶殿)과 요사채(석등 북쪽).

그 설화(각시바위 설화)를 나는 칠순도 넘어 인터넷 자료를 읽어 알게 되었다. 이 각시바위 설화를 요약하여 기록하면 다음과 같다.

함허대사 부도(정수사 요사채 뒷산 능선 소재, 2014년 10월 15일 촬영).

함허스님이 1410년 경 정수사를 중창하고 정수사 북쪽 함허동천 계곡에서 결과부좌하고 참선할 때 그의 출가 전 아내가 찾아와 '얼굴이나 한 번 보고 갔으면 한다'는 말을 전하여 왔다./ 이 말을 전하여 들은 함허스님은 다음과 같은 글을 써서 옛 아내에게 전했다./ "태어난 자 반드시 죽고, 만난 자 반드시 이별하게 되는 것이 인생살이요. 이별은 괴로움이요. 이별하지 않으려면 처음부터 만나지 않았어야 됨도 알았소. 깨달음의 경지를 위해 더 이상 부인을 만날 수 없소. 서운타 말고 돌아가시오."/ 이 편지를 전달받은 부인은 스님이 수도하는 곳으로 와서/ "한 번만 얼굴을 보고 돌아가게 돌아보아 주시오." 하고 애원했다./ 그러자 스님은 돌아보지 않고 앉아있던 넓은 바위에 '涵虛洞天'(함허동천)이라는 글자를 징과 망치를 이용하여 넓은 너럭바위에 새기기 시작했다./ 그것을 바라보던 부인이/ "깨달음이 그리도 중요하면 그리 하시오."/ 소리치고 계곡을 뛰어 내려가 바다에 뛰어 들었는데 그 후 바로 그 바다에서 바위가 솟아 나왔다고 한다./ 사람들은 그 바위를 '각시바위'라 불렀다./ 스님의 깨달음을 기원하기 위해 지켜보는 함허스님의 출가 전 아내의 몸이 변하여 만들어진 바위라고 사람들은 말했다.

나는 이 전설이 일부는 진실이고, 일부는 과장되었거나 민족에게 힘을 불어 넣기 위해 뜻있는 지사 한 사람이 지어냈을 것이라 생각했다. 함허스님이 십대 소년 시절 조혼의 풍습에 따라 결혼하였으나 인생이 부질없음을 깨닫고 불교에 귀의했고, 그 소년시절 결혼한 각시가 정수사로 찾아오고 바다에 빠져죽은 것까지는 진실일지 모르나 빠져 죽은 자리에서 바위가 솟아났다는 것은 거짓이고 꾸며낸 이야기라 생각된다.

나는 종무소에 근무하는 젊은 스님에게 함허스님의 부도 있는 곳을 물었더니 자신을 잠시 따라 오라 하고 대웅전 앞 절 마당을 가로 질러 걸어갔다. 절 마당 서쪽으로부터 동북쪽 요사채와 뒷산 사이까지 가더니 그곳에서부터 부도 있는 곳으로 올라가는 등산로를 가리키면서 "이 등산로를 따라 300m쯤 올라간 뒷산 능선에 함허스님 부도가 있습니다."라고 가르쳐 주고 종무소로 돌아갔다. 나는 그 스님이 가리켜 준 등산로를 따라 함허스님 부도까지 쉽게 찾아갔다. 수령 200년은 되었을 소나무 밑에 스님의 부도가 조용히 서 있었다. 한 변이 10m되는 푸른색 페인트칠을 한 철담장(사진) 안 중앙에 부도는 세워져 있었다. 철 담장 앞에 알루미늄판으로 만든 안내 설명표지판이 있었다. 다음은 그 설명문이다.

> 함허대사부도(涵虛大師浮屠)/ 향토유적 제19호/ 소재지: 강화군 화도면 사기리 467/ 고려 말에서 조선 초기에 걸쳐 활동한 것으로 알려진 함허대사가 정수사에서 1433(세종 15)년 58세를 일기로 입적(入寂)하자 그의 수도처였던 곳의 뒷산 중턱에 현 부도를 봉안한 것이다./ 부도의 구성은 기단(基壇) 위에 탑신(塔身)이 놓이고, 그 위에 옥개석(屋蓋石)을 얹어 정상에 상륜(相輪)을 장식했는데 그 기본형은 팔각원당형(八角圓堂形)이다./－〈중략〉－/ 부재는 화강암이니 전체 높이는 164cm이다.

마니산 동쪽기슭 함허동천 '계곡등산로'(제3등산로) 시작점 너럭바위에 함허스님이 새긴 '涵虛洞天'(함허동천).

위의 안내 설명표지판의 설명문 중 '중략'이라 하여 생략된 부분은 부도의 상세한 구조 설명이어서 생략한 것이다. 스님의 부도가 앞바다를 향해 있으나 각시바위는 보이지 않았다. 주위에 단풍나무, 참나무 노간주나무, 전나무, 소나무 등이 우거져서 함허대사의 부도에서 바다가 보이지 않기 때문이었다.

이곳에서 가장 중요한 것은 이 부도가 함허대사의 부도라는 것이고, 정수사가 그의 수도처였다는 것은 역사적으로 값이 있는 것이다. 함허대사의 부도는 약 600년의 세월이 흐르는 동안 정수사 뒷산에 1m 64cm의 키로 서 있다.

세상사를 어찌 모두 알고 살 수 있을까마는 나는 이때까지 전등사 남쪽 마니산 동편 기슭 골짜기에 정수사가 위치해 있음을 몰랐고, 함허대사가 이 사찰에서 수도하였음도 몰랐다. 함허대사와 각시바위도 그에 관한 설화가 있는 것도 몰랐다가 섬마을 황금꽃을 찾으면서 알게 되었다. 얼마나 재미있고 소중한 우리 민족의 황금설화인가? 칠순도 넘어 이렇게 예쁜 절집을 만날 수 있고, 그런 황금설화가 있음을 알게 된 것이 인생사의 즐거움이 아닐 수 없다.

〈2012년 12월 8일, 청주시 사천동에서〉

늦가을 강화도 동편 해안 길 걸으며

1871(고종 8)년 8월 일어난 신미양요(辛未洋擾)는 미국함대에 승선하여 온 미군부대와 강화도 초지진(草芝鎭), 덕진진(德津鎭), 광성보(廣城堡)에 근무하는 조선 군대와의 전투였다. 미군들은 1866년 평양(平壤) 대동강(大同江)에서 시민들이 태운 미국 함선 제너럴셔먼(General Sherman)호에 대한 손해배상과 조선의 문호개방(門戶開放)을 요구하며 공격하여 온 것이고, 초지진(草芝鎭), 덕진진(德津鎭), 광성보(廣城堡)는 강화도와 김포반도 사이의 해협(海峽) 끝자락 강화도 쪽 방어진지들이다.

2012년의 가을이 깊어갈 때인 10월 19일 나는 이 피눈물어린 전투현장인 초지진으로부터 광성보까지 걸었다. 다음은 그 이야기를 적은 것이다.

내가 시내버스를 이용하여 초지진(草芝鎭)에 도착하니 오후 2시는 되었다. 초지진주차장 옆 관광안내소의 자원봉사문화해설자에게 사적지 설명을 부탁했다. 자원봉사문화해설자는 얼굴이 좀 검은 삼십대 젊은 남자였는데 사적지 설명은 자신의 직업이라며 쾌히 승낙하고 사무실에서 나와 초지진의 해협 쪽 작은 성벽으로 올라갔다. 해협(海峽)이 내려다보이는 성벽에서 그는 설명을 시작했다. 다음은 그의 설명을 기억하였다가 기록한 것이다.

"19세기 후반 외국함대가 이 해협으로 공격하여와 전쟁이 일어난 것은 세 차례입니다. 1866년 '병인양요'(丙寅洋擾), 1871년 신미양요(辛未洋擾), 그리고 1875년 운요호사건(雲揚號事件)입니다."/ 처음 병인양요(丙寅洋擾)에 대해 설명했는데, 이 설명은 바로 뒤의 기행문 「삼랑성과 양헌수」에서 기술하였으므로 이 글에서는 생략함./ "신미양요의 원인, 경과, 결과는 다음과 같습니다. 즉, 1866년 7월 중순 미국 상선 제너럴셔먼(General Sherman)호가 대동강을 통하여 평양까지 들어와 통상을 요구하며 못된 짓을 자행하자 평안도 관찰사 박규수(朴奎秀)와 평양시민들이 그 상선을 불태우고 승무원 23명을 죽인 사건이 있었습니다./ 미국함정 5척(포 85문과 소총으로 무장)이 1871년 4월 23일(음) 제너럴셔먼호에 대한 보상요구와 문호개방을 요구하며 강화－김포해협 남쪽으로 1230명의 미해병대 병력을 싣고 공격하여 온 사건이 신미양요(辛未洋擾)입니다."/ "조선군은 초지진에서 밀려 덕진진으로 후퇴하였는데, 미해병대는 덕진진으로 추격하여 왔습니다. 조선군이 밀려 광성보(廣城堡)로 방어진지를 옮기니 미 해병대는 광성보를 공격하였습니다."/ "조선군은 더 이상 피할 곳이 없다고 생각하고 미해병대와 피 터지는 전투를 하였다고 합니다. 광성보에서 어재연(魚在淵) · 어재순(魚在淳) 형제 대장이 지휘하는 군부대 350명이 열악한 무기로 목숨을 던져 저항했습니다."/ "1871년 4월 24일(음) 하루에 죽은 조선군이 어재연, 어재순 장군을 포함하여 53명이었답니다."/ "전투 후 이들의 시신을 화장하여 7구 또는 8구씩 7기의 무덤으로 만들어 辛未殉義塚(신미순의총)이라 광성보구내에 표지석을 세웠다고 합니다."/ "어재연 · 어재순 장군 시신은 알아볼 수 있어 그들의 후손들이 그들의 고향인 충청도 음성(陰城)으로 옮겨 묘소를 조성하였답니다."/ "그래도 조선 조정에서 결사항전을 선포하자 5월 16일(음) 미국 함정 5척은 해병대 대원들을 싣고 물러갔습니다."/ "운요호사건'(雲揚號事件)은 일본의 군함 운요호(雲揚號)가 초지진에 침입하였다가 영종도(永宗島)를 공격하여 조선군에 큰 피해를 입힌 사건입니다."/ "초지진과 가장 관계가 있는 역사적 사건은 1871년의 신미양요라 할 수 있습니다."

라고 설명했다.

나는 김포시 대곶면과 강화군 길상면 초지리 사이의 해협과 2001년 해협 위에 건설된 아취형 다리를 내려다보며 젊은 자원봉사관광해설사의 긴 설명을 듣고 내려오는데 그의 초지진에 대하여 못다 한 설명은 계속되었다.

"이 초지진지 내에 신미양요와 관련된 흔적이 두 종류가 있습니다./ 하나는 진지 내 중심부에 전시되어 있는 대포이고, 또 하나는 진지 남쪽의 성벽 바로 옆에 있는 소나무 줄기 윗부분 두 곳과 성벽 아랫부분 한 곳에 남아있는 포탄자국입니다."/ "그 포탄 맞은 자국에 흰 페인트칠 하여 표시하여 놓았습니다."/ "대포는 한일병합시대(1910~1945) 내내 일본 고관의 집 거실 기둥으로 쓰였다가 우리나라가 1945년 8월 15일 해방된 다음 그 왜인 고관이 우리 정부에 돌려주고 갔다고 합니다."/ "그것을 문화공보부에서 여기에 전시토록 한 것입니다."/ "신미양요 때 미군이 발사한 포탄을 맞은 소나무는 지금까지 140여 년이 되었는데도 그 자국을 지닌 채 건강하고 아름답게 살아 있습니다."

라는 설명이 뒤 따른 것이다. 나는 그에게 수고했다고 인사하고 포탄자국을 확인한 다음 해가 마니산(摩尼山) 서쪽으로 기울고 있었으므로

신미양요 때 조선군이 사용한 대포.

신미양요 때 미국 군인이 발사하여 생긴 포탄자국이 줄기에 남아 있는 소나무.

덕진진을 향해 발걸음을 재촉하였다. 해안도로 옆 자전거도로를 걸으면서 오른쪽을 바라보니 논들이 이어진 다음 둑이 있고, 둑 너머로 해협이 보였다. 그리고 그 해협의 한 곳에 초지대교(草芝大橋)가 보이고, 그 커다란 교량 저편으로 대곶면 약암리의 건물들과 낮은 산들이 아스라이 보였다. 한 시간을 걸어 덕진진의 입구 성문인 공조루(控潮樓) 앞에 도착하였다. 공조루 앞에 덕진진 안내 설명표지판이 세워져 있어 읽었다. 그 표지판에 기록되어 있는 설명문은 다음과 같다.

덕진진(德津鎭)/ 사적 제226호/ 인천광역시 강화군 불온면 덕성리 846/ 덕진진은 조선시대 강화－김포반도 사이의 해협을 지키는 요충지로 수영(水營)에 속한다./ 덕진돈대, 남장포대 등이 덕진진에 속한다./ 덕진진의 돈대와 포대는 1679(숙종 5)년에 설치되었다./ 1866년 병인양요 때 양헌수(梁憲洙)의 부대가 밤을 통해 이곳을 통해 정족산성(鼎足山城)에 들어가 매복하고 있다가 공격하여 오는 프랑스 해병대 160명을 격파하였다./ 덕진진의 성문 공조루(控潮樓)는 밑의 돌로 쌓아 만든 홍예문만 남아 있었는데 1977년 복원하였다.

1866년 지휘관(순무천총) 양헌수가 전국의 포수들을 집결시킨 곳이 덕진진이라는 것이 의미가 있는 것 같다. 양헌수의 이야기는 1시간 전 초지진 안내 자원봉사관광해설사로부터 들었는데 덕진진 안내 설명표지판에서 다시 확인한 것이다. 6 · 25 전쟁 때 타버린 공조루가 35년 전 인 1977년 다시 건축되어 건물이 산뜻했다.

이제 해가 서산을 넘고 있었다. 어두워지고 있으나 광성보까지 걷는 것이다. 해안도로 옆 자전거도로가 걷기 좋게 조성되어 있어 어두어도 과히 불편하지 않았다. 덕진진입구매표소의 관리인에게 덕진진으로부터 광성보까지의 거리를 물으니 3km 정도라 했다. 덕진진 입구에서 천천히 걸어도 40분이면 갈 수 있다고 말했다.

이 해안도로에서 내가 약 10분 정도 걸었을 때 자전거 도로 옆에서 논을 내려다보고 있는 약 80세 정도 되어 보이는 노인을 만났다. 내가 먼저 인사를 했다.

"어르신 안녕 하세요? 저 한 가지 여쭈어 보아도 될까요?"

"그러시지요. 과히 바쁘지는 않습니다."

그 영감 미소를 지으며 기분 좋게 말을 받았다.

"광성보는 여기에서 몇 km 인가요?"

"약 2km 됩니다. 이 길을 따라가시면 됩니다."

"어르신 연세를 여쭈어 봐도 되겠는지요?"

"그럼은요. 나 을해(乙亥)생 칠학년 팔반이요? 댁은 어찌되셨오?"

"저는 경진생(庚辰生) 칠학년 삼반입니다. 어르신이 오년 연상이십니다. 한 가지 더 여쭈어 보아도 되겠는지요?"

그 영감 머리를 끄덕인다.

"이 길 양편의 논들은 옛날에 바다 갯벌을 흙으로 메워 개간한 것이지요? 그리고 이 해안도로 건설은 언제 했는지요? 그게 좀 여쭙고 싶습니다.”

“논들은 옛날 개간한 것이니 언제 개간했는지는 잘 모르고요, 이 도로는 약 20년 전에 저 안 동리 뒷산 하나를 포크레인으로 무너트리고 거기서 나오는 바위와 흙을 트럭에 실어서 이곳에 가져와 둑을 쌓고 그 위에 길을 만드는 것을 보았습니다. 그런데요. 내가 80년 가까운 세월 이 강화도에서 농사짓고 살아왔지만 강화도는 사람 살기 좋은 곳이라 생각해요. 태풍 한 번 온 적 없고요. 가뭄 들어 농사 망친 해가 없어요. 강화대교(江華大橋)만 있을 때는 교통이 혼잡했는데 해협 남쪽에 초지대교(草芝大橋)가 건설되고부터 교통 혼잡도 없어졌답니다.”

이러한 방법으로 한참이나 이야기를 더 나누고 “어르신 건강하세요. 안녕히 계세요.” 하고 작별인사를 하였다. 그리고는 광성보 쪽으로 발걸음을 재촉하였다. 해안도로에서 100m 쯤 우회전(해안쪽)하여 들어간 곳에 광성보(廣城堡)의 입구 출입문 안해루(按海樓)가 밀려오는 황혼 속에 우뚝 서있었다. 안해루의 문 바로 앞에 광성보 안내 설명표지판이 관광객들의 역사인식을 위해 세워져 있었다.

광성보(廣城堡)/ 사적 제227호/ 소재지: 인천광역시 강화군 불은면 덕성리 833/ 1658(효종 9)년 조성한 강화도 수비진지의 하나이다./ 1679(숙종 5)년 강화도의 방어시설을 확장할 때 화도돈대, 오두돈대, 광성돈대와 함께 개수 축조하였다./ 1871(고종 8)년 신미양요 때 미국 해병대와 조선군의 격전장으로 어재연 · 어재순(魚在淳) 형제 대장을 기리는 전적비(쌍충비(雙忠碑))와 1871년 4월 14일 전사한 51명 병사들의 무덤인 신미순의총(辛未殉義塚)이 있다.

신미순의총(辛未殉義塚)에 모신 51구의 시신은 너무 시체가 훼손되어 시체의 주인을 구별할 수도 없었는데 7구와 8구씩 화장하여 일곱 무덤으로 장사지냈고 어재연·어재순 형제의 시신은 구분할 수가 있어 후손들이 그들의 시신을 수습하여 고향인 충북 음성에 묘소를 만들어 장례 지냈다는 이야기는 초지진에서 자원봉사문화해설사로부터 들었었다. 조선군은 53명이 순절하였는데 미해병대 대원은 3명이 죽었다니 무기 차이 때문이었다. 19세기 후반 우리나라 암울한 시대를 나타내는 비극의 현장에 칠십 객이 황혼에 찾아와서 조국에 대한 충성, 인생 이런 것들을 생각하였다.

강화도 동쪽 해안길

김포반도와 강화도 사이 해협 서쪽
초지진, 덕진지, 그리고 광성보
인간의 삶터로 제격인데
미국 해병대의 야성이 포탄으로 나라왔네
조선의 젊은이들 의미 없는 목숨 버렸네
성벽과 그 옆 노송의 줄기를 파놓은 포탄파편의 흔적
잘못 없이 살상이 일어난 증거라네
예나 지금이나 인간의 삶에
찾아 온 인생의 모순일터

〈2012년 10월 31일〉

삼랑성과
순무천총 양헌수

1866(고종 3)년 1월 초 대원군은 쇄국양이(鎖國洋夷) 정책으로 천주교 금지령을 내리고, 그 명령을 시행하기 위하여 그 당시 국내에 들어와 천주교 포교활동을 하던 프랑스 신부 12명 중 9명과 천주교 신자 약 8천여 명을 처형하였다. 이때 처형되지 않은 프랑스 신부 3명이 조선을 탈출하여 중국 텐진(天津)으로 가서 그곳에 머물고 있던 프랑스 극동함대 사령관 로즈(Rose)에게 이 사실을 알리니 로즈는 본국과 협의하여 올리비에(Olibier) 대령에게 7 척의 함선과 1천여 명의 군을 인솔하여 강화도를 공격하고 한강의 수로를 봉쇄하라고 명령을 내린다. 그렇게 하여 발생한 전투가 병인양요(丙寅洋擾)였다.

침범이 시작된 것이 1866(丙寅)년 9월 16일(음)이었다. 1866년 10월 11일(음) 7척의 군함에 요코하마에 머물던 불란서 해병대 300명을 포함하여 1,000명의 해병대를 탑재하고 인천 앞바다 작약도에 도착하였다고 한다. 그래서 10월 14일(음) 강화도 갑곶으로 상륙하여 강화성을 탈취하였다.

조선에서는 10월 1일(음) 양헌수(梁憲洙, 1816~1888)에게 순무천총(巡撫千總)의 직책을 부여하여 이들을 정벌케 하였다. 침범한 프랑스군을 퇴치하기 위한 토벌군은 전국의 포수 367명과 일반 군인 157명 그리고 초군 17명으로 총 541명이었다고 한다. 이렇게 조직된 부대를 양헌수부대라 했다. 조선의 양헌수부대는 김포반도에서 해협을 건너 덕진진(德津鎭)으로 가서 부대를 재편한 다음 삼랑성(三浪城, 정족산성(鼎足山城)이라고도 함)을 점령하였다. 그러자 10월 26일(음) 프랑스 해병대 160명이 삼랑성의 남문과 동문으로 공격하여 왔다. 그러므로 조선군과 프랑스군은 삼랑성의 남문과 동문에서 접전하였다. 결과는 패하기만 하던 조선군의 작은 승리였다. 이 전투에서 프랑스군은 전사자 6명, 부상자 60~70명을 발생시켰는데 비교하여, 조선군은 전사자 1명에 부상자 4명으로 피해자가 적었다. 결과적으로 프랑스군은 많은 무기를 버리고 패주하였다. 그러므로 양헌수부대는 승리와 함께 노획 무기도 다수 얻은 것이다.

반면 11월 11일(음) 프랑스군은 강화도 침범이 무리였음을 인식하고 강화도에서 철군하면서 귀중한 고서적과 의궤 345권, 그리고 은괴 19상자를 약탈하여 갔다. 이것이 병인양요의 개략적 이야기이다.

나는 146년 전 이러한 조그마한 전투가 일어났던 장소에 이 전투를 승리로 이끈 순무천총 양헌수의 승전비가 있다고 하여 그것을 보기 위하여 한파가 밀려와 추운 날 길가에 쌓인 잔설을 밟으며 그 비석을 찾아갔다. 한편으로 이곳은 우리나라 국조이신 단군왕검의 명에 따라 그의 세 왕자가 처음에 쌓은 토성이 삼랑성이라 하여 이 삼랑성을 올라가 보려고 찾아간 것이다. 강화읍버스터미널로부터 삼랑성까지 찾아간 이야기는 다음과 같다.

나는 강화읍시외버스터미널에서 온수리를 지나는 시내버스에 올라 기사의 바로 뒷자리에 앉아 풍경을 바라보면서 가다가 "다음 정류장은 온수리입니다."라는 방송을 듣고 기사에게 "온수리에 내리면 전등사가 가깝지요?"하고 물었다. 운전기사는 "그렇습니다." 하고 대답했다.

그런 다음 온수리버스정류장에서 나는 버스에서 내렸다. 그리고 전등사 가는 길을 누구에게 물어볼까(?) 하고 두리번거리는데 뒤에서 "전등사 가시지요? 저를 따라 오세요." 하는 여인의 목소리가 들려 뒤를 돌아보니 검은색 수녀복을 정숙하게 입은 수녀 한 분이 미소를 지으며 나를 쳐다보고 있었다. 키는 작은 편이고 미소가 예뻤다. 다음은 그녀와의 대화 내용이다.

"아니 수녀님이 내가 좀 전에 운전기사에게 말하는 것을 들으신 듯합니다. 수녀님은 어디 사시는데요?"

"저는 전등사 동문 앞에 있는 양로요양병원에 살고 있어요."

"그러세요. 수녀님은 요양병원에서 노인환자들을 돌보시는 군요. 노인환자들은 몇 명이나 입소해 있는지 물어봐도 되는지요?"

"물어 보셔도 괜찮아요. 노인 치매환자들이 70 명 정도 돼요."

"아니 치매노인 한 분도 돌보기 어려운데 70 명이면 정말 어렵겠어요."

이러한 대화를 하면서 동문 앞 주차장이 보이는 곳에 왔을 때 수녀는 동문으로 올라가는 길을 가리켜 주고 작별인사를 했다. 즐거운 여행되기를 빈다고도 했다. 그리고 그곳에서 북쪽으로 경사가 급한 길을 걸어 올라갔다. 그 수녀는 성공회에서 운영하는 요양병원에 근무하면서 내가 살고 있는 청주의 장애인 시설에도 와서 일을 할 때가 있다고 했다. 나는 이 수녀와 이야기를 나누면서 불행한 사람을 돌보는 일을 하지 않고 살아온 내 인생이 부끄러웠다.

이제 눈이 쌓여 미처 녹지 않은 경사진 길을 걸어 삼랑성동문(三郎

삼랑성 동문.

城東門)으로 혼자 걸어 올라갔다. 동문은 성벽 사이에 돌기둥을 곧게 세워 마차가 드나들 수 있게 하고 곧게 세운 돌기둥 위에 둥글게 깎은 돌을 얹어 아취형으로 만들고, 그 위에 성벽을 쌓은 돌을 올려놓은 형태였다. 성문 위에 문루(門樓)는 없었다. 성문 앞 오른쪽에 삼랑성의 역사에 대한 안내 설명표지판이 세워져 있었다. 그 표지판의 설명문은 다음과 같다.

삼랑성(三浪城)/ 사적 제130호/ 소재지: 인천광역시 강화군 길상면 온수리 산41/ 일명 정족산성(鼎足山城)이라고도 한다./ 성을 쌓은 년대는 확실치 않으나 단군이 세 아들에게 성을 쌓게 하고 이름을 삼랑성이라 했다는 기록이 고려사에 보인다./ 처음에는 흙으로 쌓은 토성(土城)이었는데 삼국시대에 이르러 그 위에 막돌을 채운 튼튼한 석성으로 축조하었으며, 고려·조선시대를 거치면서 더욱 보강되었다./ – 〈중략〉 –/ 1866

(고종 3)년 병인양요 때 순무천총 양헌수(梁憲洙)가 프랑스군을 물리쳐 이곳 전등사 경내 사고(史庫)에 보관된 조선왕조실록과 왕실족보인 선원보를 지켰다./ 1976년 남문 문루 종해루(宗海樓)를 원형대로 복원했다.

인터넷에서 발견한 기록은 B.C. 2283(단기 51)년 단군께서 그의 세 아들 부여(夫余), 부우(夫于), 부소(夫蘇)에게 성을 쌓도록 명령하여 이들이 주관하여 쌓았다는 이야기가 설화로 전해지고 있다. 이런 설화가 1451년 발간된 고려사에도 기록되어 있다 한다. 순무천총 양헌수 부대가 프랑스군을 삼랑성에서 방어한 결과 전등사 사고 내 보관된 조선왕조실록과 왕실족보를 프랑스군에게 도둑질 당하지 않았다는 것을 이 설명표지판을 읽어 알 수 있었다.

무엇보다도 나는 이번 여행에서 삼랑성 성벽을 이용하여 삼랑성의 남문(종해루)과 동문에서 병인양요(丙寅洋擾) 당시 현대식 무기로 무장한 프랑스군 160여 명과 격전을 벌린 약 500명의 조선군과 포수들을 이끈 순무천총 양헌수의 전승비를 만나는 것이 이번 여행의 목적이었다.

동문을 지나 성 안으로 들어간 곳의 바로 앞 언덕 위에 1873(고종 10)년 건립하였다고 하는 순무천총 양헌수의 병인양요 승전비가 들어 있는 비각이 서 있었다. 비각 앞에 이 비각의 안내 설명표지판이 세워져 있었다. 설명문은 다음과 같다.

양헌수 승전비(梁憲洙 勝戰碑)/ 기념물 제36호/ 소재지: 길상면 온수리 산42/ 1866(고종 3)년 병인양요(丙寅洋擾) 때 프랑스군을 물리친 순무천총 양헌수(1816~1888)의 공덕을 기리는 비(碑)로서 앞면에는 巡撫千總梁公憲洙勝戰碑(순무천총양공헌수승전비)라 한자로 새겨져 있다./ 양헌수는 33세 때인 1848(헌종 14)년 무과에 급제한 후 벼슬을 지내다가 1866(병인)년 프랑스군을 격퇴시키는데 결정적 역할을 한 장군이다./ 승전비

뒷면에는 양헌수를 비롯한 541명이 프랑스군을 맞아 활약한 당시의 상황이 기록되어 있다. 비석의 크기는 비신의 높이가 163cm, 너비 60cm, 그리고 두께가 27cm이다.

이 비각이 병인양요가 일어난 1866년으로부터 7년 후인 1873년에 건립되었다는 것과 우리나라 군대가 현대식 무기로 무장한 외국군을 물리쳤다는 점에서 의미가 있는 것이다. 비석 앞면에 巡撫千總梁公憲洙勝戰碑(순무천총양공헌수승전비)라 하는 비석의 이름이 새겨진 것이다. 병인양요 때 순무천총 양헌수가 이끄는 조선군과 프랑스군의 전투는 1866년 10월 26일(음) 일어났다. 프랑스군이 접근할 때 동문에는 초관(硝官) 이렴(李濂) 지휘 하 경군과 향군 157명이 매복배치 되었고, 남문에는 초관(硝官) 김기명(金沂明) 지휘 하 161명의 각지에서 모집되어 온 포수들이 매복하였다가 프랑스군을 공격했다고 한다.

순무천총 양헌수의 병인양요 승전비각.

순무천총 양헌수는 삼랑성 전투를 승리로 이끈 다음 한성부 좌윤, 어영대장, 공조판서, 독련사(督鍊使)까지 관직생활을 하였다. 그리고 1888년 향년 72세로 경기도 양평의 산골짜기에 잠들었다.

순무천총 양헌수의 전승비를 바라본 다음 제법 많이 쌓인 눈을 밟으면서 성벽을 따라 만들어진 등산로를 올라갔다. 비탈 등산로를 올라가 정족산(鼎足山) 정상이 멀리 바라보일 때 북쪽으로 길상면소재지가 있는 온수리와 너른 들판을 건너 멀리 진강산(鎭江山)이 건너다보이고 남쪽으로 전등사를 지나 들판을 건너 마니산이 건너다 보였다.

드디어 정족산(鼎足山)의 정상에 도착했다. 북문이 550m, 서문이 650m라고 기록되어 있는 표지판이 세워져 있었다. 그런데 정상인 곳의 높이가 113m라 표시된 것은 좀 이상하다고 생각되었다. 내 느낌에도 그렇고 인터넷 자료실에도 220m라 기록되어 있는데 좀 낮게 표시된 것은 아닌지?

〈2012년 12월 26일, 청주시 사천동에서〉

화도면 사기리 이건창 생가에서

전등사 남문 앞에서 택시에 승차하고 "이건창 선생 고택으로 가겠습니다" 하니 택시는 마니산 북서쪽 상방리 방향으로 달리다가 삼거리에서 좌회전하여 함허동천야영장(涵虛洞天野營場)과 정수사(淨水寺) 쪽으로 나아갔다. 또 삼거리가 나오니 우회전하여 작은 다리를 건너고 5분정도 내려가더니 사기리(砂器里) 마을 안으로 들어갔다. 사기리 강화도 일주도로로부터 약 50m 들어간 곳의 시골집 밖 마당에 택시는 멈추었다.

우리나라 시골집의 마당은 안마당과 밖 마당(대문 밖의 마당)으로 나뉘어 있다. 내가 오늘 택시를 타고 와서 내린 장소가 이건창 고택의 밖 마당이다. 밖 마당에서 안마당으로 들어가려면 사랑채 중간의 대문을 열고 들어가야 된다. 우선 밖 마당의 대문 앞에 세워진 안내 설명표지판의 설명문을 읽었다.

이건창 생가(李建昌 生家)/ 기념물 제30호/ 소재지: 인천광역시 강화군 화도면 사기리 167－1/ 이건창(1852~1898)은 조선시대 말(末) 문장가로 충청우도 암행어사, 해주 감찰사 등을 지내면서 관리들의 비행을 단속하고, 백성들의 구휼에 힘썼다./ 저서로는 당의통략(黨議通略)이 있는데/ －〈중략〉－/ 생가의 담장은 자연석을 일정하게 다듬어 시멘트를 접착제로 쌓았다./ 'ㄱ'자 형 초가집이다./ －〈중략〉－/ 1996년 재현시켰다./ －〈중략〉－/ 묘소는 양도면 건평리에 위치한다.

이건창(李建昌)의 호(號)는 명미당(明美堂)이다. 그는 할아버지 시원(是遠) 공이 개성 유수로 재직할 때인 1852(철종 3)년 개성의 주거지에서 태어났다. 어릴 때 강화로 와서 자란 것이다. 15세에 별시 문과 병(丙)과에 급제하였다. 나이가 너무 어릴 때 급제하여 집에서 더 학업을 닦다가 19세가 되어 홍문관에 출근하였다고 한다. 1875(고종 12)년 충청도 암행어사가 되어 충청도에 내려간 이건창 어사는 조병식 충청감사의 비리를 조사하다가 오히려 조병식 충청감사의 모함(謀陷)을 받아 1년도 넘게 평안도 벽동(碧潼)이라는 곳에 유배되었다. 이건창은 벽동에서 풀려 나와 다시 관직생활을 하면서 인연을 맺게 된 사람으로는 스승으로 모시게 된 강위(姜瑋, 1820~1884), 문우 개성 태생 한학자 김택영(金澤榮, 1850~1927), 자신이 문우회에 추천한 한학자 황현(黃玹, 1855~1910) 등이었다. 1891년 승지에 임명되어 근무하다가 상소에 연루되어 전라도 보성(寶城)으로 유배(流配)되기도 했다.

1893년에는 함경도 안핵사(按覈使)에 임명되어 함경도 관찰사(觀察使)의 비리와 죄상을 명백히 고발하여 파면케 하였다. 그는 그렇게 부정(不正)과 불합리(不合理)의 척결(剔抉)에 양보(讓步)가 없었다고 한다. 1896년 그는 황해도 관찰사에 임명되었으나 부임하지 않아 고종의 노여움을 사서 전라도 고군산군도(古群山群島)의 선유도(仙遊島)에 2

개월 동안 유배되기도 했다.

그는 47세의 젊은 나이로 1898년 타계할 때까지 강화의 생가에 머물렀는데 고종황제가 지방관을 임명할 때 그 지방관에게

"그대가 임지에 가서 근무를 잘 못한다는 말이 들려오면 이건창을 암행어사로 보낼 것이다."

라고 농담 같은 당부를 했다는 것이다. 참으로 이건창은 곧고 강직하며, 부정과 불의를 척결하는 일에 굽힘이 없는 사람의 표본이었던 모양이다.

이건창의 할아버지 이시원(李是遠) 공이 1871년 신미양요(辛未洋擾) 때 외국군이 강화도를 침범하는데 막지 못했음을 수치스럽게 생각하고 양잿물을 마시고 자결하는 모습을 이건창이 소년시절 본 것이 그의 삶을 좌우했을 것이라 사람들은 말했다.

택시에서 내가 내린 곳의 동쪽에 한국 문학 비 건립 위원회에서 건립한 오석재질비석이 우람하게 세워져 있다. 2m 높이, 가로 세로 1m로 잘라서 만든 오석재질비석 앞뒤 면에 글을 새긴 것이다. 앞면에는 이건창이 생전에 저작한 한시 한 편이 번역문과 함께 새겨져 있고, 뒷면에는 그의 생애(生涯)와 업적(業績)이 한글로 새겨 있다.

松陽道中(송양도중, 송양 가는 길에)

松陽六載五經過 (송양육재오경과, 개성을 육년 사이 다섯 번 지났건만)
不見扶山與彩霞 (불견부산여채하, 부소산과 채하동도 들르지 못했네)
細數一生遊宦事 (세수일생유환사, 자세히 헤아리니 일생동안 벼슬살이에서)
回心編少役形多 (회심편소역형다, 마음에 맞는 일보다 몸만 고달팠네)

송양은 개성의 다른 이름인 것을 알았다. 또한 이 시는 작가가 하고 싶은 일을 하지 못했음을 한탄(恨歎)한 것이다. 그의 하고 싶은 일이 깨끗하고 부정하지 않은 사회를 만들고, 다른 나라에 침범 당하지 않는 국가를 만드는 일이었다. 그는 하곡 정재두(霞谷 鄭齋斗, 1649~1736)가 체계를 세운 양명학(陽明學)을 가학으로 이어 받아 학습하고, 계승하여 나간 사람이라 한다. 비석 뒷면의 생애 설명에 이건창 가계의 시조(始祖)는 조선 제2대 정종(定宗)의 별자 덕천군(德泉君)이라 했다. 이건창의 5대조 광명(匡明)공이 하곡 정재두의 문하생이 된 다음 하곡 정제두의 거처 주위로 옮겨 살게 되었다.

나는 문학비 건립위원회에서 건립한 오석 재질 이건창 시비의 앞과 뒤에 새겨진 글을 읽고 열려진 대문을 통과하여 안마당에 들어섰다. 마당 건너에 'ㄱ'자 형 안채가 보이고 안채 초가지붕 너머로 얕은 뒷동산이 넘겨다보였다. 안마당 왼편에 우물이 있었다. 나는 이 우물이 밑

이건창 생가 안마당의 우물과 'ㄱ'형 안채.

에 고여 있는 물을 두레박으로 퍼 올려 사용하는 내 어릴 적 마을 가운데 있던 우물과 같은데 지금 사용되지는 않을지라도 115년 전 이건창이 타계 전까지 사용했을 우물임에 틀림없다고 생각되었다. 두레박으로 물을 퍼서 세수하고 밥도 짓고, 국도 끓였을 것이다. 이 우물 옆에 최근 심었을 향나무 한 그루가 무성한 잎을 달고 귀한 사람이 사용하던 우물이라고 보호하는 듯 향나무 가지가 우물을 반 쯤 덮고 있었다.

안채는 방이 둘인데 안방과 건넌방이 대청의 양편에 있다. 대청의 북쪽 벽 위에 '明美堂'(명미당) 현판이 걸려있는데, 이 현판이 구례의 한학자이고 시인인 명미당의 몇 년 후배 황현(黃玹, 1855~1910)의 글씨라 하니 좀 더 기념물로서 값이 있어 보였다.

짧은 생애 46년 동안 이건창은 많은 시(400여 수)를 남겼고, 당파싸움을 하지 말도록 하는 해법을 설파한 저서 당의통략도 남겼다. 여러 관직에 임명되어 업적도 남긴 훌륭한 행정관이다. 그가 십여 년 더 살았더라면 우리나라가 일본의 식민지로 되어 갖은 수모를 겪는 현상을 보았을 텐데 그는 그러한 민족의 슬픔을 보기 전에 피안의 세상으로 떠났다. 이런 의미에서 이건창은 행운아(幸運兒)라 할 수 있을 것인지(?)

〈2013년 1월 1일〉

[참고] 강위, 김택영, 그리고 황현: 추금 강위(秋琴 姜瑋, 1820－1884)는 1873년 외교관으로 북경에 갈 때 서장관(書欌官)으로 명미당 이건창(明美堂 李建昌, 1852~1898)을 수행원으로 대동(帶同)하였다./ 이건창은 이때 훌륭한 청나라 유학자와 친교를 갖게 되었다고 한다./ 김택영(金澤榮, 1850~1927)은 홍문관에서 강위·황현(黃玹, 1855~1910)·이건창과 함께 유학진흥의 일을 하였던 사람이다./ 그는 을사늑약(乙巳勒約) 후 1908년 일본인들에 의한 수모를 피하여 중국 남통이라는 곳에서 장건이라는 친구의 도움으로 출판사업을 하면서 생계를 이어나갔고, 1927년 그곳에서 타계했다./ 무덤이 현재 그곳에 있다./ 매천 황

현(梅泉 黃玹)은 전라도 광양 태생이다./ 나라와 민족을 사랑하는 마음이 같고, 부정·불의를 척결하는 마음이 이건창과 같았다./ 이건창이 1898년 타계하면서 부음이 어찌 전달되었는지 황현은 밤을 새워 전라도 구례로부터 강화 화도면 사기리로 올라와 조사와 만장을 준비했다는 이야기는 아름답다./ 황현은 이건창 타계 후 12년이 지난 다음 경술국치(庚戌國恥)가 이 강산을 덮쳤을 때 절명시(絕命詩) 네 수를 남기고 술에 아편을 풀어 마심으로써 귀중한 자신의 목숨을 사랑하는 조국에 바쳤다고 한다.

이건창 생가 앞 탱자나무

약 3개월 전 이건창 고택은 돌아보았고, 돌아본 이야기기도 글로 작성했는데, 그 때는 고택 앞 강화도 일주도로 건너편에 살아있는 400년 수령의 탱자나무가 있다는 것을 몰랐었다. 그런데 돌아본 이야기를 쓰면서 자료들을 인터넷애서 읽다가 이건창 고택 바로 앞에 천연기념물 제79호 탱자나무가 있음을 알게 되었다. 이 탱자나무를 국가에서 천연기념물(天然記念物)로 지정한 것은 이 나무가 400년 수령의 귀한 나무이기 때문이었을 것이다. 그 고목이 보고 싶어 찾아갔다.

함허동천계곡(涵虛洞天溪谷) 너럭바위 위에 함허대사(涵虛大師)가 손수 징과 망치로 새겼다는 涵虛洞天(함허동천) 글씨를 나는 2013년 12월 23일 아침 찾아가 보았다(앞의 글 각시바위의 전설 마지막 사진). 왜냐하면 2012년 11월 25일 나는 함허동천능선등산로(마니산 제2등산로)를 올라가 마니산 암릉을 등산하였으면서도 등산로에서 멀지않은 곳에 그 글씨가 있다는 사실을 모르고 등산하였기 때문이었다.

나는 일차 이건창 고택도 찾아보았고, 마니산 암릉을 함허동천 야영장을 거쳐 능선등산로(마니산 제2등산로)를 통과하여 마니산 암릉을 등산하였으므로 함허동천야영장까지 찾아가는 것은 어렵지 않았다. 다시 한 번 강화시외버스터미널로부터 찾아간 이야기를 기록하면 다음과 같다. 강화시외버스터미널에서 강화도 일주도로 운행 시내버스에 승차하고 전등사 앞과 이건창 고택 앞을 거쳐 함허동천야영장 입구에서 하차하였다. 그리고 야영장 중심도로를 따라 올라갔다. 그 경사진 중심도로를 300m 정도 올라간 곳의 함허동천야영장 제1야영장 앞의 상점이 평일이어서 야영장에 캠핑온 사람들도 없는데 열려있어 들어갔더니 60대 아저씨 한분이 있었다. 그 아저씨에게 '함처동천'이라 글씨가 바위에 새겨진 곳이 어디냐고 물어보니 이 길로 1km 정도 올라가 삼거리를 지나 계곡등산로(마니산 제3등산로)를 따라 300m 정도 올라간 곳에 표지판이 있다고 했다. 그래서 그렇게 올라가 쉽게 너럭바위 위의 '涵虛洞天'이라 음각된 글씨를 찾을 수 있어 사진기에 그 글씨를 담았던 것이다.

나는 '涵虛洞天' 글씨가 새겨진 너럭바위 있는 곳에서 발길을 돌려 함허동천야영장 중심도로 1km를 통과하여 강화도 일주도로에 내려와서 북쪽 전등사 방향으로 걸었다. 꼬불꼬불한 강화도일주도로를 30분 정도 걸어서 이건창 고택 앞에 도착하였다.

우선 늙은 탱자나무가 있는지 고택 앞에서 강화도일주도로 건너편을 바라보았다. 커다란 바위 남쪽에 앙상한 가지를 드러내고 서있는 나무가 있어 그 나무가 400년 수령의 탱자나무임을 알 수 있었다. 겨울이어서 곡물도 심어져 있지 않고 풀도 없는 빈 밭을 밟고 나는 탱자나무가 있는 곳으로 걸어갔다. 나뭇가지에 뾰족뾰족한 가시들이 돋아있을 뿐이어서 앙상한 가지만 하늘로 뻗은 나무였다. 죽었는지 살았는지도 구별하기 어려웠다.

나이가 400살이고, 탱자나무가 살 수 있는 북쪽 한계 지역에 살아서 줄기가 굵지도 않은데 밑줄기가 반쯤은 썩어서 썩은 부분에 밀랍 소재를 채워 넣었고, 나무줄기가 꺾이려하니 꺾이지 않도록 그 줄기들을 사다리 모양 나무받침대 두 개로 괴어 놓았다. 받쳐놓지 않은 싱싱한 가지도 있었다. 오래 살다보니 늦게 돋은 가지는 아직 젊은 것이다.

동물이건 식물이건 생명이 있는 것은 언젠가는 죽게 마련이니 이 나무의 수명도 얼마 남지 않은 듯 보였다. 마치 백수(白壽) 정도 된 할머니가 허리 구부리고 집 앞을 지팡이 짚고 천천히 걸어가는 모습이라 할 것이다.

이 탱자나무 옆에 회황색 화강암 재질(花崗巖 材質)의 비석이 세워져 있는데 그 비석에 「天然記念物第七九號江華沙器里(천연기념물제79호강화사기리)탱자나무」라 새겨져 있고, 그 비석 옆에 안내 설명표지판이 세워져 있었다. 설명문은 다음과 같다.

> 강화 사기리 탱자나무/ 천연기념물 제79호/ 소재지: 인천광역시 강화군 화도면 사기리 135－10/ 이 나무는 4월이면 잎보다 먼저 지름 3~5cm의 흰 꽃이 피고, 꽃이 지면 초록색 열매가 맺힌다./ 그 열매들은 가을이 깊어갈 때 노랗게 익는다./ 나이는 400살 정도이고, 높이는 3.8m, 땅 위 2.8m 높이에서 세 갈래로 가지가 갈라져 용트림하는 모양을 하고 있다./ 강화도는 탱자나무가 자랄 수 있는 북쪽 한계선으로 연평균 기온 11.1 ℃, 강우량 1,005mm로 기온의 연교차가 심하지 않고 대체로 따뜻하다./ 그래서 남쪽에서 자라는 이 나무가 강화도에서도 자라는 것이다./ 옛날 적병을 막기 위해 성벽을 쌓은 다음 성벽 밖에 이 나무를 심기도 했다 한다.

줄기는 탱자나무의 특성상 밑줄기의 직경이 25cm도 되지 않는데 그

이건창 고택 앞 탱자나무(2013년 3월 20일 촬영).

2014년 10월 15일 촬영한 탱자나무(열매 몇 개 보임).

것도 반쯤은 썩었다. 썩은 곳에 밀랍을 채워 넣고 나무사다리로 부러지지 않도록 두 줄기를 받쳐주고 있다. 이 탱자나무는 천연기념물 제79호라 했다. 탱자나무는 온대성 식물이고 온대성 식물 중에서도 따뜻한 온도에서 살기 때문에 강화도는 탱자나무가 살 수 있는 북쪽 한계지역이라 한다. 이 탱자나무야 말로 현재로부터 115년 전인 1898년에도 40대 이건창(李建昌, 1852~1898) 앞에서 300년 수령의 나무로 가을이면 노란 열매를 무수히 달고 서 있었을 것이다.

인간과 식물을 비교할 수는 없겠으나 이 나무는 인생으로 보면 꼬부랑 할머니이다. 곧고 의롭게 살려고 했던 이건창의 모습을 보고자 한다면 이 탱자나무를 보는 게 어떨지? 46년의 짧은 생을 살다간 이건창은 사진도 없고 인물화 그림도 없다. 그가 사는 동안 이 탱자나무는 그의 집 앞에서 가을이면 노란 열매를 매달아 그에게 보여주었을 것이다. 그러므로 그 나무를 보는 것이 명미당을 조금 보는 것 같지 않을까(?)했다.

허리 구부러진 할머니는 아기를 낳지 못할 것이나 허리 꼬부랑 할머니를 닮은 이 탱자나무는 아직도 봄에 꽃을 피우고 그 꽃이 떨어지면서 초록색 열매가 맺히고 그 열매가 자라나서 가을에는 중간크기 귤만큼 자라고 색깔은 노랗게 된다. 위 안내 설명표지판에서 이 탱자나무는 바닥에서 2.8m 올라간 줄기 부근에서 세 갈래로 가지가 갈라져 용트림한다고 했는데 그것은 그렇게 보였으면 하는 이 지방 사람들의 희망사항일 듯 했다. 찾아간 흰머리 여행객에게는 그렇게 보이지 않았다. 그러나 이 나무가 살 수 있는 북쪽 한계선에 살아있고 400살이라 하니 이 지방 사람들에게는 귀중한 나무이다. 그래서 이 나무는 천연기념물로 지정된 것이다.

우리 인간들은 이 세상에 잠간 왔다 가는 존재일진대 같이 살고 있는 사람들을 괴롭히고 훌륭한 사람을 거리낌 없이 따돌리기도 한다. 이 탱자나무는 극한 상황에서 몇 백 년을 살고 있다. 마치 동료들로부터 따돌림 받은 것 같이 북쪽 탱자나무 생존 가능 한계선 지역에 살고 있다. 그러나 그것은 인간이 그리 생각할 나름이고, 인간에게 탱자나무가 애처로워 보일 뿐이다. 따돌림은 인간들이 할 일 없어 하는 작란인 것이다. 우리 인간들은 이 탱자나무를 보면서 더욱 겸손해야 될 것이다.

내가 2013년 12월 말에 이 글을 교정하고 보충하는 과정에서 강화도 사기리 탱자나무에 관한 인터넷 자료실에 올라와 있는 작품들을 검토하다가 박대문 환경시인이 이 탱자나무를 2013년 10월 찾아가 보고 작성한 시를 발견하고 여기에 그의 시를 옮긴다.

강화도 사기리 이건창 생가 앞에서/ 강화도 사기리 이건창 생가 앞에/ 수령 400년이 넘은 천연기념물 제79호 탱자나무가 있습니다./ 강화도는 탱자나무가 자랄 수 있는 북쪽 한계선으로/ 적병이 성벽에 접근하는 것을 막기 위해/ 병자호란 때 성벽 앞에 탱자나무를 심었다고 합니다.// 한겨울 세찬 바람 거칠게 몰아치고/ 하얀 눈 켜켜이 쌓여도/ 짙은 초록빛 도드라지던 탱자나무.// 초록빛 가시덤불 가까이 가서 보면/ 매섭고 날카로운 가시에 소름이 돋지만/ 가시 사이사이에 수줍은 듯 숨어서/ 파르르 봄바람에 떨며 피어나는 하얀 탱자꽃.// 가시 더미 속에 피어나는 하얀 꽃 이파리가/ 맑고 창백해서 되려 애잔해 보였던 탱자꽃./ 억척스럽지만 자상했던/ 그을린 얼굴에 해말간 미소가 고왔던/ 어린 시절 이웃집의 누나 같은 꽃.// 가녀린 꽃 이파리 바람에 지고 나니/ 거친 비바람, 따가운 햇살 견디고 나니/ 강화의 푸른 가을 하늘 아래/ 황금빛 탱자가 탱탱하게 부풀어 올랐습니다./ 가시는 날카롭지만 곱게 영근 탐스러운 탱자가/ 풍요롭고 알찬 가을빛으로 내게 다가옵니다.// 탱자나무 아래에서 향긋한 탱자 향을 맡으니/ 어린 시절 마을 모롱이 탱자꽃 울타리 따라/ 오가며 함께 놀던 옛 친구가/ 오늘 따라 몹시도 그립습니다.// —2013년 10월 13일 박대문

〈2013년 12월 27일, 청주시 구룡산 서쪽 기슭에서〉

제4장

남쪽 바다 섬마을

우리나라 남해에 위치한 거제도, 돌산도, 남해도, 진도, 칠천도, 고금도, 연화도, 거문도의 섬마을에서 만난 설화들이다.

거제도 폐왕성 연지에서

1170(의종 24)년부터 시작된 고려 무신정권(武臣政權) 시대에 대한 역사 기록이나 설화 등을 읽을 때면 암울하고 답답하다. 그 무신정치가 어떻게 시작되었는지 그리고 그 시작점에 있던 임금인 '의종'(毅宗, 1127~1173, 재위: 1146~1170)이 1170년 어떠한 과정에 의해 거제도 둔덕기성(屯德岐城)으로 위리안치(圍離安置)되었는지 하는 이야기를 우선 소개하여야 내가 견내량(見乃梁)과 둔덕기성 찾아간 이유가 이해될 것으로 생각하여 그것을 기록한다.

> 고려시대에는 문신(文臣)이 무신(武臣)을 멸시하는 분위기가 전통처럼 이어져 왔기 때문에 1144(인종 23)년 섣달그믐날 궁궐에서 행하여지는 '나례'라는 행사 때 과거 급제하여 내시(內侍)가 되고 얼마 되지 않은 견룡대정(牽龍隊正) 김돈중(金敦中, ?~1170, 김부식(金富軾, 1075~1151)의 아들)이 대장군 정중부(鄭仲夫, 1106~1179)의 수염을 촛불로 태우는 현상이 나타났다고 말한다./ 초급관리인 견룡대정(牽龍隊正)이 대장군

정중부의 수염을 촛불로 태운 것은 큰 실례였다./ 정중부가 화를 냈으나 왕(인종, 재위: 1122~1146)의 만류로 정중부가 감정을 안은 채 지나갔다./ 한편, '의종'은 지금의 격투기 비슷한 수박희(手搏戱) 보는 것을 즐겼다고 한다./ 1170(의종 25)년 8월 29일(음)에는 60세 종3품 대장군 이소응(李紹膺)과 젊은 장교의 대결이 있었다./ 60세의 대장군 이소응(李紹膺)이 젊은 장교에게 밀려 도망가자 종5품 문신 한뢰(韓賴)가 이소응의 뺨을 때리고 발을 걸어 넘어트렸다./ 그러자 의종 이하 문관과 내시들, 환관들이 박수치고 웃었다./ 정중부가 한뢰를 크게 꾸짖자 의종이 만류했다./ 그러나 이의방(李義方, ?~1174)과 이고(李高, ?~1171) 등 무관들의 제안에 따라 왕이 보현원(普賢院)으로 행차하면 보현원 입구 오문(五門)에서 한뢰를 포함한 문관들, 내시들, 그리고 환관들을 참살하기로 하였다./ 대장군 정중부 등 무인들이 기다렸는데 예상한 대로 의종이 보현원으로 향했고 보현원 입구 오문(五門)에서 잠시 휴식을 위해 행차를 멈추었다./ 그러자 그때 정중부를 비롯한 무관들이 모의한 대로 한뢰를 포함한 문관들, 내시들, 환관들을 모두 죽여 버렸다./ 문관이 50여 명, 내시들이 10여 명, 그리고 환관들이 10여 명이 참살되었다고 한다./ 이때 김부식의 아들 김돈중도 이 자리에 있다가 파주시(坡州市) 감악산(紺岳山, 675m)으로 도망하였으나 무신들이 추격하여 살해하였다./ 그런 다음 정중부를 중심으로 한 무신들은 1170년 8월 30일 의종을 폐위(廢位)시켰다(폐왕(廢王)으로 됨)./ 그리고 폐왕을 경남 거제시 둔덕면 거림리에 있는 우봉산(牛峰山, 해발 326m) 자락의 둔덕기성(폐왕성)에 위리안치(圍離安置)시켰다./ 의종 일행은 지금의 신거제대교(1999년 4월 20일 준공, 길이: 940m, 넓이: 20m) 아래의 해협(견내량)을 나룻배로 건너 우봉산 기슭의 둔덕기성으로 갔다./ 의종이 둔덕기성에 위리안치되자 1170년 8월 30일(음) 곧 바로 의종의 셋째 동생이 고려 제19대 명종(明宗, 1131(인종 10)~1202(신종 6), 재위: 1170~1197))이 된 것이다./ 그러면서 왕이 허수아비로 군림하는 고려의 무신정치가 시작되었다./ 지금의 신·구거제대교 밑 해협은 원래

의종(毅宗)이 1170년 나룻배로 건넌 나루라는 의미로 전하도(殿下渡)라 불렀으나 세월이 흐르면서 견하도, 견내량으로 변했다고 한다./ 의종은 1142(인종 21)년 16세로 세자에 책봉되었는데 사실상 아버지 인종(仁宗, 1109~1146, 재위: 1122~1146)과 어머니 순덕왕후 이씨(이자겸의 딸)가 둘째 아들 대령후로 세자를 교체하려고도 했다 한다./ 책봉된 세자가 너무 품위가 모자라고 방탕한 소년이었기 때문이었다./ 그러나 1146년 인종이 갑자기 사망하였으므로 의종이 왕으로 즉위한 것이라 했다.

2014년 2월 18일 새벽 나는 의종이 1170년 9월 1일(음) 위리안치되어 약 3년 살았다는 거제도 둔덕기성을 가 보려고 청주 나의 집을 나섰다. 경남 진주(慶南 晋州)에서부터 찾아간 이야기는 다음과 같다. 진주시외버스터미널에서 고현읍시외버스터미널로 가는 직행버스를 승차하고 버스운전기사에게 부탁하여 신거제대교를 건넌 곳에서 하차 하였다.

신거제대교 밑의 바다는 통영반도와 거제도 사이 약 600m 넓이의 평범한 해협이다. 임진왜란 때인 1592(선조 25)년 이순신 장군은 견내량에 머물던 왜 함선 73량(지휘자: 와키자카 야스하루)을 한산도 앞바다로 유인하여 거의 전멸시킨 한산대첩(閑山大捷)의 시발지이기도 하다.

그곳에서 나는 다리 밑 견내량(見乃梁)을 약 10분 동안 바라보다가 택시가 지나가기에 앞문을 열고 "이곳에서 폐왕성(廢王城)으로 올라가는 길을 압니까?"하고 물으니 "선생님 제가 이곳 사람이니 염려하지 말고 승차하세요."라고 말했다. 택시는 고현읍 쪽으로 천천히 1분 정도 달리면서 오른쪽을 바라보니 폐왕성(廢王城)이라 기록한 나무표지판이 있었다. 그 표지판 옆 1차선 시멘트포장도로인 낮은 고갯길로 택시가 넘어가서 약 10분 정도 갔을 때 돌로 쌓은 성이 보이고, 성의 입구로 올라가는 비포장도로 옆에 거제둔덕기성 안내 설명표지판이 세워져

신거제대교 밑 견내량(전하도).

있었다. 그 표지판에 기록된 설명문은 다음과 같다.

거제둔덕기성(巨濟屯德岐城)/ 국가사적 제509호(2010년 9월 24일 지정)/ 소재지: 경남 거제시 둔덕면 거림리/ 거제 둔덕기성은 7세기 통일신라시대 성(城)의 축조수법을 알려주는 중요한 유적으로 우리나라에서 보기 드믄 현문식(縣門式) 구조인 동문지(東門址)와 삼국시대 처음 축성되고, 고려시대 수축(修築)된 성벽 등은 축성법의 변화를 연구하는데 학술적으로 중요한 자료이다./ −〈중략〉−/ 고려사와 신증동국여지승람 등 문헌에 따르면 1170(의종 25)년 정중부(鄭仲夫) 등이 무신란(武臣亂)을 일으킨 다음 의종이 폐왕으로 되어 이곳에 유배 와 3년 동안 위리안치(圍離安置) 되었는데, 복위운동이 있었으나 실패하면서 살해되었다./ 둔덕면과 사등면 경계인 우봉산(牛峰山, 해발 326m) 자락에 위치하는데, 성의 둘레가 526m, 성벽의 최고 높이 4.85m로 비교적 규모가 큰 편이다./ −〈중략〉−/ 성문터는 세 곳이 남아 있으며, 당시의 청자기와 조각도 다수 발견되었다./ 이곳은 통영시 용남면 견내량 수로를 오른쪽에 끼고 멀리 서남쪽에 통영시를 굽어보고 있다./ 의종이 나룻배를 타고 건넜던 견내량 수로 변에는 아직도 전하도목(殿下渡目)이라 불리는 지명이 있다.…
–〈이하 생략〉–

이 설명문에서 둔덕기성은 7세기 즉 신라가 삼국통일(三國統一)을 이룩할 때 거제시 둔덕면 거림리에 처음 축조되었다고 하는 것이다. 내가 몇 번 가 본 충북 보은읍에 위치하는 삼년산성(三年山城, 470(자비왕 13)년 축성, 486(소지왕 8)년 개축))과 성을 쌓은 모양이 유사해 보였다. 같은 년대에 쌓은 성이어서 그런 것이라 생각되었다. 내가 살고 있는 청주시로부터 보은 삼년산성까지는 멀지 않아 가 본 적이 있어 비교할 수 있었다. 성문 중 동문의 흔적이 현문식이라 했는데 성문 입구가 좀 들어간 형태 즉 요(凹)식이라는 것이다. 둔덕기성의 돌로 쌓은

거제도 둔덕기성(폐왕성) 연지(집수지). (2단까지 물이 채워져 있다.).

성벽의 많은 곳이 허물어져 있었다. 내가 승차하여 온 택시의 기사도 성을 둘러보고 싶다고 따라와서 그와 이야기 하며 걸었다. 이 둔덕기성의 가장 높은 곳에서 견내량 북쪽(고성 동쪽 바다)과 통영시 쪽을 바라보니 바다에 흩어져있는 작은 섬들이 아름다웠다.

이제 둔덕기성 가장 높은 성벽으로부터 서쪽 성벽을 따라 만들어진 등산로를 내려가서 건물이 있던 자리가 발굴되고 있는 옆의 집수지(集水池)로 왔다. 집수지에는 깨끗해 보이지 않는 물이 2/3정도 채워져 있었다. 해발 326m의 산 정상 부근이니 물이 솟아 채워진 것이 아니고 빗물을 받아 놓아 이곳에 사는 사람들이 오랜 기간 사용할 수 있게 깨끗한 돌을 다듬어 바닥을 깔고, 벽을 쌓고 돌과 돌 사이는 물이 땅으로 스며들지 않도록 황색 점토로 막은 것이다. 벽은 4단으로 쌓았다. 1단이 직경 6.6m 원통형이고 높이 약 1m, 2단은 좀 넓은 직경 8.3m 원통형이고 높이는 0.8m, 그리고 3단은 직경 9.9m인 원통형이고 높이 0.9m, 그리고 4단이 직경 11.5m인 원통형이며 높이 0.8m라고 한다. 그래서 물이 담겨질 수 있는 총 깊이는 3.5m라 한다. 집수지 주위는 둥글게 안전을 위해 큰 강의 교량난간과 같은 난간을 만들어 놓았다. 집수지의 동쪽에 집수지 안내 설명표지판이 아담하게 세워져 있었다. 안내 설명표지판의 설명문은 다음과 같다.

> 거제둔덕기성집수지(巨濟屯德岐城集水池)/ 거제 둔덕기성은 고려 제18대 의종(재위: 1146~1170)이 정중부의 난에 의해 폐위되면서 이곳에 거주하게 되었다고 전해져서 붙여진 이름이다./ 지금까지 발굴 조사한 바에 의하면 둔덕기성이 처음 축조된 것은 7세기 통일신라시대이다./ 그 후 고려시대인 12세기 무렵 수축되었고, 조선시대까지 사용되었음이 밝혀졌다./ —〈중략〉—/ 집수지는 유사시 장기농성을 위해 인간에게 필수

적인 물을 저장하는 시설이다./ -〈중략〉-/ 집수지 축조에 가장 주목되는 것으로는 내부 바닥 가운데 64×86cm의 대형 판석 1장을 놓은 것이다. 이 돌이 집수지 축조의 중심축으로 된 것이다./ 이 판석을 중심으로 집수지 석축은 모든 방향에서 완연한 대칭 구조를 이루고 있어 체계적 설계를 통해 원지(圓池)를 구축할 당시 신라인들의 수준 높은 축조술을 엿볼 수 있다./ -거제시-

'중략'부분에서는 집수지 축조재료와 축조방법에 대한 내용이어서 내가 설명하려는 역사성과 관계가 적어 생략한 것이었다. 설명문에서 읽을 수 있듯이 이 둔덕기성과 집수지가 통일신라시대인 7세기 축조되었고, 조선시대 초까지 사용되었다는 것이다. 그리고 집수지가 4단으로 밑이 좁도록 축조되고 밑에 기준석이 넓고 크다고 했다. 한 집단이 장기간 머물 수 있는 목적으로 만들어졌다는 것이다. 집수지 둘레에 강의 교량난간과 같은 장치를 하여 놓은 것은 관광객이 집수지(연지)에 접근하여 발생할 수 있는 오염문제와 안전문제를 고려한 것이다.

무엇보다 개성의 궁궐에서 호의호식(好衣好食)하며 소년시절로부터 1246년 임금이 되어 1270년(44세) 까지 방탕한 생활을 한 인간이 빗물을 모아 놓은 이 연지의 물로 지은 밥을 먹고, 세수를 하며 3년이나 산 것은 어떤 인생의 의미를 갖는 것일까? 일반적으로 왕은 한 번 즉위(卽位)하면 타계할 때까지 계속 그 만인지상의 자리에 있는 것인데, 44세의 젊은 나이로 폐왕이 되어 이 궁벽한 거제도의 산기슭에 위리안치되었다는 것은 무엇인가 자신의 자리를 지키지 못할 말과 행동을 한 것이다.

나는 고려 제18대 의종의 생애를 여러 자료에서 읽으면서 그가 조선 제10대 임금 연산군(燕山君, 1476~1506, 재위: 1494~1506)과 같은 사람이었다고 생각한다. 연산군은 할아버지 세조(世祖, 1417~1468, 재위: 1455~1468)의 왕위찬탈을 나타낸 글 조의제문(弔義帝文)과 생모가 사약을 받고 죽은 것에 대한 복수를 무오사화(戊午士禍)와 갑자사화(甲子士禍)라는 큰 살상극으로 펼치고, 음란행위도 마음대로 수행하였기 때문에 중종반정(中宗反正)에 의해 폐위되어 교동도(喬棟島)에 위리안치 되었고, 의종은 무신의 차별대우와 멸시, 그리고 임금의 방탕생활이 무신정변을 일으키게 한 것이다. 어떻게 보면 다르게 보일지 모르지만 자신의 본분을 잊어버리고 권력을 남용했고, 놀이를 즐겼다는 점에서는 조금도 다를 게 없는 것이다.

나는 한편으로 이 연지와 연지의 물을 3년 간(1170년 9월~1173년 9월) 먹었을 의종을 비교하여 보았다. 연지는 지하에 고여 있다가 솟아오르는 일반 우물과는 다르게 비가 올 때만 모여지는 집수지이다. 사용한 양만큼 줄기만 하고 비가 내리기 전에는 채워지지 않는다. 의종은 책을 읽지 않고 글을 쓰지 않으며 예쁜 여자만 좋아하니 정상적인 임금들이 덕(德)과 지(智)로 다스리는 나라와 의종이 다스리는 나라는 달랐던 것이다.

의종은 채워주는 비가 오지 않을 때 메마를 수밖에 없는 연지와 같은 것이다. 그러니 의종은 자신과 닮은 연지의 옆으로 와서 그 물을 마실 수밖에 없었던 것이다.

〈2014년 3월 1일 청주시 성화동 구룡산 서쪽 기슭에서〉

[참고 1] 고려 제18대 의종(毅宗)의 생애: 의종은 1127(인종 6)년 인종과 제2왕비 공예왕후 임씨의 장남으로 태어났다./ 16세 때인 1142(인종 21)년 세자로 책봉되었다./ 그리고 아버지 인종이 1146(인종 25)년 37세의 젊은 나이로 갑자기 사망하자 의종은 제18대 왕으로 즉위하였다./ 1170년 8월 29일 일어난 무신

의 난은 의종의 방탕한 생활과 문신이 무신을 멸시하는 행태 때문에 일어났다./ 그때 의종은 거제도와 통영 사이의 해협인 견내량(그 당시는 '전하도'라 했고, 지금도 그렇게 부르는 사람이 있음)을 나룻배로 건너 우봉산 기슭에 조성된 성에서 3년 동안 초라하게 살았다./ 이 둔덕기성(폐왕성)에서 3년이 지났을 때인 1173(명종 4)년 9월 중순 동북면병마사 김보당이 정중부와 이의방에 대항하여 반란을 일으켰다./ 김보당은 정권을 재창출하기 위해 의종 복위운동을 겸한 난을 일으킨 것이다./ 김보당은 우선 녹사 장순석을 거제도 둔덕기성에 보내 의종을 호위하여 거주지를 경주로 옮기게 했다./ 그러자 무신 집권자 이의방은 휘하의 타고난 장수이고 경주가 고향인 이의민(李義旼)을 보내면서 반란군을 진압하고 의종을 살해하라고 했다./ 경주로 내려간 이의민은 반란군을 쉽게 진압하고, 1173년 10월 1일 의종을 경주의 곤원사(坤元寺) 연못가로 나오라 하여 경주에 숨어살던 자신을 장군으로 임명해 준 임금에게 술 몇 잔을 마시게 한 다음 허리를 꺾어 살해하고 소리쳐 웃었다는 이야기가 기록되어 전해오는 것이다./

[참고 2] 이의방(李義方)과 궁녀 무비(無比): 이의방은 정중부와 더불어 1170년 무신의 난을 주도한 무인이다./ 그가 임금의 친위장교인 견룡대정(牽龍隊正)일 때 노비 출신 궁녀 무비에게 결혼하자고 했다가 무시당했다. "황궁의 주인만이 자신을 품을 수 있다"고 말했다한다./ 그녀는 궁녀이기에 앞서 의종(毅宗)의 애첩이었다./ 의종과 그녀 사이에 9남 3녀의 자녀를 두었다고 한다./ 이의방의 사랑고백에 무비도 그의 훤칠한 용모와 기백에 끌렸지만 어쩔 수 없었다./ 1170(의종 25)년 무비는 아직도 아름다웠는데 의종이 거제도로 위리안치(圍籬安置)되어 갈 때 따라갔다./ 이의방(?~1174)은 최고의 권력자가 되었으므로 부하들을 시켜 무비를 둔덕기성으로부터 개성으로 데려오도록 했다./ 무비는 다시 한 번 황궁주인의 첩이 되어 황궁주인에게 안긴 것이다./ 일단 이의방에게 안긴 무비는 정치적인 의견제시를 과감하게 하였다./ 이의방 휘하의 장수 이의민을 시켜 의종은 죽여야 된다는 의견을 제시한 것도 무비였다고 한다./ 그런데 이의방이 차츰 권력의 횡포를 심하게 부리게 되자 그의 목을

노린 것은 무신정권을 같이 시작한 정중부의 아들 정균(鄭均)이었다./ 1174(명종 5)년 평양에서 조위총(趙位寵)의 난이 일어났을 때 평양으로 가던 이의방은 결국 정균의 칼에 살해된다./ 살해되기 전날 밤 무비는 하늘에서 별이 떨어지는 꿈을 꾸었다./ 그러므로 그날 새벽 하인을 시켜 이의방에게 그러한 이야기를 전하게 했으나 하인이 이의방을 만났을 때는 이의방은 이미 이 세상의 사람이 아니었다./ 무비는 저자거리에 아무렇게나 버려진 두 번째 남편의 시신을 거두어 장례를 치른 다음 머리를 깎고 깊은 산 속에 위치한 사찰로 발길을 옮겼다.

[참고 3] 전망대 자리에서 몽돌 무더기 발견: 2015년 12월 6일 공감언론 뉴시스 통신사의 발표에 의하면 둔덕기성 전망대 자리부근에서 '몽돌 무더기'가 발견되었다고 한다./ 이 몽돌들은 의종유배 당시 의종을 보호하기 위한 무기로 준비된 것으로 예측된다고 발굴조사팀은 말한다.

돌산도 향일암의 원효스님 좌선대

우리나라 불교 5대 기도도량(祈禱道量)은 낙산사 홍련암(洛山寺 紅蓮庵), 남해도 금산 보리암(南海島 錦山 菩提庵), 석모도 보문암(席毛島 普門庵), 설악산 봉정암(雪嶽山 鳳頂庵), 그리고 여수시 돌산면 향일암(麗水市 突山面 向日庵)이라 알려져 있다.

위에 소개한 불교 5대 도량 중 향일암은 위치와 지형이 특수한 곳이라고 사람들은 말한다. 향일암은 돌산도의 남쪽 끝자락 바닷가에 위치한다. 그러면서 무엇보다 원통보전(圓通寶殿)으로 들어가는 출입구가 양 옆이 높은 바위절벽이어서 이 암자로 들어가는 것은 저승으로 염라대왕을 만나러 가는 느낌이라 한다. 바위절벽 사이를 비집고 절 마당에 들어서면 마주 보이는 황금칠한 원통보전은 찾아간 사람의 마음을 가라앉혀 준다고 한다.

향일암은 원효대사(元曉大師, 617(진평왕 38)~683(신문왕 6))가 644(의자왕 4)년 원통암(圓通庵)이라는 암자로 창건하였다고 한다. 원통암

향일암 출입구.

은 958(광종 10)년 윤필대사가 자라 모양의 지형에 위치한 암자라 하여 금오암(金鰲庵)으로 이름을 바꾸었고, 그로부터 몇 백 년의 세월이 흐른 1715(숙종 41)년 당시의 주지 인묵대사는 일출모습이 아름답다 하여 금오암을 향일암(向日庵)이라 이름을 바꾸었다고 한다.

내가 향일암에 가는 것은 1,360여 년 전 이 사찰을 창건한 원효대사의 흔적을 보려는 것이었다. 2009년 현충일(顯忠日) 아침 10시 나와 아내는 승용차에 올라 우리가 사는 청주의 아파트 주차장을 출발하여 교대로 운전대를 잡아가면서 고속도로(청주에서 남원)와 국도(남원에서 향일암)를 달려 향일암 밑의 바닷가 마을 임포리에 도착하였다. 향일암은 돌산도의 가장 남쪽 금오산(金鰲山) 끝자락에 있으므로 여수에서 450m의 돌산대교(突山大橋)를 지나고, 돌산도(突山島)로 들어선 다음 국도를 따라 30분은 내려간 곳이다. 바닷가 한 모텔의 주차장에 운전하여 온 승용차를 주차하고, 오후 5시는 되었으므로 향일암에는 다음날 아침 일찍 오르기로 하였다.

금오산은 풍수지리학자(風水地理學者)들이 불교경전(佛敎經典)을 등에 업은 큰 자라가 바다 속으로 들어가는 모습이라고 한다. 임포마을 바로 옆의 산이 자라의 머리에 해당되고, 향일암을 포함하여 금오산 정상이 자라의 등에 해당된다고 한다. 풍수지리학자들의 말을 증명하듯 금오산 정상부근과 향일암 부근 바위들은 자라의 등이 육각형으로 갈라진 것처럼 바위들이 갈라져 놓여있다고 한다. 갈라진 바위틈이 사찰의 출입구가 된 것이다.

일출모습이 아름답다 하여 향일암이라 암자의 이름을 지었다는데 새벽 5시에 자리에서 일어나 밖에 잠시 나가 만난 모텔 종업원은 "바다가 안개로 가득차서 오늘은 일출을 보실 수 없으실 거예요"라는 말을 하였다.

아침 6시에 우리 부부는 모텔을 나왔다. 원효대사가 27세 때인 644년 어떻게 서라벌(경주)로부터 바다를 건너 돌산도의 남쪽 끝까지 와서 암자를 건설하였는지 현재를 살아가는 사람들은 그 내력을 알 수 없다. 300개의 돌계단 양 옆으로는 동백나무와 산죽 등이 자라고 있었다. 층계를 올라가면 관광객들이 와서 감탄하게 되는 높이 5m, 폭 1m, 길이 10m의 좁은 바위틈 사이 길 두 개를 통과해야된다. 그리고 다시 계단길이고 계단을 올라가면 그곳이 작은 절 마당이다. 마당 북쪽으로 벽과 기둥에 황금칠을 한 원통보전이 내 마음을 편안하게 하여 주는 듯했다.

아내와 나는 우선 원통보전의 열려진 오른쪽 문으로 들어가 3배를 하고 얼마 남지 않은 인생길에 사람을 미워하지 않고 흘려보내길 마음속으로 빌었다. 마당가 서편 바위 옆에 범종각이 있고, 범종각 옆에서 금오산 정상 쪽으로 길이 10m 정도, 양 옆이 높이 3m 정도의 바위벽으로 이루어진 바위틈 사이 길을 올라간 곳에 관음전(觀音殿) 건물이 있다. 그곳에도 올라가서 3배하고 절 마당으로 내려왔다.

이때는 아침 해가 수평선 위로 한참을 올라와서 향일암에도 강열한 빛을 쏟았고 안개가 걷혀 푸른 바다가 내려다보였다. 마당을 한 바퀴 돌면서 마당가 난간 밖은 바위절벽이다. 난간 너머 절벽 위에 한 사람이 좌선하기 적당하다고 생각되는 널찍한 바위(길이: 3.5m, 넓이 평균 1.2m, 두께: 평균 35cm)가 절벽에 걸려 있는 양 놓여 있었다. 그 판판한 바위 위 파란 플라스틱판에 흰 페인트 글씨로 「원효스님 좌선대」라 기록한 표지판(사진)이 보였다. 내가 여기에 온 목적이 원효스님의 흔적을 찾아보려는 것인데 이 사찰에서 원효스님의 흔적은 이 '좌선대'뿐인 듯했다. 인간의 손으로 건설한 원통보전의 건축 년대는 알 수 없는 것이고, 일천오백 년 전이나 지금이나 불에 탈 염려도, 물에 녹을 염려

향일암 마당밖 절벽 위 '원효스님 좌선대'.

도 없는 것은 바위뿐이기 때문이다.

그 표지판이 놓인 바위 위에서 27세의 젊은 원효스님이 신라가 삼국통일을 이룩하기 전 이 사찰을 창건하면서 좌선했었다고 한다. 이 편편한 바위에 가부좌하고, 눈을 감고, 합장한 젊은 원효스님이 천지신명께 기도를 하여 668년에 신라가 삼국을 통일하였는지 그것은 모른다. 이 바위에 내가 눈을 감고 앉아 있으면 천 길 낭떠러지가 생각나서 아찔할 것 같았다. 644년 원효스님이 좌선하는 모습을 본 사람도 그때 조금 지나 모두 타계하였으니 그의 좌선하는 모습을 본 사람은 없다. 그러한 사람이야 없지만 이 바위가 많은 사람들이 존경하는 덕(德) 있는 스님이 좌선했다고 해야 사람들은 그 장소를 한 번 더 바라보는 것이다. 원효스님보다 더 존경받는 스님이 그 후에 나왔으면 그 스님이 이 자리에서 좌선했다고 할 텐데 그렇지 못한 것 같다.

〈2008년 8월 20일〉

향일암 원통보전(대웅전)이 화재로 소실되기 전의 모습.

[참고] 향일암 화재(向日庵 火災): 향일암 화재는 2009년 12월 20일 0시 24분에 일어났다./ 내가 향일암을 아내와 함께 찾은 것은 2008년 6월 7일이니 내가 방문하고 1년 6개월 13일이 지난 다음 화마가 향일암을 휩쓴 것이다./ 만약 내가 그때 향일암을 찾지 않았다면 그 사찰의 옛 모습은 보지 못했을 것이다./ 그런데 남대문과 낙산사는 화재의 원인이 방화와 실화로 밝혀졌으나 향일암 화재는 그 화재의 원인파악도 못하고 있다 한다./ 천년고찰은 불교 사찰이기 전에 우리나라의 문화유산이므로 우리에게는 후손에게 잘 보존하여 물려줄 의무가 있는 것이다./ 불에 탄 건물이 3 채(대웅전(원통보전), 종무소, 그리고 종각)이고, 불에 타지 않은 건물은 4 채(두 개의 관음전과 산신각, 그리고 요사채)였다./ 화재가 난 다음 꼭 1년이 지난 2010년 12월 20일 불에 탄 세 건물의 복원공사가 시작되고 2011년 10월에는 완공되었다고 한다. 세 건물을 복원하는데 20억이 소요되었다고 한다. 지원된 국비, 도비, 시비가 10억 5천만 원, 그리고 사찰 내에서 9억 5천만 원을 부담 했다고 한다.

남해도 두모리 금산등산로 거북바위에 새겨진 서불과차

徐市過此(서불과차)라는 문자(또는 문양)가 남해에 위치한 많은 섬의 바위에 음각되어 있다고 한다. 소매물도 등대섬(小每勿島 燈臺島)의 바위굴 벽, 거제해금강(巨濟海錦剛)의 한 바위, 전남 여수시의 남쪽에 위치한 월호도(月湖島)의 한 바위, 제주도 서귀포시 정방폭포(正房瀑布)밑 바위, 그리고 남해도(南海島)의 두모리(豆毛里) 금산 부소암(錦山 扶蘇庵) 등산로에 있는 거북바위 등 여러 바위에 새겨져 있다고 한다.

나는 2013년 봄부터 이 문양을 보기 위한 여행을 하여 왔다. 소매물도, 거제도 해금강, 서귀포의 정방폭포에 가서 그 문자(또는 문양)를 확인하려 하였으나 '태풍으로 그 바위가 깨졌다'고 하여 번번이 확인할 수 없었다. 그런데 인터넷 자료실에서 남해도 금산 서남쪽 기슭 두모리의 금산 부소암등산로 중간에 거북바위가 있고 그 거북바위에 그 문자(또는 문양)가 새겨 있는 것을 사진으로 촬영하여 실린 것이 인터넷 자료실에 있어 보았다. 그것을 찾아가기로 하였다.

2014년 2월 3일 11시 진주시시외버스터미널에서 남해읍시외버스터미널까지는 시외버스가 바로 연결되었고, 남해읍시외버스터미널에서 1시간쯤 기다려 남해군 상주면소재지로 가는 시내버스를 타고 남해군 상주면 두모리 시내버스정류소에 하차할 때는 14시였다.

내가 시내버스에서 내린 두모리 시내버스정류소는 투명한 플라스틱판 직육면체로 만들어져 있었다. 2~3명이 앉을 수 있는 나무의자도 있고, 투명한 플라스틱 벽면에 시내버스시간표와 두모리 마을 유래, 그리고 거북바위에 새겨진 '서불과차'에 대한 설명문이 부착되어 있었다. 이 중 거북바위에 새겨진 서불과차의 설명문은 다음과 같다.

> 서불과차(徐市過此)/ '거북바위'라 부르는 바위에 새겨진 徐市過此(서불과차)라는 문자(문양)는 일반적으로 "서불(徐市)이 이곳을 지나가다"라는 의미로 해석된다고 한다./ B.C. 220년 중국을 통일한 진(秦)나라 시황제(始皇帝)가 B.C.210년 시종(恃從) 방사(方士) 서불에게 동남동녀(童男童女) 500여 명과 수십 척 선박, 물자를 마련하여 주면서 동쪽 나라 조선의 삼신산(三神山)에 가서 불로초(不老草)를 구하여 오라고 명령하였다./ 그래서 서불이 이곳에 오게 되었다./ 그러나 서불은 "세상에 늙지 않게 하여 주는 풀이 어디 있겠는가?"라고 하면서 이곳에서 사냥만을 즐기다가 떠났다./ 그때 서불은 자신이 이곳에 왔었음을 후세에 남기기 위해 이 문자(문양) '徐市過此'를 바위에 새겼다고 전해지고 있다./ 이곳 두모리의 거북바위와 이웃 백련마을을 비롯한 여러 곳에서 이와 유사한 문자(문양)가 새겨진 바위가 발견되고 있다./ 바위에 새겨진 이들 문자(문양)는 이곳 남해의 고대문화(古代文化)와 관계를 갖고 있는 중요한 자료로 평가된다.

진시황(秦始皇)이 B.C. 220년 방사 서불에게 "동남동녀 500여 명과 수십 척 선박 등을 마련해 주면서 조선의 삼신산(三神山)에서 자라나는 불로초(不老草)를 캐어오라!" 했다. 삼신산은 우리나라의 금강산(金剛山), 지리산(智異山), 그리고 영주산(瀛周山, 지금의 한라산(漢拏山))을 말한 것이다. 남해도에 있는 바위에 徐市過此(서불과차)라 서불이 바위에 새겨 놓았다면 남해도는 이 세 산(山) 중 지리산에 가까우니 지리산에 가던 길이거나 갔다 오는 길이라 해석할 수 있다.

이 서불과차 설명문을 읽고 그 거북바위로 올라가는 등산로 입구를 알 수 없어 물어볼 사람이 어디 없는가 하고 두리번거리는데 길 건너 약 30m 앞의 파란 함석지붕의 집에서 육십 대 남자가 문을 열고 나오는 것이 보였다. 내가

"안녕하시오?"

하고 다가가니 그 남자가 쳐다보았다. 다음은 그 남자와의 대화를 기록한 것이다.

"아저씨 말씀 좀 물어보아도 됩니까?"

"물어보세요."

"이곳에서 거북바위를 올라가려면 어느 곳으로 가야 됩니까?"

"우선 시내버스 타고 오신 이 도로를 400m쯤 올라가셔야 합이다. 그곳에 삼거리가 나오는데 오른쪽 길로 약 200m 가시면 금산 부소암 등산로 주차장이 있습니다. 그 주차장 옆으로 등산로가 있습니다. 그 등산로를 약 900m 올라간 곳의 등산로 옆에 거북바위가 있습니다."

그의 나이가 "육땡"이라고 했다. 66세라는 것이다. 내가 "보기에는 50세 정도로 보입니다." 했더니 머리에 쓰고 있던 벙거지 모자를 벗으며 "이렇게 늙었습니다." 하는 것이다. 머리카락이 뒷머리에만 좀 남아 있었다.

나는 그와의 만남을 뒤로 하고 삼거리를 향하여 올라갔다. 경사도가 조금 급한 길인데 길가에 동백이 피어 있어 내가 살고 있는 청주에 비교하여 따뜻한 남쪽임을 표시하여 주었다. 삼거리에서 오른쪽으로 200m 갔을 때 왼쪽으로 아담한 주차장이 조성되어 있었다.

이 아담한 주차장의 금산 쪽 벽면은 서불과차 안내 설명표지판, '진시황이 서불에게 불로초 캐어 오라고 명령하는 장면', '수십 척 선박에 동남동녀 500명을 싣고 동쪽으로 출항하는 모습', 그리고 '서불이 바위에 徐市過此(서불과차)라고 새기는 모습'의 그림 등을 각각 가로 1.5m, 세로 1m의 화판에 천연색 '돋음 그림'으로 그려 놓아 모양이 아름답고 고풍스러웠다.

물론 서불과차 안내 설명표지판의 설명문은 좀 전 두모리 시내버스 정류소 의자 뒤 투명한 플라스틱 벽면에 기록하여 놓은 것과 같은 내용이었다. 여하튼 서불의 흔적인 徐市過此(서불과차)라는 문자(문양)는 여기에서 시작되는 등산로에 있다는 것을 나타낸 것이므로 그것을 보기위하여 찾아온 나의 마음은 기뻤다. 이 주차장에서 골짜기 밑으로 두모리 마을이 내려다보이고, 마을의 농토가 끝나는 곳에 남해의 일부인 바다가 보였다.

이제 나는 금산 서남쪽 기슭 주차장 오른쪽 부소암 등산로에 들어섰다. 경사도는 심하지 않으나 좁은 등산로 좌·우로 잡목들이 빼곡히 자라나고 있어 금시 산적이나 산짐승이 튀어 나올 듯했다. 이들 잡목들이 시야를 가로막아 등산로에서는 아래 두모리 마을의 집도 바다도 보이지 않았다.

등산로 입구로부터 거리 표시가 900m라고 표시된 표지판 가까이에 틀림없이 徐市過此(서불과차)라는 문자(문양)가 새겨있는 거북바위는 있었다. 거북바위 옆 등산로는 경사가 좀 험하여 거북바위 옆으로 플라

거북바위 꽁지 부분에 새겨진 '徐市過此'라는 문양(위), 그 문자(문양)가 새겨진 남해도 두모리 거북바위(아래).

스틱 테크 계단을 설치하고, 플라스틱 테크 계단 왼쪽과 오른쪽에 난간을 나일론 밧줄로 하였다. 거북바위 주변은 철책을 둘러 거북바위를 보호하고 있었다. 거북바위 위에 새긴 徐市過此(서불과차)라는 문자(문양)는 두모리 쪽으로 향하여 내려오는 거북바위의 꽁지부분에 새겨져 있었다.

거북바위의 안내 설명표지판은 거북바위 꽁지부분 뒤 부소암(扶蘇庵) 쪽 등산로 앞에 세워져 있었다. 내용은 좀 전에 읽은 두모리 시내버스정류소의 투명한 플라스틱 벽면의 서불과차 설명문의 내용과 같았다. 단지 다른 것은 문자(문양)의 이름을 '서불과차'라 하지 않고 '남해상주리석각'(南海尙州里石刻)이라 한 것이고, 경남기념물 제6호라는 기념물 번호를 기록한 것이다. 또 이 문자(문양)에 대한 해석이 다양하다는 것이 설명되어 있었다. 첫 번째, 이것은 우리나라 고대 문자라는 설, 두 번째, 거란문자 또는 싼스크리트문자라고 하는 설, 그리고 세 번째, 남해의 고대 문화와 관계가 있다는 설이다.

나는 이러한 여러 설에도 불구하고 서불(徐市, 또는 서복(徐福))이 B.C. 210년 진시황의 명령을 받아 500명 동남동녀를 이끌고 남해에 와서 경치가 아름다운 곳의 바위에 "서불과차" 즉 "서불이 이곳에 왔었다"라는 의미로 새겨놓았다는 전설이 맞는 것이라 생각하고 싶었다. 왜냐하면 진시황이라는 사람은 인간이 상상할 수 없는 폭군이었기 때문에 서불에게 불로초를 구하여 오라는 심부름을 시켰을 수 있기 때문이다.

그는 보통의 폭군은 절대 할 수 없는 북쪽의 적을 막는다는 의미로 산 능선 위를 연결하여 만리장성(萬里長城)을 쌓게 하였으며, 자신의 무덤 주변에 인간 몸 크기의 토룡과 실제 말 크기의 토마를 수천 기 만들어 묻어 놓고, 자신의 무덤 속에 자신이 생전에 점령한 곳의 산과 강의 모형을 축소하여 만들면서 강을 수은으로 표시한 사람이다.

〈2014년 2월 9일 청주시 성화동에서〉

[참고] 남해도 두모리(南海島 豆毛里) 대중교통 이용하여 찾아가기: 남해군 남해읍 시외버스터미널에서 상주-미조로 가는 시내버스를 승차하여 가면 된다. 단지 두모리와 대량리를 거쳐 가는 시내버스를 타지 말고 백련마을을 거쳐 상주로 직접 가는 시내버스를 승차하는 것이 시간을 단축하는 방법이다. 시내버스가 백련마을(노도로 가기 위해 내려야 되는 바닷가 마을)을 지나 고개를 넘은 다음 3거리가 나오면 그곳에서 하차하면 부소암으로 올라가는 등산로가 그곳에서 시작되는 것이다.

고려 삼별초군 지휘관 배중손은 의병장인가

이 세상에 의기충천하고 반항아적이며 애틋한 이야기는 많을 것이나 그 중에서 740여 년 전 고려 중기 삼별초(三別抄) 이야기만한 것도 없다.

나는 진도읍(珍島邑) 종합버스터미널에서 팽목항이 종점인 시내버스에 올라 창가의 한 좌석에 앉아 버스가 달리는 동안 진도의 들판과 산들을 보았다. 진도는 제주도나 울릉도와 같은 화산섬이 아니어서 논과 밭이 많고 산과 들이 전라도와 같은 모습이다.

드디어 임회면 굴포리 배중손사당 가까이에서 하차하여 거대한 소나무가 작은 기와집 앞에 보이는 곳으로 걸어갔다. 옛날 기와집 기와지붕을 얹은 돌담으로 둘러싸인 담장 안에 기와지붕을 한 사당이 아늑하게 자리하고 있었다. 배중손 사당 안내 설명표지판이 가운데 태극모양이 그려진 적자색 대문 옆에 정갈하게 세워져 있었다. 그 안내 설명표지판의 설명문은 다음과 같다.

배중손장군사당(裵仲孫將軍祠堂)/ 1232년 강화도(江華島)로 천도(遷都)하여 있던 고려조정이 1270(원종 11)년 몽골조정과 굴욕적 강화(講和)를 맺고 개경환도(開京還都)를 강행하자 삼별초(三別抄) 군인들은 이에 불복하고, 몽골에 대한 대몽항쟁의 결의를 다짐하고 일천여 척의 배에 나누어 타고 진도(珍島) 용장산성(龍藏山城)(사적 제126호)에 옮겨가서 여 · 몽연합군(麗 · 蒙聯合軍)에 항전하였다./ 이곳은 대몽항전(對蒙抗戰)의 주도적 역할을 하였던 삼별초의 지도자 배중손의 위패를 봉안한 사당이다.

1232년으로부터 1270년까지 38년 동안의 강화도 고려왕궁 시대를 끝내고, 제24대 원종(元宗, 1219~1274, 재위: 1259~1274)이 원나라(몽골)와 고려 간에 군신(君臣)관계를 맺고 개경(開京)으로 환도하자 좌 · 우별

배중손 장군 사당 마당에 세워진 배중손 장군 동상.

초(左 · 右別抄)와 신의군(神義軍)으로 편성된 삼별초군(三別抄軍)이 크게 반발하여 진도의 용장산성(龍藏山城)으로 옮겨 하나의 나라를 만든 것이다. 이때 이들이 임금으로 추대한 사람은 원종의 6촌 동생인 승화후 왕온(承化侯 王溫, ?~1271)이고, 삼별초군의 지휘자는 배중손(裵仲孫, ?~1271(원종 12))이었다.

배중손은 고려 무신정치(武臣政治) 시대 마지막 권력자 임연(林衍) 계열의 무인(武人)이었으나 원종(元宗)이 1270년 5월 삼별초를 해체한다고 명령을 내리자 1,000여 척의 선박에 삼별초군과 그 가족들 그리고 인질로서 귀족의 가족 몇 명을 태우고, 1270년 6월 3일(음) 강화도를 출발하여 74일 만인 8월 19일(음) 진도(珍島) 용장산성(龍藏山城)에 도착하였다. 용장산성 내 용장사(龍藏寺) 부근을 왕궁터로 삼아 동으로 부산(釜山), 북으로 전주(全州)까지 공격하여 관군과 전투를 하여 피해를 주고, 재물을 착취하였다.

1271년 5월 15일(음) 고려군 사령관 김방경(金方慶)과 몽골군 사령관 홍다구(洪茶丘)가 대규모 여 · 몽연합군(650척 선박에 10,000여 명 병력)을 인솔하여 용장산성을 공격하자 삼별초군이 진도의 중심부를 거쳐 일부는 금갑리에 준비하여 놓은 선박에 승선하여 제주도 항파두성(缸坡頭城)으로 갔고, 또 일부는 남도석성으로 옮겨 여 · 몽연합군을 방어하다가 병사의 수와 장비 등이 열세인 삼별초군이 상대할 수가 없으므로 전멸하였다. 즉, 배중손이 이끈 삼별초 부대원 약 70명은 남도석성에서 방어진지를 구축하고 있다가 추격하여 온 여 · 몽연합군과의 전투에서 패퇴하여 임회면 굴포리 쪽으로 쫓기다가 지금의 배중손 사당 가까이에서 전원 살해되었다.

배중손 사당의 정문은 큰 대문과 작은 쪽문으로 만들어져 있는데, 큰 대문은 잠겨있고, 쪽문은 열려있었다. 나는 열린 쪽문으로 들어가 주위를 둘러보았다. 사당의 현관문 위에 이 사당의 이름이 精忠祀(정충사)라 한자로 쓰여 있었다. 그리고 둘러보니 마당에 잡초들이 사람 허리에 닿을 정도로 무성하다. 그리고 그 풀이 무성한 과히 넓지 않은 서쪽 마당 중심에 1999년 배중손의 후손들이 건립한 배중손의 동상이 1.7m 높이의 좌대 위에 세워져 있었다. 칼집에 넣어진 긴 칼의 칼자루를 왼손으로 잡고, 머리에는 투구를 썼으며 주먹을 쥔 오른손을 하늘 높이 들고 여·몽연합군을 향해 물러서지 말고 공격하라고 삼별초 군사들에게 외치는 모습이다. 그러나 중과부적을 어찌하랴! 인생은 자신이 되었으면 하는 방향으로 일이 되지 않는 경우도 있다는 것을 배중손도 알았을 것이다.

정충사 정문 바로 앞 정문 옆에 수령 220년의 거대한 소나무가 마치 이 사당을 지키는 듯 우람스럽게 서 있다. 사람 가슴 높이 둥치 둘레가

배중손 삼별초 지휘자 사당(정충사) 입구.

3m라 했다. 이 우람한 소나무가 늦가을 쓸쓸한 진도의 임회면 굴포리 바닷가를 찾은 머리가 하얀 늙은 남자를 물끄러미 내려다보면서 "너도 얼마 남지 않았다." 하는 것은 아닌지(?) 가을이 깊어가는 쓸쓸한 계절이어서 그런지 내 인생이 요즈음 처량해 보인다. 그러나 이 거대하고 건장한 이 소나무는 배중손이 이 부근에서 여 · 몽연합군에게 참살 당할 때는 씨앗으로 태어나지도 않은 것인데 220년의 세월이 흐르니 이렇게 우람한 낙락장송이 된 것이다. 그러나 이 소나무도 생물이니 언제인가는 탄소와 수소, 산소, 질소, 소량의 중금속 등으로 분해될 것이 아니겠는가?

배중손 장군이 주도한 740여 년 전의 항몽전쟁(抗蒙戰爭)이 의병활동에 해당되는지 또는 완전한 반역인지 우리는 왈가왈부할 일은 아니다. 그들이 또 나라를 세우면서 나라 이름을 오랑(五狼)이라 했다는 것은 반역 같으나 원종의 6촌 동생 왕온을 강제로 왕으로 추대한 조치는 의병활동(義兵活動)이 아니냐는 것이다.

〈2013년 10월 17일 청주 성화동 구룡산 밑에서〉

진도의
이름 많은 계곡

왕온(王溫, ?~1271)은 고려 제8대 임금 현종(顯宗, 재위: 1009~1031)의 7대 손이고, 제24대 원종(元宗, 재위: 1259~1274)의 6촌 동생이다.

1270(원종 12)년 무신정권이 끝나던 해, 원종은 38년 전 몽골의 침략으로 강화(江華)로 옮겼던 수도를 몽골과 굴욕적인 군신관계 협정을 맺으면서 다시 개경(開京)으로 옮기기로 했다. 1271년 5월 29일 이 결과를 삼별초(三別抄)에 통보하고 받아들일 것을 요구하자 삼별초의 지휘부는 강력하게 반발하였다. 그러자 고려 정부에서는 삼별초의 명단을 압수하고 해체할 것을 명령하였다.

그러자 삼별초 지휘자들은 승화후 왕온을 왕으로 강제 추대하고, 1270년 6월 3일 1,000척의 선박에 삼별초와 함께 그들의 가족 약 2만여 명을 싣고 진도(珍島)의 용장산성(龍藏山城)으로 이동하여 그곳을 근거지로 하여 오랑(五狼)이라는 하나의 국가를 선포하였다. 이러한 역사 이야기는 앞의 배중손(裵仲孫)의 이야기에서도, 그리고 많은 역사서에도 기록되어 있다. 그런데 나는 이곳저곳에서 삼별초 관련 자료를 읽으면서 몰랐던 역사적 사실 몇 가지를 알게 되었다.

첫째로 삼별초는 1270년 9월 용장산성에 와서 1271년 5월까지 9개월 머무는 동안에 성을 쌓고 궁월을 지었다는 것은 어려웠을 것이라는 것이다. 왜냐하면 그 동안에 공격하여 오는 여·몽연합군과의 전투도 몇 차례 있었고, 동쪽으로 부산으로부터 서쪽 나주, 북쪽 전주까지 공격하여 군량미와 생필품을 가져오는 일도 했기 때문이다.

둘째로 1271년 5월 15일(음) 650척의 선박에 일만여 명의 병사를 싣고 여·몽연합군이 용장산성(龍藏山城)으로 삼별초군을 공격하여 왔을 때 삼별초군은 진도의 중심부 진도읍 가까운 곳으로 와서 삼별초 부지휘관 김통정(金通精)이 인솔한 약 2,000여 명의 부대는 의신면 금갑리선착장에 머물던 선박들에 승선하여 제주도 항파두성으로 옮겨갔고, 몇 백 명 병졸들은 지휘관 배중손(裵仲孫, ?~1271(원종 12))이 인솔하여 남도진성(南桃鎭城)으로 가서 진지를 구축하였다가 추격하여 온 김방경(金方慶, 1,212(강종 1)~1,300(충렬왕 26))이 인솔한 여·몽연합군에게 지금의 배중손사당 근처에서 몰살된 것이다.

셋째로 임금으로 추대된 왕온과 경호부대는 용장산성으로부터 나와 제주도로 가기 위해 선박들이 준비되어 있는 의신면 금갑리선착장으로 가는 도중 내시, 가족, 궁녀 등이 함께 이동하여 속도가 늦었으므로 진도읍(珍島邑)에서 10km 정도 거리에 있는 첨찰산(尖察山, 487m) 기슭까지 갔을 때 그곳으로 추격하여 온 여·몽연합군의 몽골 사령관 홍다구(洪茶丘, 1244(고종 31)~1291(충렬왕 17))가 인솔하는 부대에 붙잡혀 살해되었다고 한다.

나는 임회면 굴포리의 배중손사당을 관람하고 진도읍으로 나와서 이제 그 아무도 알아주지 않는 오랑(五狼)이라는 나라에서 강제로 9개월 동안 임금의 자리에 앉아 있었다가 제주도 항파두성으로 자리를 옮기지 못하고 추격하여 온 여·몽연합군(사령관: 홍다구)에 의해 첨찰산의 남쪽기슭에서 잡혀 사살되어 그 부근에 무덤을 만들었다는 왕온묘(王溫墓)와 삼별초의 지나간 위치를 보려고 진도읍(珍島邑)종합버스터미널 옆에 줄지어 서 있는 택시 중 가장 앞 택시의 열려진 앞문을 통하여 기사에게 "왕무덤재의 왕온묘를 아십니까?" 하고 물었다. 그 기사는 "예 압니다. 승차하시지요." 했다.

진도읍종합버스터미널에서 내가 승차한 택시는 진도읍의 동북쪽 운림산방(雲林山房) 쪽으로 달렸다. 소치 허련(小癡 許鍊)이 예술혼을 불태운 운림산방이 진도읍에서 15km, 왕온묘는 운림산방 방향으로 10km 거리의 산기슭에 위치한다. 진도는 따뜻한 지방이어서 10월 말인데 아직 단풍이 들지 않아 산기슭의 나뭇잎이 푸르렀다. 택시는 약 10분 정도 운림산방 쪽으로 달리더니 삼거리 왼편에 있는 작은 주차장에 멈추는데 앞에 '왕온묘' 표지판이 보였다.

주차장도 만들어 놓았고, 왕온묘로 올라가는 돌층계로 길을 예쁘게 만들어 놓은 것은 진도군이 이곳에 관광객이 올 것을 예상한 수고일 것이다. 넓지 않은 돌계단 길 양 옆에 3m 간격으로 3m 높이의 동백나무가 심어져 싱그럽게 자라고 있었다.

그러나 관광객이 찾아오지 않는 곳이라는 것은 금시 알 수 있었다. 왕온묘로 올라가는 돌층계의 왼쪽과 오른쪽 동백나무를 거미들이 그들의 끈끈한 줄로 연결하여 놓은 것이다. 거미들은 곤충을 잡아먹으려고 줄을 늘여 놓은 것이지만 여행객인 나에게는 층계를 올라가는데 방해물이 되었다. 나는 길옆에서 죽은 나뭇가지 하나를 발견하고, 그것을 들어서 이 거미줄을 내려쳐 줄을 끊을 수밖에 없으니 거미들에게 조금은 미안했다.

돌계단 길이가 150m는 되었다. 그렇게 올라간 곳에 몇 개의 작은 무덤이 있고 이 무덤들을 지난 곳에 축대가 보이고, 축대 위에 가로 10m, 세로 5m 정도 정방형 잔디가 잘 자라는 마당이 있고, 마당 북쪽에 규모가 큰 묘지 봉분이 보였는데 마당 아래에 그 묘지의 비석과 묘지 안내 설명표지판이 세워져 있었다. 오석재질의 1m 높이의 비석 앞면에 '傳王溫墓'(전왕온묘)라는 글씨가 새겨 있고, 묘지 안내 설명표지판의 설명문은 다음과 같다.

> 전왕온묘(傳王溫墓)/ 전라남도 기념물 제126호/ 위치: 전라남도 의신면 참계리 산45번지/ 1270(원종 12)년 고려정부는 원나라 정부와 형제관계 강화(講和)를 맺으면서 강화(江華)에서 개경(開京)으로 환도하였다./ 이에 삼별초 지휘부는 반기를 들고 왕족인 승화후 왕온(承化侯 王溫)을 임금으로 추대하고 진도 용장산성(珍島 龍藏山城)에 성을 구축하고, 왕궁을 세워 항몽전쟁(抗蒙戰爭)을 하였다./ 그러나 다음 해 5월 고려 · 몽골 연합군이 용장산성을 공격하자 방어하지 못하고 후퇴하던 중 왕온 일행이 이곳에서 몽골군 사령관 홍다구(洪茶丘)가 인솔하는 려 · 몽연합군에 의해 붙잡혀 살해되었고, 살해된 이곳에 묻혔다고 전해진다./ 후세 사람들이 이 고개를 왕무덤재라 부르게 되었다./ 현재 이 고개에는 주인 없는 무덤 5~6기가 있는데 그 중 규모가 가장 큰 묘가 왕온묘라 전해지고 있다.

왕온은 배중손이 이끄는 삼별초군에 의해 임금으로 강제 추대되었다고 한다. 그런 사람이 삼별초 병사들에 둘러싸여 용장산성으로 내려와 약 9개월 동안 용장산성 궁궐터 맨 안쪽 건물에 갇혀 살다가 1271년 5월 어느 날 여 · 몽연합군 대부대의 공격으로 왕온과 경호부대가 쫓겨 제주도 항파두성으로 진지를 옮기려고 선박들이 준비되어 있는 진도 동쪽 바닷가 의신면 금갑리선착장으로 가다가 이곳에서 여 · 몽연합군

왕온묘의 봉분과 오석 재질의 비석.

의 홍다구(洪茶丘) 부대에 붙잡혀 무참히 살해되고, 살해된 곳에 묻힌 것이다.

일설에는 왕온의 동생 왕준(王綧)이 1271년 4월 중순 여·몽연합군이 진도 용장산성으로 출병할 때 그의 아들 왕희(王熙)와 왕옹(王雍)을 여·몽 연합군의 참모장교로 출전시켜 아들들의 백부(伯父)이고 자신의 형인 왕온을 모셔오라고 했다 한다. 그래서 이 고개에서 홍다구부대에 왕온이 잡혔을 때 왕희 형제가 홍다구에게 “왕온과 그의 아들 왕환(王煥)은 강제로 왕과 세자로 추대되었으니 살려주셔야 합니다.”라고 애원했고, 홍다구는 “역적의 뿌리는 뽑아버려야 한다.”는 논의를 했다 한다. 그래서 이 계곡이 사람의 목숨을 가지고 상의한 계곡이라 하여 논수골(論首谷) 또는 논수동(論首洞)이라고도 부른다. 결과적으로 왕희 형제의 의견이 받아들여지지 않은 것이다. 홍다구가 인솔하는 부대와 왕온의 경호부대가 싸움을 한 계곡이라 하여 '다구투곡'이라 부르기도 했다.

한편, 왕온을 경호하던 삼별초 병사들과 여·몽연합군 병사들이 이곳에서 만나 전투 했을 때 삼별초 수백 명이 살해되면서 피가 시냇물같이 흘렀다고 '비기내', '핏기내', 또는 '피내'(血川)라고도 불렀다.

어찌 되었건 이 첨계리 왕온묘가 있는 골짜기는 왕무덤재, 다구투곡, 비기내, 핏기내, 피내, 논수골, 논수동 등 여러 가지 이름으로 불려 졌다고 한다. 이 계곡은 애처로운 삼별초가 토벌된 역사, 그 중에서도 강제로 임금으로 추대된 사람이 몽골의 악질적 장군에게 피살된 안타까움이 묻어 있는 곳이다. 그래서 이름이 많은 계곡이 된 것이다.

그 후 왕온의 동생 왕준은 다구투곡에 와서 통곡하고 눈물을 흘리며 형의 무덤을 만들었다 한다. 그리고 개경으로 돌아간 다음 그는 인질로 원(元)나라 수도에 가서 고려의 외교관 역할을 하다가 그곳에서 사망했다. 왕온과 왕준 형제의 이야기는 현세의 형제애가 메마른 사람들에게 하나의 좋은 교훈을 줄 수 있다.

이 무덤은 1988년 기념물로 되기 전 1978년과 1983년 진도군에서 증·개축하고 안내 설명표지판과 기념물 제126호 전왕온묘(傳王溫墓)라 새겨진 오석 재질의 비석을 세운 것이다. 다구투곡에서 왕온이 살해된 1271년은 지금으로부터 742년 전이다. 그 시절 강제로 임금에 추대된 왕온의 인생사는 애틋한 인간사일 뿐이다.

나는 다시 양 옆으로 동백이 자라고 있는 돌계단을 뛰어 내려와 기다리는 택시를 타고 진도읍 버스종합터미널로 돌아왔다. 이제 용장산성의 삼별초궁궐터를 보는 것이 이 번 여행을 정리하는 것이다. 나는 삼별초의 발자취를 역으로 찾아가고 있었다. 버스종합터미널에서 벽파(碧波)행 시내버스를 한 시간이나 기다려 승차했다.

〈2013년 10월 29일, 청주시 구룡산 밑에서〉

남해도 금산 보리암의 선은전

겨울이 지나려 하는가(?) 봄이 오고 있는가(?) 했다. 2010년 2월 7일. 광양만(光陽灣)에는 매화가 꽃잎을 열고 있는데 남해 금산 보리암(南海 錦山 菩提庵)에 부는 바람은 아직 차가웠다.

몇 년 전에 비교하여 청주로부터 남해도 금산까지 승용차를 운전하여 갈 수 있는 시간이 단축되었다. 대전－통영 고속도로를 이용하여 진주나들목으로 나가고, 삼천포시까지 간 다음 삼천포－창선도－남해도를 연결하는 교량으로 건너가면 되기 때문이었다. 바람은 차지만 승용차로 달리는 것에는 문제가 되지 않았다.

남해도 금산(南海島 錦山, 666m) 중턱 너른 주차장을 지나 급한 경사로를 올라가 정상 가까이 조성된 금산 보리암으로 넘어가는 고갯길 정상 부근의 주차장에 내가 운전하여간 승용차를 주차하고 300m의 비포장도로를 밟고 보리암으로 넘어가는 고개를 올라갔다.

보리암은 금산의 정상 부근 남쪽 기슭에 위치한다. 비포장도로를 걸어서 정상 가까이까지 오른 곳은 하나의 전망대이다. 그곳에서 남쪽으로는 상주해수욕장(尙州海水浴場)이 시원하게 내려다보이고, 보리암은 그 관망 지점에서 바로 100개 정도의 층계를 내려간 곳이다. 금산 정상에서 보리암으로 내려가는 길옆에는 아름다운 '시'(詩)를 예쁘게 타자하여 판넬에 부착하고 비에 젖지 않도록 코팅하여 놓은 것이 지지대에 부착되어 세워져 있었다. 그 중 하나가 이성복 시인의 작품 '남해 금산'이다.

남해 금산

한 여인 돌 속에 묻혀 있었네.
그 여인 사랑에 나도 돌 속으로 들어갔네.
어느 여름 비 많이 오고
그 여인 울면서 돌 속에서 나와 어디론가 가버렸네
떠나가는 그 여인 해와 달이 끌어 주었네.
남해 금산 푸른 하늘가에 나 혼자 있네.
남해 금산 푸른 바닷물 속에 나 혼자 잠기네.

사랑하는 여인이 어느 바위 속에 숨어 있어 그 바위 속으로 찾아들어갔더니 그 여인은 그 바위 속에서 떠나갔고, 여인은 해와 달이 인도하여 주었는데 홀로 남은 나는 바닷물 속에 잠길 수밖에 없다는 하소연을 나타낸 듯하다.

남해도는 우리나라 섬 중에서 다섯 번째로 넓은 섬이다. 제주도, 거제도, 진도, 강화도, 그 다음이다. 이 남해도 금산의 정상 가까운 남쪽 기슭에 보리암(菩提庵)은 포근히 안겨 있는데 보리암 경내 동쪽의 커다란 바위 밑에 이성계(李成桂, 1335(충혜왕 6)~1408(태종 9))가 "산신령님! 새 나라를 개국하게 하여 주십시오!" 하고 산신에게 100일 동안 정성스럽게 기도하였다는 장소가 있다. 그곳을 태조기단(太祖基壇) 또는 선은전(璿恩殿)이라 한다.

나는 선은전을 보려고 봄이 오고 있는 남해 금산(錦山)에 온 것이다. 인간 이성계야 타계한지 600여 년이 되지만 그가 기도처로 사용했던 선은전은 그대로 있는 것이다.

금산 보리암 주차장에서 보리암으로 넘어갈 때 고갯길 정상 전망대에서 바위들 사이로 만들어진 계단 길을 내려가면 제일 먼저 만나게 되는 건물이 보리암 대웅전이고, 대웅전 앞마당 입구 옆 산죽 숲이 있는 곳 난간 위에 선은전(璿恩殿) 표지판이 있는데, 산죽 숲 사이로 만들어진 층계를 밟고 내려가고 올라가기를 두 번 한 곳이 '선은전'이다.

보리암은 663(문무왕 3)년 47세의 원효대사(元曉大師, 617~686)가 창건할 때 남해도 남쪽 바다에 있는 세존도(世尊島) 해안에 와있던 어선에 실려 있던 부처님을 모셔 와서 보리암 대웅전에 모셨다는 설화가 있다.

이제 층계를 내려가고 올라가기를 두 번 하여 선은전으로 건너갔다. 선은전은 바위언덕 위에 방 2개를 가진 빨간 기둥과 벽에 울긋불긋한 꽃과 불화(佛畵)가 그려진 기와집이었다. 기와집 추녀 밑에 '璿恩殿'(선은전)이라는 현판이 걸려 있다. 이 선은전 안에 2m 높이의 비석이 두 개 세워져 있다. 왼쪽 비석에 「南海錦山靈應紀蹟碑(남해금산영응기적비)」라 글자가 새겨 있다. 왼쪽 비석에 새겨진 글 '남해금산영응기적비'는 남해 금산에서 이성계가 100일 기도를 드린 다음 신령의 계시를 받았다는 것을 기념하는 비석이라는 것이다. 선은전 앞에 안내 설명표지판이 세워져 있었다. 그 내용은 다음과 같다.

보리암에서 선은전으로 가는 도중 언덕에서 바라본 선은전(2015년 11월 28일 15시 촬영)

선은전(璿恩殿)/ 경남문화재 자료 제277호/ 소재지: 경남 남해군 상주면 상주리/ 조선 태조 이성계가 이곳에서 1390년 백일기도를 하던 중 산신(山神)의 계시를 받아 보위(寶位)에 오를 수 있었다는 전설이 깃든 유적을 기념하여 1903(광무 7)년 5월 11일 고종(高宗)의 명령으로 세운 비석이다./ 태조는 나라를 세우기 위해 전국의 명산을 찾아 기도를 올렸으나 뜻을 이루지 못하다가 이곳에서 산신의 호응을 받아 등극할 수 있었고, 그 보은으로 산의 이름을 보광산(普光山)에서 금산(錦山)으로 바꾸어 주었다고 한다./ 의정부찬정(議政府贊政) 윤정구(尹定求, 1841(철종 10)~?)가 글을 짓고 써서 세웠다.

비석의 글과 글씨를 1903년 5월 의정부찬정 윤정구가 짓고 썼다고 했다. 이 보리암 자리가 이곳에서 내려다보이는 상주해수욕장이 있는

금산 보리암의 해수관음보살과 삼층석탑.

남해군 상주면소재지와 같은 상주리에 속해있고, 이성계는 이곳에서 산신에게 100일 기도를 하고 산신의 조선 건국 응답계시를 받아 조선의 시조가 되었다는 것이다. 일설에는 환인, 환웅, 단군의 3대 고조선 건국신에게 기도로 애원하여 허락받았다는 설화도 있다. 나는 우선 '선은전'이 이성계의 100일 기도처임은 틀림없다고 생각했다. 그러나 100일 기도 후 산신령의 응답을 받았다는 것을 좀 의심한다. 산신령의 존재를 믿지 못하기 때문이다. 그러나 자신이 이루고 싶은 일을 위하여 이렇게 외로운 장소에 와서 100일 동안 기도했다는 이성계의 정성은 본받을 만한 일이 아니겠는가? 사람은 자신이 원하는 것을 이루기 위하여 이러한 정성을 들일 줄 알아야 할 것이다. 그러면 목적을 이루게 된다는 효시인 것이다.

선은전 돌계단을 밟으며 내려온 골짜기 옆 벽면에 코팅되어 붙여놓은 시 한 수가 있었다. 남해읍에 살고 있는 박영훈 시인의 작품 '상사바위'였다.

상사바위

아무리 생각해 보아도
나를 생각해 낼 길이 없구나.
아무리 생각해 보아도
네가 부동자세로 서있는 이유를 알 길이 없구나
아무리 명가의 걸작노래 불러도
너를 웃길 수가 없구나.
춘하추동 표정 없는 사계절
억겁(億劫)을 지내오는 보광산 상사바위여!
너는 누구와 더불어 말하고
언제쯤 무슨 판결을 내릴 것이냐?
천둥이 치나마나 상관없이
소녀의 귀신처럼 고개 숙여
밤새도록 눈비 맞는 보광산 상사바위여!

상사병은 한 사람이 상대를 사랑하는데 그 상대가 그 사람을 좋아하지 않을 때 생기는 병이다. 다시 말해 짝사랑 할 때 생기는 병일 것이다. 이 금산에 와서 한 여인(남성)이 어느 남성(여인)을 죽도록 사랑했는데 그 남성(여인)은 이 상대를 싫어했던 모양이다. 그래서 그 상대를 그리워하다가 바위로 되어 상사바위로 불리우는 것이다. 이성계는 100일을 기도하여 신이 응답하고 조선을 개국할 수 있었는데, 이 사람은 사랑을 얻지 못하여 바위로 되었다 하니 안타까운 일이다. 한 사람의 사랑을 얻기 위해서도 100일 기도를 올려야 되었는지도 모를 일이다.

이제 다시 내려가고 올라온 층계를 다시 내려가고 오르면서 대웅전 앞으로 나오니 아내는 대웅전 서쪽 바위산 아래 야외에 건립된 해수관음상 앞에서 108배를 하면서 소원을 빌고 대웅전 앞으로 와서 나를 기다리고 있었다.

〈2010년 2월 15일〉

칠천량해전과 원균

칠천량(漆川梁)은 거제시 하청면 실전리(거제도에 속함)와 어온리(칠천도에 속함) 사이의 해협을 말한다. 현재 그 해협에 455m 길이의 칠천교(漆川橋, 1999년 12월 완공)가 건설되어 있다. 원균(元均, 1540~1597)이 삼도수군통제사(三道水軍統制使)로 있으면서 1597년 7월 15일(음) 이 해렵에 160여 척의 판옥선들을 정박하고 있다가 7월 16일 새벽 일본수군 600척의 전함과 수병들의 기습공격을 받아 판옥선들이 모두 격침되었다. 나는 2014년 2월 5일 이 비참했던 자리를 찾아갔다.

내가 진주(晉州)시외버스터미널에서 칠천교까지 찾아간 이야기는 다음과 같다. 진주시외버스터미널에서 시외버스에 승차하고 1시간 후 거제도 고현읍(古縣邑)시외버스터미널에 하차하였는데 그곳에서 칠천교까지 하루에 4 대 정도 시내버스가 운행되기 때문에 한 번 버스를 타지 못하면 2~3 시간을 기다려야 되는 것이다. 그러므로 나는 고현읍 시외버스터미널에서 택시를 승차하였다. 택시를 타면 저렴하지 않은 요금을 지불해야 한다는 단점이 있으나 택시기사에게 궁금한 것을 물어볼 수 있다는 좋은 점이 있는 것이다. 이날 내가 승차한 택시기사와는 그의 자녀들의 교육에 관한 이야기도 들었고, 거제도민의 생활에 대해서도 들었다. 그렇게 이야기하면서 칠천교 입구에 도착하였다.

거제도 실전리 칠천교 입구에는 작은 공원이 조성되어 있다. 잔디밭이 있고 운동기구들도 갖추어져 있으며 2층이 전망대인 팔각정이 공원 중심에 건설되어 있다. 이 팔각정 옆 오석 재질의 비석(30×60cm) 앞면에 칠천량해전지(漆川梁海戰址)에 대한 글이 새겨져 있다.

> 칠천량해전지(漆川梁海戰址)/ 소재지: 거제시 하청면 실전리/ '칠천량해전'은 1597(선조 30, 정유)년 7월 16일(음력) 거제시 하청면 실전리(거제도쪽)와 어온리(칠천도쪽) 사이의 해협에서 일어난 해전이다./ 당시 삼도수군통제사 원균(元均)이 지휘하던 조선수군은 7월 14일(음) 가덕도와 영등포 등에서 일본수군의 기습 공격으로 크게 손실을 입고, 후퇴하여 7월 15일(음) 밤 칠천량(漆川梁)으로 와서 정박하였다./ 그러나 7월 16일(음) 새벽 추격하여 온 일본 수군 함정 600척의 기습공격을 받고 조선수군은 거북선 3척과 전함 160여 척을 격침당하고, 10,000여 명의 병력을 잃었다./ 전라우수사 이억기, 충청수사 최호 등 많은 공적을 세운 조선수군의 장군들이 사망하였다./ 삼도수군통제사 원균은 고성 춘원포(固城春原浦)로 전함 몇 척을 이끌고 도망하였다./ 그러나 추격해 온 일본 수군에게 도피할 때 타고 갔던 판옥선들은 모두 파괴되고 그도 참살되었다./ 이 해전의 패전으로 남해의 제해권이 왜군에게 넘어갔다./ 조선 조정은 초계(현 합천군 율곡)의 권율 도원수 휘하에서 백의종군(白衣從軍)하고 있던 이순신을 삼도수군통제사로 재임명하였다. -〈이하 생략〉-
> 경상남도

참패한 전투도 알아야 그것이 후대에 거울로 되어 그런 치욕을 미래에 받지 않는다고 하여 이 참패한 전투의 내력을 공공장소에 비석의 설명문으로 기록하여 놓은 것이다.

이제 원균이 삼도수군통제사(三道水軍統制使)로 임명되어 이 해전에서 타계하게 된 내력을 좀 더 자세하게 기록하여 보겠다. 1597년 1월 정유재란이 시작되고 15일 경 일본의 선봉장 고니시유키나까(小西行長)의 부하인 요시라(要時羅)가 경상우병사 김응서(金應瑞)를 찾아와 일본의 갓토기요마사(加藤清正)와 그가 인솔하는 부대가 1597년 1월 22일(음) 부산포에 도착하고, 그가 승선한 함정은 어느 것이고, 몇 시에 도착한다는 것을 알려주면서 이것은 갓토와 고니시의 갈등으로 고니시가 알려주라 하여 알려주는 것이라 했다. 김응서는 그 당시 초계(경상도 합천)에 와 있었던 권율(權慄, 1537~1599) 도원수에게 알려주었으므로 권율 도원수는 직접 한산도(閑山島) 통제영까지 와서 이순신 삼도수군통제사에게 그것을 알려주며 부산포를 공격하라고 명령하였다. 그러나 이순신(李舜臣) 삼도수군통제사(三道水軍統制使)는 이 명령에 따를 수 없다고 자신의 의견을 이야기했다.

"일개 적 첩자에게서 나온 말을 어떻게 믿을 수 있겠습니까? 함정일 수 있습니다. 적정을 정확히 파악하지 않고 병력과 장비를 움직임은 위험합니다."

라고 말하는 것이었다. 이러한 사실이 선조(宣祖, 1552~1608)에게 보고되자 이순신을 마땅치 않게 생각하던 그는 그를 삼도수군통제사로부터 파직하고 투옥(投獄) 시킨다. 이순신 장군의 투옥 기간은 약 1개월이었다고 한다. 이순신 장군이 파직된 다음 1597년 2월 26일(음)자로 원균(元均, 1540~1597)이 삼도수군통제사에 임명되었다. 원균도 부산포 공격이 무리라고 생각하면서도 지상군과 협력한다는 조건을 내세우면서 부산포를 공격했다. 판옥선 200 척을 동원했다고 한다. 그러나 처음 공격 때 일본 전함들의 매복전술에 걸려 20여 척의 판옥선을 잃고 거제도로 귀환하였으며, 두 번째 공격은 1597년 7월 14일(음)이었는데 태풍이 불어와서 다시 이십여 척의 함정을 잃고 15일 귀환하던 중 가덕도(加德島)에 상륙(上陸)하여 병사들이 식사준비 할 때 매복(埋伏) 하였던 왜병들의 기습공격으로 400여 명의 군졸을 남겨둔 채 칠천량으로 퇴각(退却)했다.

칠천량의 좁은 해협에서 170여 척의 판옥선들과 거북선 3척을 정박하고 쉬었다. 이때 경상우수사 '배설'(裵楔, 1551~1599)은 칠천량이 위험하니 한산도나 여수 전라우수영으로 물러가 있자고 원균에게 건의했으나 그는 듣지 않았다고 한다. 그러자 밤이 깊을 때 '배설'은 자신의 지휘하에 있는 판옥선 12척만을 이끌고 장흥 회령포로 피하였다. 그리고 3시간 후쯤인 7월 16일(음) 2시 쯤 여기까지 따라온 일본수군 600척

2,000년 1월 1일 개통된 칠천교(漆川橋). 이 교량 주변이 1597년 7월 16일(음) 새벽 일본 수군에게 조선수군이 야간기습공격을 받은 칠천량(漆川梁)이고, 교량 건너편이 칠천도이다.

의 전함에 의한 야간기습공격(夜間奇襲攻擊)을 받아 거북선 3척을 비롯하여 판옥선들 160여 척이 모두 격침되거나 불타고 10,000여 명의 군졸이 참살(斬殺)되거나 포로로 되었다. 조선 수군이 치욕(恥辱)을 겪은 것이고, 원균 통제사는 고성 춘원포(固城 春原浦)로 몇 척의 판옥선을 이끌고 도망하였으나 그곳까지 추격하여 온 일본수군에게 판옥선들은 격파되고 그는 살해되었다. 원균은 1597년 2월 26일(음) 삼도수군통제사에 임명되고 7월 16일(음) 사살되었으니 4개월 18일 근무한 것이다.

그런데 인터넷 자료실에는 원균 통제사가 그날 가덕도에 두고 온 400명 군졸을 생각하고 원통해 하며 술을 마시고 잠들었다가 추격하여 온 왜병들의 기습공격을 받고 피하여 도망간 곳이 고성 춘원포이고, 그곳까지 추격하여 온 왜병들에게 참살되었다고 기록하고 있다. 당시 원균 삼도수군통제사가 춘원포 황리마을로 피해 간 것은 경상우수사로 근무할 때 고성 주변의 지리를 잘 알게 되었으므로 그곳으로 갔다는 것이다.

동남일보 기자 황석우의 기사 '황리마을 설화'에는 1597년 7월 16일(음) 새벽, 한 수군 장교가 왜놈 병사 6~7명에게 쫓겨 달아나다가 황리마을 돌감나무골 큰 소나무 아래에서 살해되었는데 목을 베어 머리는 왜놈들이 가져가고, 목 없는 시신만 뒹굴어 이것을 본 주민들이 안타깝게 여겨 양지바른 곳에 머리 없는 시신의 무덤을 만들어 주었다고 했다. 그 무덤을 주민들이 「머리 없는 장군묘」로 불렀다고 한다. 그러므로 이곳의 향토사가(鄕土史家)들은 경기도 송탄(松灘)의 원균의 묘는 가묘라 말한다는 것이다. 황리마을 보리밭 가운데 망가진 채 남아 있는 조그마한 봉분이 머리 없는 몸이라도 묻힌 원균의 묘라는 것이다.

이것이 무슨 칠천량해전(?)인가? 일방적으로 몰살당하는 것도 전투인가? 이때 거북선 3척도 이곳에서 왜놈들에 의해 불에 타서 파선, 침몰되었다고 한다.

나는 이 칠천량 위에 2,000년 1월 1일 개통된 칠천교(길이 455m, 넓이 11m)를 걸어서 건너가며 교량의 북쪽과 남쪽의 해협을 바라보았다. 해협이 그리 좁지도 않고 해협에 작은 섬들이 다섯 개 정도 있었다. 경치 좋고 공기가 맑은 곳이다. 교량 건너 칠천도 쪽 어온리 장안마을 삼거리에서 남쪽으로 4km 내려간 옥계마을에 칠천량해전공원전시관이 있다고 하여 나는 그곳까지 걷기로 하고 발걸음을 떼었다. 10리 길을 걸어가면서 경치를 감상한 것이다. 주말 농장이나 별장으로 지은 집들이 길가에 가끔 보였다. 대문 앞에 동백꽃이 예쁘게 피어있는 집도 있었다. 동백꽃은 겨울에 피는 꽃이니 남쪽이고 바닷가 지역에 가능한 것이다. 혼자 걸으니 좀 외로운 것은 어쩔 수 없었다. 천천히 걸어 돌담이 있는 민가 옆을 지나가는데 돌담 안쪽에 얼굴이 좀 검은 할머니 한 분이 밖을 내다보고 있었다. 내가 그 할머니에게 인사하면서

"안녕하세요? 할머니 칠천량해전공원전시관이 어디로 가는지 아세요?"

하고 물었더니 그 할머니 손을 들어 길 건너 언덕 위를 가리키면서

"저기요."

하더니 무엇이라 중얼거리는데 알아들을 수가 없어서

"할머니 지금 무엇이라 말씀하셨어요?"

하고 물으니

"할배 왜 할매 안 데리고 혼자 왔는교?"

하는 것이다. 내가

"할매 아니 온다카는데 어찌 하것소?"

라고 말하니 그 할머니

"오지 않는다카는데 어찌 하노? 할 수 없지"
하고는 밖에서 보이지 않는 부엌으로 들어갔다. 칠천량해전공원전시관이 칠천도(漆川島) 남쪽 일주도로 남쪽에 있고, 입구에 주차장이 있으며, 해전공원전시관 안내약도가 주차장 옆에 세워져 있었다. 안내약도에 해전공원전시관이 역사의 메아리, 기억의 메아리, 회한의 메아리, 아픔의 메아리, 부활의 메아리, 칠천의 메아리, 그리고 치유의 메아리로 구분하여 전시관을 꾸몄다고 설명되어 있었다.

전시관이 해협의 바다로 나온 조그마한 반도의 산마루에 건설되어 있었다. 전시관으로 올라가는 길이 경사가 심한 편이었다. 겨울이라고는 하나 날씨가 따뜻하고 4km를 배낭을 짊어지고 걸어온 칠십객이 가파른 고개를 오르자니 이마에 땀이 솟았다. 칠천량해전공원전시관 입구로 들어가서 안내소 앞에 배낭과 등산복 상의를 벗어 놓고 전시관을 돌아보았다. 돌아본 이야기를 모두 쓸 수는 없고 '회한의 메아리'의 전시물을 읽어 본 이야기만 기록한다. '회한의 메아리'는 치욕적 칠천량해전에 관계된 내용들이다. 그런데 이 전시된 설명문 중에 경상우수사 '배설'(裵楔, 1551~1599)이 1597년 7월 15일(음) 깊은 밤 칠천량에서 그의 예하 판옥선 12척을 이끌고 장흥 회령포로 도피한 이야기가 있는지 찾아보았는데 그 설명문을 발견하지 못하였다.

이순신 장군이 그해 9월 16일 명량해전을 승리할 수 있었던 것은 경상 우수사 배설이 휘하의 판옥선 12척을 이끌고 칠천량으로부터 장흥 회령포로 도피하였다가 8월 3일(음) 이순신 장군이 삼도수군통제사로 재임되어 온 다음 9월 2일(음) 인계하였기 때문이었다.

우리는 살아가면서 정유재란 때의 원균 삼도수군통제사, 선조, 그리고 권율과 같은 사리판단을 하고 살지 않는다고 말할 수는 없을 것이다. 그러므로 우리나라의 사람들은 누구나 원균 같은 지휘관이 되지 말라는 의미에서 이 칠천량해전공원전시관을 조성하고 개관한 것으로 해석해야 할 것이다. 그러한 의미에서 이 해전공원전시관의 개관에 박수를 보낸다.

〈2014년 2월 15일 청주시 성화동 구룡산 밑에서〉

[참고 1] 칠천도와 칠천교: 칠천도(漆川島)는 바닷가에 따뜻한 우물이 있어 온천도(溫泉島)라고 불리기도 했다 한다. 거제시에 속한 50여 개의 무인도(無人島)와 10개의 유인도(有人島) 중 거제도 다음으로 큰 섬이다./ 넓이 9.1㎢, 인구 1,500여 명이 살고 있다./ 약재로 사용하는 옷나무가 많이 자라고 물이 좋다고 한다./ 칠천교(漆川橋)는 1990년 12월 30일 착공하여 1999년 12월 30일 완공하고, 2000년 1월 1일 개통한 길이 455m의 교량이다./ 삼국시대로부터 고려, 조선시대, 그리고 20세기 말까지 칠천도 주민들은 이 칠천량을 배로 건넜으니 그 불편함이 대단했을 것이다.

[참고 2] 원균(元均)과 배설(裵楔): 원균(1540~1597)은 이순신(1545~1598)보다는 5년 연상이고, 권율(權慄, 1537~1599))보다는 3년 연하이다./ 경상우수사로 근무하면서 당포(唐浦), 당항포(唐項浦), 사천해전(泗川海戰) 등의 해전에서는 이순신과 연합하여 전공(戰功)을 세웠으나 이순신의 난중일기에 원균은 처신이 바르지 않다는 내용이 여러 곳에서 나타나는 것으로 보아 그렇게 합리적이지 못한 사람으로 생각된다./ 원균은 이순신보다 5년 연상이지만 1593년 8월 이순신이 먼저 삼도수군통제사에 임명되자 이순신과의 갈등이 심해졌다./ 한편 배설(裵楔, 1551~1599)은 정유재란 당시 정3품인 경상우도수군절도사로 원균 삼도수군통제사 휘하에서 부산포 공격에 참여하여 성공하지 못하고, 조선군에게 피해만 발생하자 1597년 7월 16일(음) 칠천량에 3척 거북선과 170여 척 조선 판옥선들이 정박함을 반대하다가 되지 않으니 자신이 거느린 12척 함대를 이끌고 한산도통제영(경상우도통제영)으로 와서 놓아두면 적들이 이용할 식량과 무기를 불에 태우거나 바다에 던져버린다./ 왜군이 침범하여 올 것을 예견한 것이다./ 그리고 함선 12척을 이끌고 전라도 장흥 회령포(長興

會寧浦)로 가서 정박한다./ 원균이 7월 16일(음) 고성 춘원포에서 살해되고, 이순신이 8월 3일(음) 삼도수군통제사에 재임명되자 12척 판옥선들은 9월 2일(음) 이순신 삼도수군통제사에게 인계된다./ 그리고 명량해전이 시작되기 며칠 전 배설은 신병을 핑계로 탈영한다./ 그 죄과로 배설은 1599년 3월 6일 처형되었다.

명량대첩의 숨은 설화

2013년 9월 초 충무공의 발자취를 찾아 목포에서 목포항(木浦港)을 보호하듯 앞에 놓여있는 고하도(古下島)에 택시를 타고 가는데, 택시 기사는 여러 가지 이야기를 들려주다가 나에게 "우수영에는 가 보셨습니까?" 하고 묻는 것이었다. 나는 연육교인 진도대교(珍島大橋)를 건너 진도에는 몇 년 전 승용차를 운전하여 갔다 온 일이 있고, 진도대교 밑의 바다가 명량해협(鳴梁海峽)이고, 그 부근이 전라우수영(全羅右水營)이었다는 것은 알고 있었기 때문에 "지나간 일은 있지요." 하고 대답했었다. 그러면서 전라우수영은 1597년 정유재란(丁酉再亂) 때 조선의 수군이 왜 수군들에게 치명적 타격을 주었던 명량대첩(鳴梁大捷)의 현장임을 생각하고 한 번 가보겠다고 마음속으로 다짐했었다.

나는 9월 8일 13시 목포시외버스터미널에서 시외버스를 이용하여 전라우수영시외버스정류소에 와서 하차하였다. 전라우수영시외버스정류장은 해남군 문내면소재지 중심부에 위치하는데 그곳에서 전라우수영국민관광단지까지는 약 3km 거리이고, 그 외 관광지들도 걸어가기에는 거리가 멀기 때문에 면소재지임에도 택시들이 많이 운행되고 있었다. 나도 이 택시 중 하나에 승차하고 전라우수영터(全羅右水營址)에 간다고 하니 택시가 약 5분 정도 달려 나를 우수영 매표소 앞에 내려주었다. 정문으로 들어가 처음 만난 것은 전라우수영 안내 설명표지판이었다.

> 전라우수영(全羅右水營)/ 1377(우왕 3)년 무안 당곶포에 수군처치사영(水軍處置使營)이 설치된 것을 1440(세종 22)년 해남 황원곶(현 우수영)으로 옮겼다. 1465(세조 11)년 '수군처치사영'은 수군절도사영으로 승격되었고, 1479(성종 10)년 순천 내래포에 전라좌수영이 설치된 뒤 '전라우수영'이 되었다/ –〈중략〉–/ 1597(선조 30)년 정유재란 때 전라 우수사 김억추는 삼도수군통제사 이순신과 함께 명량해전(鳴梁海戰)에서 승리를 거두었는데 명량해협은 본영으로부터 1km도 떨어져 있지 않은 조류(潮流)가 강한 해협(海峽)이고, 천험(天險)의 자연모습을 갖춘 곳이다./ –〈이하 생략〉–

이 설명문은 주로 전라우수영의 연혁과 지형을 설명한 것이다. '중략' 부분의 생략된 내용은 전라우수영의 관할구역에 대하여 서술한 것이고, '이하 생략' 부분은 우수영성에 관한 내용이다. 전라우수영 안내 설명표지판 옆에는 우수영 울돌목의 설명표지판이 세워져 있었다.

> 우수영 울돌목/ 우수영 울돌목은 해남군 문내면 학동리와 진도군 군내면 녹진리 사이의 좁은 해협을 일컫는다./ 이곳의 가장 짧은 거리는 323m, 깊은 곳의 수심은 20m로서 급류가 흐른다./ 급류의 평균 속도는 24km/h이다./ 명량은 급류가 흐르면서 물이 바닥의 바위와 부딪혀 울려

> 나오는 소리 때문에 울돌목(鳴梁)이라 부른다./ 울돌목은 임진왜란 3대 해전 중 하나인 명량대첩(鳴梁大捷)의 호국성지(護國聖地)이다./ -〈중략〉-/ 울돌목의 지형은 이순신 장군이 13척의 배로 왜선 133척을 격파한 요인으로 작용하였다./ -〈이하 생략〉-

이순신 삼도수군통제사에게 1597년 9월 초(음) 해전을 포기하고 육전에 참가하라고 의정부에서 권하자 이순신 삼도수군통제사가 "신에게는 아직 12척의 판옥선이 있아옵니다."라고 장계에 기술하였다는 말은 유명하다. 장계에서 12척이라 했는데 위 안내 설명표지판의 설명문에 13척이라 한 것은 칠천량해전(1597년 7월 16일(음))에서 원균(元均) 등이 왜 수군의 기습공격으로 판옥선들을 모두 잃기 전 당시 경상우수사 배설(裵楔, 1551~1599)이 도망 나왔는데 그때 그가 인솔하여 온 배가 12척이고, 1척은 그 후 전라우수영에서 부서진 판옥선 1척을 수리하여

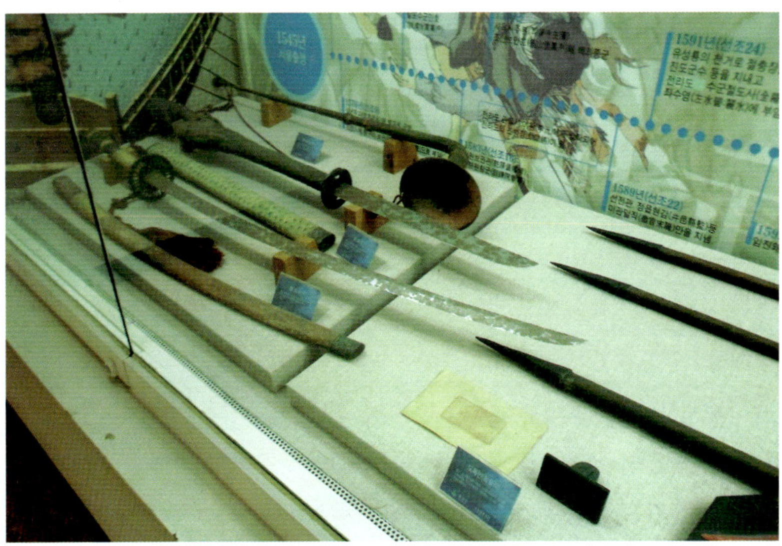

전라우수영 유물전시관에 전시된 당나라 신종이 충무공에게 보냈다는 칼.

명량해전이 일어난 9월 16일(음) 참전한 것이라 한다. 323m의 좁은 해협에 13척이 횡대로 늘어서는 것도 어려운데 왜선 333척은 밀물이 썰물로 바뀌면서 조선의 판옥선 13척이 공격하자 서로 엉키었다고 한다. 왜선 31척은 완전히 파괴되었고, 92척은 전투를 할 수 없도록 파손되었다고 한다. 왜선의 파손에 비교하여 조선의 판옥선은 한 척도 파손되지 않았다니 신이 도운 것이다. 명량해전에서 승리의 불씨를 준 것은 안골포(부산) 해전(1592년 7월 10일(음))에서 조선군에 투항해 온 왜군 준사가 왜군 선발대장 통총(通總) '구루시마'(來島)를 이순신 삼도수군통제사에게 가리켜 주어 그를 우선적으로 사살하여 왜군이 혼란에 빠졌기 때문이라는 이야기도 있다.

한편, 해남군 송지면 어란진에는 아름다운 기생 어란의 이야기가 있다.

> 1597년 8월 어란진에는 왜군 부대가 진주하여 와서 주둔하고, 포로수용소까지 갖추고 있었다./ 원균이 이끄는 수군이 칠천량(漆川梁)에서 왜수군 600척의 야간기습으로 전멸하자 왜군은 전라남도 해남까지 전진하여 '어란진'을 점령한 것이다./ 부대장은 칸 마사가게(菅正陰)였다./ 그런데 그는 어란진에서 조선 기생 어란의 아름다움에 빠져 그녀와 연인관계를 이루고 있었는데 칸 마사가게가 9월 7일 어란에게 벽파진의 조선수군 공격일이 9월 16일임을 말했다./ 어란 여인은 어란진 왜 수군 포로수용소에 잡혀와 있는 조선인 수군 김중걸(金重杰)을 풀어주면서 이 기밀을 이순신 삼도수군통제사에게 전달케 했다./ 어란의 본명은 김해인(金海人)이다./ 이순신 통제사가 9월 15일 갑자기 삼도수군통제영을 전라도 진도 동쪽 항구 벽파진(碧波津)에서 전라우수영으로 옮긴 것도 이 정보를 듣고 세운 하나의 작전이라 한다./ 적은수의 판옥선(13척)으로 수백 척(333척)의 왜놈 전투함들을 침몰시키려면 좁은 해협을 이용해야 되기 때문이다./ 꿈에 신이 나타나 계시를 주었다는 이야기도 있으나 어란 여인이

알려준 정보가 승리의 불씨를 준 것이다./ 명량해전에서 왜군 장수이며 기생 어란의 연인인 칸 마사다게는 이 해전에서 전사했다./ 그러자 어란 여인은 나라에 좋은 일은 하였으나 자신을 믿고 1급 비밀을 알려준 왜놈 장수가 죽은 것 또한 자신의 마음을 아프게 하였으므로 바다에 몸을 던져 죽었다./ 그 여인의 시신은 한 어부가 발견하고 건져내어 장사지낸 다음 그 여인의 영혼을 위로하기 위해 그 묘지 앞에 석등을 세워주었다고 한다.

이러한 내용이 해남 문화센터에서 2회나 뮤지칼(Musical)로 공연되었다고 한다. 이 내용이 처음 알려진 것은 일제 강점기인 1930년 경 해남군 송지면에서 순경으로 근무한 '사와무라 하치만다루'의 유고집이 한글로 번역되면서 알려졌다고 한다. 본명이 '김해인'인 어란 여인의 충성스럽고 애틋한 마음은 임진왜란 당시 진주 남강에서 일본군 장교를 껴안고 강물로 뛰어든 논개와 비교될 만하다. 어란 여인이 일본군 포로로 잡혀있던 조선수군 '김중걸'을 풀어주면서 일본수군의 벽파진에 있는 조선수군을 공격 예정 일자를 이순신 삼도수군통제사에게 전달했음을 아는 한국인이 몇 명이나 될 것인가?

나는 우수영정문으로 들어서면서 층계를 올라가 명량대첩유물전시관으로 들어갔다. 마침 60대 남자 자원봉사문화해설사가 있어 인사하고 몇 가지 물어보았다.

"선생님 명량대첩지가 어딥니까?"

"바로 이 전시관에서 내려다보이는 진도대교 밑입니다."

"이 바닷물은 썰물 때는 동쪽으로 흐릅니까?"

"그렇습니다."

"선생님 그러면 명량해전에서 이순신 삼도수군통제사가 이끄는 함선들은 밀물 때 후퇴하였다가 썰물 때 수중에 설치했던 쇠사슬 줄을 양쪽 해안에서 끌어 잡아 올려 왜선들을 도망가지 못하게 하고 공격했다는 해중철쇄(海中鐵鎖)의 이야기가 맞습니까?"

하고 내가 물으니 해설사의 안색이 굳어지면서 다음과 같이 말했다.

"그렇지 않습니다. 난중일기의 어느 곳에도 해중철쇄는 나타나지 않습니다. 또 밀물과 썰물이 그렇게 빨리 바뀌는 것은 아닙니다."

라고 말했다. 나도 해중철쇄는 드라마 제작자와 소설가의 꾸며낸 이야기일지도 모른다는 생각을 했었다. 그러나 해류의 변화를 이용했다는 것은 그래도 그랬지 않았을까(?) 하는 의구심이 일었다. 내가 이 여행을 마치고 귀가하여 구입하여 서가에 꽂아 놓기만 했던 '이은상'(李殷相)의 역주해 난중일기의 1597년 9월 16일의 일기를 읽어보았으나 해중철쇄 이야기는 없었다. 왜적이 다가옴을 알고 본진을 벽파진(碧波鎭)에서 전라우수영으로 9월 15일 옮겼다는 말은 있다. 내가 자원봉사 해설사에게 한 가지 더 물었다.

"그러면 유물 전시관에 전시되어 있는 긴 칼 두 개는 이순신 장군이 사용하던 것입니까?"

그 해설사는 정색을 하고 대답했다.

"두 칼은 당 나라 황제 신종이 이순신 삼도수군통제사에게 하사한 선물입니다. 칼자루가 중간까지 내려온 칼은 경호용으로 경호원이 어깨에 메고 다니는 칼이라 합니다."

이렇게 대답을 하더니 그는 잘 가라는 인사도 하지 않고 슬그머니 밖으로 나갔다. 자기가 인사하지 않고 가는데 왜 인사도 않고 가느냐고 말 할 수도 없는 것이고 내가 잘 있으라고 인사 할 필요도 없이 우리는 그렇게 헤어졌다.

추분이어서 여름날에 비해 해가 많이 짧다. 오후 5시 정도인데 해가 유달산(儒達山) 쪽으로 넘어 가고 있었다.

그러나 오늘 이 글은 여기에서 멈추기로 하였다. 다른 이야기를 곁들이면 임진왜란과 정유재란에서 일어났던 수많은 전투에서 가장 빛이 나는 전투인 명량대첩의 의미를 퇴색시킬 수 있기 때문이다.

〈20·3년 9월 20일 청주시 성화동에서〉

고금도 덕동리 우물 어란정

강진읍시외버스터미널에서 고금면소재지(古今面所在地)로 가는 버스는 연육교인 고금대교(古今大橋, 760m)를 건너고, 고금도시외버스터미널에 도착한다. 내가 하차하였을 때가 2013년 9월 26일 오후 2시였다. 그곳에서 잠시 기다려 약산면(藥山面)소재지로 가는 마을버스에 승차하였다. 마을버스는 낮은 산과 밭, 논들 사이로 달리더니 갯벌이 오른쪽으로 보이는 바닷가 길을 지나고 고금－약산도 연도교(古今－藥山島 連島橋, 309m)를 건넜다. 나는 이 연도교를 건넌 곳에서 내렸다. 약산도(조약도)의 우두리 입구에 온 것이다.

내린 곳의 서쪽 낮은 언덕 위에 4각 정자가 있어 잠시 올라가 주위를 돌아보았다. 그곳에서 남쪽으로는 붉은 색 아취교인 내가 마을버스를 타고 방금 건너온 약산대교와 교량 밑 푸른 바다, 그리고 섬마을들이 내려다보였다. 해협의 푸른 물 위에 굴 양식을 위한 흰 스티로폼 부표덩이들이 줄을 맞추어 떠 있었다.

나는 이제 마을버스로 건너온 약산대교(藥山大橋)를 걸어서 건너갔다. 건너간 곳이 고금도 덕동리(德洞里) 동쪽 끝인 것이다. 이제 버스를 타고 온 덕동리길을 역으로 걷는 것이다. 길의 양옆은 느티나무들과 동백나무들의 숲이고, 매미들의 울음소리가 이들 나무숲에서 귀가 멍멍하게 울려 나왔다. 내리쬐는 햇볕도 뜨거웠다. 낮은 고개를 넘어 약 200m 걸어 내려간 곳의 집 10여 호가 있는 시골 마을길의 한 길가집 앞에 한 아주머니가 있었다.

"아주머니 이 마을에 어란정(於蘭井)이 어딥니까?"

하고 물으니 '멍' 하니 내 얼굴만 쳐다보았다. 이 아주머니는 우물의 이름 어란정을 모르는 것이었다. 그래서

"이 마을에 옛날부터 좋은 우물이 있었다면서요. 그 우물이 어딘지 아시는지요?"

하고 물으니 그때에서야

"이 고개를 넘어가시면 기와지붕을 하여 놓은 샘이 오른쪽에 있어요."

라고 가르쳐 주었다. 나는 고맙다고 인사하고 고개를 넘어 내려가니 또한 10여 호의 집들이 오른쪽 낮은 산 밑에 축대를 쌓고 그 위에 깨끗하게 건축되어 있다. 가장 아래 위치한 집의 축대 밑에 기와지붕을 한 사각형 돌 축대로 벽을 쌓은 '우물'(가로 1.0m, 세로 1.0m, 깊이 1.0m)이 있고, 우물에서 넘쳐흘러 나온 물은 약 5m 동쪽에 가로 1.0m, 세로 3.0m, 깊이 40cm인 돌을 쌓아 만든 저수조로 흘러가도록 되어 있었다. 저수조는 세수하고 빨래하는 용도로 사용되는 것이다. 그 저수조 옆에 '어란정' 안내 설명표지판이 세워져 있었다.

어란정(於蘭井)/ 이 우물은 1598(선조 31)년 당시 삼도수군통제사(三道水軍統制師) 이순신(李舜臣)의 지시로 전라남도 해남군 송지면 어란마

을에 있는 어란진만호(於蘭鎭萬戶)가 와서 우물을 파고 돌벽을 쌓았다고 하여 어란정(於蘭井)이라 불렀다./ 길고 넓은 돌로 샘의 벽을 쌓아 올린 정사각형의 이 우물은 당시 수군들의 목마름을 해결하였다고 전해진다.

어란진(於蘭鎭)은 1597년 1월 정유재란(丁酉再亂)이 일어나고, 이순신 삼도수군통제사가 배설 경상우수사로 부터 9월 2일(음) 12척 판옥선을 인수하여 처음으로 작은 승전을 한 곳이다. 이순신은 이 승리 후 1597년 9월 7일(음) 삼도수군통제사영을 진도 벽파진으로 옮겼다가 9월 15일(음) 갑자기 삼도수군통제사영을 울돌목에 위치한 전라우수영으로 옮기고 다음 날(9월 16일(음)) 명량대첩(鳴梁大捷)의 큰 전과를 올린 것이다. 이 어란정은 임진왜란 때 파서 만든 것이고, 이순신 삼도수군통제사가 통제영을 음력 9월 15일 갑자기 전라우수영으로 옮긴 것은 어란 여인이 포로로 잡혀온 김중걸을 풀어 주면서 이순신 삼도수군통제사에게 왜수군의 1급비밀인 공격개시일자가 9월 16일(음)임을 전달하라 한 것이 잘 전달되었음이 틀림없는 것이다.

왜군은 명량해전에서 대패한 후 해남반도(海南半島) 어란진의 왜수군 진지를 여수 동쪽으로 옮기고 어란진은 조선 수군만호가 관할하게 된 것이다. 이순신 삼도수군통제사가 삼도수군통제영을 울돌목으로부터 1597년 9월 17일(음) 목포 앞 고하도로 옮겼다가 1598년 2월 17일(음) 고금도 덕동리로 옮겨왔는데 장병들이 식수로 사용할 샘을 어란진만호가 와서 팠다는 것이다. 어란진의 아릿다운 기생 어란의 이야기가 있는 그 어란진의 만호를 말하는 것이다.

중국 명나라 제독 진린이 수십 척의 전함과 5,000 명의 수군장병을 이끌고 묘당도에 와서 진지를 구축한 것은 정유재란이 거의 끝날 때인 1598년 7월 14일(음)이었다.

고금도 덕동리 어란정.

나는 돌로 쌓아진 '어란정'의 둑 위에 엎어놓은 플라스틱 바가지로 샘물을 떠서 한 모금 마셨다. 그 한 모금의 물이 뜨거운 햇볕을 받고 땀을 흘리며 걸어온 나의 목을 시원하게 적셔 준다는 의미보다 415년 전 우리나라 수군들의 목을 시원하게 하였던 물을 내가 마신다는 의미가 깊었다. 그리고 해안도로 건너편을 보니 경운기를 수리하고 있는 한 노인이 있었다. 길을 건너가서 내가 먼저 인사를 하였다.

"안녕하세요? 저는 충청북도 청주에서 답사여행 온 사람입니다."

"멀리서 오셨습니다. 저는 바로 이 우물 위집에 살고 있는 사람입니다."

"몇 가지 문의해도 되겠습니까?"

"그럼요."

"이 우물이 임진왜란 때 이순신 장군이 부대원 식수용으로 파라고 하여 판 우물입니까?"

"그렇다고 합니다. 그런데 이순신 통제사가 쓰신 난중일기를 번역하신 이은상 씨가 1970년 대 중반에 한 번 오셔서 난중일기에 고금도 덕동리에 통제부 설치했다는 내용이 없다고 해요"

라는 말을 했다. 내가 난중일기를 읽지 않았으니 이곳에 부대를 주둔했는지 하지 않았는지 모르겠으므로 그 이야기는 그것으로 끝냈다. 그리고

"이 앞에 있는 섬 이름이 무엇입니까?"

"이 앞의 좀 큰 섬은 큰개섬 또는 대개도라 하고, 조금 북서쪽에 있는 큰개섬의 반에서 반 정도 되는 작은 섬은 작은개섬 또는 소개도라 합니다."

라고 대답했다. 몸이 좀 비대한 편인 이 영감은 뇌경색이 와서 한 번 쓰러진 일이 있다고 한다. 지금 연세가 70세여서 나보다 4년 연하였다. 어란정 바로 위의 튼실하고 깨끗해 보이는 기와집에 산다고 하는데 이 기와집은 약 5년 전에 건축했다 하고, 이 마을에서 약 40년 어업에 종사하면서 살고 있다고 했다. 2남 1녀를 슬하에 두어 둘은 결혼하여 광주와 강진에 나가 살고 있는데 사십이 되어 가는 제일 큰 아들이 아직 결혼을 하지 못했는데 같이 산다고 하였다. 처녀들이 시골 청년과 결혼하여 시골에 와서 살지 않으려 한다고 걱정이 태산이었다. 내가

"이 앞의 섬 큰개섬을 왜살도나 참왜도라 부르지는 않는지요?"

하고 물었더니

"그런 이름으로 부르는 거 못 들었습니다."

그래서 내가 인터넷 자료에서 읽은 이야기를 말 했다.

"이순신의 셋째 아들 면(葂)이 아산으로 찾아온 왜군 간첩에게 죽은 다음 이순신의 꿈에 나타나 "아버지 나를 죽인 왜놈이 아버지 부대에 와 있어요. 그놈을 죽여주세요."라고 말하였다고 합니다. 잠을 깨니

부하들이 왜놈 첩자를 잡아 왔다고 했고, 그를 직접 조사하여 그가 셋째 아들 면(葂)을 아산에서 죽인 놈이 분명함을 알아냈다고 합니다. 이순신 삼도수군통제사는 꿈이 그렇게 맞을 수 없다고 신비스럽다고 생각했다는 것입니다. 그래서 죽이라 했더니 부하들이 부대 앞 큰개섬으로 끌고 가서 죽였답니다. 그런 일이 있은 뒤 조선군 부대는 그 섬을 왜살도 또는 참왜도(斬倭島)라 했다는 것이지요. 왜놈을 죽인 섬이란 뜻입니다."

이 이야기는 며칠 전 읽은 소설가 김종대 씨의 소설 여해 이순신(汝諧 李舜臣)에 소개된 내용이다. 그러나 그것이 400여 년 전 사건이고 한 사람의 꿈 이야기와 관련된 일이며 김종대의 소설을 읽지 않은 이곳 주민은 모를 것이다.

이러한 여러 가지 이야기를 나누고 그 영감의 두 손을 잡고 작별인사를 했다. 건강하시라고 말하고 마을버스 정류장으로 걸어가는데 오후 4시가 가까워지면서 큰개섬이 마을과 모세의 기적이라는 현상으로 갯벌이 들어나 육지와 같이 연결되었다가 물이 들어오면서 다시 섬으로 되고 있었다. 나는 간조로 드러났던 이 갯벌이 명량대첩(鳴梁大捷)으로 정유재란(丁酉再亂)이 끝나가고 있을 무렵 조선 수군의 군사훈련장이었음을 인터넷 자료에서 읽어 알고 있는 것이다. 또한 정유재란 때인 1598년 2월 17일(음)부터 조선 수군이 주둔했다는 흔적으로 가장 명확하고 정겨운 그래서 귀중한 유물이 어란정(於蘭井)이라 생각되었다. 조선 수군의 갈증은 이 우물물이 풀어 주었다고 하는데 현재 우리나라를 사랑하는 사람들의 갈증은 무엇이 풀어줄 것인가?

〈2013년 9월 30일 청주시 성화동에서〉

[참고] 나의 고금도 찾아가기: 나는 고금도(古今島)에 두 번째 찾아온 것이

다./ 며칠 전인 2013년 9월 8일 충무공 이순신 삼도수군통제사의 순국 후 임시 매장지였던 묘당도(廟堂島)에 왔었다./ 그런데 그때 정유재란(丁酉再亂) 당시 이순신 장군의 고금도에서의 삼도수군통제영(三道水軍統制營)이 고금도의 동북쪽인 덕동리(德洞里)에 있었다는 것을 몰라서 가지 않았는데 그곳에는 이순신 통제사의 부대원들이 식수로 사용했다는 우물이 현재에도 있다 하니 그 우물과 우물 주변을 보려고 9월 26일 다시 찾아온 것이다.

묘당도 월승대

나는 광주종합버스터미널에서 직행버스로 강진과 마량을 거쳐 고금도버스터미널에 도착하였다. 고금도버스터미널에서 묘당도(廟堂島)까지 운행하는 마을버스가 있으나 2시간에 한 대가 운행되므로 택시를 이용하여 묘당도 충무사(忠武祠) 주차장에 도착하였다.

정유재란(丁酉再亂) 때인 1598(선조 32)년 충무공 이순신(忠武公 李舜臣, 1545~1598)삼도수군통제사가 삼도수군통제영을 목포항 앞의 고하도(高下島)로부터 1598년 2월 17일(음) 고금도(古今島)로 옮겨 올 때에는 묘당도와 고금도(古今島) 사이에 수심이 깊지 않은 바다(해협)가 있었다. 그래서 간조 때 갯벌이 들어나기도 했는데 이 해협의 동쪽과 서쪽 끝을 둑으로 막아서 그 중간의 갯벌이 논과 밭으로 변하였고, 고금도와 묘당도는 두 섬이 아니고 고금도(古今島, 넓이: 43.66㎢) 1개 섬으로 된 것이다. 즉 고금도 안에 묘당도가 포함되었다. 주민들은 두 곳의 둑이 언제 쌓아졌는지 모른다 한다. 그래서 약 100년 전 쯤 쌓았다

묘당도 충무사 이순신 장군 영정.

고 생각되고, 지금도 묘당도라는 이름은 그대로 사용되는 것이다.

내가 승차한 택시는 해협을 둑으로 막아 논과 밭으로 만들은 곳에 곧게 닦아서 만든 왕복 일차로의 도로를 달렸다. 곧은 도로가 끝나는 곳에는 낮은 산이 있고, 그 산 밑에 십여 가구의 집들이 있고 채소밭과 고추밭도 있었다. 그곳에서 작은 고갯길을 넘어간 곳에 충무사(忠武祀) 주차장이 있었다. 택시는 주차장으로 들어가 나를 내려 주었다. 나를 내려준 곳은 주차장 남쪽이고, 북쪽 끝이 충무사 입구였다.

나는 길이 100m 정도인 주차장을 걸어서 북쪽 주차장 동쪽 언덕에 세워진 화강암 비석을 볼 수 있었다. 가만히 비석 앞면의 글씨를 읽어 보니 「大小人員皆下馬(대소인원개하마)」(모든 사람은 말에서 내리시오)라고 한자가 새겨진 것을 알았다. 하마비(下馬碑)인 것이다.

묘당도 월승대(月乘臺)(아래).

하마비에서 5m 북쪽에 이 유적지의 약도와 유적지 안내 설명표지판이 세워져 있었다. 나는 안내 설명표지판의 설명문을 읽었다.

완도 묘당도 이 충무공유적(莞島 廟堂島 李 忠武公遺蹟)/ 사적 제114호/ 소재지: 전라남도 완도군 고금면 덕동리/ 이곳은 정유재란 때 이 충무공이 본영을 설치하고 왜적을 물리쳤던 곳이다./ 이 충무공이 1598(선조 32)년 11월 19일(음) 노량해전(露梁海戰)에서 명(明) 나라 진린(陳璘) 장군과 연합하여 왜군과 싸우다가 왜적의 유탄에 맞아 순국하자 공의 유해를 일단 이곳에 봉안하였었다./ 공의 유해는 이곳 월승대(月昇臺)에 83일 간 모셔졌다가 1599년 2월 11일(음) 고향 아산으로 옮겨 장례하였다./ 명나라의 장수 진린이 공의 전사를 애석히 여겨 여기서 경혈하고 귀국했다는 비석이 남아 있다.

충무공의 시신을 봉안(안장)했던 곳이니 말을 타고 온 사람은 말에서 내려 예의를 표하라는 것이다. 1598년 11월 19일(음) 순국하여 유해가 이곳에 가매장되었다가 1599년 2월 11일(음) 아산으로 이장되었다는 것이다. 순국할 때 방패로 몸을 가리게 하고 옆에 있던 아들과 조카에게 "내가 죽었음을 아군이나 적군에게 알리지 말라"고 했다는 말은 우리나라 국민의 마음을 아프게 했다.

'월승대'(月昇臺)는 충무공 이순신의 시신을 매장하였던 가매장지의 이름이다. 그 하마비 옆으로 올라가는 비포장 고갯길이 충무사와 '월승대'로 들어가는 길이다. 하마비 밑에서 20m 정도 올라가면 낮은 능선길 4거리이다. 사거리의 왼쪽길이 '월승대' 오르는 층계, 오른쪽길이 충무사로 오르는 길, 그리고 곧바로 내려가는 길은 1990년 세웠다는 대형 비석, 李忠武公遺蹟紀念碑(이충무공유적기념비)가 있는 곳이다.

나는 처음 왼쪽 계단 길로 올라가 '월승대'로 갔다. 계단 옆과 월승대 주변에는 아름드리 소나무 일백여 그루가 자라고 '월승대'는 직경 10m 되는 원이 되도록 2m 간격 정도로 높이 1m의 둥근 플라스틱 말뚝을 박고 말뚝들을 플라스틱 판자로 둥글게 연결하여 놓았다. 사람들이 성웅의 시신을 매장하였던 곳을 밟지 않도록 조치한 것이다. 이 가매장지 앞에 오석재질(烏石材質)의 비석(30×40×20cm)이 있다. 비석의 앞면에 다음과 같은 충무공 가묘 설명문이 새겨져 있다.

> 忠武公 李舜臣 將軍 假墓遺蹟(충무공 이순신 장군 가묘유적)/ 소재지: 전라남도 완도군 고금면 덕동리/ 이곳은 임진왜란(壬辰倭亂, 1592~1598) 때 왜적을 물리친 충무공 이순신 장군(1545~1598)의 유해(遺骸)가 안치하였던 터이다./ 이순신 장군은 1598년 2월 17일(음) 고금도(古今島)에 수군 본영을 설치하여 병사들을 훈련하고 전선(戰船)을 건조, 수리하는 등 군

비를 재정비하여 왜적의 침입을 물리쳤다./ 장군이 1598년 11월 19일(음) 노량해전(露粱海戰)에서 순국(殉國)하자 본영(本營)이었던 이곳에 시신을 83일간 매장하였다가 1599년 2월 11일(음) 그의 고향 충청남도 아산(牙山)으로 옮겼다.

충무공 이순신 삼도수군통제사의 가묘유적이고 1598년 11월 19일(음) 순국하여 바로 이곳에 가묘를 조성했다가 아산으로 이장했다는 설명문이다. 나는 이 '월승대' 앞에 서서 어떤 엄숙함이 가슴으로 밀려옴을 느꼈다. 우리나라 사람들에게 제일의 숭배인물인 충무공 이순신 삼도수군도통사도 54세의 젊은 나이에 하늘로 갈 수 있구나 하는 것이다.

삼도수군통제영이 목포시 앞의 섬 고하도(高下島)로부터 이곳 고금도(古今島)로 옮긴 날자가 1598년 2월 17일(음)이라는 것과 충무공이 노량해전에서 동년 11월 19일(음) 순국한 것이 확실하므로 충무공은 고금도에서 약 9개월 조선 수군을 지휘한 것이다.

충무공 이순신 삼도수군통제사의 유해가 83일 동안 매장된 곳이어서 그런지 풀이 거의 자라지 않는다는 한 여행가의 묘당도 월승대 여행기를 읽은 적이 있는데 실제 와서 보니 그것은 사실이었다. 월승대 북쪽 우람한 아름드리 소나무들의 줄기 사이로 파란 바다가 보이고, 바다 건너에는 약산도(藥山島, 넓이: 26.7㎢) 서남쪽의 낮은 산들이 그림같이 펼쳐져 보였다.

이제 나는 월승대에서 내려와 적자색칠을 한 홍살문을 지나 태극문양이 가운데 그려진 적자색 문인 충무사(忠武祠)의 정문으로 들어갔다. 늦여름의 어느 날이고, 오후여서 햇볕이 따갑고 바람은 불지 않았다. 홍살문 옆에 2.5m 높이의 배롱나무꽃(나무백일홍) 한 그루가 붉은 꽃을 흐드러지게 피우고 있었다. 충무사 이곳저곳에 서있는 느티나무와 은행나무들의 나뭇가지에서 흘러나오는 여러 종류 매미들의 울음소리가 묘당도가 떠나가게 울어 제쳤다. 이름 모를 새들의 노랫소리가 매미들의 울음소리에 섞여 흘러 나왔다.

충무사에 모셔진 충무공의 영정(影幀)은 붉은색 관복을 입고 머리위에 검은 갓을 쓰고 앉아있다. 이순신 삼도수군통제사의 영정은 단정하고 위엄스럽나.

이제 올라왔던 길을 되돌아 홍살문을 통과해 나와 언덕 아래 1990년 바다 가까이 세워진 높이 3m, 폭과 두께가 각각 80cm 정도인 오석 재질의 비석이 있는 곳으로 가서 비석에 새겨진 글씨들을 읽었다. 비석의 앞면에는 忠武公遺蹟地組成紀念碑(충무공유적지조성기념비)라 한자(漢字) 큰 글씨로 새겨져 있고, 왼쪽 면에는 우리나라 다음 세대 후손들에게 주는 교훈이 한글로 기록되어 있다.

> 그 바다와 땅은 충무공께서 수군 본영을 세울 때와 똑 같으니 후손들은 더욱 나라사랑하는 열정을 세울 지니라!'

한편 뒷면에는 충무공의 54년 생애와 삼도수군통제영에 관한 연혁이 자세하게 기록되어 있었다.

누가 아는가(?) 우리나라 청소년 중 누군가가 이곳에 와서 이 비문의 '나라사랑하는 열정을 세울 지니라'라는 글을 읽고 마음을 다져 충무공의 뒤를 이을 훌륭한 인재로 자랄지?

〈2013년 9월 3일 청주 성화동에서〉

[참고 1] 고하도(高下島) 충무공 유적지: 2013년 8월 27일 목포버스종합터미널

에서 택시에 승차하고 택시기사에게 고하도 충무공유적지에 가자고 했다./ 택시기사는 72세의 점잖은 분으로 목포에 대한 이야기를 했다./ 그 중 하나 고하도는 목포 서남쪽에 위치한 반달 모양의 섬인데 이 섬의 서남쪽에 화물선 선착장이 조성되어 화물선선착장에서 목포역으로 운반해야 되는 화물의 수송 때문에 고하도와 목포서쪽해안을 연결하는 4.3km의 거대한 다리가 건설되었으므로 고하도에 택시가 건너갈 수 있어 좋다고 했다./ 그런데 이러한 훌륭한 다리를 건설하여 교통이 편리하여져서 좋은데 이 다리에서 바다로 뛰어들어 죽는 자살자가 많아졌다는 게 문제라고 했다./ 이제 유달산 남쪽의 도로를 지난 다음, 이 목포대교를 지나고 고하도 동쪽 끝 작은 산의 중간쯤에 있는 옛 삼도수군통제영 자리 밑의 좁은 도로까지 안내하고 택시는 그곳에서 기다리기로 했다./ 계단 길로 올라가니 그 비각 앞에 맥문동이 밭을 이루고 있는데, 맥문동 밭 바로 위쪽에 충무공 유적지 안내 설명표지판이 관광객을 기다리고 있다./ 다음은 그 표지판의 설명문 일부이다.

> 고하도 충무공 이순신유적지(高下島 忠武公 李舜臣遺蹟地)/ 전라남도 기념물 제10호/ 전라남도 목포시 달동 산230/ 고하도는 보화도(寶和島), 비하도(悲霞島) 등 여러 이름으로 불리웠다./ 서남해에서 내륙으로 연결되는 영산강의 빗장역할을 하는 지리적 특성이 있다./ 이 유적은 정유재란 때 충무공 이순신의 전략지로 활용하여 왜적의 침투를 막아낸 곳이다./ 충무공 이순신은 명량대첩(鳴梁大捷)을 승리로 이끈 후인 1597년 10월 29일(음) 이곳에서 1598년 2월 17일(음) 고금도(古今島)로 옮기기까지 107일 간 주둔하며 군량미를 비축하고 전력을 재정비하였다./ –〈이하 생략〉–

이 고하도의 동쪽에 위치한 작은 산 중턱은 1597년 10월 29일부터 이듬해 2월 17일까지 107일 동안 삼도수군통제영이 위치하였던 곳이고, 왜 수군이 해남 어란정으로부터 여수 쪽으로 진지를 옮긴 후 이곳에서 1598년 2월 17일 삼도수군통제영을 고금도(古今島) 덕동리로 옮긴 것이다./ 그 통제영 자리에 지금 충무공 기념비(기념물 제39호)가 세워져 있는 것이다./ 고하도는 1963년까지 무안군 이로면 소속, 1963년부터 목포시 충무동 소속, 그리고 1990년 목포시 달동에 속하는 섬으로 되었다./ 섬의 넓이는 1.78㎢/ 이곳에서 바다 건너 삼학도(三鶴島)와 유달산(儒達山)이 동북쪽과 서북쪽으로 보였다.

연화도
사명대사 토굴

통영여객선터미널에서 연화도(蓮花島)를 왕복하는 여객선은 1일 3대이다. 2014년 8월 28일 15시 나는 이 항로에서 출항하는 여객선의 승객이 되었다. 날씨는 맑고 하늘에는 흰 구름 몇 덩이만 흘러갔다. 여객선의 2층 선실에는 통영에 나왔다가 들어가는 연화도와 욕지도 주민들과 낚시객들, 1층 갑판에는 트럭 1대와 승용차 3대다.

여객선이 통영만을 빠져나간 곳이 이순신(李舜臣, 1545~1598) 경상우도수군통제사가 이끄는 조선 수군이 1592(선조 25)년 7월 8일 와키자카야스하루(脇坂安治, 1554~?)가 이끄는 일본 수군을 완파했다는 한산대첩지(閑山大捷址)이다. 이 바다를 통과하여 여객선은 연화도를 향하여 넓은 바다 한려수도(閑麗水道)를 남쪽으로 미끄러졌다. 나는 이 아름다운 남쪽 바다에 위치한 연화도에 사명대사(四溟大師)가 젊은 시절 3년 동안 수도했다는 토굴이 있다고 하여 그 토굴을 만나러 가는 것이다.

여객선은 연화도와 반하도 사이의 해협을 지나 연화도여객선선착장에 입항하였다. 아직은 늦여름이어서 오후 4시인데도 해는 중천에 떠 있다. 여객선에서 내린 선착장 옆에 갈색판에 흰 글씨로 기록된 안내 설명표지판이 세워져 있었다. 읽어보니 이것은 사명대사에 관련된 설명문이었다. 좀 더 자세히 설명하여 사명대사의 생애와 사명대사와 그의 도반인 세 여인이 지은 네 편의 한시가 기록되어 있는 것이다. 역시 사명대사의 발길을 따라 온 나의 목적에 하나의 증거가 되는 자료였다.

사명대사(四溟大師, 1544~1610)/ 속세의 성: 풍천 임(豊川 任)씨/ 속명: 응규(應奎)/ 출생지: 경남 밀양/ 호: 송운(松雲), 사명당(四溟堂)/ 승명: 유정(惟政)/ 이곳 연화도가 불연(佛緣)의 섬이라 하는 것은 연화도인(蓮花道人)이 연화봉에 토굴을 짓고 수도하였다고 하며, 사명대사가 또한 그 토굴에서 수도하였기 때문이다./ 사명대사는 조정의 숭유억불정책(崇儒抑佛政策)으로 1560년 대 중반 남해도 금산(錦山) 보리암에서 수도하고 있었다./ 그런데 그의 처 보월(寶月, 김보구(金寶具)), 여동생 보운(寶雲, 임채운(任彩雲)), 연인 보련(寶蓮, 황현옥(黃玄玉))이 그를 찾아 전국을 헤매던 중 보리암에서 극적으로 만나 그들과 함께 연화도로 와서 연화봉 바로 밑 토굴에서 수도 정진 하였다./ 네 사람이 이곳에서 만난 것은 세속의 인연, 불연, 삼세의 인연이니 시(시)를 각각 한 수씩 남겼기에 이에 밝혀 둔다.// 한시 4편// 仄身天地人皆粟(측신천지인개속, 광막한 천지에 조알 같은 이내 몸이)/ 皺面恒河劫已沙(추면항하겁기사, 나고 죽고, 죽고 나고 그 몇 겁이 되었더니)/ 恨海情天更莫說(한해정천경막설, 한의 바다 정의 하늘을 다시 말 하지 마시오)/ 大千世界眼中花(대천세계안중화, 대천세계도 눈 속의 꽃이로세)// 이것이 사명대사의 시이다.// 그리고 세 여인이 저작한 한시는 생략하고 번역문만 기록하면 다음과 같다. 「창해의 한 날 조알/ 아득한 이 내 몸이/ 삼세인연을 믿을 수 있으랴만/ 두어

자 짧은 비석이/ 그 옛일을 말하나니/ 보운, 보련이 어찌 남이리오」이것은 보운의 시, 「연화도인 잠드신 곳에/ 세 낭자 무슨 일로 옷깃을 적시나니/ 그대를 만난 자리에/ 전생 일 말하자니/ 가련할 손/ 끼친 원한 바다보다 깊을세라」이것은 보련의 시, 그리고 「이생의 만남과 이별/ 몰래 혼을 녹이거니/ 딴 세상 인연일랑 또 다시 의논 마소/ 창해 물 다 기울이여/ 이 내 가슴 씻기고저」이것은 보월의 시이다.

사명대사 유정이 태어나서 이곳 연화도에 올 때까지의 경로를 간단히 서술하고, 사명당과 그 옆에 있던 도반이고 제자가 된 세 여인의 한시를 소개한 것이다.

연화도인은 연산군(燕山君, 1476~1506, 재위: 1494~1506)의 숭유억불 징책을 피하여 연화도에 입도하여 이 심에서 가장 높은 산인 연화봉(蓮花峰, 212m) 정상 바로 밑에 따르는 제자 3인과 함께 토굴을 조성하고 수행하다가 입적하였다. 연산군 시절이니 1,500 년경일 것이다. 연화도인은 자신이 죽으면 수장하여 달라는 유언을 하여 그 유언에 따라 세 제자들이 바다에 수장했더니 그 수장한 곳에서 연꽃이 피어났다고 한다. 이 섬의 이름이 그때부터 연화도로 되었다는 것이다. 하나의 전설이다.

유정은 1559년 부친 타계 후 경북 김천 소재 직지사(直指寺)의 스님 신묵대사(信默大師)의 제자로 출가하고, 1561년 선과(禪科)에 장원으로 합격하였다. 그러므로 그가 연화도를 찾아와 연화도인이 기록한 비기(秘記)를 찾아 그것을 읽어가면서 연화도인이 수도하던 토굴에서 수련한 것은 1570년 경 약 3년간일 것이라 짐작할 뿐이다. 그가 남해도 금산 보리암에서 수도할 때 그를 그곳으로 찾아와 같이 연화도로 와서 수도한 여인들 보운(寶雲), 보월(寶月), 보련(寶蓮)의 세 여인들을 자운선사(紫雲禪師)라 부른다.

1575년부터 사명대사가 스승으로 모시게 된 서산대사(西山大師, 1520~1604)와 함께 1592년 임진왜란(壬辰倭亂)이 일어나면서 승병장이 되어 빛나는 업적을 세운 반면 자운선사는 임진왜란이 일어나기 몇 년 전부터 전쟁을 예상하고 전라좌수사 이순신(李舜臣)을 찾아가 거북선 제조의 필요성과 방법, 해상 지리 이용법, 그리고 천풍기상법 등을 전수하였다 한다. 얼마나 훌륭한 조선의 인재들인가?

연화도여객선선착장에서 연화봉 정상까지는 1차선이지만 시멘트 포장도로가 조성되어 있다. 나는 서서히 여객선선착장으로부터 연화봉 쪽으로 걸어 올라갔다. 그런데 150m쯤 올라간 곳에 조그마한 음식점이 있어 들어갔다. 그 상점에는 50대 부부가 커피, 도토리묵, 국수, 막걸리 등을 판매하면서 내가 들어가니 반갑게 인사한다. 그런데 말소리가 경상도 억양이 아닌 서울 억양이었다. 그래서 나는 상점주인 아주머니에게 커피 한 잔을 시키면서 말을 건넸다. 다음은 그 여인과 나눈 대화를 기록한 것이다.

"아주머니 이곳 주민인가요?"

"아니예요. 서울에서 이사와 2년 반 되었어요."

"어떻게 이렇게 멀리 오셨는지요?"

"사촌 언니가 이곳에 먼저 와서 자리를 잡고 살았어요. 그런데 이 자리에 상점 터가 있으니 내려와 살펴보라고 언니로부터 연락이 왔어요. 저는 서울에서 상점을 했는데 남는 게 없어 고생이 되던 차 내려와 살게 되었습니다. 생활하는데 생활비가 적게 들어 좋아요. 애들도 자라서 밥을 끓여 먹을 수 있고, 직장에도 나가고, 학교에 나가니 내려올 수 있었어요."

이렇게 이야기를 한다. 여기까지 이야기를 하는데 등산 온 젊은이들이 옆에 자리를 잡아 아주머니가 그들이 시킨 음식을 준비하러 주방에 들어가고 나는 밖으로 나와 다시 걸었다.

그 음식점에서 약 300m는 더 올라간 계곡에 연화사(蓮花寺) 일주문(一柱門)이 있어 그 문으로 들어가서 약 200m를 더 올라간 곳의 연화사 천왕문(天王門) 앞을 지나 경사도가 약간 심한 고갯길을 올라가면서 특이한 모습을 보았다. 이 길의 양 옆 가로수가 심어질 자리에 불도화(佛道花, =수국)들이 심어진 것이 보인 것이다. 음력 4월 8일(석가탄신일)을 전후하여 꽃이 만발하기 때문에 꽃의 이름이 불도화라 불린다고 알고 있는 꽃이다.

이 꽃은 지금이 8월 말이니 갈색으로 변하여 갈색 꽃인 양 보였다. 음력 4월 초에는 분홍색, 엷은 파란색 꽃으로 피어 있었을 것이다. 이 꽃은 비교적 촘촘히 심어져 능선 넘어 가파른 골짜기에 건축(2004년 11월 준공)된 보덕암(普德庵)까지 이어져 있으니 심은 사람들의 정성이 아름다웠다.

그런데 이 불도화가로수길을 올라간 연화봉능선은 조그마한 4거리이다. 올라간 능선에서 직진하면 내려가는 경사로로 300m 밑에 보덕암이 있고, 능선길을 왼쪽으로 100m 정도 가면 5층 석탑, 그리고 우회전하여 오른쪽 길로 올라간 곳에 그 옛날 연화도사와 사명대사가 수도처로 사용한 토굴이 있다.

능선에 올라서면서 또 하나 동북쪽으로 내려다보이는 좋은 경관이 있다. 인터넷에서 연화도를 설명할 때 빠지지 않고 들어가는 아름다운 바위산이다. 산기슭 밑에 확 트인 바다가 보이면서 산기슭의 바위들이 바다에 몸을 식히고 있는 형상이다. 이 바위들은 용의 머리를 닮았다 하여 이 바닷가를 용머리해안이라 부르는 것이다.

나는 서서히 걸어서 토굴터(연화도인과 사명대사의 수도처)로 올라

연화도 사명대사가 수도했다는 토굴.

토굴에서 연화도인 수도하는 밀랍영상.

갔다. 토굴터는 그 사거리에서 300m 연화봉 쪽으로 능선 길을 올라간 곳의 언덕에 자리하고 있다. 자연석을 한 변이 30~50cm 정도 되게 육면체로 다듬은 돌로 정갈하게 5m×5m×4m(가로×세로×높이)로 쌓고 동쪽으로 출입문이 있고 북쪽에 작은 문이 있는 토굴이다. 사명대사 사용하던 토굴이 파괴되어 2008년 재현시켜 놓았다고 한다. 돌과 돌 사이는 바람이 통하지 않도록 황토로 막았을 것이고 천정도 돌로 연결하여 만들었다. 주위에 담장이를 심어 이 토굴을 반쯤 덮어 고풍스러웠다. 앞의 유리문으로 들여다보니 연화도인이 수도하는 모습의 동상이 안치되어 있다.

이 토굴 앞 축대 밑에 토굴과 규모가 비슷한 작은 기와집이 건축되어 있다. 그 기와집 앞으로 돌아가 유리문으로 들여다보니 수염이 가슴까지 늘어진 스님의 수도하는 모습의 밀랍상이 앉혀져 있다. 틀림없이 사명대사의 동상이다.

이 토굴에서 200m 정도 더 올라간 곳이 연화봉정상(해발 212m)이다.

나는 플라스틱 테크 층계를 밟고 정상으로 올라갔다. 그곳에 연화대불(蓮花大佛)이 조성되어 있었다. 연화대불(또는 아미타대불)이 눈을 감고 세상이 평화롭기를 기도하는 모습이 성스러운 분위기를 자아내고 있었다.

이제 저녁 6시. 서쪽 하늘에 저녁노을이 분홍색으로 고운데 연화사에서 저녁식사 시간임을 알리는 범종 소리가 '쨍그렁' '쨍그렁' 반복하여 연화세계에 울려 퍼졌다. 세존께서 알려준 연화세계가 이 연화열도이었던가. 이 연화열도에는 불경에 나와 있는 다음의 문구 각각이 섬의 이름으로 되었다고 한다. '연화세계를 알고자 하거든 그 처음과 끝을 세존에게 물어보라!"(欲知蓮華藏頭尾問於世尊!)(욕지연화장두미문어세존!) 라는 문구에서 욕지도(欲知島), 연화도(蓮華島), 두미도(頭尾島), 문어도(問於島), 세존도(世尊島)가 이 연화열도(蓮花列島)에 있다 한다.

옛 사람들이 꿈꾸던 연화세계(蓮花世界)란 대체 무엇일까? 헐벗고 굶주림이 없는 세계. 그것이 옛사람들이 그토록 바라던 이상향이고 무릉도원이며, 비로자나불이 계신다는 연화세계가 아니겠는가. 오늘의 나는 어떤가? 나는 더 이상 밥 굶거나 헐벗지 않고, 추위에 떨지도 않고 살아간다. 그렇다면 이미 나는 연화세계에 살고 있는 것인가?

연화도 토굴

연화도인 사명대사
불도화길 올라와 토굴에 정좌하니
제세구민 홍익인간이 수도의 근본
이것이 또한 왜적퇴치의 근본이 된다 하오.

〈2014년 09월 04일 청주시 구룡산 밑에서〉

[참고 1] 사명대사(四溟大師): 1544년 임수성(任守成)을 아버지로, 달성 서(徐)씨를 어머니로 하여 경남 밀양(密陽)에서 태어났다./ 충무공 이순신(1545~1598)보다 1년 연상이다./ 1558(명종 13)년 어머니가, 1559년 아버지가 타계하자 김천 직지사(直指寺)로 가서 신묵대사의 제자로 출가했다./ 본명은 임응규(任應奎), 승명은 유정(惟政), 그리고 법명은 사명(四溟)이다./ 1570년경 남해도 금산(南海島 錦山) 보리암(菩提庵)에서 수도할 때 찾아온 보운(寶雲), 보월(寶月), 보련(寶蓮)의 이야기는 위 글에서 설명하였다./ 그 여인들과 유정은 연화도(蓮花島)로 건너가 3년 동안 연화도인(蓮花道人)이 수도하던 토굴(土窟)에서 수도했다./ 사명대사 유정(惟政)은 1575년에는 평안남도 묘향산(妙香山)에 들어가 서산대사 휴정(西山大師 休靜, 1520(중종 15)~1604(선조 37))의 제자가 된다./ 1592년 임진왜란이 일어나자 사명대사는 승병(僧兵)을 이끌고 명(明)나라 군사와 합세하여 평양성(平壤城)을 탈환하였고, 일본군 사령관 갓토기요마사(加藤淸正)와 3회나 만나 담판한다./ 사명대사는 전쟁 후 일본에 사절단을 이끌고 건너갔고, 귀국할 때 조선인 포로 3,000명을 인솔하여 왔다고 한다./ 유정(惟政)은 1610년 해인사 홍제암(海印寺 弘濟庵)에서 66세를 일기로 입적(入寂)하였다.

[참고 2] 연화도(蓮花島): 연화도의 위치를 정확하게 경도와 위도로 나타내면 128°23′ E, 34°33′ N이다./ 이 섬의 넓이는 3.41㎢, 2004년 조사한 주민수는 217명이다./ 통영 8경의 하나인 용머리해안은 연화도의 자랑이다./ 용머리해안은 연화봉 동쪽 해안에 위치한다./ 연화도여객선선착장은 통영여객선터미널에서 24km, 욕지도여객선선착장에서 4km이다./ 반하도와 우도(牛島)는 연화도 여객선선착장에서 뛰어 건너 갈 수 있을 듯 가까워 보인다./ 욕지도(欲知島)의 넓이는 12.5㎢로 연화도의 거의 4배이나 인구는 177명으로 오히려 연화도보다 적다./

거문도의
역사공원

1885년 4월 15일 영국 해군은 거문도(巨文島)를 조선정부의 허락은 그만두고 통고도 없이 점령하여 1887년 2월 28일까지 머물렀다. 점령한 이유는 러시아(Russia)의 남진정책을 방어하기 위한 것이라고 했다.

거문도는 여수연안여객선(麗水沿岸旅客船)터미널에서 서남쪽으로 114.7km, 고흥반도(高興半島)에서 남쪽으로 40km 거리에 위치한다. 고도(古島, 0.83㎢), 동도(東島, 3.40㎢), 그리고 서도(西島, 7.77㎢)의 세 섬이 'ㄷ'자 형으로 놓여져 있다. '고도'는 거문도를 형성하는 세 섬 중에서 가장 작은 섬이지만 동도와 서도 사이에 위치하고 여객선터미널이 있으며, 거문도 인구의 반 이상이 거주하는 거문도의 중심이 되는 섬이다. 1885년 4월 영국군이 거문도를 점령하였을 때 주로 이 고도에 진지를 구축하였고, 내가 찾아가는 영국군 묘지도 이 섬의 중앙에 있는 산 회양봉(106.8m) 중턱에 위치한다. 1991년 고도와 서도의 연도교(連島橋)인 삼호교(三湖橋, 280m)가 건설되어 있다고 했다.

1885년 영국해군이 거문도를 불법 점유한 사건의 내용을 간단히 정리하여 보면 다음과 같다. 이 글은 거문항(巨文港, 고도여객선선착장) 매표소 옆에 세워진 안내 설명표지판의 설명문이다.

> 부동항(不凍港)을 찾아 남하하려는 러시아의 정책을 견제하려고 19세기 말 영국은 세계의 여러 나라에서 러시아와 충돌하였다./ 조선에서도 러시아가 조선의 항구를 사용하려는 기미가 있자 영국 정부는 해군 함정 6척과 수송선 2척에 700여 명의 해군과 대포 수십 문, 그리고 군수품을 1885년 4월 15일 거문도에 보낸 것이다./ 그러나 조선정부에 통고도 하지 않은 것이다./ 영국해군은 거문도를 점령한 다음 점령군 지휘관 해밀턴(Hamilton)의 이름을 따서 고도의 선착장을 해밀턴항(Port Hamilton)이라 했다./ 도착하여 거문도의 세 섬 중 고도(古島)를 주둔지로 하고 이 섬을 요쇄화하였다./ 고도의 선착장에는 6~10척의 영국 함선이 정박하였다고 한다./ 그러나 군부대가 머물기에는 물이 부족하고, 러시아 정부가 청국 수군 제독 정여창(丁汝昌, 1836~1895)의 중재에 따라 조선의 항구를 사용하지 않는다는 조약에 응함에 따라 1887년 2월 28일 철수하였다.

1885년 영국군의 거문도 불법 점령은 이 섬 거문도의 가장 큰 역사적 사건이었다. 영국군(함대사령관 해밀턴)은 전함 6척과 수송선 2척에 해군 700여 명을 싣고 1885년 4월 15일 조선정부에 통고도 없이 거문도의 고도를 점령하고, 진지를 구축하였다. 조선을 무시한 침탈행위였다. 영국군이 거문도에 머무는 동안 청(靑)나라 수군제독 정여창(水軍提督 丁汝昌, 1836~1895)이 1886년 가을 어느 날 거문도 영국 해군지휘소에 와서 영국 해군의 철수문제를 협의하면서 거문도의 주민들과 한자(漢字)로 필담(筆談)을 나누었는데, 이 섬 주민들의 학문이 대단하다고 생각하여 이 섬의 이름이 이때까지 삼도(三島), 삼산도(三山島), 거마도(巨馬

島) 등으로 불리던 것을 거문도(巨文島)라 해야 한다고 조선 정부에 건의했다 한다. 거문(巨文)은 섬에 학문의 깊이가 대단한 사람이 많다는 의미라 한다. 기록에 의하면 정여창과 필담을 나눈 사람들은 동도(東島)의 한학자 귤은 김류(橘隱 金瀏, 1814~1884)의 제자들이었다.

영국군이 거문도에서 철수한 것은 청나라 수군제독 정여창의 중재로 러시아군이 조선에 진지구축을 하지 않는다는 약속을 하였기 때문이었고, 그보다 섬에 사용할 수 있는 물이 부족하여 대부대가 주둔하기에는 불편함이 컸기 때문이라 한다.

나는 이 거문도에 19세기 말엽인 1885~1887년 사이 영국 해군이 머무는 동안 포탄 폭발사고와 병마로 사망한 영국군의 무덤이 고도의 낮은 산봉우리 회양봉(106.8m) 기슭에 조성되었고, 최근 이 영국 해군 묘지 주변을 역사공원으로 만들었음을 인터넷 자료에서 읽었으므로 그것을 보려고 2014년도 저물어 가는 늦가을 여수여객선터미널을 찾았다.

섬의 여행이라는 것이 위험이 따르기 때문에 안개와 태풍으로 기상청에서 주의보가 발령되면 여객선 운항이 취소된다. 나는 전에 서해안의 풍도에 갈 때도 그러했고, 제주도 서남쪽에 위치한 가파도와 마라도에 갈 때도 풍랑과 안개 때문에 고통을 받은 일이 있었지만 이번에도 풍랑주의보 때문에 청주에서 여수를 두 번째 와서도 한 번 여객선이 취소되고, 두 번째는 5시간이나 기다려 여객선에 승선할 수 있었다. 이날 내가 승선한 여객선의 이름이 쥴리아아쿠아(JULIA AQUA)호 였다.

쥴리아아쿠아호는 여수연안여객선터미널을 13시 40분 출항하여 다도해의 나로도, 초도, 손죽도 등의 여객선선착장을 거쳐 거문도의 동도(東島)와 서도(西島)를 연결하는 연도교(連島橋)가 건설되고 있는 해협을 지나 서도여객선선착장에서 주민 몇 명과 화물을 내린 다음 고도(古島) 여객선터미널에 도착하였을 때는 16시였다. 나는 이 여객선에서

2시간 20분 동안의 선객이었다.

여객선터미널 정문으로 나와서 약 200m 정도 해안도로를 따라 걸으니 40대 남자 한 사람이 한 상점 앞에서 도로의 청소를 하고 있었다. 그에게

"길 좀 묻겠습니다. 거문초등학교와 영국군 묘지 가는 길을 아시는지요?"

라고 물었더니 그는 미소를 지으며 다음과 같이 자상하게 안내하여 주었다.

"예 압니다. 바로 이 길로 올라가시면 왼쪽 언덕 위에 초등학교가 있고요 초등학교 정문 앞을 지나 그 길을 그대로 올라가시면 영국군 묘지 표지판이 길가에 있습니다."

"감사합니다. 잘 알겠습니다."

초등학교로 올라가는 길은 좁아서 택시는 지나갈 수 없고 사람 둘이 비켜갈 만 했다. 이 좁은 길 왼쪽과 오른쪽에는 축대를 쌓고, 축대의 위와 아래에 집들이 이어져 있었다. 거문초등학교 정문 앞까지 숨이 막힐 정도로 옆을 막았던 집들은 정문을 지나면서 계단식 밭으로 바뀌어 밭에 채소가 자라고 있었다. 그러면서 그 밭들 밑으로 파란 비취빛깔 바다가 내려다보였다. 그 파란 바다에 3개의 무인도 안노루섬, 밖노루섬, 그리고 오리섬이 파도 속에 묻힐 것 같은데 안노루섬과 밖노루섬의 아랫부분은 바위가 드러나 있으나 윗부분에는 작은 키의 나무와 풀의 파란 잎이 인간의 머리가 자라듯 자라는 하나의 그림이었다. 오리섬은 풀 한 포기도 없는 바위섬이다. 이 해협 건너편에 역시 파란 숲으로 덮인 서도(西島)의 볼로봉(170m)과 수월봉(128m)이 하늘 밑을 장식하고, 두 산 봉우리 사이 잘록한 목넘어(무네미) 바위 길과 선바위가 그림처럼 아름다웠다.

아담한 운동장 건너편에 2층으로 건축된 초등학교 교실들은 3m 높이의 축대위에 건설되어 있었다. 이 학교의 교실과 운동장이 129년 전인 1885년에는 멀고 먼 나라 영국의 해군진지였다는 이야기를 인터넷 자료에서 읽었는데 그것은 사실이었을 것이다.

초등학교 정문 앞에서 약 300m 올라간 곳에 삼거리가 있고 표지판이 세워져 있는데 '역사공원'은 200m 오른쪽에 위치한다고 표시되어 있다. 영국군 묘지가 조성된 주변이 몇 년 전 여수시에 의해 '거문도역사공원'으로 지정된 것이다. 그 역사공원으로 올라갔다. 역사공원의 영국군 묘역에서 제일 왼편 화강암 비석의 내용은 다음과 같이 새겨져 있었다.

> Also buried on this site are seven British seamen who died in Korean waters around Komundo between 1885 and 1887. (이곳에 묻힌 사람은 1885년으로부터 1887년 사이 조선 거문도 근해에서 죽은 7명의 영국 수군이다.)

이 글씨 밑에 7명의 이름과 직책(계급), 그리고 소속이 기록되어 있었다. 7명의 클레오파트라(Cleopatra)함과 관계있는 수병과 승무원들이 여기에 묻혔다는 것이다. 7명 중 가장 위에 있는 1명의 이름, 계급, 소속은 'Thos Oliver, Pte R. M., HMS Cleopatra'였다.

가장 오른쪽에는 서구식 대리석비석이 세워져 있는데 글씨는 지워져 읽을 수 없었다. 그러나 이것에 대한 것과 중앙의 나무 십자가에 대한 설명은 그 앞에 45도 각도로 앞면이 깎여 땅에 박혀진 화강암 비석에 기록되어 있었다. 앞면에 설명문이 제일 왼편 화강암 비석의 내용과 함께 새겨져 있었다. 그러니까 그 비석의 설명문은 영국군 묘역 전체에 대한 설명문인 것이다. 다음이 그 비스듬한 비석에 새겨진 설명문이다.

영국군 묘지/ 1885(고종 22)년 4월 군함 6척과 수송선 2척으로 구성된 영국 수군이 거문도를 점령, 항구를 구축하면서 23개월(1885. 4. 15~1887. 2. 28)간 머물렀다./ 이곳은 영국 수군이 거문도에 주둔하면서 총기 및 포탄 폭발사고와 질병으로 사망한 수병들의 무덤이다./ 1887(고종 24)년 2월 당시 영국 수군의 철거 확인 차 내려온 경략사 이원회가 조정에 보고한 영국 수병의 사망하여 묻힌 수는 9명이었다./ 제일 왼편 화강암 비석에 기록된 영국군사망자 7명, 뒷줄 가장 오른편 서구식 대리석비석은 1886년 총기사고로 사망한 수병 2명의 묘비이다./ 또한 뒷줄 중앙의 나무십자가 묘비는 1903년 거문도 근해에서 사망한 수병의 묘비이다./ 서구식대리석묘비: 1886년 6월 11일 일어난 포탄 폭발사고로 하루 사이를 두고 죽은 군함 클레오파트라(Cleopatra)호의 수병 2명(28세 Thomas Oliver와 30세 Henry Green)의 묘비이다./ 나무십자가 묘비: 1903년 10월 사망한 군함 알비온(HMS Albion)호 소속 알렉스우드(Alexwood)의 묘비이다.

거문도 고도(巨文島 古島) 회양봉 기슭에 1885~1903년 조성한 영국군 묘지.

비석의 기록으로부터 1887년 영국 수군의 철수확인과 거문도의 현황을 파악하기 위하여 거문도에 내려온 경략사 이원회(李元會, 1827(순조 27)~?)가 보고한 사망하여 이곳에 묻힌 영국군 수병의 수는 9명이라는 게 맞는 것이다. 즉 묘비 3개 중 맨 왼쪽 묘비는 1885년부터 1887년 사이 죽은 영국군 수병(seamen) 7인의 무덤이라 했고, 가장 오른쪽 서구식 대리석묘비는 1886년 6월 11일 포탄 폭발사고 때 죽은 수병 올리버(Oliver)와 그린(Green)의 묘비라 했으니 두 묘비의 사망자 수가 9명인 것이다.

가운데 십자가 묘비는 영국군이 점령했다 철수하고, 16년이 흐른 후인 1903년 거문도 근해를 지나던 군함 알비온(Albion)에서 병으로 죽은 수병의 묘비라 했으니 경락사 이원회가 확인할 때는 없었던 무덤인 것이다. 아마 알비온함이 거문도 근해를 지날 때 한 수병이 죽자 자신들이 시체를 싣고 본국까지 가는 것보다 16년 전 자신들이 '고도'에 주둔할 때 조성한 영국군 묘지 옆에 묻고 가는 것이 좋다고 생각하여 함정을 항구에 정박하고 16년 전 사이좋게 지냈던 주민들의 협조로 그 묘지들 옆에 그를 장례지낸 것이다. 그러므로 이 영국군 묘역에 묻힌 영국군의 전체 수는 10명이다.

이 영국군 수병들의 무덤 옆에 1885년 당시 찍은 거문도 주민들과 영국군 수병들의 사진을 확대하여 변색되지 않고 비에 젖지도 않게 강철판에 부식기법으로 제작한 사진 두 장을 기념물로 세워 역사공원을 장식하고 있었다. 또한 세상이 행복하여 지기를 원한다는 아담한 탑을 두 사진 앞에 세워 놓았다. 2.3m 높이라 한다. 우리나라의 안타깝도록 미약한 국력이 강해지기를 원했고, 이곳에 시신을 묻은 영국군 수병들의 영혼을 위로하기 위해 세운 탑이라 했다.

19세기 말 세계정세에 따라 최강국을 자랑하던 해가 지지 않는 나라 영국의 해군이 조선의 남쪽바다에 위치한 섬을 약 2년 동안 점령하고 있는 동안 9명의 병사는 사고와 병으로 세상을 하직하였으므로 그 무덤을 이 조그마한 섬 고도의 회양봉 산허리에 조성한 것이다. 그것을 표시한 것이 역사공원의 중심으로 되었으니 세상은 그런 것이다.

영국군 무덤에서 돌층계 20개 정도를 밟고 올라간 곳에 긴 나무의자가 흔들의자로 되게 만든 것이 5개나 있었다. 나는 그 흔들의자 하나에 앉아 발로 바닥을 밀어 왔다 갔다 흔들리도록 하면서 앞을 바라보았다. 안노루섬, 밖노루섬과 오리섬, 그리고 해협 건너 서도의 끝 봉우리 수월산(水越山, 128m)이 하나의 그림으로 내 앞을 장식했다. 내 인생은 얼마 남지 않았으나 이것들은 거의 영원할 것이 아닌가? 아무 것도 아닌 인생이다.

이곳에서 내려오면서 보니 이곳저곳에 푸른 잔디로 덮여 있는 거문도 주민였던 사람들의 무덤이 많다. 늙어서 세상을 하직한 나의 동족들이다. 이렇게 잠시 후 흙으로 돌아가는 인생이 왜 이웃을 미워하고 괴롭히는가?

〈2014년 10월 3일 청주시 구룡산 밑에서〉

거문도의 임병찬 의사

2014년 9월 30일 16시 거문도(巨文島)의 고도(古島) 회양봉 기슭에 1885~1903년에 조성된 영국 해군들의 묘소를 둘러보고 돌계단을 밟고 내려와 고도와 서도(西島) 를 연결하여 주는 삼호교(三湖橋, 길이: 280m)를 건너면서 건너편 서도의 불탄봉(196m)을 바라보니 가을해가 한 팔 길이만큼 산위에 떠 있다.

내가 서도에 가는 것은 1910(융희 4)년 8월 29일 우리나라가 일본에 병합된 다음 1912년 독립의군부를 조직하여 독립운동을 하였던 돈헌 임병찬(遯軒 林炳瓚, 1851~1916)의사의 기념비가 서도의 덕촌리(德村里)에 세워져 있다는 사실을 인터넷 자료실에서 읽었으므로 그것을 확인하려는 것이다.

삼호교를 건너간 곳이 서도의 일주도로와 만나는 삼거리이다. 맞은편에 나무로 만든 표지판들이 보였다. 우회도로에서 오른쪽으로 가면 덕촌리와 서산사로 가는 길이고, 왼편으로 가면 거문등대(巨文燈臺,

1905년 건설)라 표시한 것이다. 삼거리에서 오른쪽으로 가든 왼쪽으로 가든 모두 덕촌리이지만 사람들이 거주하는 마을은 오른쪽으로 가야 된다. 임병찬 의사의 기념비가 덕촌리에 있다는 것을 인터넷 자료에서 읽고 왔으니 사람들이 거주하는 덕촌리 마을에 있을듯하여 그리로 가서 주민들에게 물어 보기로 했다. 100m 정도 올라가는데 한 소년이 뛰어서 옆을 지나가면서 인사를 한다.

"안녕하세요?"

그래서 나도 그를 바라보면서 웃으며 인사를 받았다. 다음은 그와의 대화 내용을 쓴 것이다. 내가 무엇인가를 물을듯하니 그 소년은 뛰던 걸음을 멈추고 내 옆에 와서 걷는다.

"안녕? 그런데 자네는 초등학교 학생인가?"

"아니예요. 저는 중학교 학생이에요."

"몇 학년인가?"

"2학년입니다."

"그래? 거문도에 중하교가 있는가?"

"예 거문중학교가 이 마을 덕촌리에 있습니다."

"그래. 거문중학교에는 학생이 몇 명인지 아는가?"

"예 알고 있어요. 많지 않으니까요. 학생이 3학년까지 모두 27명입니다."

역시 시골과 낙도에는 중학교가 있어도 학생의 수가 많지 않구나했다.

"그래 잘 알았네. 바쁜 모양인데 내가 시간을 뺏었네. 가보게"

하니 그는 인사를 하고 다시 달려서 마을 쪽으로 갔다. 그 학생이 뛰어간 다음 약 100m 쯤 더 걸어갔는데 50대 부부로 생각되는 남녀가 맞은편에서 걸어온다. 그들에게 물었다.

"안녕하세요? 한 가지 물어도 될까요?"

"그럼요. 물어보셔도 됩니다."

"임병찬 의사 기념비가 덕촌리에 있다고 알고 왔는데 어디 있는지 아시는지요?"

"임병찬 의사 기념비요? 삼호교 입구를 지나서 거문등대 쪽으로 300m 정도 내려가면 오른쪽 언덕 위에 있습니다."

하고 부부 중 부인이 간단명료하게 대답하였다. 나는 "감사합니다." 인사를 하고 덕촌리로 가던 발길을 돌려 삼호교 입구 삼거리 쪽으로 그들과 함께 걸었다. 삼거리에서 그 부부는 삼호교를 건너 '고도'로 가고, 나는 삼거리를 지나 거문등대 가는 바닷가 길로 걸어 내려갔다. 서남쪽으로 보이는 수월산(水越山)에도 황혼이 내려앉고 있었다.

임병찬 의사의 기념비는 그 부인이 가리켜 준대로 길 오른쪽 불로봉 쪽 축대 위 언덕에 세워져 있었다. 검은색 오석재질의 2.5m(높이)×60cm(가로)×30cm(세로) 크기로 우람한 기념비였다. 앞면에 비석의 이름이 한자(漢字) 큰 글씨로 '大韓獨立義軍元帥府司令總長遯軒林炳瓚殉國碑(대한독립의군원수부사령총장돈헌임병찬순국비)'라고 새겨 있었다. 그리고 다른 세 면에는 임병찬 의사의 생애가 좀 작은 한글 글씨로 기록되어 있다. 돈헌(遯軒)은 임병찬 의사의 호(號)이고, 이 비석이 의군원수부사령총장이라 직

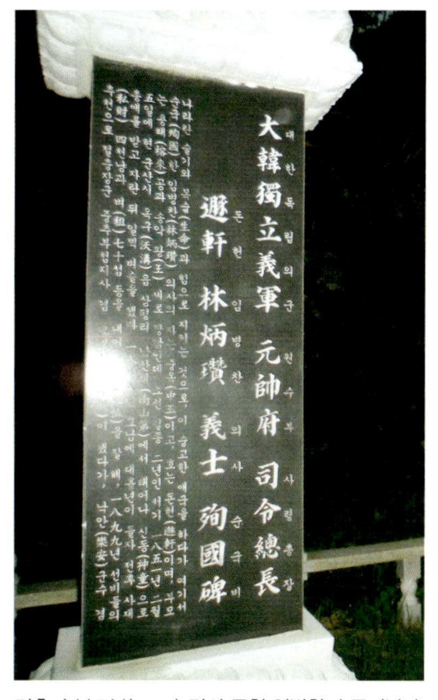

덕촌리 불로봉(170m) 밑의 돈헌 임병찬 순국기념비.

책을 기록한 비석인 것이다. 순국비에 작은 한글 글자로 새겨진 글은 약 5m 기념비 앞, 해안도로에서 바로 올려다보고 읽을 수 있도록 1m×1m의 알루미늄판으로 만든 안내 설명표지판에 변색되지 않고 방수되도록 하여 세워 놓은 것이 있어 읽었다. 다음은 그 내용이다.

> 돈헌 임병찬 의사 순국비(遯軒 林炳瓚 義士 殉國碑)/ 관리자: 여수시 삼산면장/ 위치: 전라남도 여수시 삼산면 덕촌리383/ 임병찬 의사는 1851년 2월 5일 전라북도 옥구군에서 임용래(林榕來)의 장남으로 태어났다./ 어린 시절부터 한학(漢學)을 수학했고, 39세 때인 1890년 전라도 낙안군수(樂安郡守)를 역임했다./ 1906(광무 9)년 2월 스승 면암 최익현(勉菴 崔益鉉, 1833~1907)과 함께 전북 태인 무성서원(武城書院)에서 의병을 일으켜 태인, 정읍, 순창, 곡성 등을 공격 관곡을 탈취하여 군량으로 삼고 의병활동을 하였다./ 그러나 1906년 6월 최익현과 함께 일군에 체포되었다./ 최익현과 임병찬 의사는 서울로 압송되었다가 쓰시마로 유배되었다./ 최익현은 쓰시마에서 단식하다가 1907년 1월 1일 타계하였다./ 임병찬 의사는 최익현의 시신과 함께 귀국한다./ 그리고 임병찬 의사는 1912년 9월 독립의군부를 조직하여 그 조직을 전국으로 확대하고 총독과 내각총리 등에게 국권반환요구서를 보냈다./ -〈중략〉-/ 임병찬 의사는 1914년 6월 13일 거문도로 유배되고, 거문도에서는 소년들을 가르치고 저술활동을 하였으나 국권을 빼앗긴 울분을 참지 못하고 1916년 5월 23일(음) 스승 최익현이 쓰시마에서 그랬듯이 단식하다가 66세를 일기로 생을 끝내었다. -〈이하 생략〉-

임병찬은 1914년 서울에서 체포되어 경성형무소에 감금되었을 때 3회나 자결을 시도 했으나 실패하였다고 한다. 그해 6월 거문도에 유배되어 와서는 거문도 동도의 유학자 귤은 김류(橘隱 金瀏, 1814~1884)의

당기(堂紀)를 저술하였는데 그 책은 현재 거문도 동도(東島)의 귤은사당(橘隱祠堂)에 보존되어 있다.

임병찬은 1906년 2월 무성서원(武城書院)에서 스승 최익현과 함께 의병을 모집하여 전라도 일원에서 일본군을 몰아내려는 전투를 하였고, 1912년부터 1914년까지 독립의군부를 조직하고 일본내각총리에게 국권회복요구서를 보낸 사람이었다. 그런 사람은 의병장이고 독립투사인 것이다.

나는 면암 최익현이 쓰시마(對馬島)에서 1907년 1월 1일 순국하고, 그 제자 임병찬은 스승의 시신과 함께 1907년 1월 7일 귀국하여 어찌되었는지 몰랐는데 19세기 말 거문도에 조성된 영국군 묘지에 대해 인터넷 자료를 조사하다가 임병찬이 1916년 거문도에서 타계하였음을 알게 되었고, 그의 순국비가 거문도의 서도 덕촌리에 세워졌음도 알았다. 그래서 이렇게 2014년 가을날 황혼(黃昏)이 시작될 때 그 순국비를 만난 것이다.

의병활동을 한 것만도 훌륭한 독립투사에 틀림없지만 그는 구휼과 의병활동에 사재를 아낌없이 제공하였다니 존경해야만 하는 우국지사(憂國之士)인 것이다. 1888년 호남에 대흉년이 닥쳤을 때 쌀 70석과 상당한 금액을 제공하였고, 면암 최익현의 제자가 되어 의병을 모집할 때인 1906년 2월에도 사재를 헌납하여 군량미와 병기를 구입했다고 한다.

임병찬의 구국활동은 마땅히 역사서에 소개되었어야 하지만 사가들은 그러한 활동을 소개하는데 태만한 것이다. 물론 임병찬이 그것을 바라고 구휼과 의병 지원 활동을 한 것은 아니라는 것을 알고 있다. 나는 누구보다 임병찬을 높게 평가하고 싶어 중 · 고교의 역사교과서에 돈헌 임병찬이 소개되어야 한다고 주장하는 것이다.

〈2014년 10월 7일 청주시 성화동에서〉

[참고] 면암 최익현(勉庵 崔益鉉 1833~1907)과 돈헌 임병찬(遯軒 林炳瓚, 1851~1916): 1906년 3월 면암 최익현 선생과 그의 제자들은 전라도 태인 무성서원(武城書院)에서 의병 참여 격문을 이곳저곳의 뜻있는 인사들에게 보냈다. 1905년 10월 말 일본 정부의 강압에 의한 을사늑약(乙巳勒約)이 체결되자 일본인들을 우리나라에서 격퇴하려는 것이었다./ 그 제자들 중 가장 신임하는 제자 수남 고석진(秀南 高石鎭, 1851~1924)이 그의 친한 친구로 병법에 능하고, 그 재산을 의병활동에 헌납할 수 있는 사람인 임병찬(林炳瓚)을 제자로 받아줄 것을 스승에게 추천하였다./ 1906년 2월 임병찬은 모친상을 당하여 전북 태인(泰仁) 가까운 곳에서 시묘(侍墓)살이를 하고 있었는데, 그를 찾아와 "같이 의병을 모집하여 일본인들을 이 땅에서 몰아내세!" 하고 재안한 사람은 최익현이었다./ 평소부터 최익현을 존경하였던 임병찬은 최익현의 제자가 되었고, 많은 사재를 헌납하여 군량과 병기를 마련할 수 있게 하였다./ 그래서 1906년 6월 4일 태인의 무성서원에 모여든 의병들은 800명에 달하여 태인, 정읍, 곡성을 점령하고 순창을 공격할 때 앞을 막는 군부대가 조선군임을 보고 일본인을 몰아내려는 싸움에서 조선군과 싸우는 것은 의미가 없다고 의병활동을 끝냈다고 한다./ 그리고 자진하여 일본 경찰에 압송되고, 경성형무소에 구금되었다가 1906(광무 9)년 8월 26일 쓰시마(대마도)로 위리안치(圍離安置)되었다./ 면암 최익현은 대마도에 위리안치 된 다음 단식하다가 1907년 1월 1일 순국하였다.

거제 포로수용소 디오라마관에서

다음과 같이 기록된 거제 포로수용소(巨濟 捕虜收容所) 안내 설명표지판의 설명문을 인터넷 자료실에서 읽을 수 있었다.

> 거제 포로수용소(巨濟 捕虜收容所)/ 경남문화재자료 제99호/ 위치: 경남 거제시 고현동 362/ 한국전쟁기간 중 북한인민군과 중공군 포로들을 수용했던 곳이다./ 1950년 11월 27일 고현, 수월, 양정지구의 360만 평에 설치되었던 포로수용소에는 가장 많을 때에는 인민군 15만 명, 중공군 2만 명, 의용군과 여자 포로 3,000 명이 수용되었다./ 1953년 7월 27일 휴전협정이 체결되면서 대부분 친공포로들이 송환되고 이 포로수용소는 폐쇄되었다./ – 〈중략〉 –/ 수용소 폐쇄 후 시설의 대부분은 철거되었는데 후세의 교육과 관광견학장소로 활용하기 위하여 일부 건물을 정비하고 있다.

이러한 자료들을 읽고 이러한 역사적 사실을 학습하고 마음의 양식으로 삼을 수 있는 것이 있으리라 생각하여 벼르다가 2015년 6월 15일 찾아갔다.

진주시외버스터미널에서 거제 고현행 시외버스에 승차하고, 고현시외버스터미널에 하차하였다. 고현시외버스터미널에서 거제포로수용소 유적공원까지는 택시를 이용하였다. 매표소로부터 층계를 밟고 올라가 첫 번째 만난 유적공원 관람장소는 '포로수용소 디오라마관'(Diorama of POW Camp)이었다. 디오라마는 프랑스어인데 투시화(透視畵)라는 말이고, 좁은 공간을 넓은 공간처럼 보이도록 만든 곳이다. 국어사전에는 "길고 큰 마포에 연속된 광경을 그린 유화의 앞쪽에 여러 가지 물건을 놓고 그것을 조명하여 실물을 보는 듯한 느낌을 일으키게 하는 일"이라 길게 설명하여 놓았다.

전시관에 들어가 좁은 통로를 들어가면서 바라보니 까마득히 멀리까지 일정한 크기의 포로들의 막사가 펼쳐져 있는데 친공포로(親共捕虜)들이 반공포로(反共捕虜)들을 각종 무기로 공격하여 살해하는 모습과 수용소장 미 육군 준장 돗드(Francis Dodd)가 친공포로들에게 납치되는 모습의 밀랍인형이 바로 앞에 보여 지고 있었다.

거제포로수용수용소는 1950년 7월 24일 미8군사령부 관할로 처음 조성되고, 1950년 11월 27일 설치가 확정되었다. 수용시설을 조성한 다음 인천, 대구, 부산 등지의 포로수용소에 수용되었던 포로들을 1951년 2월 초부터 6월 말까지 해군 수송선 LST를 이용하여 거제로 이송하여 수용하였다, 거제도 고현, 수월, 양정지구 360만 평 넓은 대지에 100개 정도의 막사를 3줄로 건립하고 17만 3천여 명의 포로들을 수용하였다니 그 시설들이 이 디오라마관에 보여 지고 있는 것이다.

거제도에 이러한 포로수용소가 건립된 이유는 거제도가 넓은 섬(378.79㎢)이고, 섬이니 포로들이 도망갈 수 없는 것이고, 부산에서 가까운 섬이므로 보급품과 포로들의 수송이 쉽다는 것, 그리고 거제도는 물이 풍부하여 포로들이 식사하고 목욕할 수 있는 충분한 물의 공급이 가능하다는 조건 때문이었다.

1950년 9월 15일 맥아더(Douglas MacArthur, 1880~1964) 장군이 사령관으로 근무하는 미 해병대의 인천상륙작전으로 낙동강 전선에서 UN군과 대치하고 있던 북한 공산군(인민군)들이 보급이 끊어지면서 이들 중 15만여 명이 포로가 된 것이다. 또한 1950년 12월 26만여 명의 중공군이 압록강을 건너 북한군을 지원하여 왔으므로 압록강까지 진격하였던 UN군은 1951년 1월 4일 천안까지 밀려왔다(1 · 4후퇴). 그러나 UN군의 공지협동작전이 성공하면서 서울이 다시 탈환되고 그 과정에서 2만여 명의 중공군이 포로로 UN군에 사로잡힌 것이다.

1951년 7월 26일 휴전회담이 열리면서부터 거제포로수용소에서는 포로수용소에 잡혀온 포로들에게 송환문제가 거론되었다. 그러면서 차츰 송환거부의 의사를 나타내는 포로들(반공포로)의 숫자가 늘어나기 시작하면서 북한이나 중공으로 송환되기를 원하는 포로(친공포로)와의 대립이 심각한 문제로 발전하였다. 1952년 1월 초 상담 법무사가 포로들과 대화하여 의견을 타진하면서 친공포로들은 상담을 방해하는 행동을 과격하게 했다.

이때(1952년 1월) 거제포로수용소에 수용된 공산군 포로는 132,471명(UN군측 발표)이라 했고, 북한공산군에 수용된 UN군 포로는 11,561명(북한인민군측 발표)이라 했다. 또한 거제포로수용소에 수용된 포로 중 거의 반이 반공포로였다 한다.

거제포로수용소에서 일어난 가장 큰 반공포로 폭동사건은 1951년 9월 17일부터 20일까지 일어난 친공포로들의 반공포로 살해사건이었다. 이때까지 이 거제포로수용소에는 북한공산당 골수 당원 박상현(朴商

鉉)이 포로인양 잠입하여 있었다. 뿐만 아니라 공산당 조직원 십여 명도 잠입해 있었다고 한다. 이들은 공산당 수석대표인 '남일'의 비밀지령을 받고 있었다. 포로수용소 제77구역의 친공포로들이 조직한 '해방동맹본부'에서 다음과 같은 지시를 친공포로들에게 전달하였다. 즉 「부산까지 우리 공산군이 점령하였고, 선봉부대는 이미 거제도에 상륙하였다. 포로들은 곧 해방될 것이다.」「거제도에 상륙한 선봉부대를 맞기 위해 반동분자(반공포로)를 색출하여 처단하자!」이와 같이 거짓정보를 유포하여 친공포로들을 현혹시켰다. 결과적으로 9월 17일 밤 11시 경부터 각 막사에서 10~30명씩 반공포로들을 색출해 내어 무참히 살해하였다. 이날 저녁 300 명도 넘는 반공포로들이 비참하게 살해되었다고 한다.

나는 1950년 11살의 소년으로 충청남도 공주의 한 시골마을에서 살고 있었다. 북한 인민군이 6월 25일 38선을 돌파하여 내려와 서울, 대전 등지를 거쳐 낙동강까지 내려갔으니 나는 공산치하에서 3개월 동안 소년으로 생활한 것이다. 그 3개월 동안 그들의 거짓말 행각과 무법천지식 행각을 보았다. 예를 들어 38선 돌파는 북침으로 일어났다는 것이다. 그런데 그런 거짓말행각은 공산당에만 있는 것인가? 지금 우리의 일상생활애서 그러한 행동을 하는 사람은 없는가? 내가 살아오면서 내가 근무했던 직장에서 인사채용이 있었을 때 자신의 후배를 뽑기 위해 연구업적과 경력을 부풀리는 거짓말을 하는 것을 보았다. 이것은 거제포로수용소에서 친공포로들이 '인민군이 거제도에 상륙했으니 그들을 맞을 준비로 반동분자들을 처단하자'고 하는 거짓말을 한 것과 조금도 다르지 않은 것이다.

친공포로들이 반공포로를 무참히 살해하는 행위는 20일까지 계속되어 수백 명이 더 살해되었다. 이 폭동은 미국 경비대대 병력이 출동하여 친공포로 70명 정도를 살해한 다음 진압되었다.

두 번째 포로수용소 내 친공포로들의 폭동은 1952년 2월 18일 발생되었다. 포로수용소 내 친공포로들의 '해방동맹공작대'가 조직정비를 완료한 다음의 일이었다. 북한 공산당은 '해방동맹공작대'에게 목숨을 걸고 송환의사 상담을 거부하라는 비밀지령을 내린 것이다. 미군측에서는 송환심사를 강행하려 하였으나 제62막사의 포로들이 가장 강력하게 심사를 거부하였다. 제62구역 포로들은 서울지역 의용군들로 대학재학생이었던 젊은이가 많았다고 한다. 이들이 심사를 결사 거부하자 새벽 5~6시 경 미군 경비대대 병력을 투입하여 저항하는 포로 53명 사살하고 162명의 부상자가 발생하면서 수용소장을 교체히면서 진압되었다. 수용소장은 피츠랄드 대령이었으나 돗드 준장으로 교체되었다.

세 번째 거제포로수용소 폭동사건은 1952년 5월 7일에 일어났다. 거제포로수용소장 돗드(Francis Dodd) 준장 납치사건이다. 처음 제76구역 친공포로 대변인이 돗드 준장에게 「미군 경비병들이 포로들의 금품을

돗드 포로수용소장이 친공포로들에 의하여 납치되는 밀랍인형상(디오라마관 중심).

갈취하여 면담을 했으면 합니다.」라는 면담요청서를 돗드 준장에게 보낸 것이다. 물론 이 요청서는 '수용소 고위 직책 담당자를 납치하여 포로분류상담 작업을 하지 못하게 하라'는 '남일'의 지령에 의한 것이었다. 돗드 준장은 큰 의심 없이 전속부관 중령 레이븐만을 대동하고 면담 장소인 제76구역 비상출입문 경비초소로 갔다. 그런데 갑자기 친공포로 20여 명이 죽창과 낫, 몽둥이 등을 들고 달려들어 끈으로 두 사람을 묶고 76구역 구퉁이에 가두어 놓고 그들이 만든 서류에 서명하라고 강요하였다. 그 서류에는 「포로분류심사 중단한다. 포로는 전원 송환한다. 포로 대표단 구성을 인정하고 요청시 면담한다. 미군들의 만행을 인정한다.」는 등의 내용이 기록되어 있었다. 돗드 준장은 서명했다. 결과 5월 8일 돗드 준장은 포로수용소장직에서 해임되고, 콜슨 준장이 신임 포로수용소장에 임명되어 왔다. 그러나 친공포로들이 콜슨의 서명이 있어야 돗드 준장을 풀어준다 하니 콜슨도 서명하였다. 돗드 준장은 5월 10일 석방되었다.

이러한 사실을 보고받은 미8군 사령관은 돗드와 콜슨을 대령으로 강등시켜 예편시켰다. 5월 12일 콜슨 포로수용소장 후임으로 임명된 사람은 보트너 준장이었다. 보트너 준장은 포로들을 엄하게 다스렸다. 포로들의 분류심사를 강행하였다. 돗드와 콜슨이 서명한 서류는 종이쪽에 불과하다고 찢어버렸다. 포로수용소 내에 북한인공기를 계양한 포로들은 사살하였다. 1952년 6월 10일 76구역 친공포로들이 폭동을 일으켜 반공포로들을 살해하였을 때 경비대대에 명령하여 탱크를 앞세우고 경비대대 병력을 투입하여 38명을 살해하였다.

보트너 수용소장은 1952년 5월 12일부터 6 · 25전쟁 휴전협정이 발효된 1953년 7월 27일까지 인간의 목숨이 자신들이 주장하는 공산세상을 위해 바쳐져야 된다는 생각으로 일관하였던 친공포로들이 1953년 8월

5일부터 9월 6일 사이 그들이 천국이라 하는 북쪽으로 보내질 때까지 임무를 성실히 수행하였다고 한다. 포로수용소는 1953년 9월 6일 폐쇄되었다.

그리고 2013년까지 1,2,3,차에 걸쳐 포로수용소 유적공원이 조성을 완료하여 60여 년 전의 세상을 재현하여 놓은 것이다. 나는 오늘 이렇게 둘러보고 그때를 조금 생각하였다.

6·25전쟁이 1950년 6월 25일 4시에 북한인민군이 38선을 일제히 넘어 공격하는 바람에 온 세계가 놀라고 16개국이 병력과 물자를 지원하여 1953년 7월 27일 휴전할 수 있었다.

포로수용소 360만 평 중 약 30만 평이 유적공원으로 조성된 것이다. 당시의 건물로서 남은 것은 경비대장 집무실, 경비대막사 1동, P.X건물, 그리고 무도회장이라 한다. 포로수용소막사들은 디오라마관에서 그 광활함을 바라본 것일 뿐 지금은 고층 건물이 건설된 시가지로 되었다.

포로수용소에서 지급되는 음식물과 의복 등 보급품은 제네바 협정(Geneva 協定)에 의해 규정된 대로 UN군 병사에게 지급되는 이상으로 지급되었다고 한다. 그런데 그 북한공산당 사상이라는 게 무엇인지(?) 금시 나타날 진실을 친공포로들은 진실이상인양 말한다. 친공－반공 포로들을 현혹시키려고 거짓말을 서슴치 않는다. 사람인지 귀신인지 모를 일이다.

그래서 비록 붉은 세상에 있다가 인민군으로 전쟁에 참여했으나 자유로운 세상에서 노력한 대가대로 보수가 주어지는 세상에서 살기를 원한 반공포로 수백 명을 무참하게 죽인 인간들은 지상에서 가장 악독한 인간들인 것이다. 그러나 우리들과 생활을 함께 하는 사람들 중에도 상당수 그런 사람을 볼 수 있으니 어찌해야 되는가?

〈2015년 6월 20일 청주시 서원구 성화동 구룡산 서쪽에서〉

제5장

제주특별자치도 섬마을

제주특별자치도의 제주성, 추자도, 서귀포시 범섬 · 법환동 · 용머리 해안 · 대정성, 가파도, 그리고 마라도에서 만난 설화들이다.

제주시
항파두성의 눈물

나는 2013년 12월 21일 아침 서귀포시 서쪽 산방산탄산온천(山房山炭酸溫泉) 앞에서 제주도 일주 도로를 서쪽으로 달려 제주시로 가는 시외버스에 승차하고 한림항(翰林港)을 지나 항몽유적지(抗蒙遺蹟址)인 항파두성(缸坡頭城) 후문 옆 시외버스정류장에서 하차하고 항파두성으로 걸어 들어갔다.

김통정이 인솔하는 삼별초 부대는 진도 용장산성(龍藏山城)으로부터 려몽연합군에 쫓겨 1271년 5월 진도군 의신면 금갑리선착장에서 수십 척의 선박에 승선하여 파도를 헤치며 남쪽으로 내려와 제주시 명월항으로 입항하여 항파두리로 왔다. 항파두리에 성을 2중(내성은 석성, 외성은 토성)으로 쌓으며 궁핍한 생활을 했다고 한다. 그 성이 항파두성이다. 항파두성은 삼별초군의 마지막 항몽유적지이다. 현재 항파두성의 주소는 제주특별자치도 제주시 애월읍 고성리 514-1이다. 그리고 고려군 사령관 김방경과 몽골군 사령관 흔도가 인솔하는 여·몽연합군에게 항파두성이 공격당하여 1273년 4월 전원 사망할 때까지 겨우 겨우 생명을 이어갔다고 한다.

항파두성 정문 앞 넓은 주차장 한 옆의 건물에 관광안내소와 휴게소가 있었다. 나는 우선 좀 쉬기 위해 휴게소로 들어가 커피 한잔을 마시고 있으니 관광버스 한 대가 주차장으로 들어왔다. 그리고 관광버스에서 관광객 약 30명이 내렸다. 충남 보령시에서 온 관광객들이라 했다. 여자 안내원(가이드)이 관광안내소의 자원봉사관광해설사에게 항몽유적지 안내와 해설을 부탁하자 약 50세의 자원봉사관광해설사 여성은 쾌히 승낙하고 항파두성의 정문으로 관광객들을 인솔하여 갔다. 나는 혼자 와서 관광안내를 부탁하기도 좀 부담스러웠으므로 마침 잘 됐다 하고 이 관광객들 틈에 끼어 해설을 들으려고 이들을 따라갔다.

이 여자 자원봉사관광해설사는 항파두성의 정문인 순의문(殉義門) 앞에 관광객들을 불규칙하게 세우고 이 항파두성에 고려시대 삼별초(三別抄)군이 와서 2년 정도 머물 때까지의 역사를 작은 확성기의 마이크를 입에 대고 설명하였다. 해설사의 설명은 순의문(殉義門) 옆에 세운 큰 안내 설명표지판의 설명문의 내용을 말로 하는 것이지만 여러 명이 그 설명문을 빨리 읽기 어려우므로 그럴 필요가 있는 것이다. 대략 다음과 같은 내용이었다.

> 삼별초는 좌별초 · 우별초 · 신의군(左別抄 · 右別抄 · 神義軍)의 3개 별초군(別抄軍)의 총칭입니다./ 몽골군의 침입에 항거하여 수도를 1232년 개경에서 강화로 옮겨와 40년을 지낸 다음 고려 제24대 원종(재위: 1259~1274)이 1270(원종 12)년 몽골과 군신관계(君臣關係)의 나라로 살기로 하고 화친을 맺으면서 강화로부터 개성으로 환도하였습니다./ 그러자 배중손을 지도자로 한 삼별초군은 1270년 9월 왕족인 승화후 왕온(王溫)

을 왕으로 받들고, 관리를 임명하여 고려 조정에 대립된 정권을 세운 뒤 1,000여척의 배에 재물과 삼별초군, 그리고 그들의 가족들을 싣고 진도 벽파진에 도착 용장산성에 터를 잡은 다음 산성을 개축하고 성안의 용장사를 궁궐로 삼고 각종 건물을 지어 왕을 황제로 칭하였다고 합니다./ 9개월 후인 1271년 5월 여 · 몽연합군이 그 삼별초군을 공격하여 오자 병력과 병기의 열세로 패퇴하여 진도에서 배중손 장군이 인솔하던 부대는 진도 남도석성 부근에서 모두 전사하고, 부관 김통정(金通精, ?~1273) 장군이 용장산성에서 빠져 나온 약 2,000명의 삼별초군을 이끌고 제주도의 명월항에 입항하여 항파두리로 와서 성을 쌓고 근거지로 하였다고 합니다./ 1270년 11월 3일 제주에 먼저 들어와 관군과 일전을 벌려 승리한 이문경(李文京) 부대와 합류한 것이고, 입도한 날은 1271(원종 13)년 5월 15일이었다고 합니다./ 그리고 삼별초군이 이곳 항파두리를 근거지로 삼은 이유도 있다고 합니다./ 기존 마을에서 좀 떨어져 민심을 거스르는 일을 할 수 없고, 한라산 기슭에서는 비교적 낮은 해발 200m 정도이고 평탄하여 농사지을 수도 있으며, 좋은 샘이 있는 곳이기 때문이라는 것이지요.

그리고 순의문을 통하여 안으로 들어가니 오른쪽 평지가 500평도 더 되게 150cm깊이로 파 헤쳐져 있었다. 발굴이 진행 중인 대지에 주춧돌이 줄을 맞추어 나열된 것을 볼 수 있었다. 윷판이 그려진 판판한 돌이 발견되었는데 아마도 삼별초 부대의 장교들이 한가한 시간에 윷놀이를 한 모양이라 했다.

이제 들어간 도로에서 10m 정도 왼쪽의 1층 집의 항몽유적전시관으로 그 자원봉사해설사 여인이 관광객들을 안내하여 들어갔고, 나도 따라 들어갔다. 그러나 전시된 유품은 많지 않았다. 그 이유는 1270년 당시 삼별초군과 그 가족들은 진도 용장산성으로부터 쫓겨 왔으므로 생활필수품도 가지고 오지 못했을 것이고, 1271년 삼별초군이 여·몽 연합군에 의하여 토벌되었으며, 항파두성이 인간에 의한 보존노력이 없이 지낸 세월이 거의 700년 정도였기 때문일 것이다.

항파두성을 발굴하여 발견한 것들은 도자기 깨진 것들 몇 개와 기와 조각 몇 개, 그리고 내성(석성)과 외성(토성)의 성문 밑에 놓았던 돌쩌귀 10개 정도가 고작이었다. 그래서 이 전시관에 전시된 것은 고려사와 고려사절요에 서술된 삼별초군이 관군과 전투하는 광경을 큰 화판에 유화로 그려 벽에 걸고 그것을 설명하는 설명판이 있을 뿐이었다. 그래도 이 성(城)이 마을로 개발되지 않고 유적지로 관광 상품화 할 수 있었다는 것은 다행한 일이라 생각되었다.

여자 자원봉사해설사는 어디에서 읽었는지 모르겠지만 그 삼별초들의 고생한 이야기를 다음과 같이 하였다.

“삼별초군은 먹을 것이 너무 없이 내성(돌로 쌓음)과 외성(토성) 쌓는 작업을 시키니 너무 배가 고파서 일을 할 수가 없었다고 합니다. 그래서 한 병사가 나오지 않는 똥을 억지로 싸서 그것이라도 먹으려 하니 옆의 병사가 와서 그것을 뺏어 먹더라는 것입니다.”

인간으로서 극한 상항을 설명한 비참한 이야기이다. 그래서 삼별초군은 1271년 5월 말부터 전라도와 경상도 연안 지방을 공격하여 물자를 확보하려 했지만 그 연안지방의 백성도 가진 게 없어 식량을 확보할 수 없었다고 하니 안타까운 일이 아닐 수 없었다고 한다. 삼별초는 처음부터 무리한 전쟁을 수행한 안타까운 역사의 창조자들이었다.

1273(원종 15)년 4월 말 여·몽연합군은 고려의 김방경과 원나라 흔도가 합동 사령관으로 선박 160척과 군졸 1만2천여 명으로 추자도(楸子島)에 도착하여 전열을 정비하고, 명월포에 상륙하여 항파두성으로 공격하여 왔으니 삼별초군은 군과 가족들까지 모두 죽은 것이다. 김통

정과 삼별초군사 약 70명이 항파두성을 빠져나와 한라산 서쪽 기슭의 붉은오름으로 도망가자 여몽연합군이 추격하여 그 붉은오름이 정말 붉게 피로 물들었다고 한다.

이 삼별초 토벌 사건 후 101년이 흐른 다음 몽골의 목호(牧胡)들이 반란을 일으켜 백전백승(百戰百勝)의 최영장군(崔瑩將軍)이 인솔하는 고려 정부군이 또한 명월포에 상륙하여 목호들을 토벌한 사건까지 해설사 여인은 이야기 하고 해설을 마쳤다.

관광객들이 밖에 나와 抗蒙殉義碑(항몽순의비) 앞에서 기념촬영하고 순의문 앞 수령 300년은 되었을 팽나무 밑에 전시된 돌쩌귀에 대한 설명까지 하고, 자원봉사해설사 여인이 관광 안내소로 들어가려 하는데 내가 잠시 한 가지 물어보아도 되느냐고 말을 거니 그 여인 물어보라고 했다. 그래서

"삼별초군이 마시던 우물이 있다고 하던데 그 우물을 보려면 어디로 가야 됩니까?"

하고 물으니 그 여인

"이 팽나무 뒤의 길에서 오른쪽으로 가다가 삼거리가 나오면 우회전하셔서 가시면 돼요."

하는 것이다. 그래서 나는 그 여인이 가리켜 준 대로 남쪽으로 250m쯤 가니 삼거리가 나와 오른쪽 길로 가니 귤밭이 나오고 그 길로 약 500m를 갔다. 그러나 우물과 우물에 대한 안내 설명표지판은 보이지 않아서 귤밭 사이를 빠져 나가 토성 주변을 살펴보았으나 우물과 우물표지판은 전혀 보이지 않았다. 나는 가까운 길로 항파두성 관광안내소로 다시 찾아 들어가 관광안내소에 앉아있는 그 자원봉사관광해설사 여인에게

"해설사 선생님 그 길로 갔으나 우물이나 우물표지판이 없어요. 두 바퀴 돌았어요. 해설사 선생님 욕도 많이 했습니다."

그랬더니 그 여인 따라 나오더니 그 길로 그대로 간다. 그러더니 한 바퀴 돌아서 관광안내소 옆으로 오더니 제주시청으로 연결된 국도로 나가는 게 아닌가? 왜 한 바퀴를 돌아왔는지? 모를 일이다. 이 길은 내가 처음에 시내버스에서 내린 그 길이었다. 그 삼거리에서 300m는 더 애월읍 쪽으로 가니 소왕천(昭王川)과 장수물(將帥泉) 표지판이 보였다. 그곳에서 200m는 더 소왕천을 따라 올라간 곳의 바위가 패인 곳에 물이 고였고, 그것이 장수물이라는 우물이라 했다. 여몽연합군이 쳐 들어올 때 김통정이 항파두성에서 이 소왕천으로 뛰어내려 바위가 패였는데 물이 고여 우물이 되었다는 믿거나 말거나한 전설을 만들어 장수물 안내 설명표지판에 기록하여 놓은 것도 읽었다.

장수물에서 다시 국도로 나와 제주시청 쪽으로 400m는 올라간 곳에 극락사(極樂寺)라는 절이 있고, 그 절 뒤에 있는 샘이 옹성물(甕城泉)이라 한다면서 삼별초군 장교들의 식수로 사용한 샘이라 했다. 이름 표지

항파두성 서쪽 애월읍에서 제주시청 가는 길옆의 삼별초군이 음료수로 사용했다는 샘.

판도 없고, 안내 설명표지판도 없었다.

옹성물에서 나와 약 100m를 더 제주시청 쪽으로 올라간 곳에 구시물(溝淇泉)이 있었다. 세 우물 중 가장 규모도 크고, 솟는 물의 양이 많아 흘러넘치는 좋은 샘으로 안내 설명표지판도 있었다. 삼별초 병사들의 식수로 사용된 샘물이라 했다.

그런데 왜? 이 자원봉사해설사 여인은 나에게 우물이 있는 반대편으로 올라가게 거짓으로 가르쳐주어 70객이 더 걷게 만들었는가? 그 심사를 이해할 수 없어 내 가슴에서 주먹 같은 눈물이 흘러 내렸다. 아마도 이 항파두성은 인간에게 눈물을 흐르게 하는 그런 장소인가(?)

항파두성에는 1270년 11월 3일 김문경이 이끄는 삼별초 부대가 이미 와 있었다고 한다. 1271년 5월 15일 삼별초 부지휘관 김통정과 약 2천여 명 삼별초군과 그 가족들이 진도 동쪽 금갑리선착장에 준비하여 둔 선박에 승선하여 파도를 헤치면서 명월포에 도착하고, 명월포로부터 이 항파두성으로 온 것이다. 1273년 5월 여·몽연합군에 의해 삼별초군이 완전 토벌될 때까지 2년 6개월 간 굶주림에 옆의 전우가 싼 생똥을 주어먹으면서 석성과 토성을 쌓은 것도 많은 사람들의 눈물을 흘리게 했을 것이다.

한라산 서쪽 기슭 붉은오름은 김통정을 비롯한 이들 삼별초군이 여·몽연합군에 쫓겨 도망갔던 계곡이다. 또한 먹은 것이 없어 힘없이 도망가다가 여몽연합군의 칼에 목과 팔·다리가 잘리면서 이 계곡이 온통 피로 붉게 물들었던 곳이라 한다. 붉은오름에서 여몽연합군의 칼에 죽은 삼별초군의 소식이 항파두성에 남아있던 가족에게 전달되었을 때 가족들은 눈물 흘릴 기력이나 있었겠는가? 이 항파두성은 눈물의 성(城)인 모양이다.

〈2014년 1월 2일 청주시 구룡산 밑에서〉

[참고 1] 항파두성에 전직 고위 인사들의 기념시수: 보령 관광객들이 항몽순의비(抗蒙殉義碑) 앞에서 기념사진을 찍을 때 항몽순의비와 현재 발굴작업이 진행되어 주춧돌들이 질서정연하게 나열된 그 공간 사이를 쳐다보았더니 보기 좋은 나무 몇 그루가 서 있었다./ 각 나무들 앞에 작은 표지석이 보여 각 표지석에 새겨진 글씨를 읽어보았다./ 5m 높이의 비자나무 한 그루는 1977년 6월 2일 박정희 전직 대통령이 기념식수한 것이고, 바로 옆에 3m 높이 참식나무는 1978년 6월 23일 박근혜 당시 구국여성봉사단 총재(현직 대통령)가 기념식수한 것이었다. 또 한그루 4m 높이의 동백꽃나무는 1978년 10월 24일 당시 국무총리 최규하가 기념식수한 것이었다./ 아마 이 항몽유적지의 관광지화를 지시한 것은 박정희 고 전직 대통령일 것이다. 1977년 박정희 대통령이 이곳에 와서 삼별초의 몽골에 항거한 것이 우리 민족의 숭고한 자주정신을 나타낸 것이라 하여 비자나무를 기념식수하고, 항몽유적전시관 건설도 지시한 것이라 생각되었다.

[참고 2] 항파두성(缸坡頭城): 이 성은 1272(원종 12)년 삼별초군의 지휘자 김통정이 병사들을 동원하여 쌓은 성이다./ 내성과 외성의 2중성인데 외성의 길이가 6km라 한다. 내성은 석성인데 석성 내의 넓이가 9,000평으로 망명정부의 수도와 같은 성격을 띠고 있었다고 한다.

최영
삼도도통사와 추자도

추자군도(楸子群島)는 제주시의 북쪽, 제주시와 전라남도 사이에 위치한 여러 섬으로, 행정 구역상 제주특별자치도 제주시 추자면이라 한다. 제주해협에 있으며 총 4개의 유인도와 38개의 무인도로 이루어져 있다. 추자대교(楸子大橋)로 연결되어 있는 상추자도(上楸子島, 1.3㎢)와 하추자도(下楸子島, 4.2㎢) 2개의 주 섬과 추포도(秋浦島, 0.13㎢), 횡간도(横干島, 0.611㎢)는 유인도이고, 그 외의 섬들은 무인도이다. 추자군도의 주민수는 2,535명(2005년)이다. 원래는 전남 영암군에 속하였으나 1896년에 전남 완도군에 편입되었고, 1910년부터 제주도에 편입되었다.

이 추자군도 중 중심이 되는 섬은 상추자도이다. 제주도에서 국가에 반하는 세력들이 문제를 일으켰을 때 그 집단을 공격할 경우 부대가 전투준비를 완결하기 위해 재편성할 때 이 상추자도를 집결지로 이용하였다. 1273년 제주도 애월읍 항파두성에서 삼별초(三別抄) 부대가 국가에 반항하는 활동을 하여 문제를 일으켰을 때 여·몽연합군을 인솔한 김방경(金方慶)·흔도(炘都)가 그랬고, 그 101년 후인 1374년 몽골인 목호(牧胡)들이 제주도에서 말을 기르며 정부의 지시에 불민을 표시하고 응하지 않으므로 이들을 제압할 때 부대를 이끌었던 지휘관 최영(崔瑩, 1316(충숙왕 3)~1388(우왕 14))이 그랬다.

백전백승(百戰百勝)을 했다는 지휘관 최영이 생전에 지었다는 다음의 두 편 시조 – 호기가와 '북소리 두리둥둥' – 를 나는 좋아한다.

> 호기가(豪氣歌)/ 녹이상제(綠駬霜蹄) 살찌게 먹여 시냇물에 씻겨 타고,/ 용천설악(龍泉雪鍔)을 들게 갈아 둘러메고,/ 장부(丈夫)의 위국충절(爲國忠節)을 세워볼까 하노라.(준마(좋은 말)를 기름지게 먹여서 시냇물로 깨끗이 씻어 타고/ 보검(좋은 칼)을 잘 들게 갈아서 어깨에 둘러메고/ 대장부의 나라를 위한 충성스러운 절개로 위업을 세워 볼까 하노라.)(진본 청구영언(珍本 靑丘永言) 가람본(伽藍本) 442)

라는 시조와

> 북소리 두리둥둥 내 목숨 앗아간다./ 충신의 죽는 길이 이다지도 어려우냐?/ 천하를 호령하던 초패왕의 기개세가/ 황구유아(黃狗幼兒)한테 꺾일 줄 어찌 알았으리.

뒤의 시조는 1388년 최영이 사형장에서 지었다는 시조이다. 황구유아(黃狗幼兒)는 이성계를 비하한 것이다. 최영의 체포죄명이 '부정하게 재물을 모았다'고 하는 것에 대하여

"내가 깨끗한 삶을 살았고, 국가를 위해 살았다면 나의 묘지 봉분에 잔디가 살지 못할 것이고, 그렇지 않다면 잔디가 살 것이다"

라고 형장에서 말했다는 것도 여러 역사서에 기록되어 있다고 한다. 실제로 고양시 대자산 기슭에 있는 그의 묘소에는 1970년대까지 잔디가 없는 흙으로만 덮여 있었다고 한다.

추자도(楸子島)에 대한 인터넷 자료를 읽다가 청백리(淸白吏)이고, 백전백승(百戰百勝)의 명장이셨던 최영의 사당(祠堂)이 상추자도 서북쪽 언덕 위에 있음을 발견하고 가서 그 사당을 만나기로 했다.

2013년 11월 24일. 나는 청주국제공항에서 아침 7시 55분 이스타항공기를 탑승하여 제주국제공항에 도착하니 8시 45분이었다. 제주국제공항 청사 앞으로 나와서 택시를 타고 제주항 제2부두로 가서 9시 35분 출항하는 추자도까지만 운항하는 여객선에 승선했다.

상추자항은 여객선과 어선이 드나드는 입구인 방파제 사이를 제외하고, 산으로 둘러싸인 천혜의 넓고 좋은 항구였다. 추자항여객선선착장에 여객선이 도착하여 하선하고, 상추자도여객선매표소에 들어가 오후에 제주로 돌아가는 여객선표를 구입한 다음 서쪽 언덕 추자초등학교(楸子初等學校) 뒤편에 건설된 최영장군사당(崔瑩將軍祠堂)을 찾아 걸어갔다.

어선들이 밧줄로 묶여 있는 상추자항 바닷가 길을 약 200m 걸어서 사거리에 오니 최영장군사당 표지판이 있고, 그 표지판이 가리키는 좁은 골목길을 약 100m 올라가니 추자초등학교 운동장 옆에 내가 서 있었다. 초등학교 건물은 조그마한 운동장 건너 남동쪽 언덕 위에 2층으로 건설되어 있고, 운동장 서북쪽의 층계를 올라간 곳에 최영장군사당이 건축되어 있었다. 돌층계를 밟고 올라가는데 층계 옆 잔디밭 가운데 글이 새겨진 작은 오석재질의 비석(50cm(가로)×40cm(세로)×50cm(높이))이 박혀 있었다. 지면과 45도 되게 만든 앞면에 새겨진 설명문을 읽었다.

목호(牧胡)를 공략하기 전 고려군 집결지/ 이 섬 추자도는 한반도와 제주도(濟州道)를 잇는 교통(交通)과 군사요충지(軍事要衝地)이다./ 1273(원종 14)년 4월 고려 김방경(金方慶) 장군과 원(元)나라 흔도(炘都) 장군이 이끄는 160척의 함정에 군병 1만여 명을 승선시켜 별도(別島, 상추자도)에 집결시키고, 파도가 없는 날 탐라(耽羅) 함덕포와 명월포로 상륙하여 김통정(金通精)이 이끄는 삼별초(三別抄)를 토벌하였다./ 그로부터 101년 후인 1374(공민왕 23)년 7월 목호(牧胡, 원나라 말 기르는 사람들) 석질리필사(石迭里必思)와 초고독불화(肖古禿不花) 등이 제주도에서 반란(叛亂)을 일으켰으므로 최영(崔瑩)이 삼도도통사로 임명되어 이들을 토벌하기 위해 314척의 함정에 2만5천여 명의 군병을 승선시켜 별도에 집결시킨 것이다./ 그리고 풍랑이 없는 날 명월포에 상륙하여 3천여 기병으로 맞서는 목호들을 전멸시켰다./ 후일 추자도 주민들은 최영 장군 사당을 별도 서북쪽 언덕에 짓고 매년 정월 보름날 제사 지내더니 근래에는 풍어제(豊漁祭)로 이어졌다.

1273년 김방경 · 흔도의 행적과 1374년 최영 삼도도통사의 행적에 대한 이야기를 설명한 비석이었다. 별도(別島, 현재 상추자도)는 고려 김방경과 원나라 흔도가 연합사령관으로 인솔하는 여 · 몽연합군이 1273(원종 14)년 4월 제주도 항파두성(抗波頭城)의 삼별초(三別抄)군을 소탕하려고 가던 도중에 부대를 재편성한 곳이고, 그 101년 후인 1374(공민왕 23)년 7월 석질리필사(石迭里必思) 등이 인솔하는 목호(牧胡)들을 토벌하려고 최영 삼도도통사가 부대를 재편성하기 위해 찾은 곳이다. 그런데 김방경 · 흔도가 거느리고 온 함정과 병졸의 수보다 최영 삼도도통사가 거느리고 온 함정과 병졸의 수가 두 배도 넘는다고 한 것이다.

한편, 내가 인터넷 기록물에서 읽어 알게 된 사실 하나는 최영 삼도도통사가 목호군을 토벌하기 위해 제주도에 갔다 왔다 할 동안 별도에 머문 기간이다. 총 22일인데 토벌하기 전 5일(1374년 9월 30일~10월 4일)과 토벌 후 귀경할 때 17일(1374년 10월 28일~11월 14일)이라고 한다. 최영 삼도도통사는 상추자항에 머무는 동안 주민들에게 어망(漁網, 그물) 만드는 방법과 만든 어망으로 바다에 어선을 타고 나가 고기 잡는 방법을 가르쳐 준 것이다. 이것이 주민들의 존경과 감사한 마음을 갖게 해주었다는 것이다. 그래서 그 후 최영 삼도도통사와 부대원들이 머물렀던 장소에 「崔瑩將軍祠堂」(최영장군사당)을 짓고 매년 정월 보름날 제사를 지냈다고 한다.

나는 돌층계를 밟고 「최영장군사당」 앞문으로 들어갔다. 사당 앞문 위에는 崔瑩大將神祀(최영대장신사)라고 하는 현판이 걸려 있었다. 사당은 약 5평 규모의 작은 기와집이고, 기와집을 튼튼한 돌담이 보호하고 있었다. 앞문을 열고 들어가니 또 하나의 문이 있어 열었다. 조그마한 방에는 2m 높이의 비석, 촛대에 꽂힌 양초, 그리고 붉은 관복과 검은 관모를 쓴 최영 삼도도통사의 영정이 뒷벽에 걸려 있었다. 엄숙한 표정의 최영 삼도도통사는 흰 수염이 가슴까지 내려와 있었다. 1374년 58세였으니 수염이 희게 변할만한 나이였을 것이다.

비석은 오석 재질이고, 그 앞면에 세로 글씨로 輔國都統大將崔將軍神位(보국도통대장최장군신위)라 새겨진 글씨가 붉은 페인트로 칠해져 있었다.

이제 밖으로 나와 서쪽 담 앞을 보니 가로와 세로가 각각 1m인 오석 재질의 비석이 세워져 있다. 그 비석에 최영장군사당의 설명문이 다음과 같이 새겨져 있었다.

최영장군사당(崔瑩將軍祠堂)/ 제주특별자치도 기념물 제11호/소재지:

제주특별자치도 제주시 추자면 대서리/ 1374(공민왕 23)년 탐라(耽羅)에서 원(元)의 목호 석질리(牧胡 石迭里) 등이 난을 일으키자 정부에서는 최영을 삼도도통사로 임명하여 진압케 했다./ 최영은 원정(遠征) 도중 심한 풍랑으로 이곳 점산곶(點山串)에서 풍랑이 가라앉기를 기다리는 동안 도민(島民)들에게 어망편법(漁網編法)을 가르쳐 섬사람들의 생활에 큰 변혁을 가져오게 했다. –〈이하 생략〉–

이 비석의 설명문에서 목호들이 반란을 일으켜 최영 삼도도통사가 출정했다고 했고, 결과는 기록하지 않았다. 내가 몇 가지 자료에서 읽은바 하나는 최영 삼도도통사가 인솔한 부대가 원나라 목호 3천 기병들을 전멸(사당 앞 잔디밭 중간의 작은 비석에는 그렇게 기록되어 있다)시켰다 하고, 다른 자료에는 이들의 지휘관 3명을 처벌했더니 반란이 진압되었다고 했다. 그러나 나의 생각에는 위 두 가지 기록이 전부 틀리고 지휘자들과 항복하지 않는 목호들은 죽였고, 항복한 목호들은 살려 준 것이 아닐까 했다. 그러나 상추자항을 점산곶(點山串)이라 한다는 것은 이 비석의 글을 읽고 알았다. 그리고 이 비석에도 상추자도 도민들에게 어망편법을 가르쳐 주었다는 설명문이 기록되어 있는 것으로 최영 삼도도통사의 어망편법 전수는 확실하다. 이 어망편법이 어망을 만들고, 그것을 이용하여 고기잡이 하는 방법을 말하는 것이다.

나는 초등학교 정문을 통해 해변으로 나오고, 상추자도 북쪽 해안도로 1.5km를 걸어가서 상추자도와 하추자도를 잇는 추자대교(楸子大橋)를 건너가서 하추자도(下楸子島) 맨 서쪽 땅도 밟아 보았다. 그곳에는 참조기상이 하추자도 서쪽 교량시작점을 장식하고 있었다. 참조기는 추자도에서 많이 잡히는 어종 중 하나라는 표시일 것이다. 길가에는 노란 털머위꽃이 이곳저곳에 피어 있었다. 털머위꽃들은 남쪽

상추자도 최영장군 사당 정문 앞.

상추자도 최영장군 사당내부.

섬지방의 기후에 잘 적응하는 꽃인 듯했다.

나는 백전백승의 군 지휘관이고, 아버지의 가르침을 따라 일생 동안 '황금 보기를 돌 같이 한'(견금여석(見金如石)) 620여 년 전 청렴한 인사의 목호 정벌 전진기지였던 상추자도 점산곶을 관광하였다. 우리는 살아가면서 한 번쯤은 당시 많은 국민의 존경과 사랑을 받던 최영 삼도도통사의 발자취를 따라 가면서 자신의 마음을 되돌아보는 일을 해야 할 것이다. 그래야만 같이 살아가는 이웃에게 피해를 주지 않을 것이다.

오후 3시에 제주항으로 가려고 '상추자항'에서 승선한 여객선은 아침 9시 35분 '상추자항'으로 올 때 승선하여 온 바로 그 여객선이었다.

〈2013년 12월 1일 청주시 성화동에서〉

목호들의 최후의 보루 범섬

목호(牧胡)라 하면 1276(충렬왕 2)년 원(元)나라가 제주도에 목마장(牧馬場)을 조성한 다음 몽고의 말을 사육하면서 몽골 사람 말(馬) 사육사를 목마장(牧馬場)에 보냈는데 그들 말(馬) 사육사를 그렇게 부른 것이다. 제주 목마장에서 목호들의 말 사육은 이후 거의 100년 동안 계속되었는데 상주하는 목호들의 수는 약 1,400명 정도였다고 한다.

현재를 살아가는 사람들이 목호의 난을 쉽게 이해하려면 목호들이 제주에 와서 목마장을 조성하고 말을 기르게 된 역사적 배경을 알아야 할 것이다. 그러므로 목호들이 반란을 일으킨 전말을 설명하여 보겠다.

1271년 여 · 몽연합군 대부대가 진도 군내면 벽파리 용장산성에 왕궁을 차리고 나라를 선포한 삼별초군을 공격하자 삼별초군은 진지를 제주도 애월읍 항파두성으로 옮겨 항몽활동을 지속해 나갔다./ 1271년 여 · 몽연합군 대부대(지휘관: 김방경과 흔도)가 이번에는 삼별초 제주도 진지 항파두성을 공격하자 지휘관인 김통정(金通精, ?~1273)을 비롯한 삼별초 부대원이 제주도 한라산 서쪽의 붉은오름으로 도피하였다./ 그러자 여·몽연합군이 붉은오름으로 추격하여 삼별초군 부대원을 모두 주살하였다./ 붉은오름이 온통 삼별초군의 피로 붉게 물들었다고 한다./ 원(元)나라에서는 삼별초군을 진압시킨 다음 탐라(耽羅)에 탐라국초토사(耽羅國招討司)라 하는 관청을 설립하고, 1276(충렬왕 3)년 목마장을 조성하고 몽골인 목자(목호(牧胡))와 몽골 말 170여 필을 보내 말을 기르게 했다./ 18년 후인 1294년에는 고려 조정의 요청으로 탐라는 고려의 소속으로 돌려주고, 명칭도 탐라에서 제주(濟州)로 바꾸었다./ 그리고 고려 조정에서는 제주에 목사(牧使)를 두어 관리했다./ 그러나 기른 말을 원나라로 보내는 공마(貢馬)는 계속되었다./ 1,300년 원나라는 탐라총관부(耽羅總管府)를 설치했다가 일본을 정벌한다는 의미의 정동행성(征東行省)으로 이름을 바꾸었다./ 그리고 이렇게 세월이 흘러 1374(공민왕 23)년 원나라가 명나라에 거의 멸망하는 단계에서 명나라가 고려에 사신을 보내 제주에서 기른 군마 2천 필을 보내라고 요청하여 왔다./ 그러자 공민왕이 문하평리 한방언(韓邦彦)을 제주 목마장에 보내 그 말을 전하였다./ 그러나 좋지 않은 말 350필만 내주겠다면서 목호 지도자들이 "쿠빌라이 칸(세조)의 명령으로 기르고 훈련시킨 말을 적국('명'나라)에 줄 수는 없다"라고 말했다./ 개경에 머물고 있던 명(明)나라 사신들은 군마 2천 필을 주지 않으면 돌아갈 수 없다고 하여 고려 조정에서는 최영(1316~1388)을 삼도도통사(三道都統使)로 임명하여 병선 314척에 2만5천605명의 병사들을 싣고 1374년 8월 28일 제주도 명월포(明月浦, 현 한림항)에 상륙하였다./ 목호들은 기마병 3,000여 기로 대항하였으나 고려군에게 병사의 숫자와 무기에 밀려 목호수뇌부와 많은 목호들이 서귀포 법환포구(法還浦口) 앞바다 사방이 주상절리 절벽인 범섬(虎島)으로 도망하였다./ 고려군은 범섬을 병선 40척으로 포위하고 법환포구 옆 해안으로부터 범섬까지 배다리를 가설한 다음 배다리를 통하여 범섬으로 병사들이 공격하여 들어가 목호들을 궤멸시켰다.

위에 간단히 목호의 난이 일어난 원인과 진압시킨 전말을 소개하였다. 결과적으로 목호의 난은 1273년의 삼별초난이 여 · 몽연합군에 의하여 진압된 다음 몽골(원)이 신하국가라 생각한 고려의 탐라(제주)에 1276년부터 목마장을 조성하고 1374년까지 98년간 말을 길러온 사실로부터 발생한 것이다. 1374년 원나라가 명나라에 쫓겨 거의 멸망되어가는 상황인데도 말을 기르고 있던 목호들이 명나라가 군마 2,000필을 보내라고 요구하고 고려 정부가 목호들에게 그 요구를 전하자 지시를 거부하여 일어난 것이 목호의 난이다. 고려 정부에서는 최영을 삼도도통사에 임명하여 목호들을 정벌한 것이다.

나는 고려 말인 1374년 최영이 삼도도통사로 임명되어 대군을 이끌고 명월포에 상륙하여 목호들을 공격하여 목호의 수뇌부를 궤멸시킨 범섬과 지휘소를 설치하였던 서귀포 법환포구 막숙(幕宿), 그리고 배다리를 설치하였던 해안가(배염줄이)를 찾아가 조그마한 감동을 얻어보려 하였다.

2015년 3월 11일 아침 8시 나는 청주국제공항을 출발하는 비행기에 몸을 맡겼다. 광양만에는 매화가 만발하고 제주도에는 유채꽃이 들판을 노랗게 물들이고 있는 계절이었다. 제주국제공항청사 앞에서 서귀포시시외버스터미널로 가는 시외버스에 승차하고 제주도의 아침 햇살이 비치는 일주도로를 달려 서귀포시시외버스터미널에 도착하였다. 10시 30분. 서귀포시시외버스터미널 대합실문을 열고 들어서니 대합실 한 편에 관광안내소가 있어 그 관광안내소의 문을 열고 들어갔다. 여자 사무원 두 명이 손님에게 관광안내를 하고 있었다. 한 사무원에게 물었다.

"내가 법환동포구와 범섬을 관광하려고 왔는데 이곳들을 어떻게 효과적으로 볼 수 있을까요?"

그러니 그 사무원은 나에게 잠시 기다리라 하고 컴퓨터에서 이것저것을 찾아보고 서귀포항 유람선선착장 매표소에 전화를 하더니 다음과 같이 말하는 것이었다.

"서귀포항유람선선착장에서 범섬을 한 바퀴 돌아오는 유람선이 11시 30분에 출항한대요. 지금 10시 45분이니 우선 지금 택시로 그곳에 가셔서 범섬을 관광하시고, 법환동포구는 그 다음에 보시면 되겠어요."

너무 친절하게 안내하여 주었다. "감사합니다" 인사를 하고 관광안내소를 나와 서귀포시외버스터미널 앞에 주차되어 있는 택시를 승차하여 서귀포항유람선선착장에 가고 유람선에 승선할 수 있었다. 서귀포항은 아담하고 조그마한 항구로 보였다. 유람선선착장 앞 유람선과 잠수함이 머무는 항구 남서쪽에 위치한 새섬(넓이: 102,000㎡)은 항구의 방파제 역할을 하였다.

유람선은 선실이 3층으로 되어 있었다. 1층과 2층은 창문을 통해서만 밖을 볼 수 있고 3층은 창문이 없으므로 비록 찬바람이 세차게 얼굴을 때려도 나는 3층에 자리를 잡았다. 유람선이 '범섬'을 한 바퀴 도는 동안 섬의 주상절리 바위절벽 이곳저곳을 나의 카메라에 담기 위해서였다.

유람선이 서귀포항을 출항하여 새섬 남쪽을 돌아 서쪽으로 약 10분 서귀포시 남쪽 바다를 미끄러져 간 다음 오른쪽 해변에 우뚝 솟아있는 20m 높이의 바위가 보였다. 선내 방송에서 외돌개라 부르는 바위라고 소개하고, "최영장군이 1374년 범섬으로 도망간 목호들을 공격할 때 이 외돌개를 거인 장군 형상으로 옷을 입히고 칼을 들고 있는 모습으로 만들어 범섬의 목호들에게 위협을 주었다는 이야기가 있습니다."라고 말했다. 믿거나 말거나한 꾸며낸 이야기일 것이다.

이제 미끄러지는 유람선 앞에는 범섬이 다가오고 있었다. 유람선 앞에 두 개의 범섬 북쪽 두 개의 해식동굴(海蝕洞窟)이 보일 때 유람선 선내방송에서 설문대할망의 또 하나 믿거나말거나 한 설화가 흘러나왔다. 기록해 본다.

> 앞에 보이는 범섬 바위절벽 밑의 두 해식동굴은 제주도를 만들었다는 '설문대할망'이 한라산 백록담을 머리에 베고, 서귀포 뒷산인 고근산(393m)을 허리에 대고 남쪽 바다에 발을 뻗고 누우니 그 할망의 발가락 두 개가 범섬에 닿아 그 두 발가락으로 뚫어 놓은 구멍이라 합니다.

설문대할망에 대한 설화는 내가 처음 듣는 것이었나. 설문대 할망이 얼마나 컸으면 머리를 백록담에 대고 누우니 발가락이 서귀포 앞바다 범섬에 닿는가? 이러한 믿거나말거나 한 설화를 누가 만들어서 전하여 지게 하였는지 그것 또한 신비스러웠다.

범섬의 해안은 조면암(粗面巖) 주상절리(柱狀節理)로 절벽을 이루고 있다. 둘레가 2km, 이 섬 위가 약 4만 평(0.142㎢)으로 넓고 우물(용천수)도 있기 때문에 옛날 한 가족 또는 두 가족이 농사지으며 살기도 했다는 이야기가 기록으로 전해지고 있다고 한다. 천연기념물 제18호 삼도파초일엽이 자생하는 곳이어서 현재 일반인의 출입은 금지되어 있다. 이러한 곳으로 1374년 9월 중순 약 10일 간이나 몽골 목호 수백 명이 고려군에 쫓겨 도망 와서 숨어 있었다고 하니 사람이 살다보면 그런 일도 일어나는구나 하는 것이다.

범섬 바로 서쪽에는 삼각형 모양의 작은 바위섬이 있어 범섬의 새끼섬이라 부른다고 했다. 범섬과 범섬의 새끼섬 사이는 조그마한 어선도

범섬 북쪽 두 해식동굴.

지나가지 못할 정도로 가까워 보였다. 유람선은 범섬의 북쪽과 서귀포 사이 바다로 진행하여 이 새끼섬까지 돌아 범섬 남쪽으로 가서 동쪽으로 다시 서귀포항 쪽으로 미끄러졌다.

범선의 남쪽에도 두 개의 해식동굴이 뚫려 있다. 하나는 새끼섬 가까운 곳에 직경 2.5m 크기의 동굴이고, 또 하나는 범섬의 동남쪽에 있는 직경 5m 정도의 동굴이었다.

옛날부터 범섬은 서귀포에서 바라볼 때 호랑이가 웅크리고 앉아있는 형태여서 호도(虎島, 호랑이섬)라고도 하였다 한다. 풍수지리학자(風水地理學者)들은 호랑이상의 범섬이 서귀포를 지켜주는 모습이어서 서귀포가 사람들이 살기 좋은 곳으로 된 것이라 하였다.

1374년 9월 중순 몽골 사람들 목호들 수백 명이 삼도도통사 최영 장군이 인솔하는 정부군 2만5천 군사들에 쫓겨 제주도 서쪽 항구 명월포로부터 이 조그마한 섬으로 들어왔다고 한다. 정부군이 이 섬에서 가장 가까운 법환동 포구 배염(연)줄이로부터 이 범섬까지 1.5km를 선박 수십 척을 일렬로 밧줄로 연결하여 군사들이 그 선박들을 타고 활을 쏘아가며 공격하여 범섬으로 올라가자 수뇌부 몇 명은 80m의 절벽 밑 바다로 뛰어내려 죽고 대부분은 생포하여 처형하였다고 전해지고 있다.

유람선이 서귀포항을 향하여 미끄러져 갈 때 앞으로 문섬(文島)과 섶섬(森島)이 다가왔고, 유람선이 이 섬들을 휘돌아 서귀포항으로 입항할 때 정방폭포(正房瀑布)가 멀리 보였다.

유람선이 범섬을 돌아와 서귀포유람선선착장에 도착하였을 때 걸린 시간은 1시간이었다.

〈2015년 3월 16일, 청주시 성화동에서〉

서귀포시 법환동 포구에서

나는 약 한 시간의 범섬 일주 관광을 마치고 서귀포항 유람선선착장으로 돌아와 유람선에서 하선하고 유람선선착장 앞에서 택시에 승차하고 해안도로(제주올레 7코스)를 달려 법환동포구(法還洞浦口)로 왔다. 법환동포구는 1374년 9월 중순 내가 방금 돌아온 범섬으로 도망가 있는 목호들을 토벌하기 위하여 최영 삼도도통사가 인솔하는 고려정부군의 지휘소를 설치하였던 곳이다.

약 10일간 지휘소가 설치되었다는 법환동포구에 서귀포시와 법환동 주민들이 만들어 놓은 막숙표지석과 최영장군승전비가 그 시대의 흔적을 대신하고 있었다. 640여 년 전 최영 삼도도통사가 2만 5천여 명의 병사들을 이끌고 와서 지휘소 장막을 설치했을 때도 있었을 법환동마을 주민들의 생명수 서가름물 옆에 조그마한 오석을 깎아 만든 막숙표지석(幕宿標識石, 가로: 50cm, 세로: 40cm, 높이: 50cm)의 앞면에 새겨진 설명문은 다음과 같다.

막숙(幕宿)/ 1374(공민왕 23)년 최영 삼도도통사가 이끌고 온 대규모 고려 정규군이 군 막사를 설치하고 주둔하였던 사실로부터 유래되어 지명이 막숙이라 붙여진 것이다./ 최영 삼도도통사는 1374년 당시까지 일백여 년 동안 제주 사회를 장악했던 몽골족 목호 세력과 이곳에서 최후의 결전을 벌렸다./ 목호군 수뇌부가 계속 몰리다가 법환포구 앞 범섬으로 도망가자 고려군은 막숙 서쪽 해안의 배염(연)줄이를 거쳐 궁사들을 이끌어 범섬에 들어가 이들을 궤멸시켰다./ ─ 〈이하 생략〉 ─/ 글쓴이: 고려사 전공 문학박사 김일우/ 세운이: 서귀포문화원 법환동마을회/ 2002년 7월 3일

막숙은 1374년 9월 10일(음) 경 범섬으로 도망쳐 항거하는 목호(牧胡)들의 수뇌부를 격파하기 위하여 법환동포구에 설치한 고려정부군 지휘소 터라 하여 붙여진 이름이다. 최영 삼도도통사는 이곳에 지휘소를 설치하고, 전부령 정용에게 무장한 병사들을 실은 40척의 병선으로 범섬을 포위하여 더 이상 그들이 도망가지 못하게 하고, '막숙'의 서쪽 범섬에서 가장 가까운 바닷가(배염줄이)에서 범섬까지 병선들을 밧줄로 연결하여 배다리를 가설하고 공격하였다고 한다.

나는 그 배다리를 설치했다는 곳에 표지석이 설치되어 있다는 기록도 보았으므로 법환동포구로부터 해안도로를 서쪽으로 걸어갔다. 해안도로를 서쪽으로 500m 걸어간 곳에 배염(연)줄이 표지석이 있었다. 막숙표지석과 같은 크기, 같은 재질, 같은 형태의 표지석에 설명문을 작성한 사람도 같았다. 고려사 전공 역사학자 김일우 박사가 작성한 배염(연)줄이 설명문은 다음과 같다.

배염(연)줄이/ 1374(공민왕 23)년 삼도도통사 최영이 이끈 고려군이 목호군들을 쫓아 이곳으로부터 앞의 범섬으로 병선들을 밧줄로 연결하여

> 다리를 만들어 건너갔다는 사실로부터 이 해안의 배다리 시작점의 이름, 배염(연)줄이가 유래되었다./ 목호군 수뇌부가 고려군에 쫓겨 범섬으로 들어가자 배다리를 만들어 고려군 병사들이 범섬으로 건너가 목호수뇌부를 공격하여 궤멸시켰다./ 이로써 고려는 일백여 년 간 몽골에게 빼앗겼던 제주지역을 되찾은 결정적 계기를 맞았다./ 여기는 고려군과 목호군 간 벌어졌던 범섬 전투의 출발점이라는 역사적 사연이 깃들여진 곳이기에 표지석을 세운다./ 글쓴이: 고려사 전공 문학박사 김일우/ 2002년 7월 3일/ 세운이: 서귀포문화원 법환동마을회

배염(연)줄이의 '배'는 한문의 '船'(배선)자이며, '연'은 한문의 '連(연결연)'이므로 그 해안에서 1.5km 떨어진 범섬까지 '줄(밧줄)'로 배들을 연결한 곳이 '배염(연)줄이'라는 것이다. 고려군이 명월포로부터 '배염(연)줄이'까지 목호들을 추격하여 오니 목호들은 천연요새인 범섬에 들

법환동해안의 '배염(연)줄이 표지석'과 앞 바다 '범섬'.

어간 것이다. 사방이 80m의 바위절벽으로 이루어진 섬이어서 고려 정부군을 방어할 수 있을 것이라 생각했는지 모른다. 그러나 배다리를 설치하고 화살을 쏘아가며 공격하는 고려군을 막을 수는 없었다. 목호의 지휘관 초고독불화(肖古得不花)와 관음보(觀音保)는 범섬 남쪽 80m 주상절리 바위절벽에서 뛰어내려 자살하였고, 석질리필사(石迭里必思)는 처자(아들 셋)와 함께 항복하였다고 한다. 범섬에서 생포된 목호들이 일백 명이 넘었다고 한다. 고려군은 이들을 모두 처형하였다고 전해지고 있다.

범섬전투는 채 10일이 걸리지 않았다. 결과적으로 목호군 반란의 진압은 고려군이 명월포에 1374년 8월 28일 상륙하여 9월 20일까지 22일 걸렸고, 고려군이 목호의 난에서 얻은 전리품으로는 몽고말 1,700여 필이었다고 한다. 최영 삼도도통사는 이 중 700여 필은 현지에서 사용토록 제주목사에게 인계하고, 일천여 필을 병선에 싣고 9월 23일 명월포를 출항하여 추자도, 보길도, 그리고 진도 등을 거쳐 11월 3일에야 목포항(木浦港)에 도착하였다고 한다.

1374년 고려의 인구는 210만 정도였고 제주도 전체의 인구는 1만 3천명 정도인데 목호의 난을 진압하기 위하여 제주도에 출정한 병사의 수가 2만 5천여 명이나 되었음은 그때까지 처음 있는 일이었다.

고려는 수차례 몽골의 침입을 받고 신하의 나라로 일백여 년 괴롭힘을 받았다. 조선시대에는 병자호란 이후 약 250여 년 청국의 신하나라로 괴롭힘을 받았다. 그 다음 20세기 초에는 일본에게 괴롭힘을 받은 것이다. 약하면 당하는 것이니 힘을 키워야 되는 것이다.

뜻 있는 많은 사람들은 이러한 역사의 밑바닥에 우리나라 사람 각 개인의 생활태도가 깔려 있음을 이야기한다. 자신이 할 일이 아닌데 자신의 할 일이라고 주장하는 것도 그렇고, 자신이 할 일인데 자신보다 힘이 약하다고 당신의 일이라고 주장하는 책임소재를 모르는 것부터 고쳐야 될 것이다.

몽골의 잦은 침략으로 수도를 강화도로 옮기고 강화도 정부생활 40년을 끝마치고 환도하는 과정에서 삼별초군의 반발이 극심했고 그들을 토벌하기 위해 려·몽연합군이 제주 항파두성까지 토벌을 하였다. 그 결과 삼별초군은 토벌되었으나 일백여 년 동안이나 제주가 몽골의 목마장으로 사용된 것이다. 그리고 최영 삼도도통사가 이끄는 2만5천여 병사들을 동원하여 목호들을 토벌한 것이다.

힘이 약하면 자신의 권리를 지키지 못한다. 이것은 단지 640여 년 전 려·몽연합군이 삼별초 토벌한 다음 목호들이 일백 년이나 제주도를 목마장으로 사용한 것뿐이겠는가? 일반 사회에서 대인관계도 그렇고 역사적으로 힘이 약해 외세를 불러들였다가 고난을 받은 역사는 많다.

〈2015년 3월 16일, 청주시 성화동에서〉

제주 간옹
이익 적거지에서

조선시대(朝鮮時代) 제주시에 유배되었던 인사들의 적거터가 표지석으로 그 적거지(謫居址)였던 장소 가까이에 표시되었다는 것을 인터넷 자료실에서 읽고 2015년 1월 6일 그 적거지표지석을 찾아갔다. 조선시대 제주도에 유배 온 인사들이 300명에 이르고, 이들은 제주에 도착하면 제주목 관아에 와서 도착신고를 하고 정해주는 유배지(적거지)로 갔다고 하니 나도 이 제주목 관아터(濟州牧 官衙址)에 가서 그곳에서 가까이 설치된 적거지표지석(謫居址標識石)부터 찾아보기로 하였다. 표지석은 80cm×60cm×40cm(가로×높이×두께) 크기의 오석으로 만들어졌고, 앞면을 비스듬히 깎아 그 면에 그곳에서 유배생활을 한 인사의 이름과 생애를 간단히 새겨 놓았음을 인터넷 자료실에서 사진으로 보고, 설치된 위치를 표시한 지도를 복사하여 가지고 갔다.

나는 제주국제공항 앞에서 택시에 승차하고 제주목 관아터 앞에 와서 내렸다. 제주목 관아터는 제주시의 중앙로타리로부터 약 500m 동쪽에 위치한다. 현재 제주목 관아터에는 옛 제주목 관아 건물들이 재현시켜져 있는 하나의 박물관인 것이다. 그리고 정문 밖 서쪽에는 관덕정(觀德亭)이 말쑥하고 위엄스럽게 건설되어져 있다. 관덕정 앞에 관덕정 안내 설명표지판이 세워져 있었다. 안내 설명표지판의 설명문은 다음과 같다.

> 관덕정(觀德亭)/ 보물 제322호/ 소재지: 제주시 3도2동/ 관덕정은 1448(세종 31)년 제주목사 겸 안무사 신숙청(辛淑晴)이 병사들을 훈련시키기 위해 세운 건물로서 제주목 관아의 일부이다./ －〈중략〉－/ 2006년 보수하여 원래의 모습을 찾았다./ 관덕은 "활(弓)을 쏘는 것은 높고 훌륭한 덕을 쌓는 것이다"라는 예기(禮記)의 내용에서 인용된 것이다./ 문무(文武)의 올바른 정신을 본받기 위해 지은 이름이다.

관덕정은 1448(세종 31)년 제주목사 신숙청이 군사훈련을 위해 지은 건물이고, 1910년 한일병합이 이루어진 다음 일부가 변형되었으나 2006년 복원되었다고 한다. 세종시대부터 위치는 그대로이고, 건물도 거의 변형되지 않고 그대로이니 제주의 역사를 대변하는 건물이다. 묵직해 보이고 기둥만 약 20개는 되어 보였으며, 벽이 없고 기둥들 위에 지붕만 묵직하게 얹혀있는 모습이다. 관덕정은 궁술연습장의 병사들 대기소가 아니었나 생각되었다. 제주목 관아의 여러 건물들은 임진왜란 때 화재로 소멸되었다가 복원했으나 1947년부터 1954년까지 계속된 제주4·3사태(濟州四·三事態) 때 다시 화재로 소실되어 20세기 말 다시 재현하였다고 한다. 그러나 관덕정만은 소실된 일이 없다는 것이다.

제주목 관아가 재현된 곳을 돌아보고 싶었으나 오늘 나의 여행목적이 조선시대 유배인사들의 적거지표지석을 돌아보는 것이었으므로 보류하고 뒤로 미루었다. 재현된 제주목 관아 매표소의 작은 문을 열고 안을 들여다보니 30대 여인 2명과 30세 정도 되는 청년이 앉아 있었다. 나는 이들 중 가까이 앉아있는 여자 사무원에게

"한 가지 묻겠습니다. 이 주변에 간옹 이익(艮翁 李瀷) 적거지표지석이 있다고 인터넷 지도에서 발견했는데 어디인지 모르면 이 지도를 보고 방향이라도 알려줄 수 있는지요?"

라고 물었더니 두 여인들 뒤의 의자에 앉아있던 청년이 뒷문을 열고 내가 서있는 매표소 창문 앞으로 나오더니 친절하게도

"제가 이익 적거지표지석 있는 곳을 알고 있습니다. 안내하여 드리지요."

하면서 관덕정 남쪽으로 걸어갔다. 그 청년은 관덕정 건물을 지나자마자 오른쪽 그리 넓지 않은 도로로 들어갔다. 이익의 적거지표지석은 제주목관아 서쪽 담 벽 밖을 따라 약 100m 들어간 곳의 벽에 붙여 놓여 있었다(사진). 그 표지석 앞면에 새겨진 이익의 간단한 생애설명문은 다음과 같다.

> 李瀷謫居址(이익적거지)/ 간옹 이익(艮翁 李瀷)이 적거했던 터/ 간옹은 계축옥사(癸丑獄事)로 1618(광해군 11)년 11월 제주에 유배되어 1623(광해군 16)년 인조반정(仁祖反正) 다음 풀릴 때까지 이 영뒷골(營後洞)에서 적거했다./ 그는 귀양살이 하는 동안 고홍진(高弘進), 김진용(金晉鎔)과 같은 제주의 석학들을 길러내는 등 후학 교육에 이바지했다./ 또한 경주이씨(慶州李氏)를 제주에 뿌리 내리게 했다.

위 설명문에서 계축옥사란 광해군(光海君, 1575(선조 8)~1641(인조 19), 재위: 1608~1623(인조 1))이 즉위한 다음 즉위 전 그의 즉위를 반대했거나 반대했던 사람과 관계된 사람들을 죽이거나 유배시킨 사건들을 일컫는다. 광해군은 그의 부친 선조(宣祖, 1552(명종 7)~1608(선조

'제주목 관아' 서쪽 담의 밖에 놓여진 '간옹 이익' 적거지 표지석.

41), 재위: 1567~1608)가 타계하자 제15대 임금으로 즉위한 다음 인목대비(仁穆大妃, 1684~1632)와 그 여인의 소생 영창대군(永昌大君, 1606(선조 39)~1614(광해군 7)) 주변의 가족과 영창대군이 즉위해야 된다고 했던 서인(西人)과 남인(南人), 소북(小北) 인사들을 유배 보내거나 사형시킨 것이다. 이런 사태가 계축(1613)년에 주로 일어났으므로 계축옥사라 하는 것이다. 인목대비는 폐서인하여 경운궁(慶運宮, 서궁 또는 덕수궁)에 유폐시켰다. 또한 인목대비의 친정아버지 김제남(金悌男, 1562(명종 17)~1613(광해군 6))은 사살되었고 인목대비의 친정어머니 노씨는 제주로 보내 관노로 만들었다. 8살의 영창대군은 1613년 교동도로 유배 보냈다가 1614년 누가 시켰는지 모르나 강화부사 정항이 증살(蒸殺)시켰다고 한다.

이익의 적거지표지석 설명문의 영뒷골(營後洞)은 이익의 적거지가 있었던 제주목 관아의 서쪽 담장 밖의 마을이다. 그는 이 마을 어느 집에서 4년 6개월(1618년 11월~1623년 5월 1일) 동안 유배생활을 한 것이다.

나는 이익 적거지표지석을 본 다음 그 젊은이를 따라 들어온 도로를 되돌아 나와 다시 제주목 관아 매표소 앞으로 왔다. 그리고 그 젊은이에게 내가 찾아가려는 적거지표지석의 위치가 그려진 지도를 보여주니

"어르신 제가 김윤식, 서주보, 김진구의 표지석 위치까지 안내하여 드리겠습니다."

하고는 앞서 걸어갔다. 나는 미안하기도 하여

"멀 터인데 그리할 수 있겠소?"

라고 말했더니 그 청년 다음과 같이 말했다.

"제주성 안은 5분으로부터 15분만 걸으면 어느 곳이건 갈 수 있습니다. 제가 조금 시간이 있으니 안내하여 드리려는 것이지요."

하고 앞으로 걸어가는 것이다. 나는 너무 고마워서 "고맙소." 하면서 따라갔다. 그래서 김윤식(金允植, 1835~1922, 제주유배: 1898(광무 1)~1901(광무 4)), 서주보(良泉 徐周輔, 1850~?, 제주유배: 1897~1898), 김진구(金鎭龜, 1650~1704, 제주유배: 1689~1694)의 적거지표지석을 찾아 주고 돌아갔다.

이렇게 제주성 내에 위치한 여러 인사들의 적거지표지석 몇 개를 발견하였으나 이 글에서는 도착하여 제일 먼저 그 적거지표지석을 발견한 간옹 이익(艮翁 李瀷, 1579~1624, 제주유배: 1618~1623)의 생애와 그 주변 이야기가 너무 재미있어 그것에 대해서만 기록하기로 한다.

제주도에 1618년에 유배되어 온 이익(李瀷)은 실학자 이익(李瀷)과는 동명이인(同名異人)이다. 우선 아호(雅號)가 각각 간옹(艮翁)과 성호(星湖)로 다르다. 다음 두 사람의 살았던 시대도 1세기의 차이가 있

고 살았던 지역도 다르다. 간옹 이익은 1579(선조 12)년에 충주에서 태어나 1624(인조 2)년 충주에서 타계했고, 안산(安山)에 조상들의 세거지가 있었던 성호 이익은 1681(숙종 8)년에 태어나고 1763(영조 39)년 타계하였다.

간옹 이익은 1612(광해군 5)년 사마시에 합격되고, 식년문과에 급제하면서 검열에 등용되었다. 1615(광해군 8)년 성균관 전적(典籍)으로부터 여러 벼슬을 거쳐 종5품 직강에 등용되었다. 직강은 대사간 밑에서 임금에게 상소문을 올리는 직위의 벼슬이다. 1615년에는 광해군의 왕으로서의 국가 통솔에 대한 문제를 상소문(上疏文)으로 올렸다고 한다. 다음은 그 상소문의 일부이다.

> 지금 가물어 땅이 타 들어 갑니다. 그런 땅이 일천(1,000) 리라 합니다./ 그래서 백성들이 굶어 죽어 시체가 들판에 가득합니다./ 이러한 참혹한 세상에 성상께서 즉위한 다음 8년이 흘렀으나 경연 한 번 열지 않았습니다./ 궁첩과 환관이 얼마나 성상을 흔들어야 됩니까?/ 궁중이 엄하지 못하니 안팎이 결탁하여 태아(太阿)의 칼자루가 이미 거꾸로 잡히었고, 사사로이 바치는 것이 줄을 잇고 있다고 합니다./ 다투어 이를 따라 하니 백성들의 곤궁함이 날로 더해가고 있습니다.

왕에게 올린 이익의 이 상소문으로 형조에서 심한 심문을 받고 사형집행까지 될 수 있었는데, 영의정(領議政) 기자헌(奇自獻, 1562~1624)의 간곡한 만류로 사형을 겨우 면하고 제주로 위리안치(圍籬安置)되었다고 한다. 이익의 상소문에서 「태아의 칼자루가 이미 거꾸로 잡히었다」는 말에서 태아(太阿)는 대대로 내려오는 중국 '한'나라 황제의 보검 이름이다. 칼자루를 신하에게 쥐어주고 황제가 칼끝을 잡은 것을 비유한 것이다. 후한(後漢) 말 역사서(歷史書)인 한서(漢書)에는 어린 황제가 왕망(王莽)이라는 신하에게 섭정을 맡겼다가 왕위를 찬탈당하고 '한'나라가 패망한 사실이 기록되어 있다고 한다.

이익이 제주에 유배 왔을 당시 제주목사는 경기도 여주 사람 이괄(李适, 1587(선조 20)~1624(인조 2))이었다. 이괄은 이익이 제주에 도착하자 그의 적거지를 제주목 관아 가까운 영뒷골에 정하여 주고 제주목 관아 동몽교관(童蒙教官)(종6품)을 할 수 있도록 허락하여 달라고 이조(吏曹)에 요청하여 허락을 받았다. 이괄이 1618년 부임하여 올 때 수행원들이 전부 무관(武官)이었으므로 수행원 중 제주의 소년들을 교육할 수 있는 사람은 없었다. 그러므로 훌륭한 학자인 이익이 유배되어 오자 그를 제주에서 자라나는 소년들의 훈장으로 모신 것이다. 그래서 이익은 뜻하지 않게 제주목 관아 동몽교관이 되었다. 결과 이익은 적거지도 해결되고 후에 성균관 전적(종6품)이 되는 고홍진(高弘進, 1602~1682)과 제주 장수당(교육기관) 교육을 담당했던 명도암 김진용(明道菴 金鎭鎔, 1605~1663)과 같은 훌륭한 인재들의 스승이 되었다.

이익은 두 번이나 상처하고 두 번째 부인에게서 낳은 아들 인실(仁實, 1607~?)을 데리고 위리안치 되어 와서 비참한 유배살이를 각오하였는데 이괄이 동몽교관을 하라고 하더니 이번에는 결혼하여 살면 어떠냐고 권유한 것이었다. 그렇게 하여 결혼하게 된 여인은 제주 남원읍 의귀리에 살면서 말(馬) 부자이고, 임진왜란 때인 1593(선조 26)년 전마(戰馬) 500여 필을 국가에 헌납하여 헌마공신(獻馬功臣)이 된 김만일(金萬鎰, 1550(명종 5)~1632(인조 10))의 고명딸 김갑순(金甲順, 1601(선조 34)~1666(현종 7))이었다.

김만일은 1593년에 전마 500필을 병조에 헌납하였을 뿐만 아니라 아들 대명(大明)에게 전마부대를 이끌고 임진왜란 당시 전라지역 의병활동에 참여시켜 공을 세웠고, 전마로 쓸 수 없는 말은 도살하여 말고기는 건육(乾肉)으로 만들어 수군과 의병들의 식량으로 보내 부족한 식량을 보충하게 하고 말가죽은 병기 보관용으로 쓰도록 했다. 그러자 이를 알게 된 선조는 그를 종2품 오위도총부 부총관에, 그의 첫째 아들 대명에게 종4품 보성군수, 그리고 둘째 아들 대성(大成)은 종5품 용양위 부사로 임명하였다.

두 번이나 상처하고, 자식도 남매를 두었으며, 임금의 패륜행위를 비난하는 상소문을 올려 위리안치 될 때 나이가 40세인 이익이 고명딸 갑순의 결혼상대로 이괄이 중매할 때 김만일이 반대하지 않고 허락한 것은 이익이 정5품 직강 벼슬을 역임하였으니 좋은 사람이라 생각하였기 때문일 것이다. 한편 이익은 위리안치 되어 불편한 생활을 하고 있던 차에 제주 갑부의 어린 고명딸과 결혼하면서 불편한 많은 것이 해소되니 거부할 일이 없었다. 김갑순은 소와 말을 키우는 일을 돕기도 하였으므로 햇볕에 그을려 얼굴은 구릿빛이었으나 차분하고 의지가 강한 여인이고 이웃을 배려하는 여인이었다고 한다.

이익과 김갑순은 결혼식은 올리지 않고 영뒷골에서 살림을 차려 생활했을 것이나 다음 해에는 어여쁜 아들이 생겨 이름을 인제(仁濟)라 지었다고 한다. 갑순은 인실과 인제를 무척 사랑하고 잘 길렀다고 한다. 이렇게 이익이 김갑순과 결혼함으로써 인제는 제주도 경주이씨(慶州李氏)의 시조가 되었다. 인제는 무과에 급제하여 종5품 훈련원판관까지 승진하였다고 한다. 인제의 아들 이윤(李允, 1650(효종 2)~1708(숙종35))은 이웃을 배려함이 대단했다고 한다. 김진구(金鎭龜, 1651~1704, 제주유배: 1689~1694, 김만중(1637~1692)의 큰조카)가 유배 왔을 때 그와 친구가 되었고, 유배와 있을 동안 제주 동문로터리 인근에 그가 구입한 집에서 거처하게 하였다고 한다.

1623년 인조반정(仁祖反正)이 김류, 이귀, 이괄, 김자점 등 서인들에 의해 일어나 광해군이 유배되면서 이익은 유배가 풀린다. 그날은 3월 1일이고, 제주를 떠난 것은 5월 1일이었다. 제주관아에서 노비 생활하던 인목대비의 친정어머니 노씨를 대동하고 이익은 제주에서 해남으로 가는 선박에 몸을 싣는다. 이때 인제는 네 살이어서 어머니 갑순과 제주 외가댁에 남아 있었다.

이익은 충주의 고향집에 돌아와 김갑순과 결혼하고 인제가 태어난 것을 자랑스럽게 집안 어른들과 친구들에게 이야기하고 호적과 족보에 갑순과 인제를 처와 아들로 떳떳하게 등재하였다. 충주에 돌아오기 전 이조(吏曹)에서는 이익에게 정4품 장령 벼슬을 내렸었다. 그러나 이익은 나가지 않았다. 그리고 귀향하여 11개월이 지난 1624년 4월 어느 날 제주에서 귀향할 때 타고 온 말에 채어 사랑하는 젊은 아내와 아들 인제를 제주에 남겨 놓은 채 이생에서 다시 만나지 못하고 하늘로 올라갔다. 이 해는 이괄이 평안도에서 반란을 일으켰다가 실패하고 부하에게 목이 달아난 바로 그 해이기도 했다. 김갑순은 이익이 말에 채어 타계한 해로부터 42년 후인 1666(현종 8)년까지 제주에 살다가 하늘로 올라갔다.

나는 이 여행기를 쓰면서 간옹 이익, 그의 후처 김갑순, 아들 인제, 그리고 손자 이윤의 네 사람이 살아온 인생행로를 보는 듯했다. 또한 이익은 올바르나 좀 위험한 인생길을 걸었다고 생각되었으나 그의 후처와 손자 이윤은 이웃에 대한 배려와 융화, 그리고 인내로 일관한 인생을 보낸 것이다. 이들에게 박수를 보낸다.

〈2015년 01월 24일 성화동 우거에서〉

[참고 1] 간옹 이익의 제자들과 김만일 후손: 이익의 제자 고홍진(高弘進)은 65세가 된 1666(현종 7)년 문과 병과에 급제하여 성균관 전적(정6품)이 되었

다./ 고홍진은 제주도로 돌아와서 후학들의 교육에도 열을 다했고, 풍수지리에도 통달하여 지관도 했다고 한다./ 고홍진의 차남 고상흘은 김만일의 손녀와 결혼하여 고홍진과 김만일 · 김대길은 사돈이 된다./ 김만일의 둘째 아들 김대길(金大吉)이 초대 감목관(정6품)이 된 것도 고홍진과 김진용 등 이익의 제자들이 제주 목사에게 요청하여 얻어낸 것이라 한다./ 비록 매 2년마다 200필의 말을 국가에 헌납하는 조건이지만 감목관의 벼슬을 함으로써 더 이상의 수탈을 피할 수 있었다고 한다./ 김대길이 감목관이 되면서 그 후손들이 240년이나 세습하여 그 직을 이어갈 수 있었다고 한다./ 남원읍 의귀리에는 김만일의 생가터와 묘지가 있어 지금은 제주의 한 관광지가 되었다.

[참고 2] 이괄의 난과 이익의 숙부: 1623년 인조반정(仁祖反正)을 주도한 인사는 김류(金瑬, 1571~1648), 이귀(李貴, 1557~1633), 최명길(崔明吉, 1586~1647), 그리고 전직 제주 목사 이괄(李适, 1587(선조 20)~1624(인조 2)) 등이었다./ 그런데 이괄은 반정이 성공리에 이루어졌는데 논공행상은 불공평하다고 생각하여 불평이 많았다./ 반정 2등 공신에 평안도 병마 부절제사로 임명되었기 때문이었다./ 그럼에도 근무지에 부임하여 열심히 군사훈련을 시키고, 군량미와 병기를 준비하였다./ 그런데 이렇게 열심히 근무하는 이괄을 반역 준비를 한다고 어느 인사가 밀고한 것이다./ 그런 다음 이괄의 아들을 심문하겠다고 조정에서 구인하여 갔다./ 그런 것을 당한 이괄은 실제 반란을 일으켰다./ 이괄의 반란군은 도성을 점령하고 인조는 공주(公州)로 피난하였는데 이괄의 반란군에 안현(安峴)에서 치명타를 준 것은 간옹 이익의 숙부인 은암 이수일(隱庵 李守一, 1554(명종 9)~1632(인조 10))의 부대였다./ 이괄이 제주 목사로 근무할 당시 이수일의 조카 이익에게 유배지 숙소를 제공하고 정6품 동몽교관을 시켜주었으며 김만일의 19세 고명딸을 중매하기도 했는데 그 숙부는 반란을 일으킨 그의 부대에 큰 타격을 주었으니 인간사는 그런 것이다./ 문제는 당시 조선 최강의 부대인 이괄의 부대가 와해된 다음 그 부대원의 많은 수가 후금(후에 '청'나라)으로 건너가서 후금의 군대에 편성되어 정묘 · 병자호란 때 후금('청'나라)의 선봉부대원이 되었다는 것이다.

제주 광해군
적거지에서

조선시대(朝鮮時代) 제주(濟州)로 유배된 수많은 유배객 중 임금이었던 사람은 광해군(光海君, 1575(선조 8)~1641(인조 19), 재위: 1608~1623)뿐이다. 그가 제주성에 위리안치(圍籬安置)되었던 장소에 적거지 표지석(謫居址標識石)이 놓여 졌다는 기행문을 인터넷에서 읽고 그 표지석을 보고 싶어 찾았다.

나는 만구와 김진구(萬求窩 金鎭龜, 1651~1704, 제주유배: 1689~1694, 서포 김만중의 조카)의 적거지표지석을 찾은 다음 '광해군'의 유배지에 세워졌다는 적거지표지석을 찾으려고 택시를 이용하여 오현단(五賢壇)으로 왔다. '광해군' 적거지표지석이 인터넷 자료에 등록된 지도에는 오현단과 제주중앙성당 사이에 위치하는 것으로 표시되어 있기 때문이었다. 오현단으로부터 제주중앙성당은 약 500m거리로 그리 멀지 않으므로 동쪽 오현단에서 서쪽 제주중앙성당까지 걸으면서 길가를 샅샅이 살폈다. 그러나 그 표지석은 보이지 않았다. 체력만 소비되고 시간만 흘러갈 뿐이어서 표지석 설치를 주관한 제주시청 문화예술과로 가서 묻기로 했다. 제주중앙성당 앞에서 택시를 타고 제주시청으로 갔다. 그리고 제주시청 별관2층에 위치한 문화예술과로 올라가서 유배인 적거지표지석 관리담당자를 찾으니 여자 직원이 내가 앉아있는 상담실로 들어섰다. 그 여인에게

"광해군 적거지표지석을 찾을 수 없어 정확한 위치를 알려고 왔습니다."

라고 말하니 그 여자 직원은 다시 사무실로 가서 그 적거지표지석에 대한 정보가 기록된 책자에서 광해군 적거지표지석에 관련된 면(面)을 복사하여 주었다.

그 표지석은 오현단과 제주중앙성당 사이에 위치한 것은 맞고, 국민은행제주지점 정문 옆에 있었다. 이날(6일)은 제주시에도 황혼이 찾아왔으므로 시청에서 가까운 모텔에서 쉬었다. 이튿날(7일) 아침 제주의 날씨는 맑은데 머문 모텔에서 멀지 않은 곳에 위치한 국민은행을 찾아갔더니 북향한 국민은행정문 옆 화단 앞쪽에 광해군 적거지표지석이 놓여 있어 이번에는 쉽게 발견하였다. 그 적거지표지석의 비스듬한 앞면에 새겨진 설명문은 다음과 같다.

光海君謫所址(광해군적소터)/ 이곳이 광해군 적소터로 전해져 왔다./ 1623(광해군 16)년 인조반정(仁祖反正)으로 쫓겨난 광해군은 처음 강화도에 위리안치 되었다가 1637(인조 15)년 제주로 이배(移配)되어 귀양살이 했다./ 그리고 1641(인조 19)년 이곳에서 병사(病死)했다./ 남환박물지(南宦博物志)에는 적소터가 서문 안에 있었다는 설이 있으며, 1653(효종 4)년 네델란드인 헨드릭 하멜 일행이 제주도에 표착한 다음 서울로 가기 전 잠시 수용되었던 곳으로도 알려져 있다.

광해군이 위리안치 되었던 장소는 지금 번듯한 현대식 5층 건물인 국민은행 제주지점이다. 광해군은 인조반정(仁祖反正)으로 폐왕이 되어 강화도로 위리안치(圍離安置)되고, 교동도로 적거지를 옮겼다가 1637년 제주로 위리안치 된 것이다. 그리고 1641년 지병으로 67세를 일기로 제주에서 사망하였다, 그런데 네델란드 상선의 파선으로 가파도를 거쳐 서귀포 용머리해안으로 상륙한 네델란드 사람 하멜(Hendric Hamel, 1630~1692, 한국체류기간: 1653~1666)과 그 일행이 1653년 한양으로 압송되는 과정에서 잠시 이 장소에 머물렀었다고 하는 것은 흥미로운 일이었다. 광해군이 이곳에서 병사한 다음 12년 후였다.

광해군 적거지 표지석이 놓여진 국민은행 제주지점 앞(위).
광해군 적거지 표지석(아래).

1623년 3월 13일 인조반정이 일어났을 때 광해군은 대궐 뒷문으로 달아나 의관 안국신(醫官 安國臣)의 집에 숨었다가 잡혀서 서민으로 되어 강화도(江華島)에 위리안치(圍籬安置)되었다. 이때 광해군을 지지하고 있던 정인홍(鄭仁弘, 1535~1623)과 이이첨(李爾瞻, 1560~1623)

등 대북파(大北派) 인사 다수가 처형되었고, 200여 명이 유배되었다. 광해군은 1627년 정묘호란(丁卯胡亂, 1627년 1월 15일~3월 10일)이 일어나 후금(後金) 군이 침범하여 내려올 때는 강화읍으로부터 충남 태안(泰安)으로 유배지가 옮겨졌다가 후금군이 물러가자 1627년 4월 교동도(喬桐島)로 이배되었다. 그러더니 병자호란(丙子胡亂, 1636년 12월~1637년 2월)이 지나면서 교동도로부터 제주성 동편인 이곳에 위리안치 된 것이다.

그런데 광해군은 왜(?) 이렇게 유배지를 옮겨 다녔을까? 하는 의문이 생기는 것이다. 이것의 해답은 청(淸)나라 홍타이(태종)가 정묘호란 때 침공하여 와서 "광해군의 복수를 하러 왔다."고 한 말이 그 답이다. 광해군은 재위 중 청(淸)나라에 좋은 관계를 맺어 왔는데 인조반정이라는 쿠테타로 인조(仁祖, 1596(선조 30)~1649(인조 27), 재위: 1623~1649)가 왕으로 즉위한 다음에는 오직 친명정책(親明政策)을 취하고 청나라를 적대시 한다는 것이었다.

드디어 병자호란(丙子胡亂, 1636년 12월~1637년 2월)으로 청나라의 태종(太宗)이 이끄는 10만 대군이 침범하자 인조는 남한산성(南漢山城)으로 피난하였다가 청나라 태종에게 삼전도(三田渡)의 치욕을 당했다. 결국 청나라와 조선은 군신관계(君臣關係)를 맺고 왕자들과 친명배청파 인사들을 인질로 데려가고 공녀를 보내야 했다. 그러한 관계는 1895년 청일전쟁(淸日戰爭)에서 청나라가 패전할 때까지 계속되었다고 한다.

그런데 광해군이 위리안치된 제주성 안의 집에서는 다음과 같은 일이 벌어졌다. 같은 집에서 숙식을 하는 감시병들이 안방을 차지하고 광해군에게 문간방을 사용하게 하는 것이었다. 또한 그 감시병들뿐만 아니라 청소하고 음식준비를 하는 침모들까지 광해군을 "영감"이라 부르는 것이다. 그러한 취급과 호칭은 십여 년 전까지 임금이었던 광해군이 삼전도 굴욕보다는 못하겠으나 수모를 당하며 유배생활을 한 것이다. 그런데 광해군은 그러한 수모를 당하고도 한 번도 화를 내거나 따지지 않았다는 것이 그가 타계한 다음 발견된 그의 광해군 일기에 기록되어 있다 한다.

광해군의 이러한 초연하고 관조적인 태도가 그의 생명을 66세까지 살게 하였을 것이라고 사학자들은 기록하고 있다. 조선시대 27명의 왕들 중 네 번째로 장수한 왕이다. 가장 장수한 임금은 21대 영조(1694~1776, 재위: 1724~1776), 다음이 태조(1335~1408, 재위: 1392~1398), 그리고 세 번째가 제26대 왕 고종(1852~1919, 재위: 1868~1907)이다.

광해군은 마지막 숨이 넘어가기 전 다음과 같은 유언 한 마디를 했다 한다. "내가 죽으면 나의 어머니(공빈김씨) 발밑에 묻어 달라!" 그래서인지 그의 시신은 제주에서 경기도 남양주시 사릉 그의 어머니 공빈김씨 묘소 가까이 묻혔다. 광해군은 아버지 선조(宣祖, 1552(명종 7)~1608(선조 41), 재위: 1567~1608)의 후궁인 공빈 김씨 몸에서 태어나고 임진왜란이 시작되던 해인 1592년 세자로 임명되고 분임조를 이끌었다. 군 통솔 관계와 의병관계를 무난하게 처리하였다 한다.

광해군이 세자로 책봉되어 전란 중 중요한 일처리를 무난하게 했고, 큰 문제가 없는 상태에서 51세의 아버지 선조는 세자 광해군보다 9년이나 어린 김제남(金悌男, 1562~1613)의 딸(1584~1632, 왕후책봉: 1602년)을 왕후로 받아들여 영창대군(永昌大君, 1606~1614)을 출산했다. 그러자 서인들은 영창대군을 세자로 책봉하자고 했다. 막 출생한 아기로 세자를 교체한다는 것이 가능하다는 것인가? 영창대군이 태어난 해에는 광해군이 32세가 되고 세자로서 선조를 대신하여 국가의 대소사를 상당기간 결정하였는데 말이다.

인조반정(仁祖反正, 1623년 3월 13일)이 일어나지 않았더라도, 이괄이 반란을 일으키지 않았더라도, 정묘호란(丁卯胡亂, 1627년 1월~3월)과 병자호란(丙子胡亂, 1636년 12월~1637년 2월)은 일어나지 않았을 것이라 한다. 그리고 그 후 1895년까지 청나라에 우리나라의 처녀들을 공녀로 보내고, 청나라가 군사파견을 요청하면 군사를 파견하는 일은 하지 않았을 것이라 한다. 이괄의 군사였던 병졸들이 청나라에 귀화하여 정묘·병자호란때 청나라 선봉군으로 조선을 공격해 왔다고 하니 생각해 볼 문제일 것이다.

나는 조선 제14대 왕이라는 선조를 광해군 이하로 격하시켜야 된다고 생각한다. 광해군이 후궁 태생이라 그렇다고 한다면 세자를 시키지 말았어야 한다. 선조 자신은 중종의 정실 왕후로부터 출생한 아들인가? 그렇지 않으면 정실의 아들의 아들이라도 되는가? 선조의 아버지 덕흥대원군(德興大院君, 1530~1559)은 중종의 후궁 10명 중 제7후궁 창빈 안씨의 둘째 아들이었다.

한편, 1595년 선조는 자신이 내린 명령이 잘못 내려진 것임도 모르고 따르지 않았다고 남쪽 바다에서 연전연승하는 삼도수군통제사 이순신(李舜臣, 1545~1598)을 잡아오게 하고 형벌을 가했고, 사형시키려고 하다가 영의정 서애 류성룡(西厓 柳成龍, 1542~1607)의 만류로 목숨만 살려주었다. 한편 칠천량해전에서 3척의 거북선과 160척의 판옥선을 일본수군의 공격으로 모두 태워버리거나 수장시키고 일만여 명의 수군을 몰살되거나 포로가 되게 한 원균(元均, 1540~1597)을 이순신과 똑같이 전쟁 후 임진왜란 1등 공신으로 올리게 한 사람이 바로 선조이다. 나는 역사 앞에 선조를 고발한다.

우리 인간은 생활하면서 자신의 이익을 위해 질 나쁜 – 아니해도 되는 선거(選擧)를 하게 만드는 일을 한다. 이웃의 이익과 감정은 생각하지 않는다. 사람은 이웃이 보기에 안타까운 행위는 삼가 해야 우리들의 사는 세상이 평안하여 지는 것이다.

〈2015년 1월 28일 청주 성화동에서〉

[참고 1] 제주 오현단(濟州 五賢壇): 조선시대 제주도에 관리로 왔거나 유배 온 사람 중 제주 사람들의 정신문화에 영향을 주고, 문화발전에 공헌한 다섯 유학자들을 오현(五賢)이라 부르고 이들을 기리기 위해 이 다섯 분들의 위패를 뫼신 제단이 오현단이다. 오현은 다음과 같다./ 1520(중종 15)년 유배 온 충암 김정(冲菴 金淨, 1486~1521), 1534(중종 29)년 제주목사로 부임했던 규암 송인수(圭菴 宋麟壽, 1499~1547), 1601(선조 34)년 안무사로 부임했던 청음 김상헌(淸陰 金尙憲, 1570~1652), 1614(광해군 7)년 유배 온 동계 정온(桐溪 鄭蘊, 1569~1641), 그리고 1689(숙종 15)년 1월 장희빈의 아들 균을 왕세자로 세우려는 숙종(肅宗, 1661~1720, 재위: 1674~1720)의 의견에 반대하다가 유배 온 우암 송시열(尤庵 宋時烈, 1607~1689)이다.

[참고 2] 인목대비와 광해군: 임진왜란이 시작되던 1592(선조 25)년 광해군은 세자에 임명되어 분임조를 잘 이끌었다. 그런데 1,600년 의인왕후(懿仁王后, 1555(명종 10)~1600(선조 33) 중전: 1569(선조 2)~1,600)가 타계하자 선조는 1602년 김제남의 딸(1584(선조 17)~1632(인조 10), 후에 인목대비)과 결혼하고, 1606년 영창대군이 출생한다./ 이것이 우리나라를 흔들어 조선이 청나라의 신하나라가 된 원인이 되었다고 사가들은 말한다./ 1608년 선조가 타계하자 우리나라 나이로 3살인 영창대군이 왕이 돼야 한다는 대신들(서인)과 그때까지 16년이나 세자로 선조의 정치보좌를 했던 광해군(31세)이 왕으로 즉위돼야한다는 대신들(북인)이 암투를 벌린다./ 1613년에는 계축옥사(癸丑獄事)가 일어나 인목왕후의 친정아버지 김제남(金悌男, 1562(명종 17)~1613(광해군 7))이 사사되며, 많은 인사들이 사사되거나 유배된다./ 7살인 영창대군도 강화로 유배되었다가 1614년 비참하게 증살된다./ 또한 인목대비는 폐비되고 서민으로 되어 서궁에 유폐된다./ 이러한 결과로 인조반정이 일어나 광해군이 위리안치된

다./ 그리고 인조반정 후 공신서열의 불만 때문에 1624년 이괄의 난이 일어난다./ 문제는 이괄의 반란군이 패하면서 상당수의 병졸들이 청나라로 건너가 정묘호란과 병자호란 때 청국군의 선봉부대가 되어 조선으로 청군이 침범할 때 도움을 주었다는 것이다./ 그리고 거의 250년 간 조선은 '청'나라의 신하나라가 된다./ 국왕의 처신은 몇 백 년 동안이나 전 국민의 안위와 관계됨을 알아야 할 것이다.

하멜의 새옹지마

오늘의 관광목표는 모슬포에서 제주올레길 10번 코스를 동쪽으로 걸어서 산방산(山房山, 395m) 남쪽 용머리 해안에 개설된 하멜상선전시관을 관람하는 것이었다.

우리 부부는 제주도 10번 올레길을 모슬포에서 출발하여 산방산 쪽으로 천천히 걸어갔다. 바람이 많이 불어 모슬포에서 마라도와 가파도 왕복 여객선도 운행되지 않는 날이나 다행히 서풍이어서 바람은 10번 올레길을 서쪽에서 동쪽으로 걷는 흰 머리 부부의 등을 밀어주기 때문에 차가운 바람이나 걷는 것은 힘이 적게 들었다. 걸으면서 오른쪽을 바라보니 불어오는 서풍에 남쪽 바닷물이 요동치고, 왼쪽은 넓은 밭에 줄 맞추어 심어놓은 파와 무 잎들이 세찬 바람에 춤을 추었다.

서귀포에서 한라산 쪽으로 우뚝 솟아있는 산방산이 길게 연결된 밭들 건너로 보였다. 하멜 상선전시관으로 가는 길가에는 제주의 발전에 기여한 인사들의 기념비석, 사람과 동물 발자국 화석이 발견되어 세워

놓은 표지판, 그리고 조개껍질이 묻힌 곳이라는 표지판 등이 보였다. 그러나 나는 오늘 산방산과 용머리해안 사이에 만들어진 하멜 상선전시관을 보는 것이 목적이니 이런 유물들은 그대로 지나쳤다.

드디어 우리 부부는 산방산 바로 남쪽 용머리 해안에 만들어 놓은 하멜 상선전시관 있는 곳으로 갔다. 17세기 네델란드 상선이 재현된 것이고, 이 상선 선실이 하멜 상선전시관이라는 하나의 박물관으로 된 것이다. 하멜상선의 뱃머리는 산방산 쪽이고, 배의 뒷부분은 용머리해안으로 향해 있다. 「하멜 HAMEL 상선전시관」이라 한글과 영어를 혼용하여 적어놓은 현판은 산방산 쪽 뱃머리에 부착되어 있다. 하멜 상선전시관은 사람이 밑에서 올려다보면 큰 규모로 느껴지는 것이다. 전시관은 이 상선의 갑판까지 재현된 상선 옆에 만들어 놓은 층계로 올라가서 갑판에서 선실로 들어가게 되어 있는데 내가 찾아갔던 날(2013년 11월 25일)은 전시실 수리를 하고 있어 관람은 할 수 없었다.

용머리해안을 뒤로 보이게 하고 17세기 네델란드 상선 바타비아(BATAVIA)호를 모델로 재현된 스페르웨르(SPERWER)호 뒷부분 옆에 네델란드인 하멜(Hendric Hamel, 1630~1692)의 동상이 긴 의자에 앉아 있다. 나는 하멜 동상 옆에 앉아 사진 한 장을 내 카메라에 담았다. 앉아있는 하멜의 동상 몇 미터 옆에 하멜 상선전시관의 안내 설명표지판이 세워져 있었다. 그 안내 설명표지판의 설명문은 다음과 같다.

> 하멜 상선전시관/ 네델란드인 하멜(Hendric Hamel, 1630~1692)은 17세기 중반 동인도회사 소속 서기였다./ 하멜은 1653년 1월 선원들과 함께 네델란드 상선 스페르웨르(SPERWER)호에 승선하여 네델란드로부터 일본 나카사키(長崎)에 파견되어 있는 동인도회사로 항해하던 중 태풍을 만나 제주도 대정현(濟州道 大靜縣) 지역에 1653년 8월 16일 표착하였

다./ 그는 우리나라에서 13년간 머물고 야간 탈주하여 귀국했는데 그 13년간의 생활을 하멜표류기로 작성하였고, 그것이 유럽 여러 나라 언어로 번역 발간되어 그 책이 베스트셀러가 되면서 우리나라를 유럽세계에 처음 알리는 계기가 되었다./ 2013년 제주도는 당시 난파된 상선 스페르웨르호를 재현하고, 내부 선실에 관련 자료와 탑승한 사람들을 밀랍상으로 전시하였다./ -〈중략〉-/ 2013년 8월 16일 개관하였다./ 네델란드에서 20세기 중엽 재현된 17세기 네델란드 상선 '바타비아(BATAVIA)'호를 모델로 재현한 것이라 한다.

17세기 중반인 1653년 8월 16일 네델란드의 23세 청년 헨드릭 하멜(Hendric Hamel)이 모슬포와 마라도(馬羅島) 사이에 위치한 가파도(加波島)에 그의 동료들과 함께 처음 표착한 것으로 알려져 있다. 왜냐하면 그가 저술한 하멜표류기에 가파도가 퀠파트(Querpart)로 기술되었

산방산 남쪽 용머리해안의 하멜(Hamel) 상전 전시관.

기 때문이다. 하멜전시관은 그가 표류하여 제주도에 표착한 후 360년이 된 것을 기념하여 2013년 8월 16일 개관한 것이라 한다. 〈중략〉 부분에 상선전시관의 앞뒤 길이 36.6m, 폭은 8m, 갑판 높이는 11m, 그리고 돛대 높이가 32m라 기록되어 있다.

가파도에 표착하고 용머리해안으로 나왔다고 한다. 당시 제주목사 이원진(李元鎭, 1594~1665)이 하멜 일행의 표착을 중앙 정부에 보고하고, 그 후 그들을 경성(서울)으로 압송한다. 경성으로 압송될 때 제주로 이송되어 잠시 제주시내에서 머물렀다는 집은 1637년 광해군이 교동도로부터 제주도로 이배되어 약 4년 간 위리안치 되었던 가옥(현 국민은행제주지점 자리에 세워졌던 집)이었다니 흥미로웠다. 그런데 더욱 흥미로운 것은 네델란드인으로 1627년 상선 우베르케르크(Ouwerkerk)호를 타고 하멜과 똑같이 일본 나카스키(長崎) 소재 동인도회사에 오다가 태풍에 그 상선이 파괴되어 제주도에 표착한 박연(朴淵, 네델란드 이름 벨테브리(J. J. Weltevree), 1596~?)이 하멜이 서울로 압송되어 경덕궁에 들어가 효종과 면담할 때 효종과 하멜의 대화를 통역하였다고 하는 것이다.

하멜은 서울 박연이 근무하는 훈련도감에서 박연과 함께 3년 근무했고, 강진(康津) 병영에서 병정으로 약 7년, 여수 전라 좌수영 수군으로 약 3년(1663년부터 1666년 9월 4일까지) 근무했다 한다. 그리고 1666년 9월 4일 양모 장사를 하여 번 돈으로 구입한 어선을 타고 부산과 일본을 거쳐 본국으로 귀국했다.

하멜 표류기는 조선에서의 13년 28일(1653년 8월 16일~1666년 9월 4일) 동안 머물 면서 일어났던 일과 그가 만난 조선인들의 생활태도에 대해 기록한 자서전이다. 그런데 그 자서전을 작성한 목적은 조선에 표착하여 받지 못한 임금을 소급하여 받으려고 임금요구서를 네델란드 동인도회사의 본부에 제출하였는데 그 임금요구서의 첨부자료로 제출하기 위한 것이었다고 한다.

이 전시관 남쪽에는 지질학적으로 가치 있는 용머리해안이 있고, 북쪽에는 산 중턱에 크고 넓은 방처럼 생긴 굴이 있어 이름 붙여졌다는 산방산(山房山, 395m)이 있다.

나는 하멜 전시관으로부터 산방산 남쪽 도로 옆 관광안내소 있는 곳으로 약 200m 계단 을 밟고 올라가면서 오른편 언덕에 돌비석이 세워져 있는 것을 보았다. 돌비석 밑에 오석재질의 4각형 돌에 글이 새겨져 있는 것을 보았다. 그 글은 다음과 같다.

> 네델란드 선박 드 스페르워르(DE SPERWER)호가 표류하여 헨드릭 하멜과 그 일행이 이곳에 발을 딛게 된 것은 1653년 8월 16일이다./ 그 뒤 만 13년 간 그들은 우리나라에서 군인으로 머물렀고, 고국으로 돌아간 다음 하멜은 책 하멜표류기를 출판하여 한국을 서방세계에 널리 알린 최초의 사람이 되었다./ 그 일을 기념하여 여기 작은 돌에 그것을 기록한 비석을 세운다.

이 설명문에서 하멜은 만13년 동안 이 땅에 머물고 돌아간 다음 하멜표류기를 출판하였다고 했는데, 사실은 처음에 '네델란드 선박난파기'와 '하멜의 조선국체류기'의 두 종류 여행기를 썼다는 것이다. 두 여행기가 여러 나라 언어로 번역되고 그 번역서들이 베스트셀러가 되면서 교정본을 출간할 때는 이 두 여행기를 합본하여 '하멜표류기' 한 권으로 발간한 것이라 한다.

동인도회사 관계자들이 하멜이 청구한 임금지불요구를 거부하여 임금은 받지 못했으나 임금요구서의 첨부자료로 제출한 '하멜표류기'가 언론매체에서 일반에 소개되면서 프랑스어, 영어, 독일어, 스페인어 등으로 번역되어 이 책은 유럽 여러 나라에서 베스트셀러가 되었으므로 하멜은 동인도회사에서 지급하여 받았을 임금보다 몇 배도 더 되는 인세를 출판사로부터 받았다. 그 뿐만 아니라 이 여행기는 우리나라가 처음으로 유럽에 소개되는 계기가 되어 하멜은 우리나라 코리아를 처음으로 유럽에 소개한 유명 인사가 된 것이다. 「하멜의 새옹지마(塞翁之馬)」인 것이다.

하멜의 표류

폭풍 불어 파도 거칠자
돛단 상선 스페르웨르호 표류했네
파선된 상선 닿은 섬에
노란색 얼굴의 인간들
만난 이야기의 기록이
하멜 살리고 코레아 서방세계에 알리고

〈2013년 12월 18일 청주시 구룡산 밑에서〉

하멜 상선전시관 아래에서 핸드릭 하멜의 동상과 저자.

추사 김정희와 대정성 세한도 그린 집

산방산(山房山, 395m) 남쪽 큰 도로 건너에 세워진 하멜기념비의 설명문을 읽고 산방산 쪽으로 건너가 주차장 옆 문화관광안내소 앞에서 택시를 승차하여 "추사 김정희(秋史 金正喜, 1786(정조 10)~1856(철종 8)) 유배지 재현시키고 기념관이 개관된 곳에 갔으면 합니다." 하였더니 기사는 "예" 대답하고 택시를 달려 대정성(大靜城) 동문 입구로 들어가서 추사관(秋史館) 앞에 우리 부부를 하차시켜 주었다.

김정희는 1840(헌종 6)년 9월 27일(음)부터 1848(헌종 14)년 12월 6일(음)까지 만 8년 2개월 동안 제주도 서귀포시 대정성에 위리안치(圍籬安置)되었었다. 처음에는 대정성 동문에서 약 200m 북쪽에 위치한 송계위(宋啓緯) 집에 머물렀고, 얼마 후에는 대정성 동문으로 들어가면서 바로 오른쪽 길가의 강도순(姜道淳) 집으로 옮겨 머물렀다고 한다.

대정성(제주도기념물 제12호)은 산방산에서 서북쪽으로 1.5km 거리에 위치한 작은 석성(石城)으로 둘레가 1,467m, 성벽의 높이는 5.22m,

두께는 약 1.2m이다. 1418(태종 18)년 왜구들의 공격에 대비하여 대정현 초대현감 유신(兪信)이 주도하여 축성했다고 전해진다.

1840년 김정희의 적거지 밖 마당 자리가 지금은 지하2층과 지상1층의 추사 김정희의 유물을 전시한 기념박물관인 「秋史館(추사관)」으로 2010년 5월 13일 개관되었다. 지상1층의 기념관 뒤편에 그가 1840년 위리안치 되어 약 6년 간 머물렀던 강도순의 초가집이 1984년 재현되었다. 이 집은 2007년 10월에 국가사적 제487호로 지정되었다. 주소가 제주특별자치도 서귀포시 대정읍 안성리 166－1(추사로 44)이다.

김정희는 1786(정조 10)년 6월 3일 충청남도 예산군 신암면 용궁리에서 김노경(金魯敬, 1766~1840)의 맏아들로 태어나고, 큰 아버지 김노영(金魯榮, 1763~1800)이 아들이 없자 큰아버지의 양자로 입양되었다. 어린 시절부터 증조할아버지가 살던 서울 종로구 통의동에 있는 집에서 살았다. 그리고 1809(순조 9)년 생원시(生員試)에 장원급제(壯元及第)하고, 성균관유생(成均館儒生)이 되었다. 그는 1830(순조 30)년 윤상도(尹尙度, 1768~1840)의 사건에 생부 김노경(金魯敬, 1766(영조 42)~1837(헌종 3))이 연루되어 전라도 강진현 고금도(古今島)로 유배 떠난 다음 1836(헌종 2)년 이조참판(吏曹參判)으로 관직생활을 하고 있었으나 1840(헌종 6)년 윤상도의 판서 탄핵상소문 작성을 도와주었다는 죄명으로 제주도 서귀포 대정읍성으로 위리안치 되었다.

이러한 내용을 나는 대략 알고 있으므로 그의 유적지를 돌아보는 것이 흥미로웠다. 추사관 지하 전시실에는 김정희의 생애가 체계적으로 기록되어 소개되고, 서예작품들이 품위 있게 벽면에 걸려 있고, 유리관 속에 보관 전시되어 있었다. 이들 전시물들을 관람하고, 내가 배울 수 있는 것들이 많았으나 그 중에서 가장 많은 것을 배울 수 있는 전시물은 김정희의 1844(헌종 11)년 작품인 국보 제180호 세한도(歲寒

圖)였다.

제자 우선 이상적(藕船 李尙迪, 1804~1865)은 중국 북경을 12차례나 왕복한 역관(譯官)이었는데 북경에 갔다 올 때는 좋은 책을 사와서 보내곤 했다. 이때(1844년)에도 조선에서 구할 수 없는 귀한 책을 구입하여 위리안치 된 스승에게 보내 왔다. 그것을 받고 감격하여 고마운 마음을 그림으로 나타낸 것이 세한도라 한다.

세한도는 재물, 명예, 권력과 같은 것이 전혀 없는 자신을 속이 썩어 죽을 날이 얼마 남지 않은 늙은 소나무로, 제자들을 젊은 소나무와 잣나무로 나타낸 수묵화이다. 그림은 집 한 채와 소나무와 잣나무를 각각 두 그루씩 대칭을 이루도록 그렸고, 나머지는 여백으로 처리하였다. 그림의 오른쪽 위 여백에 歲寒圖(세한도)라 제목을 횡서로 쓰고, 종서로 藕船是賞(우선시상)(우선은 감상하라)라 쓴 옆에 종서로 阮堂(완당)이라 호를 쓰고, 그 밑에 正喜(정희)라는 도장을 찍은 것이다. 그림의 왼편에는 발문을 길게 썼는데 그 내용은

「歲寒然後(세한연후) 知松栢之後凋(지송백지후조)」

라는 문구가 대표적이다. 이 문구는 공자의 말씀인 "추운 겨울을 당한 후에야 송백(松柏)이 다른 나무보다 뒤에 시드는 것을 알게 된다."라고 해석되는 것이다. 공자가 저술한 논어(論語)의 자한(子罕)편 27장에 있는 문구를 인용한 것이라 한다.

세한도는 「한양에서 먼 곳에 중죄를 짓고 위리안치 되어 와 있는 재물, 명예, 권력 같은 것이 전혀 없는 자신에게 유배오기 전과 조금도 다름없이 수만 리 타국에 가서 구입한 귀한 책을 보내주는 정에 감격하여 그 제자 이상적을 칭찬하는 편지를 쓴 것」이라 한다.

이 그림을 받은 이상적은 그 다음 북경에 갈 때 이 그림을 가지고 가서 중국의 명사들 16인에게 이 그림편지를 보여주었더니 그 16명이 그 그림에 대한 찬사를 썼다.

세한도 원본의 첫 소유자는 우선 이상적이겠으나 다섯 번째 소유자는 한일병합시대 우리나라에 와서 경성제국대학 교수로 있었던 추사 연구가 일본인 후지츠카치카시(藤塚隣, 1879~1948)였다. 그가 원본을 100부 복제하여 박물관과 연구자들에게 주었다고 하는 이야기가 있다.

추사관 지하1층에서 지상1층으로 올라오니 방 한 곳의 중심에 겉면이 황토색으로 되어 있는 추사 김정희의 반신 목각상이 자리하고 있었다. 다른 전시물은 없었다.

이제 추사관에서 밖으로 나왔다. 추사관 1층의 뒷문에서 북쪽이 1984년 재현된 김정희가 유배생활 동안 머물렀던 강도순의 초가집이

서귀포시 대정읍 추사로44(안성리1661-1) 추사 선생이 머물던 건너방채(왼쪽 초가).

다. 1947년 3월 1일부터 1954년 9월 21일까지 제주도에서 발생한 제주도4·3사건 때 모두 불에 탄 다음 약 30여 년 빈터로 있었는데 제주도에서 김정희 선생을 기념하여 재현하려고 알아보니 강도순의 증손자를 찾을 수 있었고, 그가 그 옛집의 모습을 기억하고 있어 1984년 그가 기억한 대로 재현시켰다고 한다. 'ㄷ'자 형 초가집이고, 입구는 제주도 가옥의 전형적인 출입문인 정낭이 설치되어 있다. 들어가면서 왼편이 사랑채로 김정희 선생이 제자들을 가르친 글방이고, 사랑채 옆으로 돌아가 서향으로 지은 별채(건너방채)가 그의 침실 겸 서예 개발실이다. 그리고 그곳에서 안마당을 건너간 곳에 강도순 가족의 생활공간인 안채가 있다.

그는 별채의 안방에서 벼루 10개가 구멍이 날 때까지 먹을 갈았으며, 붓 1,000 자루가 닳아 없어질 때까지 글씨를 썼고 매, 란, 국, 죽, 바위,

1846년경 추사를 대정성으로 찾아온 초의선사(草衣禪師)와 대담하는 모습을 밀랍상으로 재현한 것.

소나무 등을 묵화로 그렸다. 그래서 추사체(秋史體)라 하는 글씨체를 개발했고, 세한도가 그려진 것이다.

이곳에서 한 가지 인간스러운 것이 별채에서 뒷문으로 나가는 오른쪽에 있었다. 도통시가 그것인데 인간이 먹은 것을 배설하면 그것을 바로 밑에서 돼지가 받아먹는다는 시설이다. 돼지가 인간의 배설물만 먹는 것은 아니겠지만 바로 그 돼지가 인간의 손에 생명을 잃고, 그 살이 요리되어 다시 사람의 입으로 들어간다 생각하니 좀 끔찍스럽게 느껴지는 것은 나의 느낌만은 아닐 것이다.

이제 그 도통시 뒤편의 문으로 나오니 길가에 그가 제주도에 위리안치 되어 와서 처음 머물렀던 송계위(宋啓緯) 집이 200m 북쪽이라는 표지판이 보였으나 버스가 도착할 시간이 가까워 오기 때문에 그곳을 보는 것은 다음으로 미루었다.

〈2013년 12월 13일 청주시 구룡산 밑에서〉

[참고 1] 윤상도(尹尙度) 옥사(獄事) 사건과 김정희(金正熙): 김정희의 유배생활은 윤상도 옥사 사건과 관계가 있다. 윤상도(1768(영조 44)~1840(헌종 7))는 여러 관직을 거친 다음 1830(순조 31)년 부사과에 올랐던 사람이다./ 그런데 그때 그가 호조판서 박종훈(朴宗薰), 전 유수 신위(申緯), 어영대장 류상양(柳相亮) 등을 탐관오리(貪官汚吏)라고 탄핵상소를 올렸다./ 그 탄핵상소를 읽은 순조(재위: 1800~1834)는 이 탄핵은 군신 간을 이간시키는 행위로 규정하고 윤상도를 추자도(楸子島)로 위리안치 시켰다./ 또한 김정희의 생부 김노경(金魯敬, 1766(영조 42)~1837(헌종 3))은 윤상도가 탄핵상소를 작성할 때 도왔다고 1830년 고금도(古今島)로 유배 시켰다가 1833년 서울로 올라오게 하여 직책에 복귀하여 근무하도록 하였으나 그 해 바로 타계했다./ 김정희도 윤상도가 탄핵상소문을 초안 작성할 때 도왔다는 혐의가 들어나 1840년 제주도 대정읍성에 위리안치 된 것이다./ 김정희는 1840(헌종 7)년 10월 1일 55세 나이로 대정

읍성에 도착하였고, 처음 송계위 집에 머물다가 강도순 집으로 옮겼음은 위에 기록하였다./ 김정희는 1848(헌종 14)년 12월 6일, 63세에 방면되었다./ 그는 귀경하여 예조에 복직되었으나 헌종릉(憲宗陵) 이장 문제로 영의정 권돈인(權敦仁, 1783(정조 7)~1859(철종 10))과의 예송논쟁으로 1851(철종 3)년 7월부터 다음해 8월까지 함경도 북청에 유배되기도 했다./ 북청 유배소로부터 방면되어 귀경하여서는 과천에서 4년 동안 생활하다가 1856(철종 7)년 71세를 일기로 타계하였다.

가파초등학교 앞에도 동상이

제주도 모슬포항에서 5.5km 서남쪽에 가오리 형상의 섬인 가파도(加波島)가 있다. 이 섬 가파도에서 5.5km 남쪽에는 우리나라 최남단 항공모함형 섬이라는 마라도(馬羅島)가 있으니 가파도는 모슬포항(摹瑟浦港)과 마라도 사이에 위치한다. 동서 길이 1.5km, 남북 길이 1.6km의 비교적 작은 섬이나 30만 평(0.87㎢)의 넓이이고, 마라도의 2.5배라 한다.

내가 가파도에 한 번 가보았으면 한 것은 다음과 같은 역사적 사실을 읽고 흥미가 생겼기 때문이었다. 1653(효종 5)년 일본의 나가사끼로 향하여 가던 네델란드(화란) 상선 스펠웰호크(Sperwer Hawk)호가 태풍을 만나 가파도 근처에서 일부 파손된 다음 산방산(山房山, 395m) 남쪽 사계리 용머리해안에 표착하였다고 하는 기록이 있어 흥미가 일었기 때문이다. 결국 이 상선의 서기 헨드릭 하멜(Hendrick Hamel, 1630~1692)은 같이 표착된 일행과 함께 13년 28일 동안 조선에 억류되었다가

1666년 도주하여 네델란드로 귀국한 다음 1668년 저술한 하멜 표류기가 유럽 여러 나라의 언어로 번역되어 출간됨으로서 조선이 유럽에 알려졌다는 것이다. 이 책에서 가파도가 Querpart(퀠파트)라 기록되어 있다고 한다.

나는 2013년 11월과 2014년 2월 두 차례나 제주특별자치도 서귀포시 대정읍 하모리에 위치한 항구인 모슬포항까지 왔다가 파도가 심하여 모슬포항에서 가파도와 마라도로 여객선이 출항하지 못한다고 하므로 가파도와 마라도 관광계획을 변경하여 제주도의 다른 곳을 관광하고 청주(淸州)로 돌아온 일이 있었다.

내가 보기에는 파도가 문제 아니라 비수기이고 평일이어서 가파도와 마라도에 가는 여행객 수가 적기 때문인 것 같았다. 그래서 이번에는 인터넷에 들어가 날씨가 좋은 토요일에 제주도에 가기로 하였다. 토요일에는 관광객들의 수가 평일의 10배는 될 것이므로 파도 때문에 출항하지 못한다는 조건이 적어질 듯했다.

마침 2014년 4월 5일이 토요일인데 인터넷 일기예보에 제주의 날씨가 맑다고 했으므로 그날 제주도에 가기로 하였다. 청주국제공항에서 아침 7시 55분 이스터항공 비행기에 승선하여 8시 제주국제공항에 도착하고 공항에서 시내버스를 이용하여 모슬포항 여객선매표소에 도착한 시간은 10시 30분이었다.

4월 5일 모슬포와 가파도의 날씨는 맑은데 바람이 세차게 불어서 뱃길은 험난하였다. 여객선이 많이 기우뚱거렸다. 그래도 "파도가 심해 여객선이 출항하지 못한다"는 말은 하지 않았다. 여객선은 대단히 큰 선박이어서 선실은 여행객들이 300명은 승선했는데도 70% 정도만 채워져 앉을 자리가 남아있었다. 여객선이 12시 가파도 상동선착장(上洞船着場)에 도착할 즈음 선내 방송이 울려 퍼졌다. "모슬포항으로 돌아가는 마지막 여객선 출항시간은 오후 4시(16시) 15분입니다. 모슬포항으로 귀항하실 손님은 시간을 지켜주시기 바랍니다.”

상동여객선선착장 매표소로 올라가서 모슬포항으로 귀항하는 여객선표부터 구입하였다. 매표소에서 이 섬의 서쪽 바닷가 옆길로 가서 하동(下洞) 마을로 연결된 이 섬의 제일 넓은 도로를 걸어 내려가면서 보니 왼쪽과 오른쪽이 모두 청보리밭이고, 청보리밭 둘레는 높이가 50cm 정도의 돌담으로 둘러싸여 있었다. 돌담은 거의 매일 불어오는 세찬 바람을 일부분 방어하여 주기 때문일 것이다.

또한 4월 19일부터 5월 10일까지 가파도에서 청보리 축제를 한다고 선전을 하고 있음을 볼 수 있었다. 길 양옆으로 가꾸어지고 있는 보리밭을 보면서 300m 정도 내려간 곳의 오른쪽에 우물이 보였다. 우물 옆에 물동이(물허벅)를 등에 멘 제주도 여인의 모습이 화산석으로 만들어져 세워져 있고, 그 옆에 이 우물에 대한 안내 설명표지판이 세워져 있었다.

> 상동우물/ 약 150여 년 전 마을 주민들이 직접 우물을 파서 식수 및 빨래터로 사용할 수 있어 상동마을에 하동마을보다 주민들이 많이 거주하였다./ 그러나 하동마을에 공동우물과 빨래터가 생기면서 대다수 상동마을 주민들이 하동마을로 이사(移徙)하여 살게 되었다고 한다./ 가파도(加波島) 상 · 하동마을의 우물은 가파도 사람들의 귀중한 보물이었다./ 제주도 부속 도서 중 유일하게 물 걱정 없는 섬이 되었기 때문이었다.

‘물’은 사람이 살기 위한 필수물질이다. 이 섬 가파도는 작은 산도 없는데 물 걱정이 적은 섬이라 한다. 가파도에는 두 마을, 상동과 하동이 있는데 가파초등학교 가까이 있는 우물이 상동(上洞)마을에 가깝기 때문에 주민들이 상동마을에 더 많이 살았었는데, 남쪽 하동(下洞)마을에 좀 더 상태가 좋고 주택 가까이 우물이 개발되면서 상동마을의 몇 가구가 하동마을로 이사하였다는 것이다.

가파초등학교의 학생 수는 우리나라 농어촌 지역 초등학교가 대부분 그렇듯이 10명도 되지 않는데 교실은 그대로 10개 정도 갖추고, 교장, 교감, 교사는 10명이라 한다.

그것이야 그렇고 초등학교 정문 옆 200평 대지에 회을공원(悔乙公園)이 있어 이 공원 옆을 지나가던 주민들이나 여행객이 공원 안의 정자에 앉아 쉴 수 있게 하였다. 공원입구 오석재질의 비석에 회을공원에 대한 설명문이 새겨져 있었다. 또한 공원 중심부에 가파도 최초의 교육기관인 '신유의숙'(辛酉義塾)을 창설한 김성숙(金成淑)의 동상이 세워져 있었다. 안내 설명 표지판의 설명문은 다음과 같다.

> 회을공원(悔乙公園)/ 회을 김성숙(悔乙 金成淑, 1896~1979) 선생은 이곳 가파도에서 출생하였다./ 1919년 경성고등보통학교를 다니던 중 3·1 독립운동이 일어나 독립만세운동에 참여하였다가 일경에 연행되어 옥고를 치렀다./ 석방되어 귀향한 후 선생은 문맹퇴치운동이 독립의 지름길임을 절감하여 지역민들의 교육을 위해 辛酉義塾(신유의숙)을 설립하고 신교육운동을 전개하였으며, 더 큰 뜻을 품고 일본으로 건너가 와세다대학(早稻田大學)에서 수학하였다./ —〈중략〉—/ 해방 후에는 제5대 민의원(국회의원)에 당선되어 의정활동을 하였다./ 서귀포시는 회을(悔乙) 선생의 향토사랑 정신을 계승하고, 그 업적을 기리기 위해 제주특별자치도의 지원을 받아 회을 선생의 동상을 건립하고 공원을 조성하였다./ 2008년 10월 2일/ 가파초등학교장

회을(悔乙)은 가파도에서 1896년 출생한 김성숙의 호(號)이다. 나는 처음에 김성숙이 여성인 줄 알았다. 이름 끝의 '숙'(淑)자는 여성의 이름

에 많이 사용되기 때문이다. 내 이름의 끝자 '순'자도 여자의 이름 끝에 많이 쓰여 이름만 보거나 들으면 여자가 아니냐고 오해받을 때가 많다. 그러나 나도 엄연한 남자이고, 회을공원 중심에 세워져있는 그의 동상을 보니 김성숙도 엄연한 남자이다.

김성숙은 1908년까지 향리에서 한학(漢學)을 수업하고, 경성고등보통학교와 일본 도쿄의 와세다대학 정치경제학부를 졸업하였다. 1919년(24세)에 3.1독립운동이 거국적으로 일어났을 때 앞장섰다가 옥고를 겪었다. 그리고 1921년 귀향하여 1922년 辛酉義塾(신유의숙)을 설립하여 제자를 가르쳤다는 것이다. 신유의숙은 현 가파초등학교의 전신이다.

1955년 김성숙은 조봉암(曺奉岩)·서상일(徐相日) 등과 진보당(進步黨) 창당 추진위원으로 가담한 뒤 1960년 전진한(錢鎭漢)과 함께 한국

가파도 가파초등학교 앞 '회을공원'에 세워진 김성숙(金成淑) 선생의 동상.

사회당(韓國社會黨)을 창당하고 7·29국회의원 총선거 때 제5대 민의원(民議員)으로 남제주군에서 당선되어 짧은 기간이나마 의정활동을 하였다. 1961년 1월 20일 그는 서상일(徐相一), 고정훈(高貞勳) 등이 이끌던 사회혁신당(社會革新黨)과 한국사회당이 통합하여 중도 혁신계 연합의 민주사회주의당(民主社會主義黨)을 창당하여 활동을 하려던 중 1961년 5·16 군사혁명(軍事革命)으로 구속되고 정당은 해체되었다. 그 이후에도 정당을 창당하는 데 몇 번 참가했으나 실패만 거듭하였다. 김성숙은 1979년 84세를 일기로 타계하고, 1983년에 건국공로 대통령 표창이 유가족에게 전달되었다.

이 회을공원에서 잠시 머물며 그의 동상을 바라보다가 남쪽 하동마을을 향하여 걸었다. 이 조그마한 30만 평의 섬 가파도에서 가장 높은 곳이 해발 20.5m인 회을공원 부근이며, 그곳에서 하동마을은 500m도 되지 않는 거리였다. 하동마을 집들 사이를 지나면서 이 작은 마을에 승용차들이 있고, 경운기들이 있고, 민박집들과 음식점이 있는 것을 보고 내려가니 마을 남쪽으로 하동마을선착장이 있고, 그 선착장 방파제 둑으로 된 바위 언덕에 마을 사람들이 풍어제지내는 할망당과 까메기동산이라는 큰 바위도 있음도 보았다. 그리고 그 방파제 너머로 세찬 서북풍에 일렁이는 파도가 보이고, 그 파도 너머로 이 가파도의 형제섬 마라도(馬羅島)가 보였다. 사람들은 가파도와 마라도를 '갚아도 되고 말아도 된다'는 섬이라 빗진 사람이 와서 사는 섬이라 농담으로 말 한다.

가파도와 마라도

갚아도 되고 말아도 된다 하니
험한 파도 마다않고 가파도에 건너 온 것

갚아야 될 것을 갚아야 된다면
세찬바람 막아주는 산방산 옆에서 살지.

세파에 시달려도 되고 시달리지 않아도 된다 하니
험한 파도 마다않고 가파도에 건너 온 것
세찬 바람이 인간에게 당하는 수모는 아니니
세찬 바람 매일 불어와도 편안한 곳이요.

시계를 보니 15시 40분. 모슬포항으로 돌아가는 여객선의 상동여객선선착장에서의 출항시간이 오후 4시(16시) 15분이므로 왔던 길을 빨리 걸어가 시간 안에 도착할 수 있었다.

이 섬에 와서 이 섬에도 3 · 1독립운동에 앞장섰다가 일경에 체포되어 투옥되고, 해방되어 우리나라가 어려운 시절이었던 1960년 대 소수당을 창당하여 우리나라를 좋은 나라로 만들려고 헌신하려다 좌절한 훌륭한 인재가 있었음을 초등학교 앞 그의 동상(銅像)을 보고 알았다. 그가 태어난 이 섬에서는 그를 영원히 기억하려고 섬 마을 주민들이 동상을 세운 것이다. 그는 이 섬의 수호신이 된 것이다.

〈2014년 04월 15일 청주시 성화동에서〉

마라도
애기업개의 슬픈 설화

2014년 4월 6일 아침 10시 제주도 서귀포시 대정읍 모슬포항여객선 터미널에서 마라도(馬羅島) 왕복여객선표를 구입하고, 여객선에 승선하니 1층과 2층 선실의 좌석은 여행객으로 차서 앉을 자리가 없다. 우리나라 최남단의 작은 섬 마라도는 넓이가 약 10만 평(0.3㎢)이고, 가장 높은 언덕이 해발 39m라 한다. 가파도의 가장 높은 언덕(해발 20.5m)보다 거의 두 배 높다. 주민은 100명(2008년 6월 현재)이고, 대정읍 모슬포항에서 11㎞ 남쪽 해상(126°16′ E, 33°06′ N)에 위치한다.

여행객을 가득 실은 여객선이 파도가 요동치는 바다 위를 헤쳐 나갈 때 어제 찾았던 가파도(加波島)가 동쪽에서 흘러갔다. 여객선이 가파도 서쪽에서 남쪽 방향으로 파도를 헤쳐갈 때 가파도에 설치된 풍력발전기 3기가 바로 옆 바다 건너에 보였다. 그날 바닷바람은 유난히 세차게 부는데 풍력발전기 날개는 멈추어져 돌지 않고 있었다.

여객선이 마라도의 서북쪽에 위치한 살레덕여객선선착장에 접안하고, 가득 선실에 승선하였던 여행객들이 내리는데 약 30분이 걸리는 듯했다. 내리면서 선착장 쪽을 바라보니 우리가 승선하고 온 여객선에 승선하여 모슬포항으로 돌아가려는 여행객들이 선착장으로부터 언덕 위 마라도 올레길 시작점까지 줄을 두 줄 이상으로 서 있었다.

국토의 최남단은 마라도이다. 마라도보다 더 남쪽 바다 가운데 이어도가 있다 하나 이어도는 바닷물에 묻혀 있는 하나의 암초이다. 암초 위에 철탑을 세우고 기상관측요원이 생활하고 있으나 국토의 최남단이라 부르기는 그렇지 않을까(?)

마라도올레길 시작점이라 할 수 있는 살레덕선착장 바로 위에서 서쪽 바닷가를 바라보니 검은 바윗돌이 담처럼 쌓여진 바위성벽에 흰색 안내 설명표지판이 세워져 있는 것이 보였다. 그 안내 설명표지판에 무엇이 설명되었는지 확인해보려고 잔디밭 위를 걸어 가까이 다가가 읽어보니 제사(祭祀)를 지내는 곳의 설명문이었다. 설명문의 첫 줄을 보니 그곳을 '할망당' 또는 '애기업개당'이라 하는 것이다. 그리고 다음과 같은 설명문이 기록되어 있었다.

> 할망당(애기업개당)/ 이 할망당(애기업개당)에 모시는 본향신(本鄕神)에 대한 슬픈 전설을 간직한 채 마라도 해녀들의 험한 물질을 지켜주는 곳을 마라도처녀당이라고도 부른다./ 요즘 해산물을 채취하는 사람들은 물질 나갈 때 항상 이곳에서 제(祭)를 올린다./ 이곳을 찾는 누구라도 자신과 가족의 안녕을 위하여 제(祭)를 올릴 수 있는 것이다.

이 설명문에서 가장 궁금한 것은 '슬픈 전설을 간직한 채'라는 어구의 '슬픈 전설'의 내용이 무엇이냐는 것이다. '슬픈 전설'의 설명문이 없다는 것이다. 어찌된 것일까? 그러나 이것은 한 시간쯤 후 마라도 올레길을 걸으면서 섬의 가장 높은 곳에 조성된 '등대공원'에서 그 설명문을 볼 수 있었다.

나는 다시 마라도 서쪽 바닷가 올레길을 따라 걸었다. 가파초등학교 마라분교를 지나 약 200m쯤 남쪽에 약 10여 채의 음식점이 올레길 왼쪽과 오른쪽에 문을 열고 관광객들을 기다리고 있었다. 초코렛과 자장면이 주 판매 음식이어서 나도 점심을 자장면으로 할 수밖에 없었다. 이 음식점들을 지나고 마라도의 유일한 사찰 '기원정사' 정문 앞을 지나 약 150m 내려간 곳에 大韓民國最南端(대한민국최남단)이라 글씨가 새겨진 표지석이 세워져 있는 국토 최남단에 도착하였다. 대한민국최남단비는 약 30년 전인 1985년 10월 1일 세워진 것이라 표시되어 있었다.

이제 마라도 동쪽 바닷가 올레길을 북쪽으로 걸어가는 것이다. 대한민국최남단 표지석에서 400m 정도 동쪽 올래길을 올라간 곳이 섬에서는 가장 높은 언덕(해발 39m)이고, 이 언덕 남쪽에 1915년 건설된 마라도등대와 2007년 조성된 '등대공원'이 있다.

'등대공원'(燈臺公園)은 일종의 야외박물관으로 보였다. 예쁘게 만들어 놓은 또 설명문을 기록하여 놓은 앞면이 지면과 45도로 기울어지게 세워놓은 오석재질(烏石材質)의 비석(碑石)에 설명문을 새겨놓은 것은 관광객이 읽기 쉽게 배려하여 놓은 것이다. 그것들을 읽었다. 그 비석 중 마라도에 전하여 내려오는 전설을 요약하여 기록한 비석이 두 기 눈에 들어왔다. 하나는 '마라도의 비밀의 모습'이라는 제목의 전설이고, 또 하나는 '애기업개당(할망당)의 슬픈 전설'이었다.

먼저 마라도의 비밀의 모습에 대한 전설은 다음과 같다.

> 19세기에는 마라도에 수림이 울창했다고 한다. 1883(고종 20)년 경복궁과 창덕궁 등에서 임오군란의 회오리바람이 불고 있는데 마라도로 이

주하여 들어간 4~5세대가 제주 목사의 허가를 받아 화전을 일구고 살았다고 한다. 그런데 어느 달 밝은 여름밤 이주민 중 통소를 잘 부는 사람이 퉁소를 구슬프게 불자 그 가락에 홀려 섬 안의 모든 뱀들이 소리 나는 곳으로 모여들었다 한다. '믿거나 말거나' 하는 전설이다. 이주민들은 자라던 무성한 숲에 불을 붙였으며 불은 일백일 동안 나무를 태웠다고 하고, 뱀들은 제주도 한라산 동쪽 기슭으로 헤엄쳐 갔다.

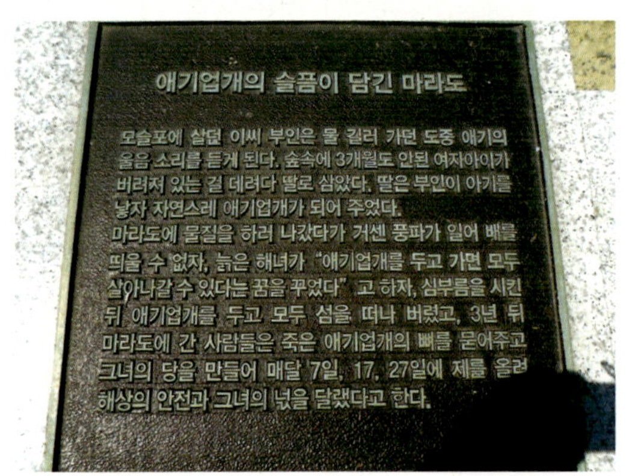

마라도 등대공원에 마련된 애기업개의 슬픈 기록된 비석.

다음은 '애기업개당'(할망당)의 '슬픈 전설'이다. 이것은 살레덕여객선선착장에서 올레길 시작점으로 올라와 서쪽편 바닷가 바위로 벽을 쌓은 곳의 '할망당(애기업개당)'의 안내 설명표지판의 설명문을 읽고 그 내용 중 '슬픈 전설을 간직한 채'의 슬픈 전설의 내용이 없어 이상했었는데 여기에 그것이 기록되어 있는 것이다. 그 '슬픈 전설'은 다음과 같이 기록되어 있었다.

애기업개의 슬픔이 담긴 마라도 / 모슬포에 살던 이씨 부인은 어느 가을 추석 전·후 이른 새벽 우물에 물 길러 갔을 때 우물 옆 풀숲에서 아기의 울음소리가 들려오는 것을 들었다./ 그 애기 울음소리 나는 숲에 가 보았더니 숲속에 100일도 되지 않은 어린 여자 아이가 버려져 있음을 보았다./ 이씨 부인은 그 아이를 데려다가 수양딸로 길렀다./ 그리고 몇 년 지난 다음 이씨 부인이 아들을 낳아 기를 때 그 수양딸은 애기를 업어 주는 '애기업개'가 된 것이다./ 그리고 몇 년 후 마을 사람들이 마라도로 해산물 채취를 위한 물질을 나갔다가 모슬포로 돌아가려고 할 때 바람이 너무 세차게 불고 파도가 심하여 배를 띄워 돌아갈 수 없었다./ 이때 늙은 해녀가 "애기업개를 이 섬에 두고 가면 모두 살아서 돌아갈 수 있다는 꿈을 꾸었어요. 그렇게 하지요"라고 말했다./ 사람들은 그 말대로 이씨의 수양딸 '애기업개'를 심부름 시키고 돌아오기 전 배를 띄워 모슬포로 돌아갔다./ 약 3년 동안 이들은 무서워서 마라도에 가지 못하다가 어쩔 수 없이 마라도에 물질을 갈 수밖에 없었다./ 그런데 모슬포 이씨 부인을 비롯한 마을 사람들은 '애기업개'가 죽어 뼈만 남아 있는 것을 발견하였다./ 그래서 그들은 마음속으로 애기업개에게 잘못을 빌고, 장사지내고, '애기업개당(할망당)'을 마련하였다./ 제(祭)를 올려 애기업개의 넋을 위로하고 잠수부들의 안전과 해산물의 풍족한 채취도 빌었다.

태어날 때부터 생부모로부터 버림받고, 다행히 양부모를 만나 자라기는 했으나 소녀 시절 '애기업개'가 되어 애를 업어주는 소녀가 된 것이다. 그런데 마라도에 양부모가 해물 채취하는 곳에 따라 갔다가 양부모를 비롯한 물질하는 마을 사람들의 따돌림으로 험한 바람소리와 파도소리만 들리는 마라도에 버려져 죽은 것이다. 외로운 자신을 버리고 모슬포로 돌아간 양부모를 소리쳐 불러보고 욕해 보았자 무슨 소용이 있었겠는가? 인생의 운명이 이럴 수도 있는 것인가?

이와 비슷한 전설은 울릉도 태하(鬱陵島 台霞)에도 있지만 그곳에서는 소년과 소녀를 남겨 놓았으니 조금 외로움이 적었을지 모르는 일이다. 울릉도에는 맑은 물이라도 많으니 목이라도 축일 수 있었을 것이다.

나는 이 글을 쓰면서 반역자라고 능지처참된 것보다 황량한 섬 마라도에서 따돌려져 죽은 애기업개의 전설이 나의 가슴을 더 할퀴였다. 믿거나 말거나 한 것인데 나는 왜 그런 전설로 가슴앓이를 하는지 모를 일이다.

마라도

갚아도 되고 말아도 된다 하니
험한 파도 건너서 마라도에 왔소.
갚아야 될 것을 말아도 된다면
세찬바람과 험한 파도가 문제겠소

세찬 바람 막아줄 산도 없는 마라도라도.
마라도가 행복의 나라일 것이요.
험한 인생살이보다 세찬 바람이 훨씬 낫소
갚아도 되고 말아도 된다카니

〈2014년 4월 17일 청주시 성화동에서〉

마라도 대한민국 최남단 비석 앞에서 저자.